Sociology of Law Reviews

法律社会学评论

第 4 辑

主编 李瑜青 张 斌

上海大学出版社

图书在版编目(CIP)数据

法律社会学评论.第4辑/李瑜青,张斌主编.—上海:上海大学出版社,2018.11
 ISBN 978-7-5671-3335-8

Ⅰ.①法… Ⅱ.①李… ②张… Ⅲ.①法律社会学 Ⅳ.①D90-052

中国版本图书馆CIP数据核字(2018)第248267号

责任编辑　刘　强
封面设计　柯国富
技术编辑　金　鑫　钱宇坤

法律社会学评论
(第4辑)

李瑜青　张　斌　主编

上海大学出版社出版发行
(上海市上大路99号　邮政编码200444)
(http://www.shupress.cn　发行热线 021-66135112)
出版人　戴骏豪

＊

南京展望文化发展有限公司排版
上海华教印务有限公司印刷　各地新华书店经销
开本 710mm×1010mm　1/16　印张 24.75　字数 366千
2018年11月第1版　2018年11月第1次印刷
ISBN 978-7-5671-3335-8/D·212　定价　58.00元

《法律社会学评论》理事单位

华东理工大学
上海市浦东新区人民法院
华东理工大学法律社会学研究中心
华东理工大学法学院
上海市浦瑞律师事务所
上海市新惟律师事务所
上海市润华律师事务所
安徽润天律师事务所

《法律社会学评论》编辑部

主　　　编　　李瑜青　张　斌
编辑部主任　　张　建　刑　路
学 术 编 辑　　李思豫

目　录

[学术专题研究]

人民调解制度中法治人治问题 …………………………………… 李瑜青／1

规则文化建设与转型社会治理 …………………………………… 王国龙／15

国家治理视野下的婚姻家庭制度变迁
　　——以建国后三部《婚姻法》为重点的考察 ………………… 雷明贵／36

司法改革背景下法官正向激励机制研究 …………………… 孙　婧　陈仁淋／45

基层社会治理的契约型机制探讨
　　——以上海社会建设十大创新项目为调研对象 ……………… 凌　燕／58

试论第三方评估的接纳机制
　　——司法评估场域交往理性的个案呈现 ……………………… 张　玲／69

企业社会责任问题再思考
　　——从企业诉讼营销现象引起的思考 ………………………… 胡瑞瑞／86

[司法实践的浦东经验探讨]

多元路径下律师调解机制的思考
　　——一种折中方案的提出 ……………… 薛　林　王雪燕　沈晨玲／98

审判权力运行机制的"结构性变革"：新型审判团队运行模式的
　　思考与展望 …………………………………………………… 王　潇／112

诉讼服务中心标准化建设研究 …………………………………… 江　帆／129

网络法庭相关问题研究 ………………… 上海市浦东新区人民法院课题组／147

[公证问题研究]

公证管理的科学化研究 ……………………………… 常州市公证处课题组／166

公证业务纠纷预防功能研究 ……………………… 常州市公证处课题组 / 178
新时代公证宣传策略分析 ………………………… 常州市公证处课题组 / 197

[纪念改革开放40年专题：影视作品中法制观念的进步]
通过文学作品的法社会学研究 ……………………………………… 邢　路 / 206
乡村社会治理模式新探索
　　——基于《被告山杠爷》的讨论 ………………………………… 张　放 / 214
乡土中国进入法治中国背景下法理与情理的冲突与探索
　　——基于电影《法官老张轶事》的讨论 ……………………… 彭佳欣 / 227
依法行政与接地气
　　——评电影《碧罗雪山》 ………………………………………… 时　彭 / 241
如何依法保护我们的儿童
　　——基于电影《亲爱的》的讨论 ………………………………… 杨　光 / 255
风险社会呼唤法治化的管理
　　——基于电影《盲井》的讨论 ………………………………… 田潇洋 / 268

[研究专题报告]
陪审员制度试点改革状况实证研究
　　——以J省Y市基层人民法院的实践为例 ……………………… 张　建 / 281
"健康法院"建设路径研究
　　——以S省法院干警的健康状况及需求为样本
　　……………………………………………… 孙　婧　陈仁淋　孟　珉 / 346

[圆桌会议：影片《芳华》会谈]
法律：维护权利的利剑
　　——评电影《芳华》 ……………………………………………… 张　放 / 379
《芳华》中军队人事变动合规性问题的探讨 ……………………… 彭佳欣 / 381
《芳华》中强制搜身的人格权法律问题 …………………………… 时　彭 / 383
关于治安联防队性质的法律探究
　　——基于电影《芳华》的讨论 ………………………………… 杨　光 / 385
法律的生命在于实施 ……………………………………………… 田潇洋 / 387

[学术专题研究]

人民调解制度中法治人治问题

李瑜青[*]

摘要：对人民调解制度在当代中国的运行，人们比较重视这一机制技术层面的问题，也从技术层面思考其价值，缺乏从深层次的文化层面的探索。因而，近年来也就有些声音认为，诸如调解等纠纷解决方式与中国法治事业进程中法治社会的价值目标相冲突。然而，这是对人民调解制度价值内涵的一种曲解。事实上，人民调解制度与法治社会的价值内涵有着契合性。法治社会条件下完善人民调解制度，要以这一制度所内含的宽容精神价值取向为基础并建构起合理化的运作路径。

关键词：人民调解　法治　德治　宽容精神

一、人民调解制度价值的认识现状

对人民调解制度价值的讨论当然和多元化纠纷解决机制联系在一起，当代中国社会对人民调解制度的重视，是从重视并推进多元化纠纷解决机制发展起来的。多元化纠纷解决机制自 20 世纪末引入中国，经过多年的发展与实践，业已形成具有中国特色的较为完整的制度体系。然而，以诉讼、调解、仲裁等纠纷解决方式为主要内容的多元化纠纷解决机制在我国的制度运行中出现了宏观立法不充分、启动程序不规范、终结条件不明确、方式方法不全

---

* 作者简介：李瑜青，华东理工大学法学院教授，博士生导师，中国法社会学研究会副会长，上海市法哲学研究会会长。

面、地区发展不平衡等诸多现象和问题①。现实性矛盾与困境的集中爆发,背后必然有着深层次的、根源性的因素在产生影响。多元化纠纷解决机制的价值认识,很大程度上恰恰扮演了这一角色。而就事物的价值而言,一般反映的是人们对这个事物所具有的意义的认识。审视人们对多元化纠纷解决机制的价值的认识,主要有以下几个角度。

(一) 从多元化纠纷解决机制的内角度进行的价值的思考

多元纠纷解决机制作为包括诉讼、调解、仲裁等诸多纠纷解决方式的总和系统,不可避免地沿袭了诸多纠纷解决方式的价值,并在纠纷解决上有着突出的表现。具体来说,学者们认为多元化纠纷解决机制的价值表现在:第一,平和解决纠纷的价值。这也是多元化纠纷解决机制的基础性价值所在。作为纠纷解决方式的系统化产物,处理与化解矛盾是其基础性的价值意义。此外由于淡化了传统司法纠纷解决中的对抗性色彩,因而无论是纠纷解决方式还是具体手段,都更加平和,这使得该机制具有实现纠纷平和式解决的价值。第二,节约成本,提高效率的价值。这是多元化纠纷解决机制现实性价值的表露。多元化纠纷解决机制在程序上更为简化,改变了司法解决纠纷方式在程序上的僵化特征,又以机制、系统的形式完成对不同纠纷解决方式效力认可上的衔接,使得纠纷解决的综合成本大幅下降,效率显著提升。第三,意思自决,尊重利益的价值。这是多元化纠纷解决机制现代性价值的体现。多元化纠纷解决机制,着力维护社会主体之间的平等性,充分彰显了对私权益处分性的尊重②。尊重和保障多元化的利益,恰恰是现代化的核心要求之一。第四,新纠纷解决模式建立的价值,也可以理解为其进步性的价值。虽然我国学者对当前中国社会"诉讼爆炸"有着认识上的分歧,但单一诉讼的

---

① 具体参见张卫平:《我国替代性纠纷解决机制的重构》,载《法律适用》2005年第2期;黄文艺:《中国的多元化纠纷解决机制:成就与不足》,载《学习与探索》2012年第11期;黄斌、刘正:《论多元化纠纷解决机制的现状、困境与出路——立足于我国法院的思考》,载《法律适用》2007年第11期;孙益全、鲁保林、刘永红:《多元化纠纷解决机制问题分析》,载《社会科学家》2008年第11期;等等。

② 胡晓涛:《替代性纠纷解决机制的价值及在中国的适用分析》,载《江西财经大学学报》2011年第6期。

纠纷解决方式已不能适应时代要求却也是共识①。新纠纷解决模式的建立，可谓大势所趋。鉴此，多元化纠纷解决机制不但是对司法的有效补充，也是一种更为高效、公正的纠纷解决模式②。

（二）从多元化纠纷解决机制外角度进行的价值的思考

不可否认，多元化纠纷解决机制自身具有特有的价值属性，这是其存在合理性的来源。但从整个社会控制系统而言，多元化纠纷解决机制与其他的社会系统之间同样维系着紧密的联系，由此形成内在的价值，具体有以下几种观点：第一，推动社会管理、社会治理方式转变的价值。当前我国面临着社会管理创新以及社会治理模式的转变的历史任务，有必要建构政府与社会的互动关系③。作为政府与社会关系再建构的必要，需要将"政府——单轨制"治理变为"政府＋社会——双轨制"治理。在此意义上，多元化纠纷解决机制强调社会力量对矛盾纠纷的解决，利于社会共同体、社会组织自治功能的发挥，是实现我国社会治理模式转变的重要途径。第二，促进社会规范以及法律法规形成的价值。社会规范与法律法规的形成，依托于具体的纠纷和冲突，而多元化的纠纷解决方式可以将社会现实和法律法规在实施中的问题，反映到新的社会规范和法律法规的形成过程中，通过纠纷解决机制与其他社会机制诸如立法机制的衔接，完成对社会规范以及法律法规形成路径的丰富。第三，缓解司法压力，促进司法改革的价值。目前我国法院案件量大的状况没有得到多少改善，一些地区中院年收案量达数万件、基层法院收案量达十数万件的情况也毫不罕见。多元化纠纷解决机制可以在纠纷矛盾进入社会司法系统之前进行化解，缓解司法压力。也因此，自党的十八届四中全会后全面展开的司法改革，就将多元化纠纷解决机制与司法改革的衔接建设视为重

---

① 大部分学者直接移植美国 ADR 兴起的缘由，认为 20 世纪 90 年代我国开始出现"诉讼爆炸"，因而有必要引进 ADR。相反，有学者从实证等角度论证，并不存在前述的"诉讼爆炸"现象。参见徐昕：《迈向社会和谐的纠纷解决》，载徐昕主编《司法（第 1 辑）：纠纷解决与社会和谐》，法律出版社 2006 年版，第 63～161 页；范愉：《以多元化纠纷解决机制　保证社会的可持续发展》，载《法律适用》2005 年第 2 期。

② 参见范愉：《纠纷解决的理论与实践》，清华大学出版社 2007 年版，第 179～181、223～225 页。

③ 刘旺洪：《社会管理创新：概念界定、总体思路和体系建构》，载《江海学刊》2011 年第 5 期。

要的组成部分①。第四，分流信访上访，实现社会稳定的价值②。信访作为党与政府的一项制度，曾在中国社会控制体系中发挥过显著的作用。可在21世纪社会转型的中国，由于基层政府治理能力的孱弱和司法纠纷解决功能的受挫，使得大量社会群体采用信访渠道表达自身的愿求，进而形成了"信访潮"③。多元化纠纷解决机制中的调解，尤其是行政调解制度，可以实现对涉政府纠纷矛盾的分流，从而减少社会的信访压力，维护社会稳定。

（三）从文化、道德、习惯等本土性资源角度对多元化纠纷解决机制进行的价值思考

有学者重视研究多元化纠纷解决机制的本土资源问题。如在文化层面上，有学者指出"天人合一"哲学观下形成的"和合文化"的意义，它强调人类社会生活领域人与人之间的关系和谐的重要性，把"无讼"作为社会的理想状态。多元化纠纷解决机制与我国历史上"无讼"文化传统存在联系④。在道德层面上，我国历史上向来重视道德教化、讲求人伦礼仪。现代的多元化纠纷解决机制则是在法治的基础上，强调对于道德、人伦的尊重，注意对道德规范要求的维护。可见，我国传统道德要求也是可被现代多元化纠纷解决机制所吸收的。在习惯层面上，我国的多元方式解决纠纷历史悠久。中国古代虽从春秋郑国子产时便铸刑鼎，开启了法制成文法的历史，可在国家法律定纷止争程序外，以乡正、乡保、乡绅的调处、宗族家长的调解、行会的裁决为代表的其他纠纷解决方式也都是我国古代解决纠纷的典型习惯性方式⑤。古代这些习惯上的纠纷解决方式，一定程度上被现代的多元化纠纷解决机制所继承。另外，我国古代传承至今在国人行为模式上烙下的"面子"情感观念，

---

① 参见《中共中央关于全面推进依法治国若干重大问题的决定》。
② 参见李瑜青主编：《法律社会学教程》，华东理工大学出版社2009年版，第282～283页；周永坤：《信访潮与中国纠纷解决机制的路径选择》，载《暨南大学学报（哲学社会科学版）》2006年第1期。
③ 章志远：《信访潮与中国多元化行政纠纷解决机制的重构》，载《法治研究》2012年第9期。
④ 瞿琨：《非诉讼纠纷解决机制的价值再分析与发展路径探讨——兼论社区调解制度的完善》，载《上海大学学报（社会科学版）》2007年第2期。
⑤ 马晨光：《中国古代多元纠纷解决机制及现代价值》，载《国家行政学院学报》2010年第2期。

也让人们不愿将私人性质的纠纷纳入国家公权力轨道之中来解决①。

以上学者对多元化纠纷解决机制价值的思考，首先是从不同视角进行的。其中，机制内的价值思考，主要从纠纷解决的方式方法角度出发，看到的是在纠纷解决机制框架中的诸多意义。而机制外的价值思考，反映了学者们已意识到多元化纠纷解决机制的运行不是孤立进行的，它的意义还体现在与其他社会存在的联系上。至于多元化纠纷解决机制本土性的价值思考，则是从历史纵向的文化传承维度上审视了多元化纠纷解决机制资源的正当性意义。可以说，这些价值的思考都是值得肯定的，但其仍有较为致命的偏失。这个偏失主要在于都是从某个具体的、微观的角度的归纳，以工具性价值视角进行的思考，没有与法治社会建设内在关系联系起来，从更为深刻的文化发展的角度进行思考。正是由于如此，使得在实践中有学者认为多元化纠纷解决机制与法治社会建设存在悖论。

也正是基于这样的观点，对人民调解制度有不少负面的评价，认为它与法治是不一致的，属于人治的范畴。因此，作为在法治社会建设中运行的人民调解制度，我们有必要对它运行的正当性予以证明。

二、法治社会中人民调解制度的价值正当性

（一）人民调解制度价值正当性的法理依据

对人民调解制度价值的解读，不能从具体的、微观的视角进行特殊性的理解，要从工具性价值的角度跳出来，从与法治社会建设相联系并内在于这个机制本质进行思考。笔者认为突出的应当是这个制度运行中本身所包含的"宽容精神"的价值，这种"宽容精神"的价值贯穿在这个机制整体运行的每个环节，是这个机制的灵魂所在。而这种"宽容精神"也是法治社会建设所应包含的价值思想内容。

---

① 参见尹伟民：《多元化纠纷解决机制的合理构建——现实基础、影响因素与原则》，载《贵州社会科学》2011年第8期。

"宽容",可以理解为宽厚、容忍、宽恕等,具体来看也指允许别人自由行动或允许他人自主进行判断,耐心且毫无偏见地容忍与自己的观点或公认的观点不一致的意见等。当人们用"宽容"一词来形容具体某个人的时候,一般多指该人宽大、有气量。多元化纠纷解决机制具有的"宽容精神",在继承"宽容"原有语义内涵基础上又有些许不同,即其要求应当在符合法治要求的范围内宽容,而非恣意的宽容。具体来解释其中的"非恣意",即人民调解制度的"宽容精神"虽不简单地以合法性要求为要件,但也绝不轻易逾越法律的界限。之所以强调人民调解制度的价值在于"宽容精神",我们可以从这个制度本身具有的三个特点,即"多元化""纠纷解决"和"机制"做出论证。

(二)从人民调解制度本身进行的论证

人民调解制度中"多元化"彰显着"宽容精神"的价值取向。人民调解制度中的"多元化"专指在纠纷解决中可以接受正式或非正式的纠纷解决方式,即纠纷解决的途径可以具有多样性。多元化的这个要求是以"宽容精神"的价值取向为基础的。首先,它确认对不同利益主体有"宽容精神",以平和的方式解决纠纷。其次,不同的纠纷解决方式由不同的主体来担当,在这个机制中不同的纠纷解决方式被平等地看待,这体现的是"宽容精神"的价值取向。再次,"多元化"体现在纠纷解决的手段的多样性,如有协商、调解、让步、仲裁等,可以通过座谈、对话等方式。这都有赖于以"宽容精神"价值取向来实现。最后,"多元化"的自然内涵对纠纷解决结果要有"宽容精神"。纠纷解决结果上,可能不一定是机械的简单化的,纠纷的双方要有忍让精神。

人民调解制度中"纠纷解决"体现以"宽容精神"价值取向为基础。理论界的学者对人民调解制度中"纠纷解决"的理解目前仅停留在字面理解上,即将其解释为解决、化解具体社会生活中的纠纷。也有部分学者对"纠纷解决"的理解又以体系化的深层方式,进行了较深的解读[①]。但是,"纠纷解决"

---

① 有学者认为纠纷解决在第一个层次上要求要实现冲突的化解与消除,纠纷主观效果的全部内容要从外在形态上被消除,但实体结果最终如何并非该层次所要解决的。纠纷解决的第二个层(转下页)

的内涵不只是解决、化解具体社会生活中的纠纷，还隐藏着如何使纠纷的解决实现效率性和公正性的要求。如果没有意识到这点，是不能发现"纠纷解决"与"宽容精神"价值取向的联系的。人民调解制度既不是要牺牲效率来实现公正，也不是用舍弃公正来满足效率，不同的方式方法有着不同的立场与倾向。审判诉讼作为纠纷解决的一种方式，它的基本态度偏重于公正，而调解、仲裁等纠纷解决方式的态度就更倾向于效率。因此，迫切需要以"宽容精神"价值取向的确立使这个机制有效地运作起来。由于人民调解制度在运行中根据纠纷的不同而采取较为灵活的方式，所以必然要求持有宽容的态度。对于在一定限度内牺牲公正而满足的效率，或是在一定限度内牺牲效率所达到的公正，我们都必须予以宽容，否则，构建人民调解制度的基础就将被动摇，也无助于解决我们面临的现实实践困境。所以说，在"纠纷解决"层面上，"宽容精神"价值取向是实现其制度有效运行的基础。

人民调解制度运行的"机制"的内涵，同样要求必须以"宽容精神"价值取向作为其基础。"机制"一词，在人民调解制度中指所构建的官方与民间的多样的工作系统及其对这些系统的整合。在这中间不同纠纷解决方式间的平等性，是实现人民调解制度整合的有效基础。然而，这样的基础条件和"宽容精神"价值取向密切相关。试想，如若没有"宽容精神"在其中发挥作用，那么不同纠纷解决方式间的平等性就不会存在，难免会出现一种纠纷解决方式地位高，或是否认另一种纠纷解决方式的畸形状态。这样，人民调解制度的运行机制就不能有效地建立起来。

"宽容精神"作为人民调解制度的价值取向，与法治社会建设的价值要求有着契合之处，主张人民调解制度运行与法治社会建设相悖的观点明显缺乏依据。我们以法治社会建设所内涵的价值来分析这个问题。法治从内涵上理

（接上页）次要求实现合法权益的保护与调整以及实现法定义务的督促和履行，这是对前一层次只重视形式结果而不要求实体结果的一个补正。该层次的纠纷解决是要弥补纠纷形成、发展给社会原有秩序造成的侵害与影响。纠纷解决的第三个层次是要在前两个层次的基础上，实现对法律或统治秩序尊严与权威的恢复。纠纷解决最后的一个层次，也是最高的一个层次是要让社会冲突的主体放弃和改变蔑视以至对抗社会统治秩序和法律制度的心理和态度，避免纠纷的重复发生。具体参见顾培东：《社会冲突与诉讼机制》，法律出版社 2004 年版，第 27～29 页。

解是与人治根本对立的，但从层次上可以有三个方面，即国家的层面，法治表达为一种治国的方略①；而社会的层面，法治又是一种社会秩序或社会状态；在公民个人层面，法治则以公民个人的尊严与自由为核心要求②。法治在社会层面的内涵，经引申、发展，也就成了人们经常论及的法治社会概念③。因而有学者将其定义为国家立法所确立的制度、理念和行为方式能够得到有效贯彻实施的有序社会状态④。法治社会的价值丰富，如自由的价值、秩序的价值、平等的价值、正义的价值、人权的价值、效率的价值，但包容性也是法治社会的重要价值。"包容"一词可以从多学科作出解读。如从社会学角度，是指社会要素的聚集和整合并以此来促进社会的和谐。从伦理学的角度，突出要严于律己，宽以待人。社会以人为本，人以社会为本。而从法学的角度，则是要人们尊重宪法和法律所赋予的公民权利，并确认公民的这种权利是神圣的、全面的：既包括公权利也包括私权利，既包括对世权也包括对人权，既包括政治权也包括社会、经济、文化等权利。法治社会建设的包容价值与多元化纠纷解决机制的宽容性价值是一致的，即它们都接受了这样的事实：在法治社会建设中，由多方社会主体参与社会事务活动。社会生活的多样性、人的主体的自由和对自我权利的张扬，要坚持在宪法和法律的框架内人们可以自己决定自己的生活方式及其对纠纷解决方式的选择。我们要坚持平等对待不同主体，创设社会运行的和谐有序及人们在心态上的宽容宽松，具

---

① 参见李步云：《实行依法治国，建设社会主义法治国家》，载《中国法学》1996年第2期。
② 参见夏勇：《法治是什么——渊源、规诫与价值》，载《中国社会科学》1999年第4期。
③ 有学者认为法治社会的说法是不可取的，认为强调法治社会的概念会导致法治建设重心的偏离，容易造成权力的扩张，从而使得社会生活以及人们的权利与自由受到国家权力的干涉与影响（参见张光杰主编：《法理学导论》，复旦大学出版社2012年版，第274～275页）。这其实是对法治社会概念的曲解。一般意义上，法治意味着要将法律作为人们基本的生活准则，法律具有崇高的权威性。但法治的这种要求，都不可避免需要依托社会来进行，而非只是国家。学者们担心强调法治社会，会造成政府权力对社会生活领域的干涉，其实是忽视了法治本身就要求政府不得对社会生活进行没有法律授权的干涉，也错误理解了法治社会的价值要求。法治社会是将法治的精神运用到社会系统的治理上来，法治的核心内涵即对政府权力的限制和对公民权利的保障仍然适用在法治社会中。法治社会并不是要实现政府权力对社会生活的过度干涉，而是要求政府权力对社会生活做最小限度的干涉，使社会生活更具多元化、包容性。
④ 参见史丕功、任建华：《法治社会建设的价值选择及主要路径》，载《山东社会科学》2014年第9期。

体如法治社会的规范方面具有包容性的特征。在法治国家中，主要的规范由宪法、法律法规等成文法、判例法、由国家机关认可的习惯法以及国际法等形式组成。法治社会的规范更加多，种类更加广、更多元，不但涵盖法治国家中的国家法，也包括种类繁多的如道德、习惯、风俗、文化、政策、行业行规、商业惯例、组织章程、村规民约、家规家风等社会规范，它们都是法治社会中进行关系调整的规范依据。在社会生活的不同领域，我们承认国家制定与认可的法律法规的重要作用，但也对道德、习惯、风俗、文化、政策、行业行规、商业惯例、组织章程、村规民约、家规家风等社会规范予以包容，承认其在实际运行中的效力。这正是多元化纠纷解决机制的"宽容精神"价值取向所包含的思想内容，因而在解决矛盾纠纷中采用多元的方式，除了法律规范外，道德、习俗、行业行规、商业惯例等都可以成为平等的裁决依据。这样人们便有了较多的选择和自由，由于规范形式的包容性，使得其判断依据多样，但法律法规作为判断的依据则是纠纷解决的底线。其实，任何一项制度要在法治社会的语境下发展、完善，就要和法治社会建设的价值取得一致。人民调解制度的"宽容精神"与法治社会的价值具有内在的一致性，人民调解制度的运行适宜法治社会建设的需要。

三、以"宽容精神"价值取向推动人民调解制度的路径思考

所谓路径即方式或方法。人民调解制度以"宽容精神"作为价值取向，其实现的方式有自身的特点，其中突出的有以下几个方面值得重视。

（一）以法律法规为人民调解制度"宽容精神"价值取向实现的底线

在对人民调解制度的价值进行分析的时候，笔者已经着重说明了"宽容精神"中的"宽容"二字与其语义上的意思稍有差异。而这里的差异是与法治限制"恣意"的基本要求相一致的。早在古希腊时期，亚里士多德在其《政治学》一书中就指出，对比人治，法律统治可以消除人治中的情欲影响，"法治"可以避免权力的恣意，包括僭主政体、寡头政体和平民政体在内的变

态政体不适宜法治，就在于其是无法限制恣意，极易使某一群体以一己利益凌驾于人民整体利益之上①。因而，人民调解制度的"宽容精神"意欲巩固其在法治社会中的地位，就必须强化已有的以限制恣意为前提要求的"宽容精神"，以法治的限制恣意作为"宽容精神"的底线。

如何实现法治的限制恣意？即要以法律法规规定的内容作为自身机制运行过程中"宽容精神"的底线，而非以个人的主观意志为标准。法治限制恣意的方式，即通过普遍规则指引的方式来实现对社会事务的管理。具体来看，法律法规由于其确定性、稳定性、公开性而成为普遍规则较为适宜的表现载体。自然地，人民调解制度的"宽容精神"便当然性地继承该基础。法律法规规定的内容，同样也是具体指引人民调解制度"宽容精神"的普遍性规则，是其底线。由于法律法规的内容按照性质和调整方式分类，有义务性规范、禁止性规范和授权性规范之分，因此人民调解制度的"宽容精神"的底线也有必要作出区分②。义务性规范也叫作积极义务规范，是规定主体应当或必须做出一定积极行为的规则，即直接规定人们负有一定义务的规范。禁止性规范规定主体不得做出一定行为，即规定主体的消极的不作为义务，它禁止人们做出一定行为或要求人们抑制一定行为，以实现权利人的利益。授权性规范与前面两者不同，其是规定主体享有做出或不做出某种行为的权利，肯定了主体为实现其利益所必需的行为自由③。在授权性规范下，人们享有做出或不做出某种行为的可能性和权利。对于人民调解制度"宽容精神"的法律底线，应当由义务性规范与禁止性规范两者组成，无论何时，其都不应逾越这两类规范的内容界限。这里我们必须批判在现实生活实践中存在的这种过度性调解现象。所谓过度性调解，即在调解纠纷时没有法律底线，对某些当事人的要求存在过分迁就；或者以形式主义方式来对待调解，造成调解工作陷

---

① 参见鄂振辉：《自然法学》，法律出版社2005年版，第40页。
② 有学者同理下将法律规范分为义务性规范、授权性规范和权义复合性规范。义务性规范是指法律要求人们必须从事或不得从事某种行为的规范。授权性规范是指人们可以做出或要求别人做出一定行为的规则。权义复合性规范是指兼有权利和义务的属性的规范。具体参见陈金钊主编：《法理学》，北京大学出版社2010年版，第70页。
③ 参见朱景文主编：《法理学》，中国人民大学出版社2008年版，第353页。

入庸俗化等现象。人民调解本是具有东方特色的一种社会实践,其在制度上是当事人主动启动的一种模式。但在目前发展的过程中,有的地方由于片面追求调解成功率,开始出现侵害当事人自主选择权的现象,如有的地方存在的强迫调解,有的地方把进入调解作为法院立案的第一程序,有的地方存在调解耗时竟远远超过诉讼时限等。这些都有违于法治建设框架中人民调解制度"宽容精神"的价值取向,从根本上说,使人民调解制度"宽容精神"价值取向的运作缺乏以法律法规为底线。

(二)丰富以道德、习俗、惯例、职业伦理等为人民调解制度"宽容精神"价值取向实现的依据

人民调解制度的"宽容精神",既然要实现非恣意地"宽容"这一目标,就必须找到可以作为"宽容"依据内容的普遍性规则。如若不能,则其"宽容"建立在非普遍性规则特殊指引下的"人治思维"上,不但和法治社会价值有出入,也背离了人民调解制度的初衷与灵魂。诚如前所言,人民调解制度的"宽容精神"应当以法律为底线,尤其是以义务性规范与禁止性规范作为"宽容"的边界。然而,构成人民调解制度"宽容精神"的具体内容应当符合灵活、包容的要求,不应当僵化地停驻于法律法规这唯一的普遍规则内容之上。所以,笔者认为,以道德、习俗、惯例、职业伦理等为代表的社会规范也可以构成人民调解制度"宽容精神"的主要内容。

道德,作为伦理的概念,也是一种社会现象,是人们在善和恶、荣誉和耻辱、正义和非正义等问题上的观念、原则而形成的人们相互行为的某种准则、规范[①]。作为道德,虽先天性地具有模糊、不确定的特点,但也必须以人们普遍性地接受为主要条件。个人的道德标准,因其不具备普遍性的前提,并不能成为广泛意义上被人们接受的道德。习俗,更是一种具有普遍性特征的规则,其是指一地区社会文化长期形成的风尚、礼节、习惯等,可以包括食、衣、住、行等方方面面。同样的特点,也在惯例、职业伦理等社会规范

---

① 李瑜青:《人文精神与法治文明关系研究》,法律出版社 2007 年版,第 184～187 页;转引自李瑜青、苗金春主编:《法理学》,科学出版社 2008 年版,第 246 页。

中得以表现。这些社会规范，既满足限制恣意的普遍规则要求，同时也确实在社会事务中发挥着调整人们行为的作用。因此，多元化纠纷解决机制的"宽容精神"在实践运行的过程中，要以这些具有普遍性特征的规则为依据内容，而不是主观的臆断。这类具有普遍性特征的社会规范，不但在机制内成为裁判是非矛盾的依据，同时也是与法律法规具有平等地位的依据。以此为内容的"宽容精神"，也就具有了非恣意的属性。

（三）践行以缓和利益冲突的妥协、退让、协商方式为多元纠纷解决机制"宽容精神"价值取向实现的态度

与多元化纠纷解决机制相比较，传统法治理念下的诉讼这一解决纠纷的方式，因司法对最终的评价结果施以调整或惩处，其具有浓厚的对抗性的刚性特点，非黑即白。此外，纷繁众多的矛盾纠纷背后，皆是利益的纠葛。但传统诉讼以法官裁判的方式解决纠纷，很大程度上最终的结果取决于法官的自由心证与自由裁量，排除了当事人合意因素。作为并非双方当事人合意下的处理结果，即使是胜诉的一方当事人对判决结果有时也可能会不满意[①]。

当代国际社会，价值多元化成为不可违逆的趋势。在社会主义市场经济的环境下，契约精神带给我国自由、平等等精神观念，我国现实中人们的价值也确实呈现出多元化的倾向。伴随着价值多元化，人们的利益多元化也就接踵而来。多元化的利益下，并非是一种利益取缔另一种利益，往往呈现共生共荣的关系，不同的利益共同平和地存在于社会之中。因此，不同利益之间的调和应是柔性的、非刚性的，这就需要妥协、退让。

法治社会，并非否认在利益冲突之时的妥协抑或者退让行为。相反，国家法律规范的制定过程就是一种妥协、退让的活动。多元化纠纷解决机制的"宽容精神"得益于此，其"宽容"的具体表现态度即是相互的妥协、退让。现实利益交织中，不同主体的利益之间难免会有矛盾与冲突。可但凡这样的矛盾或者冲突未达到不可调和的质变状态时，均可以"宽容"的态度来进行调和，使双方妥协、退让。通过对冲突利益的妥协，直至达成矛盾纠纷双方

---

① 参见王振清：《多元化纠纷解决机制与纠纷解决资源》，载《法律适用》2005年第2期。

的意思合意。此时，由于纠纷解决双方的合意达成，使得纠纷的解决能赢得双方的满意。纠纷解决的实质也就是化解双方当事人对争议利益的不同主张间的矛盾，这时得益矛盾解决，纠纷也就消弭。虽然如此，笔者仍要强调的是，妥协与退让确实是多元化纠纷解决机制"宽容精神"的具体表现态度，但是仍要满足前面的法律底线要求，不然就背离了法治与"宽容精神"自身要求的非恣意性。

（四）群众广泛参与为多元化纠纷解决机制"宽容精神"价值取向实现的方式

法制的现代化，可以依托自上而下的方式来推动，但其有效性仍有赖于自下而上的参与和认同。所以，广泛的主体参与面，对于法治社会中任何一项制度的建设来说都是必需的。此外，法治社会与法治国家在概念上的很大不同就在主体范围上，法治社会有着更为广泛的参与主体。多元化纠纷解决机制的内涵也要求更多的社会主体参与到矛盾纠纷的解决过程中来。因而，更为广泛的社会公众参与面，号召热心于社会公共事务的群众参与到多元化纠纷解决机制的具体实践中来，是必然的要求。然而，实践中社会群众主体对多元化纠纷解决机制的参与力度较为有限。这在不利于发挥多元化纠纷解决机制优势、活力的同时，带来了另一个问题，即多元化纠纷解决机制"宽容精神"的泛化。

多元化纠纷解决机制"宽容精神"的内容，有着多元化的特点，既包括法律法规等国家规范，也涵盖道德、习俗、惯例、职业伦理等民间规范。虽然上述规范都有着普遍性的特征，并不是个例化的。然往往民间规范也有着模糊、抽象以及待发现、待确定的特点，因此对此类规范的解读也就尤为重要。忽视这一环节的建设与保障，无疑等于又将多元化纠纷解决机制的"宽容精神"推向了恣意、主观化的非法治方向。尤以多元化纠纷解决机制的调解制度为例，在对矛盾纠纷进行调解的过程中，主持调解人员掌握着关于感情、道德、习惯等规则的解释权。若其不恪守中立，或片面追求纠纷解决而施压于其中一方，则无疑是在伤害法治社会与多元化纠纷解决机制，其也沦为了主观恣意的代表。假设可以有更广泛的社会群众参与，因其热心公共事务，则可以对相关具有模糊性的"宽容精神"内容起到更好的明确作用与监督效果。对"宽容精神"内容的解释更加透明与公开，其中可能的恣意性也会在一定程度上被遏制，多元化纠纷解决机制的"宽容精神"也就可以有效地在法治的轨道中获得进一步发展的活力。

规则文化建设与转型社会治理[*]

王国龙[**]

摘要： 转型中国社会结构正在发生"不断被个体化"的时代变迁，现代法治秩序亟待确立。规则文化是法治文化建设的逻辑基础、转型社会治理的展开依据、现代社会治理能力提升的评价标准。"崇尚规则"的法治文化建设是法治文化建设的发生逻辑，转型社会治理亟需树立"崇尚规则"的法治文化，增强全民法治观念，进而推动转型中国社会的治理方式，不断发生法治化的整体转型。

关键词： 规则文化　转型社会治理　法治文化

"法律是使人类的行为服从于规则之治的事业。"[①] 从这种意义上而言，法治在现代社会治理中最基本的含义，无疑就是"践行规则的社会治理"。在当前转型时期，中国的社会结构正在发生不断"被个体化"的时代变迁，即"个体的崛起和社会结构的个体化"，这是对当前中国社会结构变迁的一个基本描述[②]。与传统中国礼治秩序结构中的社会交往方式和个体维系手段不同，无论是婚姻家庭的内部结构、公民参与社会公共生活的领域还是国家对社会的治理领域，都面临着诸多的挑战和风险。但从总体上而言，这些挑战和风险集中表现为传统中国礼治秩序中的规则体系、纠纷解决方式和矛盾化解途径、社会治理的权威性建构等，无法快速和有效地应对当前转型社会所呈现出的脆弱性、高风险性、低效率性等突出问题。如何回应转型社会日益突出

---

[*] 本文为2014年度国家社科基金项目"法律统一适用与自由裁量的规范问题研究"（项目编号：14XFX003）阶段性成果。

[**] 作者简介：王国龙，法学博士，西北政法大学教授，西北政法大学基层司法研究所所长，研究方向为基层司法研究和法律方法论。

① ［美］富勒：《法律的道德性》，郑戈译，商务印书馆2009年版，第124～125页。

② 阎云翔：《中国社会的个体化》，陆洋等译，上海译文出版社2016年版，第23页。

的规则依赖性,实现社会治理调整的整体有序性和依法化解社会矛盾,这一问题不仅关涉中国社会的转型程度和发展速度,更关涉社会治理的有效性和中国特色社会主义法治制度的长久自我生产能力。

"践行规则的社会治理"既关涉国家治理体系和治理能力建设的方方面面,关涉全社会对法治的基本共识、坚定信仰和点滴实践,更关涉全社会对中国特色社会主义法治文化的深刻理解、对"全面依法治国"战略在推动中国转型社会治理当中意义的基本判断。本文立足于"转型社会治理"的宏观背景,主张通过规则文化的建设来带动法治文化的整体建设,回应转型中国日益对规则高度依赖的客观现实和发展趋势,确立"全民法治观念",进而推动中国社会的治理方式从转型社会治理向现代社会治理的整体转型,实现法治社会的整体建设。

一、规则文化是法治文化建设的逻辑基础

文化是一个极其复杂的系统,但在日常生活交往当中,文化总是承载着特定价值取向、形塑着社会交往方式和建构社会秩序的一整套规则体系。尤其是在市场经济社会中,"'文化'是为了物质或社会利润的最大化而进行交易的结果"①。不仅如此,文化无疑具有建构社会生活方式、整合社会结构、确立主流价值观念等基本社会功能,即文化本身也是一种"构成性秩序"。不同的社会结构和社会系统,必然内生出不同的文化形态、秩序类型和治理方式来。例如,传统中国的"差序格局"社会结构,自然就内生出"礼俗社会"或者"团体格局"的社会秩序类型和"礼治秩序"的社会治理形态来,"一个差序格局的社会,是由无数私人关系搭成的网络。这网络的每一个结都附着一种道德要素,因之,传统的道德里不另找出一个笼统性的道德观念来,所有的价值标准也不能超脱于差序的人伦而存在了"②。当然,这种传统中国

---

① [美]约翰·科马洛夫:《规则与程序——非洲语境中争议的文化逻辑》,沈伟等译,上海交通大学出版社 2016 年版,第 34 页。
② 费孝通:《乡土中国 生育制度》,北京大学出版社 1998 年版,第 36 页。

"礼俗社会"的社会秩序类型，自然也会彰显出诸如以"息讼"和"无为而治"等目标实现为理念的社会矛盾化解方式和社会治理方式。不仅如此，文化还具有一定的自我保守性，这一方面是由于社会规律的惯性发展和社会结构的稳定性变迁所致，而另一方面也是由于文化系统自身所承载的社会交往方式和社会秩序系统，其发挥"自我肯定"甚至是文化系统"自我强化"的客观效果。因此，在社会秩序建构的意义上而言，文化是社会结构的反映，在深层次上受制于社会交往的内在规律，并外化为相应的制度设计、规则体系建构、行为交往方式选择、行为善恶评价标准的确立和纠纷化解的途径依赖等。

法治文化属于文化系统中的一个子系统，是一个社会在社会治理实践当中选择"依据法治实现社会治理"的内在依托和宏观架构。当前中国社会治理的实践已经产生了全面转向"依据法治方式"的社会治理，"法治中国建设"作为一项国家发展战略的确立，既是对未来中国社会发展目标和转型方向的基本判断，也是对中国既有社会结构变迁和治理方式之"得失"的经验概括和总结，正如《中共中央关于全面推进依法治国若干重大问题的决定》中所指出的，"必须弘扬社会主义法治精神，建设社会主义法治文化"。法治文化是一种关于践行法治的观念，更是一种生活方式和社会交往行为的维系手段，建设社会主义法治文化是对当前中国社会结构日益呈现出规则高度依赖性的客观回应。梁漱溟在概括中国传统社会结构的特点时指出，中国传统社会结构的基本特点是"伦理本位、职业分立"[①]。但是这样的一种社会结构，在近代以来的转型社会实践当中，一方面，"伦理本位"无法有效回应现代工商业社会中的"个人本位和权利观念"的客观需要；另一方面，"职业分立"也无法有效回应生产技术创新和经营方式革命的客观需要。与传统中国社会结构的"团体格局"和礼治秩序的建构不同，转型中国社会正在发生现代工商业革命、市场经济秩序建设和城镇化不断推进的时代变迁当中，以现代法治文化建设为内在依托的法治中国建设，其着力点无疑需要通过规则文化的

---

① 梁漱溟：《乡村建设理论》，商务印书馆2015年版，第28页。

建设，逐渐回应中国社会日益呈现出的纠纷社会形态的需求，确定法治文化作为社会治理实践和社会建设实践当中的基本框架，最终形塑全民的法治观念，推进法治中国的法治文化建设。

就社会主义法治文化建设的整体内涵而言，张文显立足于中国传统法治文化和西方社会的法治文化的历史经验，将其概括为"十个核心要素"，即规则文化、程序文化、民主文化、共和文化、人权文化、自由文化、正义文化、和谐文化、理性文化和普适文化等①。立足于当前转型中国社会不断被个体化所呈现出的"规则高度依赖性"的社会背景，规则文化乃是社会主义法治文化建设的基础和出发点，即法治文化建设的逻辑基础乃是规则文化，这集中体现在以下三个基本方面：

第一，法治文化建设的必要前提是实现规则文化意义上的"良法之治"。在全面推进依法治国的时代背景下，法治文化建设的前提，无疑需要不断强化规则在治国理政实践当中的重要意义，正如习近平引用的《韩非子·有度》中的那段话所阐明的那样："国无常强，无常弱。奉法者强，则国强；奉法者弱，则国弱。"福山在研究当今世界的政治发展和社会进步时认为，政治发展由"国家、法治和负责制"三大组件构成。为最大可能地抵御政治衰败、推进社会进步，任何政治体系都需要在"国家、法治和负责制"三者之间取得理想状态的平衡，因为，"所有社会都需要国家，掌握足够权力来保卫自己，应对国内外的威胁，执行共同商定的法律。所有社会都需要通过法律来监管权力的运用，确保法律面前人人平等，不允许少数特权者的例外。政府不能只顺应精英和政府官员的需要，而应为更广泛的社会利益服务"②。在今天全球博弈不断加剧的背景下，世界各国尤其是后发展国家，政府不仅要通过法治来增强自己的全球竞争力，探索符合本国国情的国家发展模式，更需要通过法治不断向社会输出规则以凝聚社会改革共识，推动国内发展和社会文明的整体进步。我国的法治文化建设，是围绕着全面推进法治中国的发展战略

---

① 张文显：《法治的文化内涵》，载《吉林大学社会科学学报》2015年第4期。
② [美] 弗朗西斯·福山：《政治秩序与政治衰败：从工业革命到民主全球化》，毛俊杰译，广西师范大学出版社2015年版，第31~32页。

而推进的社会治理转型的事业,以实现"良法之治"。在"科学立法、依法行政、公正司法和全民守法"的法治中国建设新格局下,实现"良法之治"首先要在全社会当中牢固地树立规则文化意义上的法治观念,规则文化对"法律权威"的崇尚,不仅构成国家治理能力建设的核心内容,也构成了中国社会转型发展的基本依托。

在人类法律史上,对于"良法之治"的评价标准大致存在三种主要类型,即"法律理性"意义上的"良法之治"、"法律内在道德"意义上的"良法之治"和"法律正当程序"意义上的"良法之治"。立足于上述三种类型和意义上的"良法之治",社会主义法治文化建设的着力点归根结底在于对规则文化的共识和对"法律权威"的崇尚。亚里士多德指出:"法律所以能见效,全靠民众的服从,而遵守法律的习性须经长期的培养,如果轻易地对这种或那种法制常常作这样或那样的废改,民众守法的习性必然消减,而法律的权威也就跟着削弱了。"① 在当前的转型中国社会,由于传统的社会结构开始瓦解,不仅既有的礼治秩序文化无法及时有效地回应诸如"陌生人的社会""离土的社会""个体化的社会"和"流动的社会"等不断呈现出来的社会形态,而且过去粗放型的社会治理方式也无法及时有效地回应诸如"精致化社会""权利社会""公共社会"和"风险社会"等不断呈现出来的社会治理困境,建立在规则文化基础上的现代法治秩序亟需建立。

规则文化不仅是法治文化建设的着力点,即法律规则、行政决定和司法判决等要对所调整的对象和行为切实发挥效力和影响力,规则文化还是实现社会公正、落实法律调整的目标和保障法秩序安定性等价值实现的内在依托。当然,规则文化意义上的"良好之治"对于实现"秩序、公正和社会治理目标"而言,并不是一种静态的相互关系,甚至是一种动态的紧张关系,尤其是在社会转型的治理实践当中。拉德布鲁赫指出:"公共利益、正义和法的安定性共同宰制着法——这种共同宰制不是处在紧张消除的和谐状态,恰恰相

---

① [古希腊]亚里士多德:《政治学》,吴寿彭译,商务印书馆1997年版,第81页。

反，它们处在生动的紧张关系之中。"①

第二，法治文化建设的基本目标是实现规则文化意义上的"公平正义"。规则文化作为法治文化建设的逻辑基础，不仅要在全社会当中树立崇尚"规则权威"的法治意识，更要在全社会确立"崇尚规则"和建构法治秩序的动力源泉，即实现规则文化意义上的"公平正义"。从公正的主要类型上来划分，公正主要可以被划分为社会公正和法律公正两大基本类型。其中，社会公正是一个主要以"实质公正"为内容导向的公正形态，社会公正的评价标准是一个动态、多元和开放的评价标准体系，正如博登海默所言："正义有着一张普罗透斯似的脸，变幻无常、随时可呈不同形状并具有极不相同的面貌。"② 相对于社会公正而言，法律公正则是一种形式意义上的公正、法律规则层面上的公正、法律程序内的公正和司法公正等。在当今的利益多元化、社会分层不断被强化和利益冲突尖锐化的社会结构当中，法律公正尤其是司法公正乃是社会公正考量的基本评价标准。为顺应转型中国的社会治理，逐渐实现从行政治理向司法治理的宏观转型，努力提升公正司法的能力和水平，已经上升到了国家治理的战略发展高度，即"公正是法治的生命线"，要努力"以司法公正来引领社会公正的全面实现"。也正是在此一意义上而言，法治文化建设的目标就是要努力实现规则文化意义上的"公平正义"。

在社会调整当中，尽管规则的"发现、确立和适用"是一个极其复杂的思维过程，但无论是从社会控制理论还是从公共选择理论来看，一条规则之所以能够发挥对行为调整的社会效果和实现公平正义，大致取决于三个基本要素：① 规则对行为具有明确的可指引性；② 遵守规则能够获得"可预测"的行为预期；③ 违背规则必然要承担相应的后果。在纠纷社会中，从后果主义导向的守法观念来看，规则文化建设能够通过释放公正解决纠纷的结果，来引导形成社会普遍遵守规则和崇尚规则的守法意识。当然，任何一条具体

---

① [德] 古斯塔夫·拉德布鲁赫：《法律智慧警句集》，舒国滢译，中国法制出版社2001年版，第17页。
② [美] 博登海默：《法理学：法律哲学与法律方法》，邓正来译，中国政法大学出版社1999年版，第252页。

的规则，其自身的构成还具有一定的开放性，不仅包括规则的内容，还包括适用规则的技术和规则适用所追求的价值。庞德指出，法律乃是一批决定争端的权威性资料，这种意义上的法律包括"律令、技术和理想"三个基本方面①。崇尚规则的法治文化建设，不仅仅是要让社会对规则的简单服从，更需要从执法的方式和程度、司法对证据规则的适用和对程序规则的遵守，以及各项可能影响到某一规则适用的各个环节，来具体架构规则文化意义上的公平正义，防止出现自由裁量权的滥用和对规则的机械适用所造成的治理困境。诸多的社会治理实践困境表明，如果简单地以"公平正义"来规避国家法律的权威性，往往会造成社会治理陷入"规避法律"和"诉权滥用"双重夹击的治理困境当中，并可能发挥出各种溢出性的社会负面效应。在社会治理压力传导型的社会治理背景下，努力实现规则文化意义上的"公平正义"，乃是法律文化建设的基本目标，相反，"规避法律"不仅损害了法律的权威性，还可能进一步造成社会治理负担的不断加剧，甚至最终会陷入社会利益博弈不可调和的深层次治理困境当中。泰勒指出，一个社会养成对规则的普遍遵守，往往是人们在社会化过程中发展起来的一种信念，这无疑需要一个漫长的社会化过程，但如果社会还没有形成这种信念，而法律当局仅仅是在需要自由裁量权的时候才去想办法获得这种合法律性，那么已经为时已晚了②。

第三，法治文化建设的理想图景是以规则文化建设来带动法治文化的整体建设。法治文化建设是一个系统的社会整合工程，既包括法治国家建设，也包括法治社会建设；既包括法治文化体系的自我建设，也包括"依法治国与以德治国相结合"的外部建设等各个方面。法治文化建设所依赖的法律，乃是作为"一般性规则"的律令，其目的在于实现公共福利，"法律的制定不应当只是为了某种个别的利益，而是应当以公民的普遍利益为着目点"③。在

---

① [美]罗斯科·庞德：《通过法律的社会控制》，沈宗灵译，商务印书馆2010年版，第21页。
② [美]汤姆·R.泰勒：《人们为什么遵守法律》，黄永译，中国法制出版社2015年版，第111页。
③ [意]托马斯·阿奎那：《神法、自然法、人法》，载秋风编：《法治》，生活·读书·新知三联书店2017年版，第73页。

当前社会转型时期，法治文化建设的理想图景，无疑是要努力以规则文化建设带动法治文化的整体建设，努力实现法治中国社会治理，从传统社会治理向现代社会治理的整体转型。不同于以"法治启蒙"为目标的既有宏观法治中国建设模式，诸如围绕着"规则的确立和适用"等具体法治建设尤其是微观法治建设，构成了未来法治中国建设的基本路径，更承载了法治文化建设的理想图景。习近平在论述"四个全面"的相互关系时指出，全面建成小康社会是我们的战略目标，全面深化改革、全面推进依法治国、全面从严治党是三大战略举措；要把全面推进依法治国放在"四个全面"的战略布局中来把握，深刻认识全面推进依法治国同其他"三个全面"的关系，努力做到"四个全面"相辅相成、相互促进、相得益彰①。

对于以规则文化建设来带动法治文化整体建设的实践意义，邓子滨在研究"中国式过马路"时指出，国家法治建设不妨从斑马线做起，从整饬"中国式过马路"开始做起，因为"法治越健全，斑马线上越文明；法治越败坏，斑马线上越是乱象丛生"②。对于"中国式过马路"，尽管客观上存在着"因路权紧张"和行人违背交通规则而发生交通事故的情形，但在全社会努力倡导"车让人"规则的背后，其客观理由无疑在于：如果车辆与行人发生相撞，行人的危险性会更高，只有让驾车人承担比行人更多的注意义务，才可能最大限度地减少交通事故发生的概率，从而增加社会福利。萨维尔指出，对社会政策和法律规则进行评估依赖于一个明确的社会福利标准：在既定的社会福利标准下，当一个法律规则比另一个法律规则产生更高的社会福利时，那么我们说第一个法律规则优于第二个法律规则③。从法律运行成本的整体上来考量，如果全社会都能践行"车让人"规则，不仅可以最大限度地减少交通事故发生的概率，还可以直接减少交通执法的成本、通过司法途径进行诉讼的成本，以及由此直接降低引发相关社会治理的风险，从而最大限度地增加

---

① 《习近平关于全面依法治国论述摘编》，中央文献出版社2015年版，第15页。
② 邓子滨：《斑马线上的中国》，法律出版社2013年版，第6~7页。
③ [美]斯蒂文·萨维尔：《法律的经济分析》，柯华庆译，中国政法大学出版社2009年版，第2页。

"道路安全通行"的公共利益。因此,规则文化建设中对一条具体规则的确认,并努力发挥其调整行为的良好社会效果,不仅要努力向社会确立规则,还需要通过立法、执法、司法、法治教育与宣传、全民守法等各个环节,来保障规则的最后落地,从而形成理想的法治中国治理秩序。正如李林所概括,中国特色社会主义法治体系,既体现在法治的理论价值和精神文化的价值层次,也体现在法治的制度体系和运行体制的制度层次,还体现在法治的行为活动和实践运行等实施层面,包括"科学立法、严格执法、公正司法、全民守法,有法必依、违法必究,依法执政、依法行政,办事依法、遇事找法、解决问题用法、化解矛盾靠法"等各个具体环节①。

二、规则文化是转型社会治理展开的基本依据

当下中国的社会形态无疑是一个转型社会,但社会结构的转型,总是受制于社会的深层次发展水平,并呈现出一定的"缓慢性变迁"这一基本特点。如果说传统中国是一个典型的"礼治秩序"的乡土社会,那么未来中国社会的理想图景则是一个"法治秩序"的现代社会,但转型中国社会要实现从"礼治秩序"向"法治秩序"的基本转型,却是一个非常缓慢的过程,并因此可能要遭遇转型社会的一个长久持续建构的内在治理困境。对于这一治理困境,费孝通指出:"法治秩序的建立不能单靠制定若干法律条文和建立若干法庭,重要的还得看人民怎样去应用这些设备。更进一步,在社会结构和思想观念上还得先有一番改革。如果在这些方面不加以改革,单独把法律和法庭推行下乡,结果法治秩序的好处未得,而破坏礼治秩序的弊病却已先发生。"②如果说费孝通所描述的中国转型社会治理法治化困境,是立足于传统礼治秩序仍然能够发挥强大社会调整功能的这一宏观社会背景,那么在经历了近四十年改革开放的当今社会背景下,我们正在遭遇的无疑是一个传统礼治秩序

---

① 李林:《论习近平全面依法治国的新思想新战略》,载《法学杂志》2016 年第 5 期。
② 费孝通:《乡土中国 生育制度》,北京大学出版社 1998 年版,第 58 页。

开始全盘退却、法治秩序亟待建立的转型社会治理困境。正因为如此，努力实现"全面依法治国"这一社会发展战略的确定，不仅是为了回应传统礼治秩序难以继续发挥其行为调整的功能，而既有单向度行政化治理方式亟需整体变革，还是为了全面回应因既有社会结构的变迁所带来的转型社会治理持续法治化的迫切需要，以系统整合社会治理体系，推动社会的全面发展和整体进步。

法律体系是一个规则系统，其具有易懂、相对确定性和可预测性的一般特点，能对行为的抉择和选择发挥清晰的指引作用。法治文化无疑是由这个规则系统以及围绕着这个规则系统所衍生出的法治价值体系、法治制度体系和法治运行机制等所构成的。作为规则体系的法治体系，不仅能发挥其基本的行为调整、政治制度架构、确立治理方式、建设治理机制和解决纠纷的路径指引等基本社会功能，同时还能发挥其特有的社会控制和社会整合等延伸性社会功能，"在国家内的所有人和机构，无论是公共的还是私人的，都应受到法律的约束并享有法律的利益，而法律应是公开制定的、在制定后（原则上）生效，并且在法院公开执行"①。立足于转型社会的治理实践，规则文化不仅构成了法治文化建设的逻辑基础，也构成了转型社会治理展开的基本依据。

第一，规则文化是"法治主义"社会共识的核心内容。当今中国的转型社会正面临着诸多基本社会问题，各种力图变革社会现状的思潮和思想交织碰撞，有"主张深度发展的自由主义"，也有"主张减少社会两极分化的平等主义"；有"主张持续变革的改革主义"，也有"主张稳健发展的妥协主义"等。不仅如此，这些思潮和思想，同时也在"法治"的框架内展开，各种不同的法治主义理念和法治社会建构思想，都在努力回应当今转型社会治理所面对的主要难题和治理困境。我们应该承认，任何一种思潮和思想，都有自己所针对问题的建设性意义。顾培东指出，在影响和制约我国法治建设的诸因素中，全社会对法治的共识度较低或者说社会成员法治共识的缺乏，或许

---

① [英]汤姆·滨汉姆：《法治》，毛国权译，中国政法大学出版社2012年版，第55页。

是一个最值得重视的问题。但这里所说的法治共识的缺乏,显然不是指在"中国要不要实行法治"问题上的认识和主张不一致,而是对于"什么是法治"以及与此直接相关的"什么是中国应当实行的法治"和"中国如何实现法治"等基本问题,我们应该承认,全社会是缺乏必要程度的基本共识的①。"法治主义"的内部争论往往会衍生出不同的法治实践路径争论,诸如"法律的万能主义"和"法律的工具主义"、"法律的国家主义"和"法律的地方性实践"等,往往交织在一起,甚至在法学研究当中也引发出了相应的思想碰撞和研究路径争论。

需要指出的是,因社会转型而带来不同的"法治主义"争论,这无疑是有益的,属于"法治再启蒙"的一个组成部分,但如何尽可能凝聚社会对法治的基本共识,却是至关重要的。其中,以"规则文化"来凝聚社会对法治的基本共识,无疑具有一定的社会妥协性基础。转型社会治理的展开,涉及方方面面,但集中体现为法治国家的建设和法治社会的建设,前者涉及国家各项基本制度和国家各项权力运行机制的建设等,而后者则涉及社会公共服务建设和社会保障建设等。中国的转型社会治理,核心目标在于推进国家建设和社会建设整体的法治化转型,而规则文化建设无疑是这一转型是否展开以及展开程度的最终落脚点和承载者。规则文化是支撑和引导社会"办事依法、遇事找法、解决问题用法、化解矛盾靠法"的基本法治理念。法治文化建设从来都不是抽象的,而是存在于日常生活的具体实践当中,规则文化建设的目标,就是要努力通过对具体纠纷的规则解决和深层次社会冲突的机制化解,来点滴引导社会逐渐形成"崇尚规则、确认规则、遵守规则、信奉规则和维护规则"的思维、习惯和氛围。相反,如果社会不断地"弱化规则"的权威性、"强调规则"的灵活性和不确定性、对"规则的例外适用"却不承担例外适用的论证责任,往往会导致国家法律的权威治理,陷入"进退维谷"的社会治理困境当中。规则文化作为"法治中国"建设的基本社会共识,就是要让规则发挥"定纷止争"的核心价值。"法治为发挥调整功能而获得权

---

① 顾培东:《当代中国法治共识的形成及法治再启蒙》,载《法学研究》2017年第1期。

威，因有权威而能顺利调整不同利益和价值之间的关系。这种齐步权威是理所当然的、不证自明的、客观需要的"①。

第二，规则文化是转型社会治理追求"善治"的关键依托。追求"善治"是任何社会治理实践的最高价值目标，善治既是一种"有效的治理"，也是一种"有序的治理"和"健全的治理"。对于"善治"的一般特征，俞可平将其概括为"合法律性""透明性""责任性""法治""回应"和"有效"等六个方面②。在此基础上，严存生认为，善治与法治是有区别的，善治所强调的是目的之善，而法治所强调的则是手段之善，要实现对社会的善治，不仅需要法治，还需要政治、道德、宗教等社会治理力量，但法治与善治存在着高度的内在关联性，即法治社会最符合善治的要求。"法治"是善治的一个重要构成要件，善治只有在法治社会才能真正实现，法治还是衡量善治的一个重要标准③。从追求善治的目标来探索社会治理法治化的发展方向，既是中国共产党从"革命党"转变为"执政党"角色的需要，也是对过去高度依赖行政治理甚至是行政管理所导致的治理职能模糊、国家权力分工不明确的治理经验的总结甚至是反思。现代社会是一个复杂社会、系统社会和高度个体化社会，只有建立在国家权力分工明确、相互制约和高效配合的基础之上，转型社会的治理才可能走向实现"善治"的现代社会治理，"如果说政府必须为社会秩序的稳定作出积极的治理措施，那么，社会个体对于政府提高社会秩序的治理需求正是政府选择一种治理模式的契机"④。

转型社会治理要实现"善治"的治理目标追求，既要恪守"坚持中国共产党的领导、坚持人民主体地位、坚持法律面前人人平等、坚持以法治国和以德治国相结合以及坚持从中国实际出发"等社会主义法治的基本原则，也要在"立法、行政、司法和法律监督"等基本国家权力的顶层设计上，努力实现科学分工、合理制衡和协调一致，并努力实现法治化，建构现代社会的

---

① 季卫东：《通往法治的道路》，法律出版社2014年版，第55页。
② 俞可平：《治理与善治》，社会科学文献出版社2000年版，第8～10页。
③ 严存生：《法治的观念与体制》，商务印书馆2013年版，第238～239页。
④ 陈江：《从行政治理到司法治理》，载《人民法治》2017年第7期。

治理体系和提升社会治理的整体综合能力。转型社会治理的法治化，集中体现在对社会治理的全面"规则化"，即法律在国家治理和社会公共事务治理当中具有最高权威性，法律面前人人平等，社会依据法治体系的基本框架展开自我治理和参与社会公共事务，社会矛盾统一被纳入法治的轨道，并能得到有效化解，社会纠纷依据法治的标准获得公正裁判，合法的权利切实得到保障和救济。尤其对于因社会个体化而带来的维权意识崛起，要走出既有的社会治理困境，只有努力引导社会依据法治尤其是具体的法律规则和司法程序来展开"维权"，才能不断减轻目前转型社会治理的负担，化解社会治理的潜在风险；只有以规则文化建设作为社会主义法治文化建设的核心内容，才能最终确立"全民守法"的法治环境和社会氛围，以最终实现对社会的"善治"，"只有当环境迫使角色承担者作出选择的时候他们才有意识地决定是否遵守法律"①。

第三，规则文化是基层社会治理的依法展开和保障国家法制统一性的基本框架。转型中国的社会治理所面对的社会治理结构是多层次的，既包括执政党的自我治理，也包括国家的顶层治理，还包括对基层社会的治理。在通过党内法规建设不断加强执政党的自我治理和国家顶层治理不断依法推进的宏观背景下，中国转型社会治理的重心，开始不断聚焦对基层社会的治理，并呈现出"治权下沉"的基本趋势。长期以来，基层社会治理在基层治权建设、基层社会公共领域的治理、基层社会公共服务与社会保障等方面，均面临着深层次的治理困境。例如，何意志指出，在社会控制方面，控制社会安全的传统机制已经跟不上蓬勃展开的社会变化步伐，尤其是在人口流动上，这一点体现得更为明显；而在社会治理的理念方面，"拜金主义"似乎取代了传统的价值观，以前密切的邻里关系越来越沾染上冷淡平常和少管闲事的风气了②。针对这些治理困境，十八届四中全会强调，社会治理要坚持"系统治理、依法治理、综合治理、源头治理"，提高社会治理的法治化水平。从既有

---

① ［美］安·塞德曼、［美］罗伯特·塞德曼：《发展进程中的国家与法律》，冯玉军等译，法律出版社2006年版，第142页。
② ［德］何意志：《法治的东方经验》，李中华译，北京大学出版社2010年版，第34页。

基层社会治理的实践经验来看，基层社会治理需要集中在两个基本维度上同时展开：一方面，在"治权下沉"的社会背景下，基层治权主体要努力承接好因"治权下沉"所延伸出的相关基本社会治理职能，保障基层治权主体依法展开对基层社会的有效治理，加强基层治权的自我建设；另一方面，基层治权主体要努力通过对基层社会建设中的公共服务和社会保障职能的承担，夯实基层社会治理权威性的社会基础，建构基层治权积极履行基层社会治理职能的公共性和社会性。

在基层社会治理展开的内在依据上，既有的基层社会治理已经遭遇到深层次的社会治理困境，往往集中表现为诸如"治理职责不清"、"治理'灵活性'"和"治理'地方化'"等，而要走出这些治理困境，基层社会治理的法治化尤其是规则化，则是对当今基层社会治理"如何走出困境"的基本判断。当然，基层社会治理所遭遇的深层次治理困境，原因是复杂的，既有地域发展的不平衡性，也有社会结构的急剧变革，但从治理方式上来总结，只有努力实现基层社会治理在治理方式上的规则化和法治化，才能最终推动基层社会治理法治化的整体转型，而规则文化建设则是保障基层社会治理依法多层次展开的基本框架。不仅如此，基层社会治理是转型社会治理的重要板块，基层社会治理的规则化和法治化还是保障国家法制统一性的基本要求。在基层现有的社会治理实践中，往往出现"基于地方的特殊性"来规避法律甚至是国家基本法律的情形，诸多集中对群体性纠纷的研究表明，往往由于基层治权主体没有严格贯彻国家基本法律，导致基层既有的治理实践陷入因治理依据的"违法性"而在遭遇基层社会对权利的捍卫和诉求的满足上，陷入因持续博弈的"双重夹击治理困境"当中。贺雪峰基于对"利益密集型农村地区治理"的研究指出，乡村治理展开的前提是能够解决各种矛盾，解决矛盾的办法大致有两种：一是"摆平"；二是"规则之治"。"摆平"就是特殊问题特殊解决，一事一议，对症下药，个案解决，重在具体纠纷的化解；而"规则之治"是一视同仁，所有人都按同一个规则来应对，公平、公正、公开，重在对规则的落实。但是，如果以"摆平"来解决纠纷，强调特殊问题特殊处理，必然是暗箱操作，不仅可能引发贪腐，甚至会激起村民的强烈反感和不信任情绪。因此,"摆平"的治理,是不具有可持续性的①。

三、转型社会治理中规则文化建设的展开

近代以来,转型中国社会的治理逻辑,总是在"发展和改革"之间的双重压力下自我展开,"发展"意味着中国社会在政治、经济、文化和道德等方面,都要努力实现现代化;而"改革"则意味着要重新整合既有的社会结构和发展要素,努力实现"最优"的结构重组和"最有效"的社会动员,尤其是要努力确保社会秩序的基本稳定,以进一步推动中国社会的持续发展和深度发展。与过去单纯"追求发展"和"以问题解决为导向"的治理手段不同,当下和未来的中国社会转型治理,在中国特色社会主义法律体系建设已经完成,"全面推进依法治国"的背景下,依据法治的逻辑来建设法治中国,已经获得了某种相对独立的转型社会治理意义。

对于法治在转型社会治理实践中的发生逻辑,强世功指出,自20世纪80年代以来,伴随着国家与社会关系的转型互动,大规模的法制运动乃至依法治国目标的确立,都一直在暗示自主性法律在中国社会中的不断成长②。时至今日,"法治中国"已经成为全社会的基本共识。顾培东指出,对当下中国法治共识的再启蒙,核心在于如何通过描述中国法治的实然运作状态并全面阐释中国法治的运作机理,探索中国法治理论体系的文本化的构建,进而为中国法治理论体系的真正形成奠定基础。而对于社会的法治再启蒙而言,一种可行的实践路径在于:借助相关公共政策的出台以及一些热点事件,利用网络平台,法学学者通过平实且专业化的解析以及平等的沟通式讨论,向社会提供一种理性地看待相关问题的视角和方法,释放恰当的法治讯息,潜移默化地引导和推动全社会正确法治观的形成③。因此,转型社会治理法治化的发生逻辑,更需要借助规则文化建设,来具体支撑和保障法治逻辑的落地。转型

---

① 贺雪峰:《论利益密集型农村地区的治理》,载《政治学研究》2011年第6期。
② 强世功:《法制与治理》,中国政法大学出版社2003年版,第134页。
③ 顾培东:《当代中国法治共识的形成及法治再启蒙》,载《法学研究》2017年第1期。

社会治理中规则文化建设的展开，集中体现在以下几个方面：

第一，增强"全民法治观念"，树立"崇尚规则"的权威社会治理理念。韦伯把权威类型划分为"传统型权威""魅力型权威"和"法理型权威"，其中，法理型权威是指通过人们认为合法的程序而形成的、具有合理性的权威。"法理型权威"无疑就是一种"崇尚规则"的社会治理权威。拉兹认为，"法治"就是"法律的统治"，法治有两个基本维度：一是人们应当受法律的统治并且遵守它；二是法律应当可以指引人们的行为。以此为基础，法治原则的内容就集中表现在两个基本方面：一是法律应当符合规定的标准以便能有效地指引行为；二是要确保执法设施不应通过歪曲执法来剥夺法律本身指引行为的能力，它们应当有能力监督服从法治并且当出现违法情况时提供有效的矫正①。在现代社会治理实践中，法律的权威就是一种能够发挥"行为指引和保障受侵犯的权利获得救济"的有效治理权威，也是一种以法律的形式正义来整合社会实质正义的社会治理手段，规则文化无疑就是承载这种治理方式并实现对社会普遍治理的思维习惯和文化观念。尽管法律体系不构成规则的全部内容，甚至法律体系自身在社会治理的实践当中也面临着诸如"在稳定与灵活之间"、"在普遍适用与例外适用之间"和"在一般法律与特殊法律之间"的左右平衡，但在全社会当中普遍树立"崇尚规则"的权威治理理念，这既是立法部门科学立法、政府部门依法行政和文明执法、司法机关严格司法和公正司法的集中体现，也是社会依法化解矛盾、通过法治途径解决纠纷和维护自身合法权利的集中体现。从促进社会发展和整体进步的角度来看，尽管法治不是实现社会发展和整体进步的唯一手段，甚至法治自身的价值与其他价值追求之间还会发生难以调和的内在冲突，但是，通过增强"全民法治观念"，普遍树立规则意识，却是法治所拥有的优点之一，"最低限度地遵守经常被优先考虑，因为它有助于其他目的的实现"②。

在转型社会治理实践中，树立"崇尚规则"的权威社会治理理念，更需

---

① ［英］约瑟夫·拉兹：《法律的权威》，法律出版社2005年版，第190页。
② ［英］约瑟夫·拉兹：《法律的权威》，法律出版社2005年版，第198页。

要重视"法治的细节"。法治是一个以规则为核心内容而展开的动态调整系统和微观运行机制,无论是执法、司法还是守法,"法治的细节"往往是保障规则发挥其应有社会治理职能和行为引导功能的关键,甚至只有通过精细化的规则适用和以追求实质公正为目标的自由裁量,才能保障法律权威的整体实现。"法治的细节"既包括法治运行机制中的各种宏观层面和中观层面的要素,更包括规则具体适用所依赖的"标准、决定、程序、价值判断、程度和方式"。根据"木桶定律",法治的细节甚至构成了一个社会法治化水平高低的最重要评价标准。增强"全民法治观念",努力向社会输出规则和公平正义,不可能通过简单地对抽象规则的普法宣传就能够实现,正义是要"以看得见的方式"来实现的,而规则的权威性却要以"能感知、可衡量和可评价的方式"来落实。如果简单地以"抽象的正义"和"格式化的实体与程序"来具体落实规则文化,或许,规则的"好处未得"而"弊端已现"。而要在全社会当中普遍树立"崇尚规则"的权威社会治理理念,自然也就难以实现,"法治文明是政治文明中的核心内容,人道化、温情化的执法代表了法治文明的前进方向"[①]。

第二,以"规则文化"重塑权利观念,在全社会普遍确立社会主义的核心价值观。"规则文化"建设的目标在于为社会交往和公民行为提供明确的指引作用,但在转型社会不断呈现出高度"个体化"和"不确定性"的社会背景下,"规则文化"建设还要努力发挥引领和重塑社会核心价值观的功能,并集中体现在应对社会的正当诉求和权利冲突的实践当中。"规则文化"是一种制度性的文化形态,但由于社会的"高度市场化",可能出现不断挤压政府、组织尤其是个体的一种"非制度化运作"困境,即社会普遍发生"去伦理化"和"去道德化"的现象,并集中体现在社会核心价值观念缺失的深层次危机上。吴飞在研究中国农村妇女的自杀问题时发现,在传统礼治秩序的婚姻家庭结构发生瓦解之后,伴随着个体获得越来越多的独立发展空间和自由,农村妇女开始主张以人格独立和个体尊严为诉求的更多权利,并开始冲击到既

---

① 刘仁文:《司法的细节》,广西师范大学出版社2016年版,第352页。

有的婚姻家庭伦理观念，甚至婚姻家庭内部的"善—恶"之争，开始发挥其溢出性的社会负面效应，并波及社会治理的各个领域，"正是因为这越来越复杂的关系，人们之间的爱与怨会更复杂地相伏相倚，才使中国人陷入了中国特色的善恶之争当中"①。当然，在一个"压力传导型"转型社会治理背景下，近些年以来，中国农村妇女发生的自杀现象仍然属于"失范型自杀"的类型，而不属于"自利型自杀"和"利他型自杀"，但这种"失范型自杀"所折射出来的不仅仅是由于婚姻家庭成员个人人格的高度个体化并由此引发出权利冲突，而在"高度个体化"的背后反而形成了"高度依赖和互相看重"的婚姻家庭结构。由此，在婚姻家庭结构已经发生变化的时代背景下，如何以规则文化来重塑原本就已经"脆弱"的婚姻家庭秩序，尤其是如何重建婚姻家庭内部的伦理秩序和核心价值观念，就显得尤为迫切了。

规则文化是法治文化建设的逻辑基础，但规则文化建设更需要发挥其承载社会秩序和建构社会核心价值观念的社会职能。任何一个社会中的正当权利观念，都是建立在权利诉求能够实现并具有现实社会条件依托的基础之上来实践的。自然权利观念和法律权利观念之间，既相互支持，又相互制约。法律权利是一个社会中最基本权利的集合，并以实现某种良好的社会秩序观念和价值观念为依托，"权利至上"的法治原则固然重要，但主张绝对的权利观念，那么只会衍生出一个"斗争"的社会，而不会是一个"有机团结"的社会。规则文化对权利观念的重塑，是建立在以正式法律制度为基础的"权利确认"，以托起一个社会最基本的公平正义。不仅如此，以规则文化来重塑权利观念，更需要以"正当权利"观念来引导和确立社会的核心价值观念。在转型社会治理实践当中，权利观念和权利主张的内容主要涉及国家、社会和个人三个基本层面，社会主义核心价值观的基本内容，"富强、民主、文明、和谐，自由、平等、公正、法治，爱国、敬业、诚信、友善"，正是在上述三个基本方面的具体展开。彼得·斯坦和约翰·香德指出，"秩序、公正和个人自由"是法律制度的基本价值，但三者之间的平衡关系却非常微妙，法

---

① 吴飞：《自杀作为中国问题》，生活·读书·新知三联书店2014年版，第60页。

律所能实现的就是要求社会成员的道德信仰具有最低限度的"一致性",用马库利的话来说,"没有一个人根本不受法律的限制,也没有一个人绝对地处于法律的保护之下"①。在当前权利冲突的社会中,既需要通过规则文化的建设来重塑权利观念,保障正当与合法的权利受到法律的有效保护,更需要通过规则文化建设来确立社会主义的核心价值观念,以建构一个以规则文化和法治文化为基础的"有机团结社会"。

第三,以规则文化建设作为转型社会治理法治化的关键性评价标准。转型社会治理的法治化,既是一个过程,也是一个目标,更是现代社会治理体系建构和治理能力提升的着力点。转型社会治理法治化的过程,当然不可能仅仅局限于规则文化建设的层面,但规则文化建设无疑是观察和评价转型社会治理法治化程度的关键性评价标准,是转型社会治理体系建设和治理能力提升的支撑性条件。不仅如此,规则文化建设的水平,还是"全民守法"法治观念的集中体现,更是保障法治中国建设,按照法治自身的发生逻辑和成长逻辑,来具体展开的基本架构。

转型社会治理是国家治理和社会自我治理的双重展开和良性互动,而规则文化建设的内容,则涉及国家治理当中的规则文化建设、社会自我治理当中的规则文化建设以及国家与社会之间良性互动关系的规则文化建设。其中,国家治理中的规则文化建设,在宏观层面集中体现为国家权力运行机制的法治化,而在中观层面,则集中体现在立法机关立法权运行机制的法治化、政府依法行政的法治化、司法运行机制的法治化和法律监督运行机制的法治化等各个环节,以保障公权力合法和科学地行使,实现国家权力的自我治理,在"合法性"层面的深度建设,推进国家治理权威性的法治化进程。社会自我治理中的规则文化建设,主要涉及社会公共领域当中的治理,包括公共场所、社会组织、新闻媒体和公共交流平台等领域。社会公共领域当中的治理,既关涉国家治理权威向社会公共领域延伸治理的程度和延伸治理的方式,也

---

① [英]彼得·斯坦、[英]约翰·香德:《西方社会的法律价值》,王献平译,中国法制出版社2004年版,第43页。

关涉社会自我治理具体展开的平台,是凝聚社会共识、发挥公共政策决策和拓展个人发展空间的依托。对社会公共领域治理的法治化,既要保障个体和群体表达正当诉求,推进公共领域治理的能力和水平,也需要依法、理性和有序地积极参与,以释放社会公共决策的活力。国家与社会之间良性互动关系的规则化,则要努力通过确立国家治理社会的途径和方式,并进行规则化,积极引导社会展开自我治理,尤其需要通过对社会公共产品的供给,改善社会公共治理环境,有效化解不同社会群体之间的利益冲突和矛盾,建构公平、公正、公开和有序的社会公共资源再分配体系。王绍光指出,现代社会治理的"地基"由八大机制构成,即维护国家安全与公共秩序的强制机制,动员与调度社会资源的汲取机制,培育与巩固国家认同和社会核心价值的濡化机制,在数据与人、财、物之间建立对应关系的认证机制,维护经济与社会生活秩序的监管机制,确保国家机构内部的控制、监督与协调的统领机制,维护社会分配正义的再分配机制,将民众参与纳入制度化管道并协调不同利益的吸纳整合机制①。

  对于中国的社会转型治理,上述八大机制的建设,既是一个系统工程,更需要展开分类治理和多层次治理,并具体落实到规则化建设的水平和高度。法治中国建设的发生逻辑和成长逻辑,往往并不取决于对抽象规则的主张和对宏观法治的简单信仰,而取决于转型时期中国社会展开以现代社会治理为目标的实践创新,这既是法治中国建设的内在动力,也是法治中国建设实践的展开依据。因此,以规则文化建设作为转型社会治理法治化的关键性评价标准,目标就在于推进规则体系建构的内在依据,从传统礼治秩序向依据现代法律规则体系治理的法治秩序的转型,从传统社会管理向现代社会治理的转型,从单向度的行政治理向依据法律系统自我控制和发展的转型。正如何意志所言,中国法治文化的现代转型,"在竭力克服稳定时期的守旧倾向中,这种社会转型又从这些法律制度中感知到了一种努力,也就是说,这些法律

---

① 欧树军、王绍光:《小邦大治:新加坡的国家基本制度建设》,社会科学文献出版社 2017 年版,"序"第 5 页。

制度努力将转型期带入到一种新的稳定之中"①。

四、结语

对于当前中国的社会转型治理而言,"法治"总是承载了太多的理想目标和社会乡愿,但实现"良法善治"无疑是这些目标和乡愿的集中载体,而"法治中国"和中国社会主义法治文化建设,无疑是实现"良法善治"的现实依托和实践路径。法治是一种"践行规则治理的事业",我们信仰法治,是因为法治能承载某种理想的社会秩序和确立社会的核心价值观念,规则观念的树立和规则文化建设尽管不是法治文化建设的全部,但却是法治秩序建构的发生依据,并深层次地被嵌入转型社会治理的实践当中。

规则是法律规范意义的直接载体,并通过具体的法律、机制、程序、制度和权力来发挥其社会治理效果,规则文化则是这些具有一定抽象性的"法律、机制、程序、制度和权力"的具体化,并作用置身于其中的每一个社会个体,"法律意义的建构,一直是通过某种不可或缺的文化媒介才得以实现的"②。当然,在"规则与事实"之间,法治秩序建构也不可避免地要面对"冲突与妥协",但正如强世功所言,"作为国家权力的法律并不像光一样畅通无阻地直射于社会生活,而是在具体场景的权力关系网络的复杂运作中,在种种冲突和妥协中,以迂回曲折的方式触及到我们的社会生活"③。在转型社会治理实践中,强调规则文化建设的重要意义,无疑就是要努力通过法治途径,将各种社会冲突和矛盾化解到最低程度,以形成某种理想的法治社会治理秩序。转型社会治理的法治化,正是建立在法治中国建设的这种发生逻辑当中,并渐次展开。

---

① [德]何意志:《法治的东方经验》,李中华译,北京大学出版社 2010 年版,第 393 页。
② [美]劳伦斯·罗森:《法律与文化》,彭艳崇译,法律出版社 2011 年版,第 1 页。
③ 强世功:《法制与治理》,中国政法大学出版社 2003 年版,第 134 页。

国家治理视野下的婚姻家庭制度变迁*
——以建国后三部《婚姻法》为重点的考察

雷明贵**

摘要： 婚姻家庭关系因与人口治理的内在关联，成为国家治理的重要对象。考察建国以来我国《婚姻法》的多重变迁可以发现：人口再生产及亲养责任是国家治理的立足点；为平衡个人权利主张与家庭责任，婚姻自由原则的内涵经历了变迁；国家法对家庭的基本构想呈现出系统性转变；《婚姻法》的核心任务从巩固妇女解放的政治目标向服务于小而美的家庭共同体建设转变。随着国家治理现代化的逐步推进，婚姻家庭制度也将因其承载的人口再生产职能而受到更进一步的规制，预示着婚姻家庭制度的变革即将到来。

关键词： 国家治理　婚姻法　社会变迁

国家治理实践既是对社会变迁的回应，也是社会持续变迁的重要影响因素。国家治理体系和治理能力现代化不仅仅涉及权力关系、权力体系的重要变革，也会影响到作为社会生活细胞的家庭，甚至会与家庭这一社会设置进行双向嵌入。站在国家治理视野下思考婚姻家庭制度的变迁，为我们理解当前相关领域制度变革、预测家庭社会政策的走向提供了可能。

一、导言：婚姻家庭制度与基于人口的治理

人口是国家治理的基础要素。基于对人口增长状况的判断，从 2016 年元

---

* 本文系中央社会主义学院统一战线高端智库课题"网络社会背景下新的社会阶层与社会治理研究"（课题编号：ZK20170125）阶段性成果。

** 作者简介：雷明贵，湖南省社会主义学院副教授，博士，主要研究领域为社会学、统战理论。

旦起，新修订的《人口与计划生育法》施行，该法明确提倡一对夫妻生育两个子女，这意味着实施了30余年的计划生育政策出现重大调整。但在现有家庭政策体系未作系统调整的情况下，人们的生育意愿和生育行为之间会存在较大偏差。原卫计委曾预测2016年全年中国出生人口将超1 750万人，但据国家统计局2016年末公布的数据来看，"全面二孩"政策实施一年来，全国人口自然增长率仅比上年提高0.9个千分点。这在一定程度上说明，人口是国家治理的切入点，但要其发挥作用，尚需其他配套政策体系，特别是婚姻家庭政策的支撑。

国家启动全面二孩政策的基本初衷有三：一是贯彻以人为本的理念，改善家庭人口结构，显著增强家庭抵御风险能力和养老照料功能，更好地促进家庭幸福与社会和谐；二是稳定适度低生育水平，促进人口长期均衡发展；三是保持合理的劳动力数量和结构，促进经济持续健康发展。该项政策出台的目标是分层和多元的，但政策要真正发挥作用，与包括婚姻家庭政策在内的系列配套政策关系甚大[①]。由于家庭是人口再生产和代际传承的重要中介，正是在人口这一关键因素的基础上，家庭、婚姻的重要价值才进一步突显。

二、国家治理立足点：人口再生产与亲养责任

家庭是社会的细胞组织，如果没有人口的再生产，这一细胞就会因时间流逝而逐渐消失。婚姻是人口生产的重要前置条件，以婚姻为基础的家庭是人口生产的基本单位，国家现有婚姻家庭制度的设置即以此为基础。

"人口是社会生活的主体，是社会生存的基础，是社会发展的动力。"[②] 19世纪法国社会学家、思想家孔德曾说过："有什么样的人口，就有什么样的国家。"一个个活生生的人，在国家治理的数目字体系中，变成了一个个会引发诸多变量的数字，而这些数字又是国家相应政策制定、调整、改革的基本前

---

① 许莉：《生育政策对婚姻家庭的影响及对策》，载《中华女子学报》2015年第6期。
② 方旭东：《家庭与社会——一项西方社会思想史的探索》，载《学术界》2016年第6期。

提。中共中央、国务院《关于实施全面两孩政策改革完善计划生育服务管理的决定》指出，人口问题始终是人类社会共同面对的基础性、全局性和战略性问题。我们也就很容易理解为何三部《婚姻法》中有关父母子女关系的条文均居重要地位。

1980年的《婚姻法》出台，既与改革开放对"轻装上阵搞建设"的国家需求有关，也与建国以来关于人口在国家治理中的地位认知有关①。该法相对于1950年的《婚姻法》来说最重要的修改在于增加了"夫妻双方都有实行计划生育的义务"。在经历了"大跃进""文革"等艰难时期之后，80年代初随着改革开放的推进，城市和乡村居民的生活都有了重大改进，秉持"养儿防老""多子多福"观念的中国人生育意愿和积极性大涨。而为了推进改革开放的进程，全国上下必须以发展为要务，"人口多"被作为一个需要解决的社会问题提出，并最终以"计划生育"基本国策的形式确定下来。在这样的背景下，《婚姻法》作为规范人口再生产的基本法律发挥实效，与其他配套政策发挥组合拳作用，在控制总人口和生育率方面富有成效。

在经历了20余年的实践之后，1980年的《婚姻法》在实施中遇到了瓶颈，社会对婚姻的关注从人口变为婚姻关系的质量。即使如此，1980年的《婚姻法》也规定了"孙子女、外孙子女与祖父母、外祖父母之间相互扶养的责任"，这一方面是对传统家庭义务的阐扬，另一方面也回应了在"独生子女"政策之下已经初现的养老风险。

在经历了人口持续增长之后，至2012年我国劳动年龄人口比上年减少了345万人，这是多年增长之后的首次下降。而与此同时，来自东南沿海地区劳动密集型企业的民工荒已经出现了好几年。人口的趋势性变化会对经济社会发展产生全面、深刻、长远的影响，从"十二五"时期以来，我国人口发展的内在动力和外部条件都发生了较大变化：一是人口总量增长势头明显减弱，

---

① 毛主席提出："在世间一切事物中，人是第一个可宝贵的。在中国共产党的领导下，只要有了人，什么人间奇迹也可以造出来。"领袖的倡导与民间"人多力量大"的观念一起，共同促成20世纪50年代"光荣妈妈""英雄妈妈"及随之而来的"婴儿潮"，从1950年至1970年间我国人口以20.6‰的速度增长，对经济发展构成巨大压力。

老龄化程度不断加深；二是家庭规模小型化，养老抚幼功能弱化；三是人口红利减弱，劳动年龄人口和育龄妇女开始减少，以人力资本为核心的国际竞争优势可能会消失。而与之相伴随的是群众生育观念也发生重大转变，少生优生成为社会生育观念的主流。这些变化对人口安全和经济社会发展带来了新的挑战，也构成了未来婚姻家庭制度变革所需要面对的重要背景因素。

三、治理话语变迁：从"婚姻自由"原则说起

尽管人口对国家治理具有基础性作用，但以婚姻家庭关系为主要规制对象的《婚姻法》却不得不把婚姻关系特别是随之产生的家庭关系作为重点，人口再生产和亲养责任的要求也嵌入其中。在此我们可以检视婚姻法的基础原则即"婚姻自由"原则，分析国家治理在婚姻家庭制度领域的变迁。

"婚姻是个体私事"的观念并不是从来就有的，相反它是一个建构的过程。"婚姻自由"永远只是相对的，但到底附加了什么样的条件，则随着时代发展、社会变迁而有些许变化。对我国这样一个家族文化传统源远流长的国家来说，如孟子所言"天下之本在国，国之本在家，家之本在身"，婚姻关系的重要性在代际传承中才能充分体现出来，所谓"强家国安天下"。随着妇女解放运动的兴起及个人权利的张扬，婚姻关系才渐渐移向"私领域"。这一点在建国后首部《婚姻法》当中亦有体现。

1950年的《婚姻法》确立了婚姻自由的原则。该法第一条规定："废除包办强迫、男尊女卑、漠视子女利益的封建主义婚姻制度。实行男女婚姻自由、一夫一妻、男女权利平等、保护妇女和子女合法权益的新民主主义婚姻制度。"对婚姻自由限制性条款体现在"禁止结婚"的情形当中，如"为直系亲属，或为同胞的兄弟姐妹和同父异母或同母异父的兄弟姊妹者；有生理缺陷不能发生性行为者；患花柳病或精神失常未经治愈，患麻风或其他在医学上认为不应结婚之疾病者"，这些都是与婚姻内在要求及婚姻的生育职能相悖的情形。根据当年对司法实践中离婚事由的考察，发现20世纪50年代受理的离婚案例多以反抗封建包办婚姻、争取婚姻自由为主；60年代则多以反抗夫

权至上、争取夫妻平等为主；70 年代多以性格不合、经济纠纷及政治原因为主——婚姻自由所指向的对象发生了变化。

1980 年的《婚姻法》在坚持婚姻自由原则的同时，又对此原则进行了限定，如将"感情确已破裂"作为准予离婚的法律原则。除此之外，1980 年的《婚姻法》还增设了有关"禁止买卖婚姻"条款，作为对市场经济嵌入婚姻家庭关系并对婚姻自由构成冲击的有效回应。关于"感情确已破裂"条文入法，是在《婚姻法》修改中对两种针锋相对观点进行调和的结果。针对"男女一方坚决要求离婚的，经区人民政府和司法机关调解无效时，亦准予离婚"条款，有一种观点认为"情感是维系婚姻的伦理契约"，如果感情破裂应准许离婚；另一种观点则认为"一方要求离婚，理由正当的，准许离婚；理由不正当的，不准许离婚"，所谓理由不正当，主要指第三者插足等。在最后修改审议的过程中，将"调解无效"更改为"感情确已破裂，调解无效"，并对上述两种争议观点作了吸收，将"感情"作为婚姻的基础性要素。此举旗帜鲜明和有限度地保护了婚姻自由，却也对司法实践提出了更高的要求。

2001 年的《婚姻法》及随后十多年的司法实践则将婚姻自由重点落实为"离婚自由"。其基本背景是市场经济释放了人性恶的一面，自由主义、个体利益至上的观念使得现实婚姻关系倍受重创。因而《婚姻法》修改最直接的口号是"保卫婚姻""保卫家庭"，同一时期火爆的影视作品也反映了此种社会现实。针对破坏婚姻自由的情形，在总则中增设了"禁止有配偶者与他人同居""禁止家庭暴力"条款；增设了无效婚姻和可撤销婚姻的规定；对离婚的法定理由增设了若干列举性、例示性的规定，保护了离婚自由。最为重要的变化是在家庭财产关系方面的新规定：在夫妻财产制上，一是改进了原有的法定夫妻财产制，分别列举了法定夫妻财产制中双方共有财产和一方个人财产的种类和范围；二是规范了夫妻财产约定，包括约定的内容、形式和效力等。这些关于夫妻财产关系的规定及随后最高人民法院出台的三个司法解释，降低了人民法院在判决离婚案件过程中分割财产的难度，也使得离婚中的调解变得不必要和不可能。

总体来看，《婚姻法》关于"婚姻自由"的规定最初是作为个体反抗封建家长制的成果出现的,最终却变成极度个人主义的婚姻契约之前置条件。对维护家庭这一社会设置的根本要求体现得不够充分,至少在司法实践中是如此①。

四、治理的理想图景:婚姻法关于"家庭"的基本构想

国家关于婚姻家庭的构想是婚姻法的基础。人口再生产的职能要通过家庭这个社会细胞来完成,因此国家基本法律对于家庭这一社会设置应有一些基本的观念,也就是在婚姻家庭制度建立之初,对婚姻家庭的理想状态应有一个基本的构想。建国后的三部《婚姻法》对于家庭的观念经历了一个变化过程。

从字面来看,1950年的《婚姻法》与后两部《婚姻法》条文并无太大差异,该法对家庭的基本构想也初具现代婚姻的雏形。但这些今天看起来平平常常的条文内容,在当时是比较激进甚至是冒天下之大不韪的:其家庭被构想为"两性特别是女性反封建的重要场所",力求破除封建家长制,确立了国家对婚姻与家庭的规制权威。它试图改变传承了数千年的"男尊女卑""家族优先"传统,对当时社会的婚姻家庭关系造成了巨大的冲击,引发了诸多的社会争议。不仅如此,由于法律文本和社会生活之间的巨大反差,对法律实施特别是离婚司法提出了极高的要求,并促使婚姻家庭案件调解成为我国司法调解新传统的重要样板。

1980年的《婚姻法》中的家庭则具有了"家庭联产承包责任制生产组织"的形象。在家庭中夫妻双方"都有参加生产、工作、学习和社会活动的自由",都有实行计划生育的义务,核心家庭成员是社会主义建设者和社会再生产的延续者。家庭以经济生产组织、社会合作组织的形象出现,服务于社会主义国家的经济建设。这一时期,由于受计划生育政策影响的新生人群尚在成长期,降低了新生家庭的抚育成本,养老的任务也被多个子女家庭所分担。

---

① 雷明贵:《社会变迁背景下的离婚方式分析》,载《湖湘论坛》2008年第5期。

因此这一时期的家庭承担了生产合作组织的重要功能，是"联产承包责任制"等制度的重要承担主体，也是中国经济起飞的支持力量。

2001 年的《婚姻法》修正案中的家庭则变成了"基于契约的临时团体"。这部《婚姻法》修正案在肯定婚姻自由的同时，以"保卫家庭"为己任，对"威胁家庭的第三者"作出了否定性评价。不过此时的"家庭"已经从"共系一生的生活共同体"向"以婚姻契约组建的临时团体"转变。此点在《婚姻法》关于夫妻财产制度的规定以及三个《婚姻法》司法解释中体现得非常明显[①]。

从现实状况看，司法实践中很难单纯按照感情破裂或共同财产平均分配的法律规定来判案，而必须全方位地思考家庭问题。比如考虑普通家庭妇女对家庭的贡献主要体现在照料小孩、赡养老人、操持家务等事务性活动中，而这些活动的经济贡献很难用货币来衡量。而随着房产价值的快速上升及离婚时与房产相关争议的不断加大，离婚案件的调解和判决都变得非常困难。正是应对判离和调离难度增大的挑战，2001 年的《婚姻法》之后出台的三个司法解释将重点放在了对共同财产、个人财产的界定上。

共同财产及建基于其上的对家庭成员的责任，是婚姻家庭制度的立足点。婚姻关系是独立的个体以协议方式建构的，但一经建立其又具有超越个体的特性。婚姻家庭制度也是如此，要保护个体自由，但又要有超越个体自由的价值取向，这是婚姻家庭制度建构其理想图景时所必不可少的考量因素。

五、进一步探讨的问题

婚姻家庭对国家治理来说具有多重意义，它既是人口再生产的单位，也是文化传承的载体、性别关系的重要场域。基于此，后续的研究可以从以下

---

① 强世功：《司法能动下的中国家庭——从最高法院关于〈婚姻法〉的司法解释谈起》，载《文化纵横》2011 年第 1 期。

几个方面但不限于这些方面进行：

其一，通过法制实践考察婚姻家庭在国家治理网络中的地位。针对婚姻生活逐渐走向私人领域的现实，笔者曾提出"作为一种社会设置的家庭，其已渐趋私人化。不再是政治组织网络的一部分，而是目前已成为一个消费团体和生活实体，人们在家庭中主要是寻找慰藉"①。然而，由于人口在国家治理中的重要地位，以及家庭在人口再生产、文化再生产以及养老方面的功能被正视，婚姻仅仅成为个体私事几为不可能。相反，在婚姻法律条文没有大的变动的情况下，司法解释、家庭政策的调整也会对婚姻家庭关系的现状产生重要影响，并一起构成我国婚姻家庭制度体系的重要组成部分。因此，考察婚姻法司法解释及有关家庭政策的调整，也不失为理解国家治理对婚姻家庭制度影响的一种重要途径。

其二，要关注一些具体规范的未预期后果。由于婚姻家庭关系与其他社会关系及社会设置之间的复杂联系，涉及婚姻家庭关系的细微调整可能会带来一些意料之外的后果，并与婚姻家庭制度的初衷相悖离。如夫妻财产制度的规定就是如此。2001 年的《婚姻法》一改 1950 年的《婚姻法》所确定的"同居共财"制，规定了"夫妻共同财产"与"个人拥有的财产"。在财产的天平上，个人自由与家庭稳定第一次向有利于个人自由的方向倾斜，家庭稳定的最后防线也开始动摇。这些具体的规范强化了婚姻的"个体契约"的特质，使离婚特别是通过诉讼离婚变得更简单，客观上会增加幼年人口所面临的养育风险，给社会发展带来不可预知的负面影响。正是认识到财产在婚姻关系中的重要地位，《婚姻法》司法解释第二十四条进行了相应修正②。

其三，要关注与婚姻家庭关系相关的具体政策对性别平等的影响③。"全面二孩政策"的出台，一方面回应了国人生育的意愿，给希望"儿女双全"者提供生育机会；另一方面也有助于缓解中国人口红利不再的现实压力，为经济社会的可持续发展提供稳定的人口支持。但由于承担生育责任的主要是

---

① 雷明贵：《〈婚姻法〉中的社会变迁》，载《行政与法》2011 年第 6 期。
② http://news.sina.com.cn/o/2018-01-17/doc-ifyqtycw8697672.shtml.
③ 靳永爱：《构建适合国情的家庭政策体系》，载《中国社会科学报》2017 年 3 月 22 日。

女性，其在女性职业选择及女性地位方面可能造成的影响，尚需要持续深入的研究。不仅要关注人口再生产、家庭稳定等社会议题，也要关注女性群体可能面临的就业歧视问题甚至女性地位下降的可能性，这是性别研究学者所要重点跟进的。

司法改革背景下法官正向激励机制研究

孙　婧　陈仁淋[*]

摘要： 建立健全法官正向激励机制是一个系统工程，在注重顶层设计（科学化）、统筹规划（系统化）、综合运用（多元化）、上下联动（动态化）、量体裁衣（差别化），从思想政治和组织保障、用人导向和交流晋升、考核评价和适当容错、权益保障和职业规划、待遇保障和典型弘扬、知识更新和视野开拓、情感关怀和退休优待等方面进行完善，增强广大法官的进取心和职业尊荣感，充分激发其内生动力。

关键词： 司法改革　法官队伍　正向激励

一、司法改革背景下建立健全法官正向激励机制的重要性

法官正向激励机制是对法官行为进行正面强化，使法官以一种愉快的心情继续其行为，并进一步调动其积极性和创造性，是新形势下组织部门加强法官队伍建设的有效手段，是激发法官执法办案、干事创业的迫切需要。因此，新时期建立健全法官正向激励机制具有重要性和必要性。

（一）建立健全法官正向激励机制是全面推进法治中国建设、维护国家司法尊严的迫切需要

法官是全面推进依法治国战略的最为重要的主体和生力军，法官队伍影响着依法治国战略的实施，影响着中国特色社会主义法治国家的建立。法官

---

[*] 作者简介：孙婧，法学硕士，上海市高级人民法院法制宣传教育处处长；陈仁淋，法学硕士，上海市高级人民法院法制宣传教育处干部。

背负着法律的尊严，肩扛着社会的公正，是建设社会主义法治国家、实现依法治国基本方略的中坚力量。因此，维护国家法律权威和司法尊严，必须建立健全法官正向激励机制，提升法官的职业尊荣感。

（二）建立健全法官正向激励机制是全面深化司法体制改革的内在要求

全面深化司法体制改革的一个重要目标就是要通过完善各种司法体制机制来保障法官的职业权益，增强法官的职业尊荣感。从另一方面来说，增强法官的职业尊荣感也是深化司法体制改革的重要途径和内在要求。因此，建立健全法官的正向激励机制，既有利于推进以审判权为中心的诉讼制度改革，同时也是建设好法官队伍的有力抓手，有利于降低法官的履职风险和外界干扰，保障法官依法行使宪法和法律赋予的审判权，不受其他行政机关和社会组织的干扰。

（三）建立健全法官正向激励机制是实现让人民群众在每一个案件中感受到公平正义的题中之意

十八大以来，新一轮的司法体制改革致力于解决制约司法能力深层次发展的问题。宏观上，要解决好影响司法公正、司法公开等方面的问题；微观上，要解决好法官队伍建设的具体问题，建设一支忠于党、忠于国家、忠于人民、忠于法律的社会主义法治工作队伍。当前正在开展的新一轮司法体制机制改革，为司法人事管理制度的深层次改革提供了现实可能和绝佳契机。以建立健全法官正向激励机制为切入点，引导法官向积极干事创业的方向发展，充分挖掘法官的审判潜能，使法官秉公执法、依法办案，维护经济社会民生，解决好人民群众的切实利益，实现好"让人民群众在每一个案件中感受到公平正义"的目标。

（四）建立健全法官正向激励机制是尊重司法运行规律、提升法官职业尊荣感的必由之路

建立健全法官正向激励机制是司法运行规律在司法人事管理制度上的反映和实践，通过理顺法官正向激励机制，强化法官对自我价值和集体价值的认知、认同，使他们怀有统一的理想信念、共同的价值追求；能让全体法官队伍养成全面的能力素养、过硬的职业道德，享有崇高的职业尊荣、安全的职业环境；能让法院的整体工作得到社会的普遍的认同，法官有工作成就感和职业尊荣感，实现"让法官更像法官、让法院更像法院"的目标。

二、当前法官正向激励机制建设面临的问题及原因分析

在当前新形势下，法官正向激励不同程度地存在一些亟须应对的挑战和问题。

（一）物质激励扩容量不大

相较于经济社会的不断发展和人民生活水平的逐步提高，目前先进典型表彰奖励的物质奖励标准已经 10 多年没有提高。根据国家统计局的数据显示，从 2004 年至 2016 年，反映社会发展程度和人民生活水平的上海市社会平均工资已经从 24 396 元增加到 71 269 元，增长幅度为 292%。而目前实施的《公务员奖励规定（试行）》（中组部、人事部 2008 年发）已执行超过 8 年、《人民法院奖励暂行规定》（最高人民法院、人事部 2004 年发）已执行超过 12 年，物质奖励的标准均维持在原有水平，物质奖励对于法官办案的激励功能在弱化，激励成效在减少，从问卷调研的情况看，超过 1/3 的法官表示，对创优争先抱着无所谓的态度，对先进荣誉的期盼不足。

（二）精神激励含金量不够

从评先评优的工作程序来看，21.4% 的法官认为，近年来对先进的评选过多尊重民主推荐的结果，而民主推荐存在的感性因素较多，缺乏理性比较，大家往往推荐关系较好或老好人之类的同志，忽视专心干事的同志，由此导致评先评优公认度趋于淡化；从评先评优的成果运用来看，部分法院仅把表彰奖励工作作为一项阶段性任务，在运用文件通报、点名表扬、媒体展示等方式提升获奖法官的尊荣感之外，达不到深挖先进典型、促进队伍建设的作用，也缺少将个人荣誉向集体荣誉延伸扩容的有效措施，5.2% 的法官认为表彰奖励"华而不实"，对自己的工作、生活来说无关紧要，部分法官表示对创优争先抱着无所谓的态度，对先进荣誉的期盼不足，致使部分单位在评先评优方式上，或"轮流坐庄"，或"按资排辈"，或固定在少数部门和同志中。

(三）择优善任机制待完善

开展法官在职务、等级等方面的晋升，是激励法官的重要手段。但是从系统规划来看，法官选拔任用系统规划不够明晰，需要按照司法改革的要求，进一步突出战略性、前瞻性、针对性和实效性，制定法官培养的中长期规划和具体方案，通过加强顶层设计，优化法官成长成才的良好氛围；从教育培训来看，在整体性设计、分层次实施方面，对于法官的教育培训还要更好地适应区域经济社会发展和司法改革的变化，进一步贴近法官的成长规律；从等级晋升来看，要进一步完善按年限晋升和择优选升相结合，充分利用选升额度资源，充分调动法官的积极性。

（四）考核评价体系不健全

有的考核评价指标不够规范，对法官的考核评价还停留在排名排序的做法，一味追求过高或过低指标；有的考核评价方法不够客观，长期以来对不同案由、不同类型案件采取统一标准评判、简单地用绝对数量来评估办案量甚至评优评先的情况；有的考核评价对于院庭领导层面和法官个人层面的考核目标没有区分，易造成部门内部的"好人主义"，形成"吃大锅饭""加人情分"等不良考核习惯，导致对个人的考核流于形式。

（五）情感激励运用不充分

对法官开展情感交流，能及时了解干部的思想动态，排解干部的负面情绪，激励干部干事创业的热情。但是在实际工作中，有些法院把情感激励当作应付差事和交账来对待，千篇一律，例行公事，顾及颜面，忽视问题；有的法院不注意了解激励对象的不同身份特点、性格气质，采用同一种谈心谈话方式，对参加工作不久的年轻法官，对参加工作多年或在一个岗位工作时间较长的中年法官，对在生活方面遭遇重大变化或遭受困难挫折的法官，没有采用不同的情感交流方法；有的法院在情感交流时把握时机不够好，没有在了解谈话对象的基本情况、主要问题、性格特点和心理状态的基础上有针对性地谈出实效。

（六）试错容错尚未制度化

一是试"错"理念有待鼓励。在改革攻坚中，允许试错、宽容失败还没有成为社会共识,特别是对于一些没有法律规定的新型、疑难、复杂案件,如何鼓励法官从遵循立法原意、公报案例等原则出发,创新性地作出判决,还没有形成比较好的氛围。

二是识"错"标准不够细化。创新性审判可能出现的错误没有确定标准,应该把因缺乏经验先行先试出现的失误与明知故犯行为区别开来,把国家尚无明确规定的探索性试验与国家明令禁止后的有规不依区分开来,把为推动改革的无意过失与为牟取私利的故意行为区别开来。

三是容"错"机制尚未建立。对于认定错误的程序、原则、责任部门等都未予以明确。

(七)法官权益保障未到位

近年来,少数当事人无视法庭纪律,当庭冲撞法官,扰乱法庭秩序;少数被执行人无视生效判决,以暴力形式抗拒执行;还有极少数违法分子,妄图通过跟踪威胁、侮辱伤害法官等极端手段来影响案件判决结果或者报复法官。例如2016年发生的北京马彩云法官被害案件,在社会上引起了十分强烈的影响。从中可以发现,一是法官职业安全保障体系待构建,法官权益保障机构还不够健全完善,慰问受侵法官的职能作用发挥得不够,维护法官权益的工作队伍还没有系统建立起来;二是权益保障支撑力量待整合,与地方相关部门的联系共建机制还建立得不够完善,主动争取地方党委、政府、政法委以及其他上级部门的支持还不够。

三、司法改革背景下建立健全法官正向激励机制的基本遵循与对策建议

法官的正向激励机制是一个系统工程,由激励对象、激励目标、激励手段及激励运作程序等要素构成一个互相联系的动力系统。完善正向激励机制,就是在维持现有政策体系完整性的基础上,从目标、物质、精神、任职、情感、容错激励等各个层面进行完善。通过激励机制的实施,调动广大法官的主动性、积极性和创造性,增加他们的进取心和职业尊荣感,充分激发他们

的内生动力。

(一) 建立健全法官正向激励机制的基本遵循

1. 顶层设计，建立科学化的法官正向激励机制

一是科学建立目标激励体系。一个人只有不断启动对高目标的追求，才能启动其奋发向上的内在动力。所谓目标激励是指将法官个人目标与组织目标协调一致，使其自身利益与集体利益相吻合，从而最大限度地调动他们工作的积极性。在目标设置上，要体现针对性，充分考虑不同法官等级、不同地区、不同层次、不同背景的差异。目前要重点研究与现代化目标体系相统一的目标体系。在目标制定方法上，要体现务实性，要根据最高人民法院司法改革的要求和部署的重点工作任务，拟定考核目标，让目标有一定的超前性和难度，经过努力可以完成。在目标评价上，要体现科学性，考核内容和标准的设置，能定量的定量，难于定量的，可进行定性分析比较，以较好地反映出工作实绩，最大限度地减少主观随意性。

二是科学实施目标考核。要综合运用审判质效指标来科学实施目标考核。首先是指标结构要更趋合理。将审判质效指标调整为约束性指标、指导性指标与参考性指标三类。约束性指标指在法律规定内应尽最大可能推动向好发展的指标，如一审和二审改发瑕疵率、生效案件改发率等；指导性指标指在参考性指标的基础上需进一步提升相关质效数据的指标，如同期结案率、18个月以上未结案数、一审和二审开庭率、案均执行标的清偿率、调解撤诉率等；参考性指标指导业务庭向合理区间努力的指标，也作为审判运行态势分析的重要参考。其次是指标要求要增添韧性。对各项指标增加合理区间，引导其在一定区间内变动，以使质效指标管理更符合审判工作规律，更具柔韧度，防止产生唯指标、唯数据的倾向。再次是指标管理要更人本化。提倡以人为本，积极赋予法官自主管理权。如对涉及一审未陪审、二审未开庭、申诉未听证、未当庭调撤等常态化工作的审批事项取消或尽可能降低审批层级。

三是科学运用目标考核结果。把考核结果作为调整法官员额进出、领导干部职务、级别和工资以及奖励、培训等方面的依据，对德才兼备、实绩突出、作风良好、群众公认的法官，要予以一定奖励和重用；对那些心浮气躁、

人浮于事，达不到入额法官办案要求的法官，要果断予以调整，从而形成鼓励法官干事业、支持法官干成事业、激发法官干好事业的良好环境。

2. 统筹规划，建立系统化的法官正向激励机制

一是把严格管理法官和热情关心法官结合起来。加强法官的思想作风和业务能力建设，在强化法官廉政教育和日常管理的同时，更加关注法官的身心发展，优化法官干事创业环境，倡导法官健康工作、快乐生活，增强法官队伍的凝聚力、战斗力和向心力。

二是把正向激励机制与其他管理机制结合起来。坚持正负激励并用。奖励和惩罚是激励中的两项基本措施，两者对立统一。赏罚分明、奖惩并举，才能有效地防止和纠正违法违纪和失职行为的产生。当前少部分法官中存在"不求有功，但求无过"思想，说明针对不同的法官，仅用福利、晋升、表扬等正激励手段是不够的。"响鼓还须重锤敲"，应该合理运用一些负激励手段，通过给予足够的压力，对被激励法官产生警示作用，从而激发其积极性和潜能，变压力为动力。

三是把常规性激励与即时性激励机制结合起来。既要重视年度的常规性激励项目，也要根据法院的工作安排和案件的审理需要，及时安排一些专项性奖励激励，激励法官在专项工作中的突出贡献，克服年度常规性激励的不及时和有限力度，实现专项专奖，更好地激励法官干事创业的动力和热情。

3. 综合运用，建立多元化的法官正向激励机制

单一的激励手段往往起不到良好的激励作用，只有根据干部的自然需要与社会需要，系统设计激励措施，有机、综合、同步地实施，才能取得最大的激励效果。

一是坚持物质激励与精神激励并重。物质激励是前提，但是对干部而言，物质激励的作用往往很有限、不持久。精神激励相比物质激励属于更高层次的激励，精神激励的良好运用可使激励更具长期性和有效性。因此，设计和实施法官激励机制时，不仅要注重物质利益和工作条件等外部因素，也要注重精神激励，给予法官表扬和认可，关心他们的成长、发展、晋升，使之干有奔头、心情舒畅。

二是坚持正向激励与容错激励并重。既要积极鼓励法官办好案件，又要给予法官适当的自由裁量空间，在发挥法官主动性和保护法官积极性上达到统一。法官、合议庭办案责任分为案件差错责任和违法审判责任。案件差错责任是指在审判工作中，因过失导致案件的程序、实体、法律文书等方面产生错误而承担的责任。违法审判责任是指在审判工作中，故意违反法律、法规，或者因重大过失违反法律、法规造成严重后果应当承担的责任。因审判人员在职责范围内对办案质量终身负责，故对办案责任的认定与追究应慎之又慎。当然，对于违法审判责任的追究应严格遵循相关规定，绝不姑息。对于案件差错责任的追究，为使法官能从重压下解脱出来，应适时建立法官责任豁免制度。法官是否需要承担办案差错责任，需要回溯到办案当时的具体环境作出客观公正的考量，不应简单根据事后认知、社会舆论等作为追究责任的依据。

4. 上下联动，建立动态化的法官正向激励机制

在制定法官激励政策措施时，应把权限下移、重心前移，合理给予基层法院权限，发挥基层法院的激励作用。

一是管理权限向下移，实现权力责任统一化。基层法官大量的工作是从事案件审调，直接面对群众，解决实际问题。实行管理权限下移，充分相信基层法官，放手让他们干。要强化基层法院特别是派出的人民法庭在维护稳定、推动辖区经济民生发展方面的职能，做到权、责、利的统一。

二是考评指标向下延，促进考评指标效用化要科学确定考评主体，形成对考评对象及办案效果全方位、多层面的立体透视。要把事实认定的正确性、法律适用的准确性、社会影响作为法官绩效考核的重要杠杆。

三是选人眼光向下看，推动法官晋升灵活化。要完善基层培养选拔法官及领导干部机制，把从审判实践中、从改革发展稳定第一线选拔法官的做法经常化、制度化、规范化。要进一步健全法官交流的长效机制，形成高、中院与基层法院法官双向交流、重要岗位定期交流、同一职位任职时间长的轮岗交流的良性循环，还可采取下派任职、挂职锻炼、参与重点工程等方式，拓宽交流渠道，扩大交流范围，以增长法官阅历，积累工作经验。

5. 量体裁衣，建立差别化的法官正向激励机制

实施激励措施，如果没有认真分析需求，对所有人采用同样的激励手段，结果将适得其反。只有在公平公正原则上加以灵活变通，才能使激励制度达到最佳效果。

一是坚持公平公正原则，兼顾差异适用激励。激励机制的设计不是针对法官队伍中的部分特殊群体，而应涵盖法官队伍的所有环节和层面，在惠及所有法官的前提下体现公平公正的精神，任何激励措施的制定和执行也都必须做到公平公开。在此基础上，还要坚持因人制宜、差异适应原则。不同性格气质、不同工作类型的法官，处于自身不同的发展阶段，其激励源是千差万别的：有的希望职务晋升，有的谋求审判专业水平上有所成就，有的则追求其他荣誉等。所以，在制定激励措施时，必须考虑到法官个体的差异性和多变性，让每个法官都可以根据自身不同诉求，找到一个适合发挥自身优势、能够产生激励作用的发展方向；在实施激励措施时，也要因人而异选择应用不同的激励手段。

二是坚持组织考察为主，尊重个人选择为辅。在拟对法官给予激励时，一般应以组织综合考察后予以激励为主，但在一定条件下可以适当听取法官的个人意见，尊重其个人选择。特别是在领导职位选任上，要适当听取法官个人意愿，避免组织所任非法官所愿，导致法官对组织选任的岗位力不从心的情况出现。

三是坚持适时适量激励，灵活运用超前引导。"适时"即激励应及时，在法官符合激励条件时应及时予以奖励，避免"过期"奖励，挫伤法官的积极性。"适量"即激励的幅度应基本符合法官所作的贡献。但在适时适量激励法官的同时，激励也可以具有一定的前瞻性，给予法官更大的发展空间和长才空间。

(二) 建立健全法官正向激励机制的着力抓手

1. 思想政治激励给"定力"，组织保障激励给"合力"

思想激励要激发出法官积极性，必须不断探寻有效的激励措施，建立完善的激励机制。坚持严格要求与关心爱护相结合，既要在思想上加强管理监督，强化法官责任意识，解决法官认识层面的问题；又要在组织上重视对法

官的人文关怀、情感关怀,按照尊重人、爱护人、服务人的要求,从生活上关心法官,帮助法官解决实际问题,解决后顾之忧,从思想上关心法官,及时了解法官的思想动态。在他们处于顺境时,组织要经常提醒戒骄戒躁;在他们遇到困难和挫折时,组织要给予热情帮助、积极鼓励;在他们受到不公正对待时,组织要敢于说公道话,维护正义,及时给予法官充分的权益保障,最大限度获取法官的情感认同,使法官潜心工作,全面激发法官的创造活力和工作潜能。

2. 用人导向激励给"引力",交流晋升激励给"拉力"

科学的用人导向能够最广泛地调动法官的积极性,是激发法官活力最重要、最根本、最明显、最直接的激励措施。必须始终坚持正确的用人导向,拓展拓宽法官晋升空间,不断完善法官选任机制,探索法官实绩管理,以实绩、政绩决定法官的进退留转、升降奖惩,改变"干多干少一个样,干好干坏一个样"的怪象。在法官队伍中形成想干事、肯干事、干成事、有为才能有位的风气和导向,让想干事的人有机会、能干事的人有平台、干成事的人有地位。同时,要加大法官交流力度,扩大交流范围,通过新进人员下基层锻炼、入额法官基层实践、优秀中青年法官轮岗(挂职)锻炼、法官(干部)交流遴选等常态化机制建设,打造法官基层培养、锻炼、选拔链,形成高、中院与基层法院双向交流、重要岗位定期交流、同一职位任职时间长的轮岗交流的良性循环。

3. 考核评价激励给"推力",适当容错激励给"活力"

首先,应确立正确的考核导向。目前法官等级的晋升,主要以任职年限为依据,法官因考评不称职被免职辞退的现象寥寥无几。这样的法官考评,既不能发挥其应有的监督、鞭策作用,也难以有效地把不称职的人员从法官职位上调离。应确立正确的考核导向,坚持权利与责任相统一原则,使"能者上、平者让、庸者下"的用人机制真正实现。其次,应定位科学的考评功能。法官考评的整个流程中,通过对法官工作的信息收集,实现法官考评的确认功能、奖惩功能和筛选功能。考评结果作为法官遴选、晋升、奖惩、培训及辞退的参考,再通过考评结果的信息反馈,可以采纳其中积极有益的部分,改进不当的职务行为,有的放矢地提高审判能力,实现自身发展。再次,应规范正当的考评程序。现阶段的考评程序采用的是先由法官个人撰写工作小结,再集体投票进行民主测评,最后分管领导或党组来拍板确定最终考评结果,这样的考评程序难以适应司法体制改革发展的需要。为适应国家司法体制改革实行司法人员分类管理后法官考评工作的需要,法院应设立专门的法官考评委员会来负责整个法院法官的考评工作。法官考评程序应当包括以下环节:① 法官述职;② 收集汇总考评数据;③ 计算综合考评分值;④ 组织评议;⑤ 考评异议;⑥ 异议反馈;⑦ 确定考评。收集汇总考评数据是其中的重点,应细化考评内容指标,主要从职业道德、审判技能、审判绩效等方面进行,并重点突出审判绩效的考评,使考评结果更准确地反映法官的能力水平。

容错激励即要把创造性地执行党的路线方针政策与搞"上有政策,下有对策"区别开来;把先行先试中因缺乏经验、工作失误与明知故犯、违纪违法区别开来;把因受客观因素影响而造成的工作失误与不作为、乱作为区别开来;把创造性适用法律与枉法裁判区别开来。对法官在审判活动中因行使自由裁量权而出现的一般性问题和失误,只要符合法律基本原则和精神,可以宽容对待,立足引导,支持大胆裁判。

4. 权益保障激励给"胆力",职业规划激励给"冲力"

在顶层设计上,将法官权益保障作为本轮司法改革的重要内容,科学设定法官权益保障的制度体系,制定保护法官依法履职、法官的名誉权、身体健康权等各种权益细则。通过加强法官权益保障的立法支持,有效保障法官的职业权益。在制度完善上,推进实现法官权益保障的全覆盖,积极构建法官职业安全特别保障机制,建立法官人身安全保险机制,落实法院内部管理措施。建立健全法官对自身承办案件涉诉信访的回避制度、涉诉信访分级接待制度、监察员进入法庭制度和畅通法官申诉渠道四项制度,合理化解矛盾,切实有效地保护法官。同时,要推动法官权益保障的工作流程规范化管理,设立法官维权专门机构和法官安全保护信息中心,实现法官权益保障工作流程的规范化管理。从社会环境角度,从提高对法官群体的关注度、提高法官的工作报酬、保障法官的休息权利等方面入手，改善法官的工作和生活状况，给予法官群体更多关怀。从法院内部出发，改善基层法官工作环境，提高法院待遇，为法官的晋升提供空间。包括设置以法官为中心的薪酬体系和科学的考核体系，完善保障法官的后勤保障，适当切断当事人和律师之间的联系等。

在职业规划方面，要根据法官的工作能力、擅长领域、工作表现和个人意愿，为法官做好职业发展规划，建立法官职业成长档案，依据司法改革后人员分类管理的规定，引导法官选择或者从事审判执行工作，或者从事司法行政辅助工作，使他们对自己的职业发展和职业前景有个预瞻，能够在职业前期规划好自己的发展方向。

5. 待遇保障激励给"动力"，典型弘扬激励给"浮力"

经济激励是激发法官潜能、调动法官工作积极性和创造性、促进事业发展的有效手段。近年来，国家数次提高干部工资待遇，但总体来看，法官经济待遇与经济发展、GDP 增长的幅度还不匹配，特别是与部分垄断行业反差很大，以至于一些年轻法官迫于生活压力无心工作，一些法官主动辞职，引发新一轮"下海潮"，法院难以留住优秀人才。因此，必须要建立与经济社会发展相匹配的经济待遇增长机制，对法官产生足够的吸引力。一要加快推进法官工资制度改革，推动建立工资正常增长机制，统筹解决好"干与不干一个样""干多干少一个样""干好干坏一个样"的问题；二是建议采取职务与级别相分离的方式，解决好法官经济待遇，对表现优秀的法官，出台享受上一职级工资待遇的政策规定；三是建议对基层法官适当增发特别补助津贴。

典型弘扬是精神激励的一种常见形式。建立和完善先进典型培育长效机制。在培育原则上，坚持"分类指导，好中选优""突出特点，兼顾全面""实事求是，群众公认"和"动态管理，跟踪浇灌"等四项基本原则；在培育思路上，确立"抓特色，出亮点，树品牌，以典型带动整体"的工作思路；在培育对象上，既注重挖掘在基层一线、艰苦岗位默默无闻、埋头苦干、无私奉献的"老黄牛"式先进典型，又注重发现在审判岗位刻苦钻研、才能突出、善办难案的知识型、专家型先进典型。及时总结、提炼典型独具特色的精神内涵,把典型的闪光点和深层次内涵进行系统梳理归纳,体现典型价值的真谛。建立先进典型辐射机制,延伸榜样力量,打造榜样文化,充分发挥先进典型的模范带头作用和影响力、号召力。

6. 知识更新激励给"智力",视野开拓激励给"张力"

强化知识更新和视野开拓激励,提升能力资本。知识更新和视野开拓激励意味着法官能力素质的提高和人力资本的增值,进而实现更大的自我价值。因此,应进一步要加大教育培训经费保障,建立健全制度措施,营造"尊重知识,尊重人才"的大环境。创新教育培养方式方法,拓宽法官国际视野,把培养人才作为加强法官队伍建设的基础工作和希望工程,及时对那些优秀的、有潜力可挖的法官进行培养,不断提升自身能力水平,使他们成长步入快车道,不断累积能力资本,为在更大的舞台施展提供保障,从而形成正确的激励导向。

7. 情感关怀激励给"爱力",退休优待激励给"热力"

改善人文关怀,注重情感激励。要组织关怀与人文关怀并重,法院领导要注重加强与基层法官的思想交流与沟通,以春风化雨般的方法实施良好的情绪疏导和压力管理。把思想政治工作与解决实际问题结合起来,尊重和支持基层法官的工作,将基层法官的工作环境、生活待遇等常挂在心,切实为他们解决在健康、保险、子女教育以及退休等方面的后顾之忧,尽量使每个法官的心理目标与本单位所要达到的目标相一致。通过多做稳人心、暖人心、得人心的有益之事,使大家切身感到单位和部门就是自己的大家庭,增强共兴共荣的责任意识。法官在任时从事的是智力性、专业性、裁决性的矛盾化解工作,在其退休之后,需要从健康医疗、心理慰藉等方面给予更多的体恤和照顾。

基层社会治理的契约型机制探讨

——以上海社会建设十大创新项目为调研对象

凌 燕[*]

摘要： 随着市场经济体制的建立和深入发展，社会关系已经发生了结构性的变化，以契约型的互动机制作为现代化的社会治理手段，能够最大限度地发展民主，构建多元化的社会治理服务平台，发挥社会各主体共同承担关怀社会、服务社会和保障社会的功能，让社会治理在法治的轨道里运行，实现国家治理体系和治理能力的现代化目标。

关键词： 基层社会治理　契约型　社区组织　社会结构

党的十八届三中全会提出了"国家治理体系和治理能力的现代化"目标，并将"社会管理"改为"社会治理"，这体现的不仅是国家政治层面上的从统治到治理的新突破，更反映出了在市场经济体制的深入发展过程中，整个社会关系的结构性变化以及社会治理的民主转型从宏观层面向社会微观个体之间互动的转变。由于市场机制的特性，决定了劳动力是根据资源最大化原则流动或迁移，整个社会的关系结构也就必然脱离乡土社会的场域关系，建立起一种新的社会关系。从社会关系建立的信任机制角度来看，市场机制下的新型社会关系，由于传统的亲缘关系在陌生的流动机制中不断被肢解和碎片化，个体与其他个体以及整体之间的关系则更多集中在了对权利与义务的分配、制约以及冲突上。因此，契约型机制在新的社会关系和新的社会治理结构中就显得尤其重要，这也是为什么国家治理体系与治理能力的现代化必须从植根日常的生活之中入手，推进民主与法治的进程。本文试以上海市基层

---

[*] 作者简介：凌燕，华东政法大学法学博士后，《检察风云·社会治理理论》副主编。

社会治理项目"上海社会建设十大创新项目"为研究对象，讨论在新的社会结构下，契约型互动机制在社会治理上的价值以及功能意义。

一、基层社会治理的结构性变迁

对于中国社会治理而言，基层社会治理的落脚点是社区治理，这与社区结构的变化有着本质的联系。市场经济体制导致了单位组织的解体，"单位人"开始向"社会人"转变，社会管理的组织也逐步被社会多种组织所替代，在这个社会发展的形势下，社区的概念孕育而生。从治理主体的性质上来划分，治理组织可以分为行政类与非行政类两大类。从功能上来划分，社区组织又可分为五个类别：

第一类是基层政权组织。包括社区党组织、社区居委会，两者职能重叠、成员交叉，同属于国家基层政权建设的一部分。社区党组织体现着党在基层社会的领导地位；社区居委会既整合个体支持国家又为基层政府与民众之间提供制度化的联系，将不同的社会需求纳入体制的掌控中。第二类是专业服务组织。如社区物业服务公司、社区家政服务公司、社区医疗服务机构、社区养老服务机构等，它们多是运用知识和技能为社区居民提供专业化服务。第三类是维权组织。如业主委员会，它表达和维护业主权益。尽管社区居委会也具有居民权益表达功能，但业主委员会却没有政治职能，社区居委会的政治地位高于业主委员会，正因为如此，中办国办2010年印发的《关于进一步加强和改进城市社区居民委员会建设工作的意见》，明确规定社区居委会对业主委员会具有指导和监督权。第四类是各种草根居民组织。如健身队、合唱队、腰鼓队、宠物协会等，他们是社区居民处于某种兴趣或需要而自发成立的组织。第五类是社区志愿者组织。组织成员是出于一种志愿，为了他人的社会公益事业、非营利事业，努力将他人与自己的共同体生活结合在一起。

与此同时，基层社会治理的结构也发生了转型。首先由于改革开放市场体制机制的不断深入，现代的企业制度已经明确了企业的生产和经营的功能，而不再有承担大量社会服务、社会管理、社会保障的功能。再加上一部分社会管理、社会服务的职能从政府职能中分化出来,社区组织就成了这些被转移出来的社会管理和服务的直接主体,尤其是基层的党组织、社区居委会更是责无旁贷地要承担起这些社会管理和服务的功能①。但是,另一方面,从权利义务的发展角度来看,公民的自由意识、独立意志和自主行为也日益明确,社会组织也开始有意识地分享政府组织的部分事务、部分活动的管理权,居委会虽然还是国家行政体制内组织,但他们在权力和资源上都非常有限。人们不再像以前那样终身依附单位或者依附居委会,社区活动也从以往的行政任务转变为自愿互助。

比如上海市徐汇区的梅陇三村居委会,2011年他们以"绿色、健康、低碳、环保"的理念为切入口,引导、培育、扶持本社区的"绿主妇"社会组织,推广"零废弃的绿色环保公益活动",发动小区居民用自己收集来的废弃牛奶盒、利乐包制作围裙、遮阳帽、环保购物篮等家庭用品。三年多来,又延伸开展了"厨房垃圾集中堆肥""家庭一平米小菜园""家庭微绿地""家庭有机芽菜种植""雨水回收使用"等各种公益活动,该小区被评为全国科普示范小区、上海市法制小区以及居委会自治家园示范点等,2014年获得中宣部全国最美人物之节约之星称号,在上海市第二届社会建设十大创新项目中名列第二。

笔者前去梅陇三村调研,采访项目带头人(也是其居委会党委书记)尚艳华,当被问到这个项目最初是怎么开展的时,她谈道:最初是一位环保达人来找她,希望居委会配合其搞生活垃圾源头减量活动,于是她召集了小区里的10位居民,让她们先来做这个活动。而这10位居民是尚艳华在平时工作中接触较多的居民,"绿主妇"这个项目之所以能够持续,很大程度上与这10位"民间骨干"有很大的关系。当被问到项目今后的持续问题时,尚艳华坦言:"如果她退休了,另外这10位骨干力量随着年龄的增大或者到国外居住等个人原因,后续谁能够接任,是一个很重要的问题。"可以看出,居委会对居民的约束力已大不如改革开放以前,他们开展活动也是更多依赖这些"民

---

① 张鸿雁:《当代中国城市社区社会结构变迁论》,载《东南大学学报》2000年第4期。

间骨干"，如居民代表、楼组长等。

如何在新的社区结构下开展社会治理工作？第一，从治理主体上看，行政系统内的组织，如社区党组织、社区居委会等必须充分发挥其引导作用，支持、鼓励和培育行政权系统外的社会组织，如维权组织、专业服务组织、兴趣组织、社区志愿者组织等共同治理，并使这些社会组织成为社会治理的中坚力量。第二，从治理途径上看，要充分发挥社会组织的积极性和持续性，就必须要实现社区的全面民主，以一种民主的方式开展社会治理。第三，从治理的方式来说，只有通过法治保障才能实现社区民主。因为法治不仅能确保公权力在法律制度的轨道里运行，还能保证公民的民主和权利。"民主的背后就是法治，法治是民主的有力支撑，它们的关系紧密相连。"[①] 这是社会治理机制必须从以往的行政型向契约型转变的现实因素。

再进一步讲，为什么中央一再强调民主与法治在社会治理中的重要性，其中一个重要的原因就是，民主政治现在已经不能再仅停留在作为政治层面上的国家治理方针上了，而是已经从政治层面延伸和渗透到社会结构的变迁层面上来了。所以，无论是国家与社会问题，还是公共领域、公共服务，以及多元治理、社区共治等，都涉及了一个核心的概念——要以平等自由的契约型的合作机制为基础，才能实现社会治理体系和能力的现代化。

二、以契约型机制替代强制管理的社区治理模式探索

从治理的理论上来看，治理内含着契约的精神，它具有公共权力的多元性、政府能力的有限性、合作方式的互动性、各类主体的依赖性等特点。具体来说，首先，以往的管理权威来自政府，政府及政府职员是整个社会管理的代言人，而治理在主体上则具有多元化的特点，除了国家公共权力，还包括社会组织和企事业单位等。在权威问题上，国家统治是强制性的、命令式的，而治理则更多的是协商的，且权威的来源也不仅仅是国家法律，而是除

[①] 陈旭、凌燕：《法治和国家治理现代化》，载《检察风云社会治理理论专刊》2014 年第 6 期。

了国家法律外,更多的还需要依靠各种社会契约、社会组织的自我章程等。其次,在政府能力上看,政府的失灵现象已经不是个别现象了,治理的理念就是政府是有限政府,政府不是万能的,社会治理必须依靠多主体参与才能实现。再次,从治理的方式上来看,更多的是一种相互之间的依存性和制约性。治理的权力运行方式不再是自上而下的,而是一种平行的方式,在整个治理过程中,权力的运用方式必然会出现多元化的特征。政府组织与非政府组织、公共领域与私人领域之间都会呈现出一种平等竞争、相互协商的互动特点。最后,从各类治理主体的关系上看,政府组织与其他社会组织机构之间也会逐渐形成一种相互制约和相互依赖的关系。因此,在整个现代化的社会治理体系中,契约的自愿平等、互惠互利、公平自由、责任明确等精神正是联结各个治理主体"你中有我,我中有你"的纽带,是新的社会结构和社会治理结构的重要联结要素。

在上海市第二届十大创新项目中脱颖而出的上海市浦东新区合庆镇的"草根宪法"的村民自治模式是契约型治理机制的一个典型。位于浦东新区东北角的合庆镇,总面积41.97平方公里,下辖29个村,6个居委会,共有人口14万人。在2008年这个镇基本处于水电不通的阶段,但短短几年时间,到2013年,该镇却在浦东新区村一级的资产总量上排行首位。其中最重要的就是通过制度对资源进行了重新整合,对基层治理以"草根宪法"(即契约)的方式进行了改革。合庆镇有一个32字自治经,即"有法依法、有规依规、无法无规、村民自治",每个村都有一本《村民自治章程》和若干个《实施细则》,它充分体现了自我管理——自己管理自己的事务;自我教育——通过参与自治实践学习民主技能和经验;自我服务——村民共同办理本村的公共事务和公共事业。

第一,治理模式不再是通过行政命令布置任务,而是引导村民自发、自觉、自愿参与村级事务。通过召开"户代会"广泛听取村民意见,最后统计汇总出村民关注度最高、反映最集中的村务事项作为村民自治的具体项目,因此高度契合了自发自治的社会规则,保证了村民的自觉遵守和维护。

第二,通过制度细则,相互之间建立了有效的监督机制。比如他们有一个"四议两公开"的议事规则,即村民代表会议议事规则、村委会议事规则、村务监督委员会工作规程等,从而保障了村民的"知情权、决策权"和合法利益不受侵犯,也增强了制度而非行政的权威性和可信任性。

第三,发挥了协调利益的作用。合庆镇的居民为什么把这些章程和细则称为"草根宪法",其中一个原因就是他们看到了其发挥着合理配置权益、平衡利益冲突的作用。比如在他们的《村委会组织法》第三十条规定,凡是与村民切实利益密切相关以及村民普遍关心的事项,都应该按照规定向村民公开,接受村民监督。按照这个规定,红星村实行"阳光村务"制度,赋予每个村民对村务管理的知情权、参与权、监督权;华星村实行民主理财制度,让村民对村委会在"三资"管理上有知情权,消除疑惑;等等。这都是通过法治,以一种契约型的方式,强化了社会治理在政府与其他团体、公民合作上的公平性与平等性,体现了契约型的社会治理机制的自愿性、合意性、责任性、透明性的特点。契约型的社会治理机制的特点是通过协商合作,对社会事务加以管理并进行共同性地管制。

再看上海市正在探索实行的区域化党建。这种组织模式是打破条块分割,打破传统的以领域、单位、行业为单元的党建模式,在街道、居委会等一定的地域、区域范畴把各行业党建工作囊括进去,基层党组织联系在一起,以网格化方式构建全覆盖、广吸纳、开放式的基层党建工作新格局。这种工作的新格局的特点是在围绕"共同需求、共同目标、共同利益",从体制上突破传统纵向控制为特征的"单位党建"模式,在"两新"组织和流动党员比较集中的农村、社区、商务楼宇、工业园区、专业市场地域,构筑起开放的、覆盖面广、相对稳定的组织网络。这种组织网络在人员构成和组织方式上就会体现出广泛的社会代表性,需要通过协商合作的方式把所属体系中最有影响的党组织中的党员代表吸纳进来,把各类最活跃的组织中的党员群众代表吸纳进来,把各类最主要的利益群体中的党员群众代表吸纳进来,使党组织在与各类治理结构要素和基本力量的广泛联系中,实现积极有效的组织整合。比如上海市闸北区临汾街道社区构建了居民区的"大党总支"模式,党总支建制由原来的7—9人扩大到了11人,组织关系不在本居民区的党员也可以进入居民区党总支班子。同时,临汾社区还在居民区开创了以党建引领的"1+7"管理模式。所谓"1"就是以党组织为核心,构建居民区党总支。所谓"7"就是党总支的组成人员有 7 类,即原有建制上增加一个居委会主任、业委会负责人、所在街道机关干部、社区民警、物业公司经理(党员)、驻区单位联系人、在职党员。在这个管理模式中,契约型机制发挥了很大的作用。首先,他们提出了少一些领导意识,多一些服务意识,少一些遥控指挥,多一些基层指导,少一些迎来送往的参观走访,多一些深入实际的调查研究等工作要求,体现的就是契约的平等观。再次,他们提出改变行政主导的一员驱动的"独轮车"模式,加大对公益性、服务型社会组织的培育力度,学会"用大多数人的办法,解决大多数人的事情",体现出了契约型治理的民主性。另外,在这个"大党总支"里,他们提出最重要的是要实现"市场能做的交给市场去做,社会能做的交给社会去做,居民能做的交给居民去做",要尊重群众的主体性,让利益各方参与进来,达成共识,这体现的就是契约型的现代管理手段。因为契约型机制规则能够有效克服机会主义的心理,使各方彼此信任,能维持彼此间的长久合作,在平等协商、互惠互利下有效充分并规范地整合各类资源,构建多元化的社会公共事业服务平台,发挥共同承担关怀社会、服务社会和保障社会的功能。

三、在现代社会治理中契约型互动机制的完善与发展

契约型社会治理机制在社会急剧变革、新的问题不断涌现的形势下,发挥了秩序与价值的双重整合功能。这一机制的完善和发展必须在适应法律的基础上,在法治的框架内,回应社会的需求,才能真正成为培育基层社会治理土壤的内生力。

(一)社区公约(乡规民约)必须以互利共赢为基础、公平合理为原则

基于滕尼斯的共同理论,社区从价值意义的层面上来看,其最终的理想状态即为:在舒适、美好的生活环境的基础上使人们的生活质量得到提升而形成"生活共同体",从而实现并增强人与人之间的交流和沟通,构建一个祥

和、团结的"社会共同体",在这个共同体下,大家提倡诚信友爱、互助共济以及奉献的精神,将社区建设为一个我为人人、人人为我的"精神共同体",在更大的范畴内实现共同的社会价值观以及精神追求的"文化共同体"[①]。而怎样构建这些包含了舒适感、安全感、交流感、成就感等在生活、精神、文化层面上的价值意义的"共同体",其实现基础就是互利共赢。社区关系中蕴含着人与人之间的相处理念,其本质规则是寻求共识、取得认同、争取共赢的过程。这同时也印证了马洛斯的需要层次理论,积极参与社区治理,离不开一定的利益驱动。越是利益攸关者,其参与社区治理的积极性就越高。而失去利益上的驱动,社区主体就相对难被发动起来。所以,社区共治的发生只有在人们对自己权益和义务有充分了解的前提下,才会使彼此的关系变得和谐。社区治理要兼顾所有的利益相关者,处理好各利益相关者的利益关系,发现各方共同利益,让利益的天平不偏顾任何一方。

以契约的方式进行社区治理,就是在挖掘社区多元主体的共同利益,通过互利共赢的共同目标把多元主体凝聚在一起,建立起社区多元主体之间的和谐关系。上海市浦东新区的塘桥街道,是一个人口密集、交通发达、商业繁荣的高度城市化地区,一直以来面临着"停车难"的问题,在塘桥 3.86 平方公里的范围内,69 个小区、3 家大型医院、8 个大卖场,白天和晚上的车位缺口达到 2 000 多个。一方面,住宅小区乱停车不仅破坏绿地,还阻碍了消防车、救护车快速抵达现场;另一方面,商业区违法停车导致道路拥堵、交通秩序混乱。有的车主在争抢车位的时候甚至大打出手。为了解决这个问题,塘桥社区通过与居委会、业委会、物业服务企业、社区单位、商务楼、小区业主等多元主体共商共议,一份《塘桥社区潮汐式停车公约》亮相,在这份公约中明确了业主有权决定停车的收益分配、车位互换、收费使用、秩序维护等问题,61 个业委会全票表决通过。"潮汐式"停车就是在多元主体的参与中以互利共赢为社会认同:首先,对企业来说,物业增加了一笔停车收入,又将其用之于本小区居民,提升了物业服务;其次,对群众来说,方便了社区

[①] 丁元竹:《社区与社区建设:理论、实践与方向》,载《学习与实践》2007 年第 1 期。

白领、小区居民和办事人员停车,极大缓解了停车难题;再次,对社区来说,大大提升了中心城区有限的土地空间利用效率,如果按照建设一个停车位需要 10 平方米左右的空间计算,1 600 多个车位互换相当于节省了 1.6 万平方米的土地空间;如果按照一个停车位造价 10 万元左右成本计算,相当于节省了 1.6 亿多元资金。

此外,契约型的社会治理机制可最大限度地实现公平合理。正如上述的浦东新区塘桥镇的停车公约,使停车问题由"政府说了算"转变为"大伙商量着办",实现政府、社会与市场良性互动。比如有需求的业主到物业服务窗口登记,委托物业服务企业向街道房管办提出申请,签订停车协议,明确停车时间、数量、费用等细节;"塘桥社区物业服务社"通过业委会主任沙龙和物业经理联谊会,听取业委会意见,保障业主监督和评议项目的权利;街道办事处通过购买服务,开发静态停车诱导系统 App,车主通过手机定位查询停车点位,规范车辆停放。而对于违反停车公约及停车协议的单位或个人,"监督评议委员会"有权警告并督促整改,经警告三次未整改的,可取消其实行"潮汐式"停车的资格。对于协议双方在实施过程中出现的纠纷,由居委会负责调解。契约型的治理机制,就是在多元主体互信合作的平等自由的前提下,实现对社区的民主化治理。在这个治理机制下,政府在公共事务的服务与管理上已经不再是绝对的权威,治理的模式也从以政府为主体,转变为政府与社区组织、居民等一起共同承担起管理社区事务的责任。

(二)政府和党组织必须承担起对社区公约(乡规民约)的监督与保障

社区治理是包含政府、社会、公民三个层面的体系,在这个体系中,有一个非常重要的问题就是三者的定位问题。政府在整个社会治理结构中必须处于主导地位,也就是说,社会共治(社区共治)中政府的功能分量与其他社会组织、群众是不一样的。因为政府代表的是一种公共权力,这是公民赋予的共同权,因此,政府有义务必须代表人民群众的共同意志去治理社会。所以,在对社区公约(乡规民约)的监督保障上,政府有不可推卸的责任。具体到社区治理的政府组织上来说,社区党组织、社区居委会就必须要承担起对社区公约的制定进行指导审查。因为要保障公约的合法性,首先就要在制定环节上严格把关，充分发挥政府对辖区内社区公约制定工作的指导和支持作用，在备案中严格把关，对不符合宪法、法律、法规以及和国家政策相抵触的，或侵犯了居民人身权利、民主权利和合法的财产权利等，应要求及时纠正。此外，还要充分发挥居民的监督作用，保障居民的监督权和监督渠道，比如在塘桥镇的"停车公约"里，社区委员会在"潮汐式"停车工作开展的过程中就负有协调、监督和仲裁的职责。2015年5月29日，中共中央政治局审议通过了《中国共产党党组工作条例（试行）》，规定"在国家机关、人民团体、经济组织、文化组织、社会组织和其他组织领导机关中设立党组"。党的宗旨是全心全意为人民服务，服务就必须下基层，要对基层社会治理有直接的主导作用，要真正起到引领、推动、监督的作用。上海市黄浦区五里桥街道，连续两届获得了上海社会建设十大创新项目。这届入选项目，是五里桥街道党工委通过盘活街道资源、整合驻区单位力量、鼓励社会组织参与，搭建了"双向认领"的社区公益服务项目。这个项目主要是街道在征求社区群众意见基础上，向驻区企业开具公益项目清单、定制服务内容，比如"尊老爱老""扶幼助学""人文关怀""志愿服务""拥军优属""文化推广""共建共享"等，鼓励和引导社区企业从中选择认领项目，为社区居民提供爱心援助。同时，街道根据企业的需求，整合各方资源，委托社会组织参与，给企业提供诸如"生活服务""心理疏导""场地使用""兴趣培训""党建联建""信息化应用"等服务，搭建了一个"契约式"的公益平台，让驻区单位和居民在这个平台上以一种双向"付出"的方式得到实惠。整个项目，五里桥街道的党组织起到了不可替代的作用：首先是引领社区党员走进社区、融入社区；其次，作为活动的主导者对驻区单位和社区居民在公益项目里起到了指导、监督和保障的作用，这也是任何社会组织不可做到的；再次，党组织区别于行政机关的自上而下的命令式方式，让社区公益始终在一种平等合理、互惠互利的环境下进行，在组织上保障了契约型治理机制的公平运行。

（三）积极培育社区居民的契约精神，促进公民参与

如何全面、协调和可持续发展契约型社会治理机制，首先需要大力弘扬契约观念，让其逐渐深入人心，并慢慢地变成社会全体公民都十分认同的行为准则。其次，要建立激励机制，促进公民参与，比如当社区主体守约、订约、履约的内在动力不足时，可以通过适当的外力包括物质激励、精神激励等方式来推动多元主体的合作，从而充分调动社区主体参与社区公约运行的积极性。只要激励的方式能达到该目的，都可以考虑运用。此外，政府必须要成为有限政府，要以"小政府、大社会"的局势为目标，拓展社会权力空间，使契约的生存空间得以放大，现代性的治理理念得到充分发展。另外，对于老百姓来说，贯彻落实一件事情，单靠群众自发是不够的，党员的带动作用必不可少。尤其对于一些有约束性的内容、义务性的规范，就是要靠党员干部的带动使群众遵守，组织党员干部和居民代表上门服务，带动群众，充分发挥党员带动群众共同遵守公约，实现共同治理的目标。再举上海市浦东新区合庆镇的"草根宪法"中的一个例子。朝阳村的一名胡姓老人，生有多种慢性病，每年都有好几千元的医药费，以往每到岁末年终，她总会到村主任的办公室诉说自己的生活困难，要求村里给予她补助，而且她常常和这个人比和那个人比，总觉得自己拿得少，觉得村里的工作没做好，欺负她老人家。后来，村里有了村民自治章程，村委会的干部就拿着《朝阳村村民自治章程及实施细则》上门给胡老人解读，帮老人算账，教老人对照章程里的标准，了解自己的补助。看明白了，算清楚了，老人也不再为这事烦恼了，同时也尝到了通过制度获得自己利益的甜头。所以，在合庆镇的许多村，每次关于村民章程细则的解读，大家都非常踊跃地参与，这不仅保障了他们自己的权利，而且也激发了他们的主人翁意识，培养了他们通过法制来共同治理社区（城市/农村）的意识。

总的来说，契约型社会治理机制应是社会治理体系和治理能力现代化的一个有效的治理方式，体现了社会治理的民主性与法治性，确保了社会的有序运行以及社会的和谐发展。

试论第三方评估的接纳机制

——司法评估场域交往理性的个案呈现

张 玲[*]

摘要：基于公权力部门第三方评估效力有限的普遍情况而提出的"决不能让第三方评估报告束之高阁"，体现了管理部门对有效接纳第三方评估结果的迫切需求。然而，要构建完整且可行的第三方评估接纳机制则需要理论学识与评估实践的交融体认，结合 M 法院司法第三方评估接纳实践与哈贝马斯的交往行动理论可获得如下启示：① 第三方评估接纳机制是指公权力部门作为评估委托方，对第三方评估所涉的评估主体、评估过程、评估结果进行全方位接纳以助推评估效能发挥的工作体系，且是通过交往行动实现的，并在评估中发挥了实用价值。② 第三方评估接纳机制的根本动力是政治精英怀揣政策刺激下的革新信念与多元主体间的理性交往。③ 正确的评估定位、高质量的评估报告、研讨平台的搭建是评估接纳从形式走向实质的根本要件。

关键词：司法第三方评估　接纳机制　实质接纳　大众平台　交往理性

一、问题的提出

自十八届三中全会要求"建立科学的法治建设指标体系和考核标准"以

---

[*] 作者简介：张玲，上海杉达学院管理学院讲师，华东理工大学法学院博士，研究方向为法律社会学。

来，针对公权力部门的第三方评估再一次掀起热潮，希望以此倒逼各项建设，提升各部门公信力。其中，不仅有中央委托的政策实施效果的第三方评估，也有地方政府自觉创新的法治第三方评估；不仅行政部门尝试法治政府第三方评估，司法系统也在探索司法透明度等第三方评估。尤其是新一轮司法改革政策推出以来，司法系统尤其是法院的第三方评估探索也越来越普遍，如司法公信力第三方评估、法院信息化第三方评估、司法服务自贸区建设第三方评估等在全国各地渐次展开。而且，大多数第三方评估项目是第三方评估机构经党政机关、司法机关等公权力部门委托授权后执行的。但是，随着第三方评估应用领域的推广，"一评了之""评估流于形式""为政绩而评估"等质疑之声也不曾间断过。姚建宗教授和侯学宾副教授更是在《中国"法治大跃进"批判》一文中，将"政府主导'法治指数'的设计与应用"列为中国"法治大跃进"的五大现实表征之一[①]。的确，各地方各部门都在如火如荼地发起"第三方评估运动"，却缺乏清醒的反思和足够的警惕。

但是，政府委托的第三方评估是否就无用武之地，是否就必然会沦为绣花枕头呢？笔者认为结局并非完全是悲观的，因为在与一些评估委托方的接触中，能够感受到其热切了解外部声音以有所作为的职业责任感。即使原有的一些评估实践中的评估建议没有被直接采纳，但评估实践所引发的认识上的跟进是现实存在的，因此也具有一定的积极意义。只不过，要实现评估的倒逼效力助力民主法治建设必须突破接纳困境，以发现真正有价值的问题并诚恳面对，从而遏制评估浮夸风。对此，李克强总理在2015年8月26日国务院常务会议上强调"决不能让第三方评估报告束之高阁"。学界也提出诸如"将评估结果及时反馈给政策制定者"[②]"将法治评估纳入政绩考核或目标责任考核体系"[③]"落实评估结果公布机制，建立'第三方'信息

---

① 姚建宗、侯学宾：《中国"法治大跃进"批判》，载《法律科学（西北政法大学学报）》2016年第4期。
② 董战峰、王军锋：《"十三五"环境政策评估制度建设路线图怎么明确？》，载《环境经济》2015年第21期。
③ 陈柳裕：《把法治建设成效纳入政绩考》，http://theory.people.com.cn/n/2014/1215/c40531-26207151.html。

反馈回应机制"① 等建议。这些研究将重点直接着眼于评估结果的接纳，并没有考虑到，若评估结果的效度信度不理想，那结果的有效接纳便无从谈起的情况。也就是说，第三方评估接纳机制不只是评估结束后的工作机制，而应从评估委托开始便予以思量，以评估结果的高效为基础。此外，这些研究建议直接着眼于问责，尽管可行但也存在因规避责任而阻挠实践落实的可能性。也就是说，若缺少公权力部门的积极回应，以规范公权力运行为旨向的第三方评估接纳机制只能是一纸空文。因此，破解评估接纳难题需要以正确认知第三方评估接纳机制的内涵为基础，并把握公权力部门接纳第三方评估的动力，最后再配套以基础的辅助要件。而这些问题无法通过简单的理论构想便能说服公权力部门，还是需要回到评估实践本身予以解决，借力使力。而且，往往实践走在理论之前。

2014年10月，H市M法院委托L大学法律社会学研究中心为第三方评估机构，对M法院法官的职业道德和工作作风进行第三方评估，这是M法院首次尝试由第三方评估机构独立操作的社会评价。虽然在摸索，但是司法系统对第三方评估的接纳贯穿始终，在评估准备阶段、评估执行阶段、评估结果接纳阶段均有体现。笔者作为M法院司法第三方评估课题组的核心成员，有机会运用社会学的参与观察法对法院接纳第三方评估的实践表现进行系统考察，并在此基础上对第三方评估接纳机制进行理论抽象。具体研究路径是以哈贝马斯的交往行动理论为参照，以M法院的司法第三方评估为个案，系统梳理第三方评估接纳机制的内涵与价值，并对第三方评估接纳制度化所需的保障性因素予以探讨，主要包括动力要素和操作条件两个方面。

二、第三方评估接纳机制的内涵界定

关于第三方评估的概念界定最早始于政府绩效的第三方评估研究，对此

---

① 张斌、邹杰、孙正君：《论基层法院司法公信力第三方评估机制的构建》，载《法律社会学评论》2014年。

学者们有着大同小异的论述，比较典型的是陆明远教授所作的界定，即"第三方评估又称社会评估，主要包括公民个人、社会团体、社会舆论机构、中介评估机构等通过一定程序和途径，采取各种方式，直接或间接、正式或非正式地评估政府绩效"①。其实，从实践角度来看，第三方评估已经渗透到包括政府绩效管理、法治建设、法律实施、司法改革、社会组织发展等方方面面。其中，真正意义上的独立第三方评估极少，更多是由公权力部门委托、第三方评估机构受托的委托型第三方评估。而针对不同的评估内容，委托型评估又分两类：其一是委托第三方评估机构对自身工作进行的评估，如法治政府第三方评估、司法公信力第三方评估等；其二是委托第三方评估机构对公权力部门所监管的工作进行评估，比较典型的是社会组织第三方评估。两者从其考核对象来说是截然不同的，前者的被评价对象是评估委托方自身，评估委托方也是评估结果的直接责任主体；后者的被评价对象是评估委托方监管的部门，被委托方监管的部门或组织才是评估结果的直接责任主体。本文探讨的第三方评估特指由公权力部门委托、专业第三方评估机构受托、以社会公众为评价主体对公权力部门予以评价的评估活动。同时，公权力部门作为评估委托方是对第三方评估及其结果负有直接接纳责任的特定主体。司法第三方评估就是以司法人员和审判管理等司法系统运行状况为特定评价对象的第三方评估，目前比较常见的有司法公信力第三方评估、司法透明度第三方评估、法院信息化第三方评估、司法服务自贸区建设第三方评估等。而 M 法院首次尝试的司法第三方评估则是以法官的职业道德和工作作风为评估内容，其评价对象是法官群体。

而接纳机制作为第三方评估机制的必要配套机制虽已成共识，但接纳对象是否只限于评估结果亦是值得思辨的。本文先从接纳机制的语义解释着手。"接纳"指接受、采纳的意思，语出《后汉书·岑彭传》"光武深接纳之"②。

---

① 陆明远：《政府绩效评估中的第三方参与问题研究》，载《生产力研究》2008 年第 15 期。
② 参见百度百科词条"接纳"，http://baike.baidu.com/link?url=UxuOAT4Iv3BmMrAOACcE1oLvIbxxr1r-Xzwu9vy7g8bKx9JvLdEkXHTIzHMU8s_VLRuGdmMvCEMiee4vBCD-yswge_UHvjNULXYKjLQwW37.html。

心理学对该词进行了更为细致的解析，即"所谓接纳是我允许你以客体的身份，以你那独特的结构存在于我的内在"。机制是指有机体的构造、功能及其相互关系，语出清丘逢甲《汕头海关歌寄伯瑶》"西人嗜糖嗜其白，贱买赤砂改机制"①。社会学将其内涵界定为："在正视事物各个部分的存在的前提下，协调各个部分之间关系以更好地发挥作用的具体运行方式。"可见，接纳以主体与客体的存在为前提，接纳机制是指协调主、客体关系以更好地发挥各部分作用的具体运行方式，且主体与客体在机制运作中均有相应的作为要求。"第三方评估接纳机制"则应当是一个进一步明确接纳对象与场景的术语。但由于学界和实务界的关注点都在评估结果，因此从接纳的角度提出了各种评估结果可资运用的工作机制，比如结果的公开机制、反馈机制，依据评估结果的问责机制等，但这只是局部的结果接纳机制。第三方评估接纳机制所应指涉的接纳客体应当是完整的第三方评估，并要将第三方评估的独特结构通过一定的运行方式嵌入评估委托方原有的内部管理机制中。

当然，达成协调或实现嵌入的运行方式有多种，既可以是外在强制性的，也可以是内部自觉式的。但是，反观目前的第三方评估，只有政策性的指导而无明确的法律条款的强制性要求。而不存在强制接纳的法律基础，各职能部门便有了拒绝开展的空间余地。因此，在这一过渡阶段，勇于尝试开拓创新的公权力部门接纳第三方评估机制是出于内部自觉的。而在何为司法第三方评估、第三方评估到底评估什么等问题尚无定论的情况下，无论是评估委托方还是专业的第三方评估机构都需要在实践中探索，此时要落实评估，评估主体间的理性沟通就显得格外重要，即是说接纳的关键在于有效沟通，即哈贝马斯所强调的"交往理性"。这一点在 M 法院的评估接纳实践中得到了印证，即评估委托方与第三方评估机构通过真实、真诚、准确的沟通所实现的对评估主体、评估过程、评估结果等第三方评估机制的方方面面的理解与接受（将在下文进行个案呈现）。而正是基于对第三方评估所传达的民主理念的正确认知与接纳，才能让评估委托方采取了交往性行动而非工具

---

① 参见百度百科词条"机制"，http://baike.baidu.com/view/79349.html。

性行动①，也才使得评估委托方真正作为评估共同体的成员与其他主体进行平等交往，而非将第三方评估作为外部事件进行有目的的干预。

因此，本文所研究的"第三方评估接纳机制"是指公权力部门作为第三方评估的委托方，对第三方评估所涉的评估主体、评估过程、评估结果进行全方位接纳以助推评估效能发挥的工作体系。具体说来，评估委托方对第三方评估的接纳包括主体接纳、过程接纳和结果接纳三项。主体接纳是指委托方对第三方评估机构及其他评估参与主体的认可与开放。过程接纳是指委托方对第三方评估团队所采取的评估方法、操作过程的接纳。结果接纳则是指委托方对第三方评估团队出具的评估报告所反映情况的接纳。其中，主体接纳与过程接纳只是一般意义上或形式意义上的接纳，结果接纳才体现接纳的实质。因为接纳评估结果所反映的问题，即是接纳社会评价主体对公权力部门的监督意见，是民主价值的体现。当然，主体和过程的接纳能够为最终的结果接纳奠定良好的基础，也是保障评估顺利执行必不可少的前提。M 法院的首次司法第三方评估实践便可全面诠释之。

三、交往行动理论与接纳的个案呈现

基于以上对第三方评估接纳机制的内涵阐释，本文对 M 法院司法第三方评估的接纳实践进行情景再现，以揭示其所呈现的交往理性意义。

M 法院的《法官职业道德和工作作风第三方评估》，大致经历了评估准备、评估执行、评估报告撰写、评估结果接纳等四个阶段。评估委托方和第三方评估机构的沟通主要集中在准备、执行和结果接纳三个阶段，彼此责任和任务均有不同，沟通的重点也有差异：① 在评估准备阶段，法院的主要任务是选定第三方评估机构，与评估专家共同研讨评估计划，并签订详细的评估合同，达成评估共识。第三方评估机构的主要任务是依据合同要求出具详

---

① 对于工具性行动和交往性行动，哈贝马斯曾在《关于公共领域问题的答问》一文中如此阐释："工具性行动包含着行动者对可观察到的状态和事物这一'客观世界'的有目的的干预，而交往性行动中的参与者作为某种中主体间共同的'社会世界'的成员而互相面对。"

细的评估方案，以及设计评价指标体系、确定评估参与对象、设计调查问卷和访谈提纲等。双方沟通的重点是指标体系、问卷等评估工具以及具体的评估方式。② 在评估执行阶段，第三方评估机构负责评估工作的实施，包括选取并联系调查对象、发放并回收问卷调查、组织并召开座谈会等，全面获取评估所需的各项信息。法院则提供辅助的帮助，包括开放法院信息系统、提供人大代表和政协委员以及社区居委负责人等的联系方式。双方沟通的重点是评估工作能够顺利开展以及评估困境的解决之道。③ 在评估结果接纳阶段，法院的角色比较突出。首先是结合管理工作需要对调查数据提出了新的分析角度和要求，即要求第三方评估机构按照案件类型进行分类的对比分析，以便于将评估结果落实到具体的审判法庭，实现责任到人，并依据评分情况进行工作激励。其次是邀请评估专家兼法学学者就司法第三方评估报告对审判长及以上级别的法官进行培训。复次是根据评估报告所反映的实际问题组织研讨，包括法院内部研讨以及专业领域的研讨。内部研讨的开展既是司法系统对第三方评估机制及其重要性的认知，更是司法系统对第三方评估所反映问题的深度剖析。而在第三方评估报告最终定稿后，M 法院又于 2015 年 11 月 3 日举行"法院工作第三方评价机制研讨会"，与会人员包括最高人民法院司改办领导、H 市高院领导、H 市政法委领导，以及其他兄弟省市法院院长、市人大代表、市政协委员、专家学者等，共计 60 余人。最后是出台并逐步落实补短板的改进措施，包括《关于强化法官主体地位、促进依法公正办案的十条意见》《审判委员会工作规定》等强化法官主体地位的系列保障措施，修订完善《法官岗位考核实施办法》、制定印发《法官岗位说明书》和《法官助理岗位说明书》等完善考核激励机制的措施，以及提升诉讼服务水平、加强司法作风建设等方面的措施。

从以上所描述的一系列评估历程来看，M 法院对第三方评估的接纳从评估委托便已开始，并可梳理出五个关键标志：第一个接纳标志是认可第三方评估模式。M 法院监察室主任及相关工作人员，通过对第三方评估在其他部门其他领域实践的搜索和了解，对第三方评估模式有了基本的认知，并做好了在司法领域尝试第三方评估的打算。第二个接纳标志是选定第三方评估机构。

M 法院在第三方评估机构的选择上是相当慎重的，提前考察了第三方评估机构的第三方评估经验，评估团队负责人的学术能力与社会声望等，并在与第三方评估机构接触数次之后方才选定。第三个接纳标志是敲定司法第三方评估的细化方案。M 法院通过与第三方评估机构的数次沟通，打破了专业屏障，达成了对指标体系、评估主体、评估方法、评估结果形式等司法第三方评估体系各方面的理解，并根据他们的司法经验对提升评估可操作性提出了完善意见。第四个接纳标志是动员司法系统为第三方评估的实施提供支持。第三方评估机构运用指标体系、调查问卷、抽样方法等一系列专业工具实施评估时，M 法院基于对第三方评估模式的理解和认可，也在评估工具的运用中予以积极配合，这对顺利进行评估工作是大有裨益的。比如，当事人律师等调查对象来自案卷的抽样，这需要法院信息系统的配合。第五个接纳标志是接纳并研讨评估结果，也就是上文评估报告接纳阶段所描述的系列行动，包括评估报告的完善、评估结论的系统研究、管理措施的有效衔接等。

以上接纳看似只是司法系统在行动，其实不然。在评估前，司法系统对第三方评估模式的认知是在与第三方评估专家的沟通中逐渐明了的，司法第三方评估决策是在吸纳了评估专家意见之后作出的。在司法第三方评估落实过程中，司法系统对评估主体的类型、评估指标的构成、评估方法的科学选用等的接纳都离不开评估专家的解读。在司法第三方评估结果出来以后，司法系统对评估结果的接纳也汲取了评估专家、法学专家、上级领导等的意见。可见，接纳是通过交往互动实现的，而接纳行动涉及评估主体、评估过程、评估结果等方方面面则论证了本文所设定的第三方评估接纳机制内涵的现实可行性。而且在个案观察中可感知，从形式接纳到实质接纳，几乎所有的接纳都是通过沟通理解达成的，即是通过交往主体间的言谈行动完成的，而理解是哈贝马斯交往行动理念的核心[①]。在言谈过程中，司法工作人员和第三方评估专家拥有不同的背景知识，但有关第三方评估所应遵循的理念、规则、实施方法等知识体系在一次次商谈过程中逐渐明确并为双方所接纳，主体间

---

① 邹兴明：《哈贝马斯"交往行动"概念述评》，载《重庆社会科学》2003 年第 3 期。

的信任得以建立,并促成了有效合作。因此可说,M法院司法第三方评估实践便是哈贝马斯所提倡的不同于目的行动、规范调节行动和戏剧行动的交往行动的现实初级版。

四、交往理性之于评估的实用价值

通过以上描述与分析可见,M法院的司法第三方评估实践勾勒出了系统第三方评估接纳机制的雏形,而且是通过以交往理性为基础的言谈沟通等形式实现接纳的。而评估委托方通过接纳达成的理解与信任则对第三方评估的有效开展与民主价值的实现产生了直接的助推效应,为第三方评估知识在司法领域的有效运用打开了通道。由此,评估实践各环节均可见交往理性的实用价值。

第一是委托方接纳第三方评估模式,保障第三方评估机构得到充分授权。在第三方评估发展的初级阶段,党政部门对第三方评估的认识并不充分,地方部门往往习惯自上而下式的内部评估。而一些已经尝试第三方评估的部门对第三方依旧是有所保留的,纵然树立了"发现问题"的宗旨,却依旧没有摆脱宣扬政绩的思维,对评估结果作出"我们做的很多工作都没有反映在评估报告里"的评论。但是,M法院监察室主任第一次与第三方评估机构接触商洽评估课题时便已表明:"我们全权委托你们做,你们需要什么帮助你们提,你们需要什么资料你们说,我们全力配合,具体调研我们不干涉,我们只想要最真实的结果。"因此,真正接纳第三方评估模式,意味着公权力部门能够给予第三方评估机构以充分的授权。M法院的司法第三方评估,其指标体系、调查方法、权重设置等评估技术/工具是由第三方评估机构独立出具的,案卷抽样是由评估课题组成员进入法院系统随机抽取的,社区也是由第三方评估机构随机抽取并独立走访的,座谈会是由评估课题组主持并召开的。第三方评估课题组成员与问卷调查对象、访谈对象之间均是直接对接的,M法院没有以任何形式予以干预。当然,委托方对第三方评估机构的充分授权并不意味着其就应当是不管不顾的,无所作为的。相反,M法院监察室工作人员与第三方评估课题组间保持着频繁的、认真的沟通，只不过沟通不是为了随时进行干预，而是为了充分的理解并提供必要的支持。

第二是委托方接纳第三方评估的民主特性，保障社会评价主体意见的充分采集。从以往评估实践来看，委托方普遍倾向于将第三方评估定性为精英评估，过分依赖专家系统的专业评估。然而，第三方评估的根基在于公众意见的收集，搭建第三方评估平台其实就是在塑造一个可以让多主体平等交流和评价公权力部门作为的公共空间。若缺少对公众意见的尊重，那么第三方评估平台便存在异化和被利用的可能。M法院在与第三方评估机构的沟通过程中接纳了第三方评估是民主政治的体现、第三方评估平台首先是大众平台等评估理念，并接纳第三方评估机构为创设大众平台所做的规划，即接受当事人、律师、人大代表和政协委员及社区群众对法官的评价。如此一来，社会主体得以全面参与，能够避免单一主体造成的评价偏差，最大限度地保障了评估数据的可靠性和准确性。

第三是委托方的配合与支持，保障并提高了评估效率和质量。在第三方评估所遭遇的诸多困境中，"信息不对称""缺乏相应政策支持"等问题已为研究者着重指出，但是想要依靠制度设计的方式来解除困扰并非一朝一夕的事，往往对解决问题存在滞后性。因此在现阶段，委托方的接纳、开放与配合，尤其是其自身还是被评估对象时，既显示出其突破顾忌诚恳面对外部评价的勇气，更是第三方评估有效运行的必要保障。M法院在此次司法第三方评估实践中便做到了这一点，M法院监察室在其中发挥了重要的沟通作用，对上争取领导的支持，对平行系统则争取理解与配合，接纳后的具体行为即开放法院卷宗管理信息系统，由第三方评估课题组成员着手调取案件基本情况及案件当事人、律师的联系方式，提供M法院特约监督员名单及联系方式等，从而保证评估调研工作的及时开展。当评估课题组提出问卷调查回复率较低，需进一步扩大调研范围再一次抽取案卷信息时，M法院再次高效配合二次抽样，确保了第三方评估调研任务得以按时按质按量完成。

第四是委托方重视评估结果的接纳，保障了调查数据有的放矢。以往，大家在看待评估报告的运用问题时，往往聚焦于被评估单位是否有效运用评估结果,其背后不免有这样的假设,即评估报告已是完备的、到手即可用的。可是现实却是无论预先规划的评估报告方案形式多么完整,都未必已经充分调查数据的功能,评估报告中的结论和建议亦难一步到位直接用以问责或改进工作,M法院的司法第三方评估亦面临这些问题。尽管第三方评估机构向M法院提交了一份总报告、四份分报告(以四个一级指标为主题)以及一份纯数据报告,但仍未满足法院的实用性要求。为了能够令评估结果与现有的司法运行体制直接挂钩,M法院提出了新的评估报告要求,即按庭划分予以分值对比。最终,第三方评估机构又单独出具了一份对比报告,从而为法院管理系统实现责任到庭,进行有理有据的奖惩提供直接的参考。

第五是委托方重视评估结果的接纳,保障了评估建议的可操作性与落地空间。据笔者对其他第三方评估项目的观察与研究,评估委托方对研讨评估结果的重要性并未予以足够的重视。所谓的专家评审会更多是走第三方评估结题的流程,偏形式化,会后评估报告的实质改动极少。即使有向社会公布评估结果,也只是单方面的告知,并未设置信息反馈渠道,由此通畅的政社沟通渠道在第三方评估后是缺失的。而M法院则隆重召开了由政法委领导、司法部领导、同级地方法院领导、学术专家等人员与会的第三方评估结果发布会暨研讨会,并邀请了媒体人士参与报道。会议不仅汇报了M法院的评估概况与评估结果,更是不乏学术专家精妙的理论解读,以及各法院评估实践经验的充分交流,其研讨的深度与广度是以往第三方评估所无法匹及的。这为促使委托方对第三方评估由形式接纳向实质接纳进阶开启了重要的一步,对深化各方对第三方评估的正确认识、完善第三方评估机制均有助益。

可见,M法院在2015年首次尝试司法第三方评估便将"接纳"理念很好地诠释了出来,直接提升了评估实践的力度和效度,进一步佐证了接纳机制之于第三方评估发挥民主作用的重要性。不过以上论述还只是勾勒出了第三方评估接纳机制的基本雏形,而通过交往理性行动达成的"一致同意"若无进一步度制度保障则将导向形式主义①。因此,有关第三方法治评估理论探讨

---

① 姚大志:《哈贝马斯政治哲学的内在逻辑》,载《社会科学研究》2010年第1期。

还需进一步推深至接纳机制的制度化思考，即从偶然性的接纳实践中凝练出具有令接纳机制走向制度化的普遍性要素，包括制度化的动力要素和目标指向。只有突破这些议题，才能避免雾里看花，才有可能真正实现第三方评估的有效接纳，也才有可能助推第三方评估在公权力部门的普遍化与透明化。

五、第三方评估接纳制度化的动力要素与操作要件

据笔者多年评估经验的观察所得，其实在公权力部门刚刚开始自主尝试委托型第三方评估时，动力很足，信心很满，投入的意愿也很强。然而，由于作为委托方的公权力部门未对"接纳"有清醒的认识与足够的重视，因而在面对各种利益的牵扯时便逐渐偏离借第三方评估之力倒逼政府工作的初始目标，而使得第三方评估陷入形式化的低水平重复，接纳机制亦未有效构建，形成了评估的恶循环。因此，郑重又谨慎地剖析公权力部门接纳第三方评估的动力因素，不仅为理论研究的旨趣，更为实践所必需。下面笔者结合M法院司法第三方评估中的接纳实践，论述可促使第三方评估接纳机制制度化的三项动力要素。

第一，司法改革的政策激发。从M法院此次司法第三方评估的发生源头来看，并非应社会主体要求而作的直接回应，亦非在专家学者的动员下发生，而是源自司法体制改革方案的先行要求。2013年10月，最高人民法院印发《关于审判权运行机制改革试点方案》，要求建立符合司法规律的审判权运行模式，其中办案责任制一条中规定了"建立法院以外的第三方评价机制。吸收当事人、代理律师和公众代表对法官的工作作风、职业道德进行评价"。作为全国首批9家试点法院之一，M法院随即投入大量精力学习并研究此方案，出台配套措施以达成审判权运行机制改革之目的。其中，M法院监察室在研究试改方案时将注意力集中在了法官工作作风和职业道德的第三方评价机制这一与其部门职能密切关联的司改指导意见上，并将其纳入工作规划中，开始了理解第三方评估、寻找专业第三方评估机构、落实第三方评估之旅。除M法院以外，自2014年起上海、深圳等地方法院不约而同地开展起各自的司

法第三方评估。可见，在当下的司法体制下，这种自上而下形成的政策指示所具有的调动性。但是，政策要求对地方法院来说乃属外部动力，其具有强力的促动性却不一定具有持久性。而试改方案规定简略，并未附带具体的可操作性措施，也无强制性要求，并不能决定地方司法部门如何理解、如何行动。

第二，司法精英的敏感性与行动力。面对最高人民法院对院外第三方评价机制的政策指示，不同法院的理解和反应是有差异的，而且能够将其有效落实并付诸实施的仍旧是少数。而M法院之所以在这少数之列，离不开其司法精英的敏感性与行动力。尽管对司法系统来说，第三方评估尚未是一个清晰且成熟的议题，但M法院监察室敏感地把握住了该项机制的重要性，且对此形成了自己的思考，即"不要泛泛而谈，要有针对性地评估法官职业道德与工作作风""真正的第三方评估就是应该完全委托第三方评估机构""群众并非洪水猛兽"等。而其高效的行动力则表现在迅速掌握第三方评估信息、在法院内部形成统一意见、主动联系第三方评估专家、提供评估所需必要支撑等方方面面。随后，第三方评估的执行过程得到了法院诸多部门的配合，得到了法院领导的充分重视。简言之，司法精英的敏感性与行动力是司法第三方评估的内部动力。而且，在上无政策的强制要求、下无社会的主动要求的情况下，司法精英的认知与行动对司法第三方评估的发生、发展以及深化起到了决定性的作用，而且是评估接纳由形式向实质推进必须要依赖的一个关键要素。这也说明司法系统在对内对外关系的处理中正在尝试接纳外部视角，"并且考虑到从他们的视角来看什么与他们有关"[①]，从而习得如何应付不断增强的复杂性。

第三，评估主体间的交往理性。在政策指示与内部自觉的共同作用下，第三方评估获得了在司法系统发生和发展的机会。但是司法系统接纳第三方评估，其实质是对第三方评估运作模式及其结果的理解与承认，用哈贝马斯的话说就是"达到理解是一个在相互认可的有效性要求的前提基础上导致认

[①] ［德］哈贝马斯：《关于公共领域问题的答问》，载《社会学研究》1999年第3期。

同的过程"①。可见，要实现司法系统对第三方评估机制发自内心的真正接纳，还需要建筑于其对第三方评估机制的认同，而认同的根基是评估效度，即第三方评估能够真实、客观、公正、专业地评价法官的工作作风和职业道德。若其本身效力平平或无意义，司法系统也不会予以考量和接纳。不过在以往的第三方评估中，评估委托方并没有真正关注第三方评估的内涵、价值等前置问题，而一味地要求结果。殊不知，对前者的理解决定了评估执行过程的效率和质量，也会决定评估最终的有效性。当然仅仅关注第三方评估机制的应然层面而无视评估效果等实然层面也是不现实的，第三方评估机制必须要发挥其实用性才能在实践中拥有立足之地。而评估的有效性表面上取决于评估指标体系构建、评估方法运用的科学性，但归根到底还在于评估主体间的理性沟通。比如，在司法第三方评估准备阶段，第三方评估专家与司法精英的多次会谈，即是双方就第三方评估的实质及其基本运作模式达致理解与共识的过程，是司法系统接纳第三方评估的必要前提之一。比如，在司法第三方评估的执行过程中，评估主体间的理性交往决定了评估结果是否具有真实性和可靠性，亦是司法系统接纳第三方评估的重要前提。比如，评估专家在评估后期对评估结果的理论解读与政策建议对司法系统有条理地深入理解并接纳评估结果是必不可少的。若无这些前提，司法系统也就难有接纳第三方评估及其结果的知识资本或信息资本。因此，接纳第三方评估并非司法部门一方的事，评估前后主体遵循评估规范而发生的交往活动既是评估有效开展的前提，也是评估接纳的核心动力，还是基于合作而形成的向心力。

在以上内外动力与合作共识的相互刺激下，M法院对第三方评估的接纳有了一个良好的动力基础，但要令接纳制度化，从形式接纳向实质接纳深化还需一些必备的辅助要件。对此，M法院的第三方评估接纳实践提供了以下三项启示：

第一，正确的评估定位。目前，法治评估在各地盛行在一定程度上代表的是地方政府对法治GDP的追求，而这是一把双刃剑，做得好可以实现倒逼

---

① ［德］哈贝马斯：《交往与社会进化》，张博树译，重庆人民出版社1989年版，第89页。

政府法治建设的目的，但也存在片面追求政绩、掩盖实质问题的可能性与现实，有效接纳便无从谈起。追溯其根源是政府与评估专家对第三方评估的本质定位并不明确，往往过于重视评估技术与评价专家的专业性，而并未充分尊重社会主体的评价能力与评议意见。而 M 法院对第三方评估的认知从一开始就是要最真实地反映群众的心声，除必要的支持外，第三方评估机构独立完成评估。而第三方评估机构在评估时也是充分考虑了评价主体的接受度，将"以公众为本"的理念贯穿于评估问卷的设计、调查方式的选择以及座谈会的开展等诸过程，助推社会公众的民主参与。简言之，第三方评估的本质是大众评估，专业技术的运用需要以社会公众为本，专业评估需要以大众评价结果为基础。因此，对第三方评估的接纳需要以对第三方评估的正确定位为前提要件。

第二，高质量的评估报告。如果评估报告本身就存在问题，那么接纳也是无从谈起的，或者说即使接纳了也没办法发挥改善作用。2014 年余杭发生了垃圾焚烧厂群体性事件，政府在应急事件处理中所表现出的违背法治理念的行为说明法治政府并没有在第三方评估的倒逼下取得长足的进步。而据笔者此后对余杭法治指数报告文本的分析，不难发现这样一个规律，即历年评估报告所反映的内容雷同、提出的建议相似，评估呈现低水平重复状态，评估报告质量有减无增。因此，若无高质量的评估报告是难以真正倒逼公权力部门接纳第三方评估及其结果的。反观 M 法院的第三方评估，其评估结果的获得与评估报告的撰写是相当成功的案例。首先，它的结果指向是非常明确且集中的，并非泛泛而谈司法公信力，而是选取法官的职业道德与工作作风这样一个既反映法官观念又呈现其行为的议题。其次，整份报告的基础是社会公众意见的充分表达与采集，第三方评估机构为充分调动社会公众的参与积极性做了非常多的努力。另外，评估报告的形式除了预先设定的以外，还依据法院需求出具了一份依据案件类型不同而成的评估报告，以利于内部比较与奖惩。

第三，研讨平台的搭建。第三方评估并非一劳永逸的事情，评估报告的出具还是处于评估接纳的初始阶段，若要形成可操作性可直接运用的政策建议,还需对评估结果进一步深入研讨,而这需要实务界与理论界的共同合作。以往法治评估也召开评审会,但是其首要目的在于评审而非研讨,所以有"走走过场"之感。因此,在评审过后并无太多改动或改进,而至于委托方如何运用评估报告往往是失声的。M法院则意识到了研讨的重要性,因此开展了一场由政法委领导、高院领导、兄弟法院领导以及诸多专家学者共同参与的研讨会,既交流探讨了本法院的司法第三方评估实践,也学习了其他兄弟法院的第三方评估实践。这样一个沟通交流平台是必需的,而且需要常规化、例行化。但我们也能发现,在这样一个研讨平台上还是有角色缺失的,那就是评价主体,无论社会公众,还是律师、政协委员、人大代表,都没有出现在这样一个平台。这说明司法部门对评估信息的公开还是保守的、有顾虑的,这是有待改进的一点,因为评价主体的参与是其社会监督权的体现,他们参与研讨有利于修正和完善评估结果。

可见,若要令第三方评估接纳机制从形式接纳向实质接纳转型,既需要有内外结合的动力,也需要具有可资操作的基础要件。由此,可实现信息的充分流动,达到信息处理的不受阻碍,从而得到合理的或公平的结果。而在此基础上,对司法第三方评估的认知还可进一步升华。正如黄宗智认为在司法体系中存在一个介于正式司法体制和非正式司法体系之间的第三领域,而实现纠纷解决的是"在县官意见与社区/宗族调解之间的一种半制度化的交流"①。如今,第三方评估实践的发生,其实质也是试图在司法系统与社会系统之间塑造一种由法院、公众、专家等主体共同参与且互动的公共领域。其中,专家系统介入法院的考评工作,发挥知识资本的作用,也是社会分工日趋细化的表现,是符合社会发展需求的。而评估委托方、受托方、社会大众等多元主体就同一言说对象,即法官的职业道德和工作作风进行理性的交流对话,便可通过主体间性来判断评估的真实性和有效性。正如哈贝马斯所说:"当所有人都进入平等对话,并就同一话语进行理性的探讨与论证,最后达成

---

① 黄宗智:《中国的"公共领域"与"市民社会"?——国家与社会间的第三领域》,http://www.cssm.org.cn/view.php?id=29977。

共识时，该话语才可被看作是真实的。"① 只是这样一种由专家学者牵头、社会主体广泛参与的公共领域在司法改革中应当起到何种作用还有待进一步研究，其作用效力如何则还有待实践的进一步检验。

---

① 章国锋：《哈贝马斯访谈录》，载《外国文学评论》2000 年第 1 期。

企业社会责任问题再思考

——从企业诉讼营销现象引起的思考*

胡瑞瑞**

摘要： Y 公司与 X 公司的司法纠纷不断上演，我们反思在凉茶市场饱和度一定的情况下，这类不理性的"诉讼营销"若不断上演或被模仿，整个社会能得到什么？就此问题，笔者拟从头梳理两家的恩怨录，观察 Y 公司的司法行动，探寻 Y 公司接连败诉却靠"诉讼营销"名利双收的始末；借助角色分析法，分析当下市场经济法治文化背景下，企业社会责任的当代期许，以求为企业社会责任制度化建设提供可行性建议。

关键词： 诉讼营销　企业社会责任　角色分析

一、问题的提出

在社会基层治理上，我们一般重视的是社区（乡村）的建设，其实企业的建设同样很重要。企业都是在一定社区从事经营，它映照的企业文化对这个社区乃至更大的社会领域，会产生巨大影响。正是在这个意义上，《中华人民共和国公司法》在 2006 年 1 月 1 日生效修订的文本中，明确提出了企业社会责任的法律规范，指出："公司从事经营活动，必须遵守法律、行政法规。遵守社会道德、商业道德、诚实守信，接受政府和社会公众的监督，承担社会责任。"

---

* 本文研究得到李瑜青教授多方面指导。
** 作者简介：胡瑞瑞，华东理工大学法学院经济法方向硕士研究生。

经考证，其实企业社会责任的法律规范在 20 世纪初期的美国法律中已提出，到 20 世纪 50—60 年代以后在很多国家的实践中被广泛运用，但对企业社会责任内涵的把握却有一个过程。最早的阶段，可以关注欧利文·谢尔顿（Oliver Sheldon）的贡献，他在《管理的哲学》中把企业社会责任与公司经营者满足产业内外各种人类需要的责任联系起来，并认为企业社会责任有道德因素在内①。不过，经济大萧条以及第二次世界大战冲淡了人们对此的关注。伴随战后经济的繁荣，企业社会责任的概念得到了"初步界定和认可阶段"——出现了"三个同心圆"②"金字塔"③"三重底线"④等认可度十分广泛的模式。

而后随着经济全球化的发展，企业社会责任的概念也进入了"全球化阶段"——尤其是"企业公民"（Corporate Citizenship）理念的影响在跨国贸易中不断发挥越来越规范的作用，众多著名的国际组织纷纷提出具有发展性和扩充性的概念⑤。比较有影响的，如企业社会责任的"范围"问题，认为有宏观层面的，也有微观层面的，微观层面的更为关注非经济领域的劳工待遇提升、环境维护、社会福利增进等具体责任⑥。再比如企业社会责任的"层次"

---

① "The Social Responsibility of Management", in Oliver Sheldon, The Philosophy of Management, London, Sir Isaac Pitman and Sons Ltd.. first published 1924, reprinted 1965, pp. 70 – 99.

② 1971 年美国主要企业领导人的传统组织——美国经济发展委员会发表了《工商企业的社会责任》报告。该报告指出，"企业应该为美国人民生活质量的提高做出更多贡献，而不仅仅是提供产品和服务的数量"。报告中"三个中心圈"分别是：内圈代表企业的基本责任，即为社会提供产品、工作机会并促进经济增长的经济职能；中间圈为企业在实施经济职能时，对其行为可能影响的社会和环境变化要承担责任，如保护环境、合理对待雇员、回应顾客期望等；外圈则包含企业更大范围地促进社会进步的其他无形责任，如消除社会贫困和防止城市衰败等。

③ 美国佐治亚大学教授卡罗尔（Archie Carroll）从企业优先考虑承担的先后次序及重要性出发构建了企业社会责任的金字塔形结构，位于塔顶的是自愿履行的慈善责任，往下走是伦理责任，再往下走是法律责任，经济责任是基础也占最大比例，是金字塔的底座。

④ 1997 年，约翰·埃尔金顿出版了《拿叉子的野人：二十一世纪企业的三重底线》一书，三重底线开始为人们所重视，逐渐成为企业社会责任概念的共同基础。该理论认为，企业的行为不仅要考虑经济底线，还应当考虑社会底线与环境底线。

⑤ 世界银行、欧洲委员会、世界经济论坛、国际雇主组织以及国际标准化组织等都力图给企业社会责任下个符合全球化要求的定义，但基本上都围绕着经济、社会、环境、法律、伦理和利益相关方等方面。

⑥ 潘思谕：《中国现代化过程中企业社会责任研究》，载《商业研究》2006 年第 22 期。

问题，有"经济责任说""慈善责任说""道德责任说"① 等一层次论；也有经济、社会和法律的三层次论②；或经济、法律、道德和慈善的四层次论等③。

但问题是，当代中国法治建设中，企业社会责任只是作为一种抽象的概念，企业社会责任法律规范更只是一个空泛的不起作用的口号，这直接的后果当然是造成经济活动中存在的社会乱象，而企业诉讼营销就是这种乱象之一。本文以 X 公司与 Y 公司之争，通过原案件不同主体角色的行动，解读这些企业对社会责任的理解，从而就企业社会责任法律规范如何有效实施提出些观点。

二、X 公司和 Y 公司纷争的由来

美国现象学史学家施皮格·伯格说："非常执拗地努力查看现象，并且在思考现象之前始终忠实于现象。"④ 这是思考问题的一种方法。笔者的讨论以这样的方法入手。其实，X 公司和 Y 公司有过关系极为密切的"初恋"。据考证，X 凉茶本是清道光八年（1828）由某商人所创，1949 年前，饱经动荡但有幸维持经营已有 180 多年的历史。1949 年后，X 凉茶被拆分成两大支流：一支被国有化了，归属于国有企业 X 集团；另外一支则由其家族的后人带到了香港，由后来成立的"香港 X 国际"负责香港和海外业务的经营。

Y 公司的"缔造人"原是一名往返粤港两地的做贸易批发的商人，后来从事凉茶事业，他在 1995 年设法取得了红罐装 X 凉茶的秘方。1997 年 2 月，他又与广州羊城 X 公司正式订立了商标许可使用协议。在合同中双方约定：Y 公司从 1997 年起即取得 X 凉茶商标以及生产销售红色纸包装及红色铁

---

① 王雄文：《企业社会责任概念诸说及评析》，载《企业改革与发展》2007 年第 11 期。
② 崔新健：《企业社会责任概念的辨析》，载《社会科学》2007 年第 12 期。
③ Archie B. Carroll, Stakeholder Thinking in Three Models of Management Moral Morality: A Perspective with Strategic Implications, in The Corporation and Its Stakeholders: Classic and Contemporary Readings. Edited by Max B. E. Clarkson, University of Toronto Press, 1998, pp. 139 - 170.
④ [美] 施皮格伯格：《现象学运动》，商务印书馆 1995 年版，第 964 页。

罐装凉茶饮料的独家使用权，合同有效期到 2011 年 12 月 31 日止，有效期统共为 15 年①。在 2002 年和 2003 年两年里，Y 公司总经理又设法通过 X 公司总经理李某同×公司先后签订了《X 凉茶商标许可补充协议》和《关于 X 凉茶商标使用许可合同的补充协议》，将有效期延长到了 20 年。为此，Y 公司总经理专门在广东创立了 Y 公司。

　　Y 公司对 X 凉茶在市场的推动明显。在 2002 年以前，X 凉茶的受众局限在广东以及浙南地区，仅是一个地域性的老品牌。为进一步打开市场，Y 公司陈某特地聘请了专业公司对 X 凉茶进行产品定位，而且 2003 年短短几个月，一举投入 4 000 多万元，同年 11 月更是斥巨资购买央视 2004 年黄金广告时段。2008 年，为汶川捐款 1 亿元的高调慈善活动，一时间就让 X 凉茶扬名中华。2010 年 11 月，在"中国知识产权高峰论坛暨 X 凉茶'大健康'产业发展规划新闻发布会"上，北京名牌资产评估有限公司宣布：X 凉茶品牌价值被评估为 1 080.15 亿元，成为中国第一品牌②。

　　在企业的初生阶段，可以发现 Y 公司是围绕着企业的利益最大化而做出了有效的改进决策，此时的经济责任意识很是浓厚。但是，在 2008 年 X 凉茶商标使用费和商标使用年限的问题上就涌现出了矛盾之声。因为 X 凉茶商标所有权方领导层人员李某在 2004 年被爆出收受 Y 公司商业贿赂的黑幕，据此 X 凉茶商标所有权方认为："李某是在受贿后才签订补充协议延长商标许可期限，因此该补充协议无效，且 X 凉茶商标一直被严重贱租。从 2000 年到 2010 年，红罐 X 凉茶已从 2 亿元销售额增加到 160 亿元，而同期 Y 公司给 X 公司的年商标使用费仅从 450 万元增加到 506 万元，即便到 2020 年也只有 537 万元。"③ 按国际惯例，商标使用费一般是产品销售额的 5%。按此计算的话，在 2011 年 Y 公司就应该支付给 X 公司商标使用费 10 亿元。而且红罐 X 凉茶的生产者——Y 公司在宣布品牌价值超千亿元的会上却成了局外人，没被邀请参会。到此，可见 X 凉茶的商标所有者 X 公司和此时的 X 凉茶的商标使用

---

①　顾心悦：《红 vs 绿谁的王老吉——"王老"败了谁的火》，载《电子知识产权》2012 年第 6 期。
②　张云：《王老吉品牌价值如何最大化?》，载《销售与市场》2011 年第 10 期。
③　肖春波：《王老吉商标之争及其启示》，载《企业改革与管理》2012 年第 11 期。

者Y公司两家企业已出现触犯现行法的行贿等不正当的交易现象。

商标的纠纷揭开了两家战争的序幕。作为市场上的两个竞争对手，X凉茶商标所有权方和作为X凉茶商标使用权方Y公司的相互行动呈现了对峙。由于Y公司一直对所有权方租约到期要求重新协商的诉求不予回应，根据当时双方在签订合同时所约定的解决纠纷方式，2011年4月26日所有权方向中国国际经济贸易仲裁委员会提出仲裁申请。同年5月份该商标纠纷被立案，开庭时间确定为9月底；但是Y公司一直不予应诉，关于X凉茶商标使用权的仲裁，开庭时间一直推迟至2011年12月29日。但最终裁决结果是：Y公司两份补充协议均属于无效协议。这就是说X凉茶商标即刻回归X公司。

可Y公司并未就此停歇，随即在其官网发声抗议称：Y公司不服此前商标案裁决。并且在2012年5月17日向北京市第一中级人民法院提起了撤销之诉，声称该裁决违反了《中华人民共和国仲裁法》第五十八条的规定。法院虽依法立案，但是却在2012年7月13日驳回了Y公司的"撤销申请"，让X商标纠纷案得以尘埃落定。事实上，2012年5月"商标案"的仲裁结果不但没能成为"落点"，反而成了往后诸多纷争的"起点"。

三、如何"诉讼"变营销——纠纷中Y公司行动扫描

在企业社会责任的研究中，有学者提出企业对社会责任的承担是可以分阶段的观点[①]。其实，这是比较现实的做法，即可依据企业发展阶段的不同来考量企业承担的社会责任的层次。比如，在企业的起步阶段，可以考虑对其恪以基本的法律责任和经济责任，而在其发展稳定时期逐步对其恪以伦理责任和慈善责任。但Y公司在步入稳健发展期，除去商标案中牵涉出来的行贿这一不符合企业社会责任承担的行为外，而后还发生了包括"红罐装潢案"

---

① 喻国明、周晓燕：《网络时代企业社会责任行动指南——以汶川大地震中企业的捐款行动为例》，载《青年记者》2009年第15期。

"改名案"等数次典型诉讼,在这些诉讼行为中,Y公司彰显出的是离社会责任越来越远,玩起诉讼营销。

2012年11月底,X公司向广州中级人民法院起诉Y公司"虚假宣传"。起诉理由是Y公司销售的产品,涉及虚假宣传,是非正当竞争行为,故向法院申请诉中禁令①。Y公司并不示弱,2013年6月就广告语问题将X公司告上法庭。诉讼的主要内容是:Y公司广告语是其知名商品红罐凉茶的显著商业标记,X公司抄袭的行为构成商誉侵占,造成消费者误认。在商标已拿回无望的情况下,Y公司不断强调的有以下几点:① 涉案的"知名商品"本就为其拥有独家配方的红色罐装凉茶,该凉茶特有的包装装潢权与商标权相互独立,可以分割;② 红罐包装的权利人是Y公司,红罐包装的设计早于商标许可合同,且申请过专利,红罐包装装潢不需要给X公司;③ 红罐装潢专用权取得过程中完完全全是由Y公司的巨大付出所得,X公司没有任何的贡献;④ 红罐外包装上Y公司的相关描述是为了能够让消费者明白其生产商为Y公司,而X公司在八达岭水关长城举行的庆典,其销售行为存在误导消费者的嫌疑,是非法行为。诉讼中Y公司反复强调,除了自己的劳苦功高和X公司坐享其成、"不当得利"外,关键的一点是在不断地告诉法官,自己才是原来X品牌的缔造者。

企业通过诉讼主张自身的权利,这本来无可厚非,但Y公司却把诉讼转换为一种企业营销。

其特点之一,通过诸多去X公司化的市场行动,去打破法律的底线。使用大量夸张的广告,将X凉茶混同于Y公司生产的凉茶,偷换概念,以虚假广告行为误导消费者。虽然多起案件它都狼狈败绩,但仍然一意孤行。

其特点之二,利用互联网手段。互联网时代,最不缺的就是传播媒介。显然Y公司深谙此理,作为经营者,此时其行动的对象又转向了社会公众(尤其是消费者)。针对2014年1月31日的"诉中禁令",2月4日Y公司就

---

① 《官司首现"诉中禁令"》,http://www.ycwb.com/ePaper/ycwb/html/2013-02/02/content_82106.htm。

在其官微上发布四条以哭泣孩童为主画面的"对不起体"①悲情微博给予回应，短短两个小时内，"对不起体"经上亿粉丝发酵，引发社会各个阶层的共鸣和同情。2014 年 12 月 19 日下午"红罐案"判决结果出来后，Y 公司立即对判决结果表示强烈不满，很快便发布公开声明表示不服，提出要"坚决向最高人民法院上诉"。12 月 22 日，Y 公司在北京召开发布会，控诉"广东省高院助纣为虐"，并指责 X 公司内部提前三天得知判决结果，毫无公理可言，一时间引发社会关注度暴涨。两家企业一句广告语、一场官司的"掐架"模式中，前前后后五次纠纷，违法行径却愈演愈烈。

其特点之三，乘"诉"豪掷广告。在诉讼的契机之下，Y 公司豪掷千金打广告。虽然 Y 公司不愿透露广告的具体投入金额，但根据公开资料统计，2012 年的广告总投入不会低于 10 亿元②。此外据《南方日报》报道，有广告公司监测数据显示，仅 2012 年 4 月份 Y 公司投入的广告费用就高达 4 亿元。根据尼尔森的最新数据，Y 公司罐装凉茶在国内整体罐装凉茶占据了八成的市场份额仅仅用了 2013 年上季度前五个月的时间。经过一系列诉讼和广告营销，Y 公司的品牌转换大获成功，据零点调查称，70% 多的消费者已知悉红罐凉茶更名这件事③。Y 公司凉茶的牌子在"诉讼大战"中"一朝成名"。这么短的时间、这么快的速度、这么大的影响力，Y 公司和 X 公司两家企业的"纠纷"从"诉讼"变成了另类高效"营销"。

这里有必要对诉讼营销做个理解。所谓诉讼营销，即某些公司借诉讼之名，通过吸引媒体或公众注意力的方式来提升公司品牌，转移社会可能形成的对其的消极评价。诉讼营销行为从表面上看是企业在经营遭遇危机后进行的一种自救，因此业界有人士认为 Y 公司诉讼营销手段"高明"。其实这种所谓自救，是通过特殊方式不断创造虚假信息混淆视听，而不是积极加强企业

---

① "对不起体"的具体文字内容："对不起，是我们无能，卖凉茶可以，打官司不行。""对不起，是我们太笨，用了 17 年的时间才把中国的凉茶做成唯一一可以比肩可口可乐的品牌。""对不起，是我们太自私，连续 6 年全国销量领先，没有帮助竞争队友修建工厂、完善渠道、快速成长。""对不起，是我们出身草根，彻彻底底是民企的基因。"
② 《加多宝王老吉全面开战：诉讼大战之外是广告大战》，网易财经，2013 年 5 月 13 日。
③ 晓燚：《诉讼营销季——六大品牌双赢战》，载《北大商业评论》2013 年第 8 期。

自身建设，它可以起到一时转移公众视线的作用，但对企业社会责任的制度建设则是一种破坏。这种破坏表现为，它是在侵害他人的利益，扰乱正常的市场竞争秩序，也是在混淆消费者的认知。自20世纪80年代以来，伴随着社会、政治、经济、文化的发展，在全球化背景下，企业社会责任问题已不断地被提起，人们对企业在市场中的角色期待，不再只是任其单纯追求经济利益，而是希望其承担更多的社会责任。

四、如何提升企业的社会责任

从X公司和Y公司的纷争及Y公司的"诉讼"营销行为，我们要讨论的问题是，如何使关于企业社会责任的法律规定落到实处。

在对企业社会责任的理解上，学界有不少讨论。美国佐治亚大学教授卡罗尔（Archie Carroll）的"金字塔"理论有一定代表性。他认为，完整的企业社会责任是企业经济责任、法律责任、伦理责任和其自愿履行的责任（慈善责任）的总和。它构成为一个金字塔形，位于塔顶的是自愿履行的慈善责任，往下走是伦理责任，再往下走是法律责任，而最基础的底座才是经济责任。我国学者卢代富则认为，"企业社会责任"不应是一个无所不包的"大杂烩"[①]，企业社会责任可以这样定义，即"企业在谋求股东利润最大化之外所负有的维护和增进社会公益的义务"[②]。此外，北京大学陈彦勋博士在其《企业社会责任层级划分与提升策略》[③] 一文中曾提到企业社会责任的"二层级划分"，即企业的"不侵害责任"和"扶助支持责任"。以他的分析，第一层次是企业必须履行的"不侵害责任"，包括"法律责任"和"基本道德责任"；而第二层次企业有能力自愿承担的"扶助支持责任"则包括"慈善"和"高层道德责任"。

笔者看来，学界对企业社会责任的观点虽然有分歧，但总的看法上存在

---

① 卢代富：《国外企业社会责任界说述评》，载《现代法学》2011年第3期。
② 董素、乔宇：《食品企业社会责任缺失原因分析及对策研究》，载《商业经济》2011年第20期。
③ 陈彦勋：《企业社会责任层级划分与提升策略》，载《理论探索》2012年第1期。

一致的地方,即企业在谋求自身利益过程中,都要遵守国家基本法律法规,维护基本道德并增进社会的公益等。当企业经营中出现危机,我们不能提倡一错加错,诉讼营销,而应有社会责任,接受教训,积极在社会中树立遵纪守法的正面形象。当然,在这个方面有必要加强制度化建设。所谓的制度化,"指的是国家、行业组织、企业自身和社会参与的整体制度安排"[1]。企业要做的很多,但是政府、立法机关以及其他社会角色要做的也很多。"目前已有越来越多的人意识到,除了借助技术升级、品牌形象、客户压力等市场机制的倒逼,只依赖于'自愿'难以推行"[2]。"无论是加强国家监管,还是寻求更多主体共管,以制度化方式而不是放任自流,对于中国推行不可或缺"[3]。

第一,企业确立对法律的敬畏之心,守法经营。我国公司法中对企业社会责任有明确法律规定,但在其他法律文本中也对企业社会责任提出了要求,如作为社会本位法的经济法,经济法要求作为市场主体之一的企业,其商业运行应该以社会利益为本位,从而促进企业逐利的同时自愿守法经营。经济法中规范企业外部行为促使企业履行社会责任的相关法条散落在反不正当竞争法、产品质量法、消费者权益保护法、环保法、劳动法、税法等中发挥着专项作用。目前的问题是这些法条之间缺少必要的协调和统一,导致许多人认为企业社会责任的规范仅仅只有《中华人民共和国公司法》第五条这个指导性规范。因此,当企业在市场运作中存在忽视社会责任的经济行为时,应当建立一种制度,使这样的企业在市场中不但不能获利,而且会受到及时合理的惩罚[4],逼迫这样的企业自觉承担起社会责任,从而使《中华人民共和国公司法》第五条关于企业社会责任的规定,可以变得具有可操作性。比如,所讨论的 Y 公司经过一连串的败诉之后,对其系列广告的法律风险应当是有预见的,但是其仍接连推出涉嫌违规的广告进行虚假宣传[5],纠纷双方不顾司

---

[1] 杨力:《企业社会责任的制度化》,载《法学研究》2014 年第 5 期。
[2] 张宪初:《全球视角下的企业社会责任及对中国的启示》,载《中外法学》2008 年第 1 期。
[3] 杨力:《企业社会责任的制度化》,载《法学研究》2014 年第 5 期。
[4] 具体到本案中我们可以看到"商业贿赂"和"审判结果提前泄漏"都没有及时得到惩处,才助长了两家企业的不正当竞争之风。
[5] 具体到该案中我们发现当年实施的《广告法》第三条和第四条明文规定"广告应当真实、合法,符合社会主义精神文明建设的要求","不得含有虚假的内容,不得欺骗和误导消费者"。

法资源有限性的现状，利用相对"低成本"的诉讼赚商誉的行为就会形成很不好的社会影响，刺激其他行业企业进行效仿，以致形成与品牌有直接联系的不正当竞争案件近年来呈逐年上升的趋势。增强法律威慑力，已成为实现企业社会责任制度化的当行之道。

第二，政府的专项监管部门的监督需要加强。那种认为只要有缜密的实在法规则体系，就自然可以建成法治社会的想法是很天真的。企业社会责任制度化，需要有规范完善的立法行动，更需要强有力的执法行动和监督行动的支持。《中华人民共和国公司法》第五条虽然规定的是企业必须接受政府的监督的责任义务，但是也是对政府相关部门履行监督义务的要求，政府监督部门的作为缺失亦是企业社会责任制度化的外在制约因素。而本案中，X 公司和 Y 公司都在中国的某一省内，Y 公司的行贿事件以及 X 商标被贱租的情况，X 公司作为国有企业其运行受国资委的监督，但在这么长时间内，却没有任何的反映。为什么没有对背离企业社会责任的相关企业进行追究，监督义务的履行效果堪忧。与此相联系，2013 年凉茶市场"山银花代替金银花"事件发酵，但相关监督部门再次集体失语。这给我们期待的政府监督打上了一个大大的问号。在国际社会上，企业社会责任已有了具体的量化指标评价体系，西方国家纷纷对社会责任标准认证进行实践。如《WTO 经济导刊》和金蜜蜂团队以年度为单位评选出 2014 年国际社会责任十大事件中，"法国媒体社会责任指南发布""欧盟 2015—2019CSR 战略进入公众咨询期""50％的日本企业引入企业可持续发展计划"等事件尤为引人注目。在此种状况下，欲实现企业社会责任制度化，我国积极借鉴企业社会责任国际认证标准如SA8000、ISO26000[①] 等，设立专项的部门负责监督也未必不可行。

第三，政府执法部门应当加大执法力度。如以行政干预和经济调控为手

---

① 国际标准化组织（International Standard Organization，ISO）从 2001 年开始着手进行社会责任国际标准的可行性研究和论证。2004 年 6 月最终决定开发适用于包括政府在内的所有社会组织的"社会责任"国际标准化组织指南标准，由 54 个国家和 24 个国际组织参与制定，编号为 ISO26000，是在 ISO9000 和 ISO14000 之后制定的最新标准体系，这是 ISO 的新领域，为此 ISO 成立了社会责任工作组（WGSR）负责标准的起草工作。2010 年 11 月 1 日，国际标准化组织在瑞士日内瓦国际会议中心举办了社会责任指南标准（ISO26000）的发布仪式，该标准正式出台。

段，引导和监督企业履行社会责任的行为。坚持有法必依，执法必严，对不履行企业社会责任的企业要及时给予惩办，强化政府的监督职责。再者要积极地建立相关的公示制度，及时将处理结果在公告平台予以公示，将企业履行社会责任的行为与其商业信誉相勾连，对其他企业起到警示和引导作用。最后，需要特别关注的是"对纵容企业违法侵害非股东利害关系人利益的执法人员要根据具体情况严肃处理，既教育惩罚执法违法者，也警示责任心不强的其他执法人员"①。

第四，拓宽社会公众实现监督的渠道。诚如《中华人民共和国公司法》第五条所述，企业要接受社会公众的监督，但是如何监督却成了问题。可是自古以来都是防胜于治的，要让公众参与进来，才能使实在法的相关规范得到落实。"在试图直接对企业课以 CSR 法律义务之余，通过间接方式管制企业社会责任议程乃晚近各国更为常见的政策选择。其中，提升企业行为的透明度尤为 CSR 议程一再提及的主题，被称为'CSR 战役的前沿战场'②"③。其实在硬法实施遇到社会习惯、风俗、道德等的冲击时，软法在社会上确实较为通行。尤其是在当下，中国企业的社会责任问题，更主要是来自外部的压力，即中国企业在国际贸易的竞争中遇到了更多的新形式的挑战④。就如中国某饮料品牌，其进军更广阔的国际市场，那么国际企业社会责任认证标准是其绕不过去的坎。"在西方主导的企业社会责任国际标准和认证体系制度化的背景下，包括 SA8000 等各种余业社会责任标准通过全球化的贸易体系，极大影响了中国企业在国际'价值链'体系中的地位"⑤。

这些现象要求：一方面，企业行为透明度的自我提升，即建立健全企业社会责任（当然包括公益而不限于公益）履行的公示机制，方便社会公众去发现问题，实施监督。另一方面，社会公众要充分发挥新闻舆论、行业协会、

---

① 李镜：《我国企业社会责任制度化对策研究》，载《沈阳工程学院（社会科学版）》2009 年第 2 期。

② Jennifer A. Zerk, Multinational and Corporate Social Responsibility: Limitations and Opportunities in International Law, Cambridge University Press, 2007, p. 171.

③ 刘芳雄、汤鹏：《企业社会责任议程的管制：现状与启示》，载《法学杂志》2012 年第 12 期。

④ 苗俊杰：《中国欲对企业社会责任定规》，载《嘹望新闻周刊》2005 年第 51 期。

⑤ 林海：《企业社会责任制度化与法律调整机制的转型》，载《学海》2010 年第 2 期。

国际组织的作用，形成多层次、多渠道的监督体系，以完善企业承担社会责任的社会环境。为了支持这些非政府组织的公众的监督工作，政府应当对非政府组织的活动场所、资金等方面给予一定的支持，实现企业社会责任的监督机制以法律监督为基础、社会监督相结合的监督体系。此外，"问责企业的积极法律行动，具备迫使企业以符合基本商业伦理的方式行事的巨大潜力"[1]。最近几年在我国经济法和环境法领域兴起的公益诉讼，也是实现企业社会责任制度化的又一个可考虑方向。

---

[1] 刘芳雄、汤鹏：《企业社会责任议程的管制：现状与启示》，载《法学杂志》2012年第12期。

[司法实践的浦东经验探讨]

多元路径下律师调解机制的思考
——一种折中方案的提出

薛 林 王雪燕 沈晨玲*

摘要： 目前法院主导下的律师调解模式主要分为法院附设型与法院委托型两类，本文旨在通过分析律师调解机制的运行现状，理清附设型与委托型律师调解模式的特点，并试图通过引入第三方机构的折中方案来解决当前律师调解机制中所急需解决的机制各参与主体之间的权责明确、利益冲突、机制持续发展等问题。

关键词： 律师调解 机制建设 多模式比较

随着最高人民法院《关于人民法院进一步深化多元化纠纷解决机制改革的意见》的深入实践，上海市浦东新区人民法院面临逐年攀升的收案（2016年收案131 202件；2017年上半年收案72 751件）。为积极化解"人多案少"的矛盾，自2016年下半年以来，浦东新区人民法院在原有的"三级四层"网格化诉调对接机制的基础上，开始探索"律师调解机制"。通过引入辖区内的优质律师群体，发挥律师们在纠纷解决方面的专业化特长，促进诉讼纠纷的多元化解决，从而创新社会治理、缓解法院的收案压力。在此背景下，在考察、了解我国律师调解工作的相关情况，特别是马鞍山会议后，结合其他兄弟法院的经验做法及国际ADR的通行做法，浦东法院以与区工商联共同加强区内非公有制企业民商事纠纷调解工作为契机，联合区司法局共同开展律师调解工作。为此，本文结合浦东法院律师调解工作的探索与实践，希望能通

---

* 作者简介：薛林，上海市高级人民法院立案庭副庭长，硕士研究生；王雪燕，上海市浦东新区人民法院民七庭审判员，硕士研究生；沈晨玲，上海市浦东新区人民法院民七庭法官助理，硕士研究生。

过分析为律师调解机制提供些微不同的思路。

一、问题的提出：多元路径下的律师调解机制

最高人民法院《关于人民法院进一步深化多元化纠纷解决机制改革的意见》明确将律师调解作为深化多元化纠纷解决机制的重要内容之一。律师参与调解，这一看似新生的事物，实际在我国已有多年的实践，早在2006年，青岛市以德衡律师事务所为依托成立全国第一家律师调解中心"青岛市涉外纠纷律师纠纷中心"；2008年，深圳市福田区以购买服务的方式将调解业务外包给中标的律师事务所，由司法局、律师事务所及基层单位为主要制度运行主体联动展开调解工作，即"福田模式"[①]。随着最高人民法院多元化纠纷解决机制改革的推进，法院主导下的多元化纠纷解决模式也逐步引入律师参与其中。2010年6月7日，最高人民法院发布的《关于进一步贯彻"调解优先、调判结合"工作原则的若干意见》中明确指出邀请律师协助人民法院进行调解，并且特别强调要注重发挥律师在调解工作中的积极作用。同年10月，上海市徐汇区人民法院将3名律师纳入调解机制中[②]；2015年12月，马鞍山市正式建立律师调解员制度，该市中院特聘任31名律师调解员参与婚姻、借贷等纠纷的多元化解工作[③]；2016年10月，厦门市湖里法院与市律师协会签约设立全市首个"律师调解工作室"，并向首批24名律师特邀调解员颁发聘书[④]。在肯定各地探索律师调解工作做出的不懈努力的同时，也要认识到，较

---

① "福田模式"是由政府向社会购买法律服务来进行纠纷的专业化调解，并制定了以"以事定费、购买服务"为模式的法律服务购买计划，将调解业务外包，由政府保障专项经费的支出，向社会公开招标购买专业法律服务，律所投标竞聘后，由其提供具有专业法律学历背景及有律师资格的人员，按照每个调解室5—8名调解员的配备进行24小时纠纷调解。基层人民政府提供用于调解的人民调解室，明确调解人员条件和工作岗位职责。司法局对调解活动进行监督引导，从2008年10月份起，福田区相继派驻设立了在派出所、交警队、劳动局、医院和信访局的人民调解室，共22个人民调解室，展开了调解工作。截止到2013年4月，已累计成功调解社会矛盾纠纷39 000多宗，调解成功率在90%以上，调节成果明显，起到了维护基层社会稳定的重大作用。

② 卢嘉献、于是：《律师参与调解机制研探——以上海市徐汇区人民法院诉调对接实践为视角》，载《上海政法学院学报（法治论丛）》2011年9月15日。

③ 《马鞍山市建立特邀调解员制度和律师调解员制度》，http://www.anhuinews.com。

④ 《多元化解纠纷　守好司法防线》，载《厦门日报》2016年7月7日。

之近年来飞速发展的律师群体，我国的律师调解工作推进相对缓慢，在一定程度上仍然呈现出参与人数较少、覆盖密度较低、机制后续发力不足、社会反响有限等特点。

最高人民法院将律师参与调解的可能方式归纳为以下几种①：① 吸纳律师加入人民法院特邀调解员名册；② 探索建立律师调解工作室；③ 律师加入各类调解组织担任调解员；④ 在律师事务所设置律师调解员②。多种路径的设计为律师调解机制的进一步发展奠定了基础。当前，我国的律师调解机制主要依托于法院主导下的多元化纠纷解决机制，这样的模式虽然保证了律师调解纠纷的案源，但从长期来看，这一机制所存在的"纠纷来源单一、经费来源被动"等问题，将逐步使机制丧失内部活力，可能难以真正发挥律师群体的积极性，与域外ADR中自足自治的律师参与调解模式相去甚远。因此在目前律师调解工作系统性、规范性意见缺位，各地做法、认识不一的情况下，仍有必要对如何探索出一条符合中国国情的律师调解路径进行深入讨论。

二、律师参与多元化纠纷解决的现状分析

（一）律师参与多元化纠纷解决的必要性

1. 近年来律师参与社会化治理程度加深

近年来，随着我国法治化进程的推进，我国律师规模迅速扩大。以上海市为例，2010年至2014年间，全市律师事务所从1 064家发展到1 321家，增长24%；全市执业律师从12 298人增长为16 900人，增长37%；共办理民刑行商事诉讼案件及非诉讼案件60余万件，法律援助案件5万多件③。法律服务业市场繁荣可见一斑。与此同时，律师参政议政、参与社会化治理程度

---

① 参见最高人民法院《关于人民法院进一步深化多元化纠纷解决机制改革的意见》第十九条。
② 就律师调解，还有政府通过招标等方式购买律师法律服务等方式，但这一方式较实际只是人民法院与律师调解机构在具体委托形式上的不同，故本文未将其单独列出。
③ 彭薇：《全市执业律师已达16 900人》，载《解放日报》2015年4月19日。

不断加深,从早期的参与政府信访接待①,逐渐扩展到社会治理的各个方面:2013年,全国有1 343名律师当选县、市、省和全国四级人大代表,有3 790名律师担任各级政协委员,有3名律师当选为党的十八大代表。2011年至2013年间,律师向各级"两会"提交的议案、提案和建议数超过7 000份;全国共有23 500多名律师担任各级政府部门的法律顾问;为各级政府相关部门提供咨询51万余次,出具法律意见书87 000余份②。伴随着律师群体们"公民意识"的不断觉醒,广大律师群体在做好法律服务的同时,参与社会化治理的需求和热情也在不断高涨,推动律师参与多元化纠纷解决工作势在必行。

2. 律师在纠纷解决中具有一定的优势特长

随着法律职业共同体的发展,律师作为共同体中的一员,与共同体中的其他主体(法官、检察官、法学家)在知识背景、教育、法律思维与方法等方面将会越来越体现出同质性。统一司法考试制度的设立奠定了律师与其他主体之间共同的专业知识体系的基础;而当前司改中所推行的从律师群体中选任法官、检察官等做法,既在一方面体现出律师群体本身所具有的法律人特性与法官、检察官等群体边际模糊,同时也体现出律师群体在专业性方面的特长。与法官、检察官等的职业内涵所不同的是,由于律师群体面对的是全社会的法律服务需求,而跨领域、跨行业的需求各不相同,需要律师们在各方面快速转换,以满足客户的需求。因此,在一定程度上,律师们的专业领域相对涉猎较广,使律师们在面向市场提供专业化服务的同时,也积累了丰富的知识与经验。

在多元化纠纷解决机制中,较一般人民调解员,律师调解员在专业方面具有以下几大优势:① 接受过系统法学教育,通过司法考试,具有系统性法

---

① 自2001年开始,江苏省泰州市通过律师坐堂接访、律师参与信访联席会议制、随同党政干部下访等系列制度的实施,实现了民间资源、行政资源和司法资源的相互衔接与互补。通过引入"独立第三方"调处信访案件,保障群众合法权益,化解社会矛盾,为维护地区社会稳定和经济社会的可持续发展构筑了良好的法治环境。

② 《2013年中国律师行业社会责任报告(摘编)》,载《中国律师》2013年第9期。

律知识与法律思维；② 以法律服务为本职工作，在适用法律方面相对熟练；③ 律师群体，特别是诉讼律师群体，常作为诉讼参加人直接参加法院的审判工作，对审判程序与审判思路较为了解，易从法官的角度思考问题、化解纠纷；④ 律师纠纷处理领域的相对广阔，尤其是在调处新技术、新类型纠纷方面，在法律法规相对滞后的情况下，律师参与该类纠纷的调处往往更能够为当事人提供一种或多种适应社会及技术发展的纠纷解决方案①。上述种种，使律师们与其他法律职业共同体主体之间融合性高，能够快速适应法院主导下的纠纷解决机制。另外，作为非诉方式的解决纠纷的重要方式之一，律师调解的社会角色决定了律师调解是与审判同向的调解，较多地满足了许多纠纷不能或不愿由审判处理却期待审判式处理的社会心理②。

3. 律师群体本身所具有的一定的公益属性使然

对律师群体而言，律师的职业伦理包括多重内涵：一是尽忠勤勉，律师作为市场化的主体，其本职工作在于为客户提供专业的法律服务，尽忠勤勉即是律师对客户所承担的责任，既关系到律师个人的职业前景，也关系到整个律师行业的道德尊严。二是具有一定的公益性，对律师而言，客户并不仅仅是指具体的客户，在很大程度上可以理解为作为潜在客户的整体社会成员；因此从这个意义上讲，除了对客户的责任外，律师职业伦理还包含着对社会和公共利益的责任③，正如有学者指出的：律师的商业气息过浓会损害律师履行自己的使命；律师是法律职业者，有正义与改进社会现状的利益在里面，它不仅仅是个"饭碗"，还应是一种抱负，否则会成为社会中不受欢迎的人，甚至会成为社会的敌人④。律师群体的公益属性决定了律师参与公共法律服务领域的必然性。目前来说，参加法律援助、法律咨询是常见的律师公共法律服务形式，随着律师调解工作的推进，其必然也将成为律师公共法律服务的

---

① 杨建文：《发挥优势服务大局 律师在诉讼与非诉讼相衔接的纠纷解决机制中的地位与作用》，载《中国律师》2012年第10期。

② 洪冬英：《律师调解功能的新拓展——以律师主导民事调解服务为背景》，载《法学》2011年第2期。

③ 郝凯广：《当代中国律师公益性职业伦理之缺失：基于李庄案的思考》，载《重庆理工大学学报（社会科学）》2010年第5期。

④ 贺卫方：《律师与司法公正》，载《中国律师》2002年第10期。

内容之一。

（二）律师参与多元化纠纷解决的疑难问题

在看到律师参与调解所带来的种种优势的同时，我们也要清醒地认识到，任何事物都存在着两面性，在机制设立初期，律师调解工作仍然存在着一定难点有待突破：

1. 利益冲突问题难以根本消除

即便如前文所述，律师群体本身存在着一定的公益性，但趋利性仍然是律师作为市场化主体所具有的主要属性。"正义与功利、经济与道德、程序与实体、技能与伦理，这些矛盾与范畴在律师角色身上交织着、冲突着"①，并在律师执业过程中直接外化为利益冲突。在律师参与多元化纠纷解决的过程中，利益冲突问题主要突出表现为：① 调解律师与纠纷当事人之间存在利益冲突，如调解律师与一方当事人的代理人隶属于同一律师事务所，引发另一方当事人对调解律师居中调解公正性的质疑；② 调解律师利用调解这一机会进行利益输出，如在调解结束后为纠纷当事人介绍代理律师甚至直接担任某一方当事人的代理人；③ 调解律师以参与调解为名借机发掘案源，参与调解动机不纯；等等。最高人民法院在《关于人民法院进一步深化多元化纠纷解决机制改革的意见》中虽已要求建立律师担任调解员的回避制度，并明确担任调解员的律师不得担任同一案件的代理人。但这一规定仅解决了同案中律师调解员的回避问题，既未对"同案"做出明确解释，也未涉及其他类型的利益冲突问题，就此问题，有待于进一步的探讨。

解决利益冲突问题，一方面固然需要调解律师的自律，另一方面也需要相关的配套机制。目前，在一些大规模律师事务所虽设有利益冲突检索系统，能够防止隶属于同一律师事务所的律师案件的代理冲突，但在整体上，就解决律师调解中的利益冲突问题，尚未能有宏观上的系统性的对策，主要还是依赖于律师调解员们的自律。而这一问题的存在，则或多或少会引起纠纷双

---

① 孙笑侠等：《法律人之治——法律职业的中国思考》，中国政法大学出版社 2005 年版，第 277~278 页。

方对律师调解制度的猜疑,降低机制的纠纷化解能力。

2. 律师对调停者身份尚不适应

虽然我国的律师群体在诉讼活动中的地位不断提高,但基于我国诉讼传统等因素的影响,我国司法的审判模式仍处于由法官职权主义向当事人主义转变的过渡进程中,总体上,律师作为诉讼参加人仍主要以围绕法官的审判思路开展工作。在此背景下,律师在诉讼中相对被动,主要是站在当事人和法院之间寻求纠纷解决的平衡之策;同时,作为单方代理人,律师们的核心工作是站在当事人的角度为当事人实现利益最大化,至于是非曲直,自由法官明断。相比之下,律师调解工作需要的是由调解律师充分发挥自身主观能动性,凭借己身的法律知识与法律经验,去独立地完成纠纷化解工作。对大部分律师而言,这一职业角色是全新的,需要独自面对争议双方、独立启动调解程序、在调解的有限时间内突破纠纷、寻找出一条纠纷双方都满意的纠纷解决策略。同时,基于法院主导下的律师调解工作,在确保纠纷双方达成意思合意的同时,还需要确保调解结果的合法、有效、具有可执行性,以便与法院的后续处理进行对接。种种因素,都意味着律师调解工作对律师调解员提出了极高的要求,需要律师调解员们花费相当的时间和精力去熟悉、去适应,而这又难免会与律师的本职工作相冲突。就我国目前的律师调解现状:参与的律师人数有限,未形成相对固定的律师调解员队伍,要在短时间内让律师群体适应调解员这一调停者身份存在一定困难。

3. 长效性的参与机制尚未确立

我国的律师调解制度发展至今,参与的律师仍占少数,究其原因,并非律师群体本身不愿意参加,而是尚未能形成真正富有生命力的律师参与机制,无论是在制度设计上还是物质保障上都有所缺憾,机制后续发力难免不足。同时,因机制系直接将律师与人民法院进行挂钩,如何妥善地处理好调解律师与法院之间的关系、摆正摆好律师调解员的位置,尚未能寻得一较优方案,致使不少地方对此持有观望态度,期待上层有进一步的意见出台。律师调解工作的核心在于解纷,而解纷的关键在于律师。与其他专职人民调解员不同,参与调解工作将是律师调解员的辅业。因此,大范围、大规模地顺利开展律师调解工作必然需要有大量的律师调解员为基本保障。由是，一个理想的律师调解机制，不但在解决纠纷方面应富有生命力，还应能帮助律师调解工作不断吸收新鲜血液、扩充调解员队伍——即具有长效性的律师参与机制。而目前，该类机制尚未能确立，该问题的存在将对律师调解的长久发展产生一定的不利影响。

（三）常见律师调解的运行模式分析

最高人民法院虽在《关于人民法院进一步深化多元化纠纷解决机制改革的意见》中确立了四种律师参与调解的模式，但根据律师与法院之间的关系，可以将常见的律师调解运行模式概括为法院附设型调解与法院委托型调解①这两大类。

1. 法院附设型律师调解的模式分析

这一模式即由人民法院将律师吸纳入特邀调解员名册，安排开展律师调解工作，调解场所可设置在法院的诉调对接中心或诉讼服务中心等地。这一模式的优点是简便、易操作。通过简单的人员安排，将律师调解制度吸收入法院原有的特邀人民调解机制中，通过法院诉前委派、诉中委托这两种方式将纠纷指派给律师调解员进行调解，从而实现律师参与多元化纠纷解决的目的。但这一基于法院为管理主体的运行模式，不免存在着律师调解员利益冲突问题的隐忧，一旦管理疏忽，可能会引发人民群众对人民法院公平正义的质疑；与此同时，一旦律师调解员队伍出现纰漏，后果将不堪设想。而人民法院有限的管理资源也决定了这一律师调解模式参与人数有限，机制运行将会对律师调解员产生较大的人身依附性，一旦发生人员变动，将可能出现机制停摆的状况。

2. 法院委托型律师调解的模式分析

这一模式即是通过建立律师调解工作室、律师加入各类调解组织担任调解员、在律师事务所设置律师调解员等安排，由人民法院通过委派或委托律师调解工作室、调解组织、律所等方式开展律师调解工作。这一模式的优点

---

① 卢君：《法院委托型律师调解员制度构建思路与方案设计》，载《法律适用》2016 年第 9 期。

是，机制设置比较灵活，通过调解机构的安排在一定程度上将律师调解员与法院在"依附关系上"进行了"阻断"，能够消除某些不必要的质疑。但该模式也不免存在着利益冲突难以根除等问题。以律师调解工作室、律师事务所这两种情况为例，这种单纯由律师构成的调解机构，除了自律外，无其他的外部监督管理机制，最终对其的管理责任仍将回归到法院，与法院将调解律师吸纳入特邀调解员名册并无二致；至于一般的调解组织，松散型的管理模式，虽方便律师调解员的人员流动且在内有一定的约束机制，但因人员架构、经费保障等因素在吸纳律师调解员方面能力有限，也存在一定不足。

三、律师调解机制选择：一种折中的方案

鉴于目前常见的律师调解模式尚不能较好地解决利益冲突问题，且在处理调解律师与人民法院之间的关系上存在一定缺陷，从机制的持续发展以及我国 ADR 的发展前景考虑，建议在目前的律师调解机制中引入独立的第三方机构，即在法院和调解机构（律师调解工作室、律所、调解组织）之间安排具有权威性、公信力的第三方机构，协助完成调解律师的招募、审查、管理以及处理利益冲突问题等工作；通过第三方机构加强外部监督与管理，从而进行更为彻底的"阻断"。

（一）折中方案下律师调解的具体运行模式

具体而言，在这一方案下，律师调解的模式主要与法院委托型律师调解模式较为接近，即调解律师隶属于特定调解机构，由该机构加入法院的多元化纠纷解决机制中。调解律师在参与调解过程中接受调解组织的日常管理，管理内容包括并不限于：调解工作的安排、考勤、薪酬等内容。人民法院则负责对调解律师在专业方面的指导，包括并不限于：调解中所遇到的事实认定、法律适用、程序、调解策略等系列内容。而第三方机构则是承担机制扩展与调解律师外部监督工作，包括并不限于：与调解机构共同对外招募律师调解员，建立律师调解员备用人才库，开展统一的律师调解员培训工作，对调解

机构拟招募的律师调解员进行中立评估,开展委托律师调解案件的利益冲突风险评估以及利益冲突问题发生后的应急处置等工作。从我国的司法制度来看,在目前阶段,这一第三方独立机构可由司法局(律管处)、律协、法律服务业协会等律师管理部门担任;在宏微观层面上,保障机制的持续运行与健康发展(见图1)。

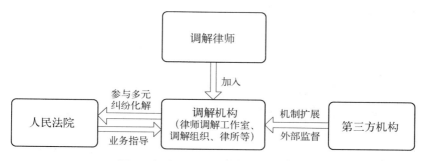

图1 折中方案律师调解模式示意图

(二) 折中方案下律师调解模式的特质分析

较法院附设型、委托型律师调解两大类模式,折中方案下的律师调解模式,其最大区别在于引入第三方机构,独立完成调解律师的选任、监督工作,通过第三方机构这种"背书"式工作及相关的机制设计,降低律师调解的可能风险,提高机制运作效率。具体来看,该模式具有如下几项特质:

1. 辐射面广,获得律师积极反响

按照折中方案设计,由司法局(律管处)、律协、法律服务业协会等部门担任的第三方机构将协助调解组织开展律师调解员招募、筛选工作。由于第三方机构在本身即具备一定的律师管理职能且面向辖区内的全体律师,辐射面较广,影响力较大,号召力也较强;与调解组织联手,能够更为有效地招募到优秀的律师调解人才①,同时第三方机构还可通过推荐等方式,将辖区内

---

① 2017年2月9日,上海市浦东新区司法局、浦东新区法律服务业协会、浦东新区专业人民调解中心联合公开招募律师调解员,在短短20天内即收到有效报名193份。参见孙彬彬、李宏杰:《迎着春光,大步向前——浦东新区"特邀律师调解员"招募反响热烈》,载"法治浦东"(上海市浦东新区司法局微信公众号) 2017年3月13日。

优秀律师输入律师调解机制中①。

2. 强强联手，发挥各机构优势特长

由于律师调解工作涉及律师、调解机构、人民法院等多方面主体，机制的运行与管理具有一定的综合性，故在机制设计上既要理顺各主体之间的关系、明确各主体的职能，同时还需要发挥各主体的专业特长，力争使机制运行效能达到最优。在折中方案下，律师系以自身业务特长参与具体的调解工作；调解机构发挥自身组织、管理特长，确保律师调解工作的有效运转；人民法院集中精力开展调解指导，并落实律师调解的司法确认、与司法审判的衔接工作；第三方机构则发挥己身律师管理的经验与专长，有针对性地研究问题、制定对策，特别是开展利益冲突问题的日常监督，从而多角度地保障工作的开展。

3. 细水长流，保证机制长效运作

律师调解，是我国多元化纠纷解决机制的重要内容之一。然而，机制从形成到成熟非一蹴而就。折中方案的设计旨在通过联合律师调解工作的各相关主体，集思广益，在实践中对机制不断予以修正，最终形成一套符合我国国情、能够切实满足广大人民群众纠纷化解需求的运行模式。如前文所述，理想的律师调解机制是要能够持续不断地为律师调解员队伍扩充新的力量。然而，一般调解机构碍于规模，既无法实现调解律师的大批量招录，也无法确保调解律师的持续招录，容易使律师调解工作陷入"死圈"。而专业的律师管理部门（第三方机构）因其对接的是辖区内广大、不特定的律师，且每年新增律师数量相当可观，故在律师选用方面具有较为丰富的资源；同时，第三方机构可通过与辖区内调解机构的协调，大范围推广律师调解工作，并可根据各调解机构的实际需求，定期开展统一律师调解员的招录工作。另外，对于调解中接到人民法院或当事人反馈不佳、投诉出现利益输出情况的调解律师可由第三方机构独立开展调查，对于情况属实的，由第三方机构通知相

---

① 最高人民法院杨建文在《发挥优势服务大局律师在诉讼与非诉相衔接的纠纷解决机制中的地位与作用》一文中提出：开展律师调解工作，要积极探索，争取当司法行政部门律师协会的支持。该文载《中国律师》2012年10月刊。

关调解机构取消其律师调解员资格。由此,通过第三方机构对律师调解员进行"造血、换血"的工作,最大限度地保障机制的持续健康发展。

4. 潜移默化,促进律师调解机制衍生发展

对于律师调解这一新生事物,在机制运行初期无疑需要经历广大律师群体对多元化纠纷解决机制的逐步认同、参与律师调解工作的律师从纠纷的代理方向调停者身份转换等过程。而律师群体自发参与调解、纠纷当事人对自发选择机制作为纠纷解决方式等习惯的养成也决非一朝一夕。折中方案的设计寄期望由参与机制的多方主体群策群力,对于机制运行可能出现的问题、情况进行预判,制定相应对策;由点及面①,通过先行参与调解工作的调解律师不断扩大律师调解工作的影响力,进而吸引更多优秀律师参与其中,同时通过机制的实际运行,以纠纷当事人为切入点,加大机制的宣传力度,以积极的纠纷调处结果赢得纠纷双方对律师调解工作的认同,从而提高社会民众对律师调解制度的认知,实现律师调解这一非诉纠纷解决方式的广泛适用。

三种类型的律师调解模式的对比如表1。

表1 三种类型的律师调解模式的对比

模式	操作难易度	调解律师引入	管理主体	利益冲突防范	外部监督	机制拓展
法院附设型	易 同人民法院的特邀调解	人民法院招募	人民法院	防范难度大,以事后处理为主	无	人民法院负责
法院委托型	易 同人民法院的特邀调解	调解机构招募	调解机构	防范难度大,以事后处理为主	无	人民法院主导,调解机构辅助
折中方案	较易 基本同人民法院的特邀调解,但需引入第三方机构	第三方机构、调解机构联合招募	第三方机构、调解机构	第三方机构事前审查、事后处理	第三方机构监督	人民法院与第三方机构共同主导,调解机构辅助

---

① 仍以2017年上海市浦东新区律师招募情况为例,招募中,不少隶属于同一律师事务所的多名律师报名参加该项工作。笔者认为,通过调解律师的培育,将推进律所调解业务的独立发展。

(三) 折中方案的律师调解机制的发展趋势

乍看之下，折中方案的律师调解机制因牵涉多主体，且还需要第三方机构额外付出相当的人力、物力，承担额外的责任，故较法院附设型、委托型模式，操作难度似乎更大。但在现阶段，因我国律师调解工作仍处于起步探索状态，大规模的律师调解工作尚未能完全起步，在诸多机制、配套措施也尚未出台的情况下，折中方案似乎是一个较为稳妥的问题解决途径。该方案，主要是针对过渡阶段律师调解工作所提出的，其目的是通过多方牵头，逐渐理顺律师调解机制中的每一环节，实现机制的良性循环；同时通过机制持续的成熟运行，不断提高机制的影响力，进而推进非法院主导模式下律师调解机制的发展，使律师调解成为我国社会中常见、纠纷双方乐意主动选择的纠纷解决方式之一[①]，并实现律师调解机制从公益化向公益化兼顾市场化的转变。另外，一旦律师调解机制运作流畅、成熟的律师调解员队伍组建完成，第三方机构在机制中的职能将主要集中于利益冲突防范方面，其在机制中承担的将是保障性职能，工作职责将有所减轻，从长期来看并不会过多地增加相关机构的工作负荷。

四、结语

折中方案实为在现有的律师调解机制运行模式上所提出的改进型方案。任何事物都具有两面性，该方案必然也存在着一定缺陷。但从目前来看，折中方案在解决现有的法院附设型或委托型律师调解模式运行中所存在具体问题方面具有一定的针对性，在一定程度上能够化解模式中的某些弊端，可能是现阶段较优的选择。当然，我们也清楚地认识到，要真正运行好折中方案，

[①] 以英美两国为例：英国法院并不倾向于附设机构主动提供律师调解；英国的全国律师 ADR 网络（ADRNet, Ltd）、咨询、调解、服务中心（ACAS）、纠纷解决中心（CEDR）、ADR 集团（ADR Group）等民间机构成为推动律师调解的主力军，在运作过程中也积累了丰厚的人才储备；美国司法外 ADR 制度调解服务的提供机构则具有多样性：一是私营机构，现代美国律师事务所都设有 ADR 业务，这些私营机构利用手上的调解资源，例如私人调解员、调解场所，提供有偿调解服务；二是公共服务机构，这些公共服务机构一般都是由调解志愿者组成，日常运作主要依靠专项基金或者一些捐助，具有非营利性质。

尚存有不少难点：① 律师调解员的选拔与退出机制未完善，如何确定相关的标准；② 是否需要特别设定律师调解员行为准则；③ 如何在兼顾公益性与市场性的基础上确定律师调解员的薪酬；④ 统一的律师代理信息平台尚未建立，如何解决利益冲突检索问题、如何杜绝利益输出问题；等等。在律师调解机制的探索中，可谓机遇与挑战并存，亟待每个法律人孜孜不倦地研究与完善。

审判权力运行机制的"结构性变革"：
新型审判团队运行模式的思考与展望

王　潇[*]

摘要： 审判权力运行机制改革是当下司法改革的热点问题。实践中的案多人少矛盾和司法行政化问题，是审判权力运行机制改革要着重解决的问题。借鉴现代企业管理组织理论中的"结构性变革"理论，在法院中组建相对固定的审判团队，实行扁平化管理，是优化审判资源配置，落实司法责任制，提高审判质效，从而实现司法公平正义的有益探索。

关键词： 审判团队　司法责任制　审判权力运行机制

用众人之力，则无不胜也。

——《淮南子》

党的十八大提出"进一步深化司法体制改革"。《中共中央关于全面深化改革若干重大问题的决定》在谈到推进法治中国建设时指出，要健全司法权力运行机制，让审理者裁判，由裁判者负责。当前法院司法实践中面临的案多人少和司法行政化问题，正在制约司法改革的步伐。"结构性变革"是现代企业管理组织理论中的一项内容，即通过改变组织结构，重新分配权力和责任。《最高人民法院关于完善人民法院司法责任制的若干意见》明确提出："案件数量较多的基层人民法院，可以组建相对固定的审判团队，实行扁平化的管理模式。"在新一轮司法改革健全审判权力运行机制的过程中，我们可以借鉴"结构性变革"理论，建立审判团队，优化审判资源配置，理顺审判权

---

[*] 作者简介：王潇，上海市浦东新区人民法院知产庭法官助理，硕士研究生。

和审判管理权、审判监督权的关系，逐步建立起权责明晰、权责统一、监督有序的司法权力运行机制。本文从审判团队的实践状况出发，总结其运行中出现的问题，并探求审判团队模式设置最初所追求的功能和价值，进而提出新型审判团队的可行性模式，为审判权力运行机制改革提供结构性变革方案。

一、立论基础：审判团队模式的现实动因

随着法治中国建设进程的不断深入，司法行政化和案多人少的问题逐渐显现，并成为掣肘审判权力运行的矛盾关键点。为了解决现实问题，优化审判管理监督方式，构建权责明晰、监督有效、保障有力的审判权力运行机制，审判团队的概念应运而生。

（一）现实动因：司法改革背景下的审判团队建设

1. 审判团队建设是有效落实司法责任制的重要举措

人民法院中的法官管理模式，仍然采用公务员管理模式，行政化方式在案件审批、请示汇报等环节仍发挥作用，这对司法公正和司法公信力构成挑战。特别是审判权，存在一定程度的行政化趋势。去行政化是本次司法改革的一大特色，目的就是要充分尊重审判的独立性、亲历性原则，还权于法官和合议庭。因此，必须构建与该种审判权力运行机制相互匹配的审判管理方式。加强审判团队建设，改变传统的等级结构管理模式，突出法官、合议庭在审判中的主体地位，实现审判团队的自我管理，是充分落实"让审理者裁判，由裁判者负责"的司法责任制改革要求的有效路径。

2. 审判团队建设是推进案件繁简分流的现实需求

改革源于问题，创新也源于问题。"案多人少"是当前人民法院面临的普遍难题，深化案件繁简分流已成为人民法院的共识。最高人民法院在《关于进一步推进案件繁简分流优化司法资源配置的若干意见》中提出，要提升人案配比科学性，最大限度发挥审判团队优势。审判团队的功能，就是通过缩

短审判管理链条,形成扁平化的审判管理新格局,提高审判效率和强化审判监督,为破解"案多人少"的问题提供新出路①。审判团队在推进案件繁简分流中的优势在于,通过打造专业化的审判团队,合理配置司法资源,充分发挥团队成员专长和集约审理优势,实现简案速审、繁案精审。

3. 审判团队建设是法院管理模式的自我革新

案件数量较多、体量大的法院涉及的审判管理、资源配置等事务庞杂,传统的管理模式将这些事务纵向集中到院长、庭长处,既占据了院长、庭长大部分工作精力以致无暇审理案件,也因层级较多不利于相互沟通协调而影响了效率。探索实施和完善审判团队建设,明确审判团队是办案单元也是管理单元的双重属性,在团队内部实现分案及人员职责调适等事务的自我管理,可以有效缩减管理流程和环节,提升管理效率。可以说,审判团队建设是法院结合当前审判实际,对传统管理模式的自我进化和革新。

(二)制度空间:审判庭与合议庭背景下的审判团队建设

因为概念界定的模糊,审判团队与审判庭、合议庭往往被混同,给实践中推行审判团队模式增加了障碍。实际上,我们可以从行政管理角度区分审判庭与审判团队,从审判组织的角度区分合议庭与审判团队。

1. 行政管理视角下的审判庭与审判团队

审判庭具有审判职能和管理职能,其设置主要强调的是行政管理,具有很高的行政化色彩。行政化的特点是管理和服从,下级服从上级,以方便工作的推行。在全院范围内,院长直接领导副院长,副院长直接领导庭长,庭长再领导法官和其他审判辅助人员。实践中,承办案件的法官往往对案件不具有最终决定权,裁判文书需要院长、庭长或者审判长签发。实际上,审判庭的管理,就是一种纵向的、层级化的权力等级模式。

审判团队也具有审判职能和一定的管理职能,但其核心是审判职能。在管理职能方面,审判团队实行的是扁平化管理模式。这种模式削弱甚至

---

① 陈显江:《审判团队改革的探索与实践》,载《山东审判》2014 年第 6 期。

取消原有的庭室架构,将院长、庭长的部分管理权下放到审判团队负责人手中,很大程度上虚化了庭长的管理,达到将层级化的权力扁平化的效果。

2. 审判组织视角下的合议庭与审判团队

合议庭是人民法院的基本审判组织。关于合议庭的组成,根据《人民法院组织法》的规定,由审判员组成合议庭或者由审判员和人民陪审员组成合议庭。最高人民法院《关于人民法院合议庭工作的若干规定》和《关于进一步加强合议庭职责的若干规定》中也对合议庭的组成、职责分工、评议程序、考核制度等做了详细规定。可见,合议庭是法律明确规定的一种审判组织形式,其组成人员只包括参与审判的法官和人民陪审员,合议庭的人员是针对案件临时组成的,随着案件的审结而解散。

而审判团队并不是法律明确规定的一种审判组织形式,审判团队的组成人员主要包括审判团队负责人、法官、法官助理、书记员及其他审判辅助人员。审判团队是一个相对固定的组织,但并不是一个法律意义上的审判组织,也并不会根据个案的终结而解散。

二、现状描摹:审判团队模式的运行情况与问题透析

全国多地法院陆续开始试行审判团队改革,根据各地的现实状况摸索各自的审判团队运行模式。但由于法律制度的欠缺和最高人民法院文件的宏观性、高度概括性,各地法院的探索呈现出诸多不同样态,也反映出审判团队运行中的很多问题。我们选取了全国范围内比较有代表性的审判团队模式样本,剖析其运行模式并提出审判团队模式运行中出现的偏离和缺陷,为解决这些问题提供基础性素材。

(一)顶层设计文本考察

审判团队模式并没有法律层面的规定,也没有系统性的规定。该模式的规定主要集中在最高人民法院的文件中,是一些概括性、原则性的顶层设计(表1)。

表 1　关于审判团队模式的规定

文件名称	颁布时间	制度设计	主要内容
《关于〈人民法院五年改革纲要〉的说明》	1999年10月20日	审判组织运行机制	建立一种既能充分发挥审判长主导作用，又能集中合议庭集体智慧的审判组织运行机制
《人民法院第二个五年改革纲要》	2005年10月26日	新型管理模式	强化院长、副院长、庭长、副庭长的审判职责，明确其审判管理职责和政务管理职责，探索建立新型管理模式，实现司法政务管理的集中化和专门化
《人民法院第四个五年改革纲要》	2015年2月27日	以服务审判为重心的内设机构设置模式	推动人民法院内设机构改革。按照科学、精简、高效的工作要求，推进扁平化管理，逐步建立以服务审判工作为重心的法院内设机构设置模式
《关于进一步加强新形势下人民法庭工作的若干意见》	2014年12月4日	以主审法官为中心的审判团队	坚持内涵式队伍发展路径，探索根据审判工作量，组建以主审法官为中心的审判团队，配备必要数量的法官助理、书记员等审判辅助人员
《关于完善人民法院司法责任制的若干意见》	2015年9月21日	组建相对固定的审判团队	案件数量较多的基层人民法院，可以组建相对固定的审判团队，实行扁平化的管理模式。庭长应当从宏观上指导本庭审判工作，研究制定各合议庭和审判团队之间、内部成员之间的职责分工
《关于落实司法责任制完善审判监督管理机制的意见（试行）》	2017年4月12日	审判团队分案机制、定期交流调整机制	已组建专业化合议庭或者专业审判团队的，在合议庭或者审判团队内部随机分案 因专业化审判需要组建的相对固定的审判团队和合议庭，人员应当定期交流调整，期限一般不应超过两年

（二）审判团队模式的样本解析

全国各地法院根据其规模和特点实行了不同形式的审判团队模式，主要有审判长责任制、新型合议庭审判制和专业化审判团队模式三种。不同的审判团队模式在选任资格、组建方式、权力分配、审判质效评估、保障措施等方面有所差别。具体如下：

1. 审判长责任制模式

审判长责任制模式突出审判长在审判团队中的核心作用，组建以审判长为核心的审判团队。实践中比较有代表性的是广东省深圳市福田区法院、广东省珠海市横琴新区法院、广西省南宁市青秀区法院、湖南省永州市冷水滩区法院等。概况见表2，其中改革成效数据来自新闻报道①。

表 2　审判长责任制模式概况

改革内容	选任审判长	竞争选择审判长
	组建审判团队	以审判长为中心，建立一定人员配比的审判团队
	建立审判团队的审判权运行机制	赋予审判长相对完整、独立的审判职权，包括案件分配权、人员调度管理权、裁判文书签发权、业务监督权等多方面的职权
配套措施	人员分类改革	建立健全法官管理体制；建立健全审判辅助人员管理体制；建立健全司法行政人员管理体制
	管理监督	剥离现有业务庭长的案件审批权和行政管理职权，只保留其业务沟通协调职权
指导文件	福田法院《审判中负责制相关职权配置方案》、佛山中院《审判长选任暂行办法》	
改革成效	以湖南省长沙市天心区法院为例，改革后新收案件同比增长39.5%，但结案同比上升31.3%，平均审理天数同比缩短17.2天	

这种模式的主要探索包括：

（1）审判团队组建。采取"审判长＋合议庭法官＋审判辅助人员"模式，审判长居于核心地位。例如，福田法院将原有的以审判庭为审判单元的结构，改为以审判团队为审判单元的结构，探索在合议制审判团队中采取"1+2+3+4"模式（即1名审判长，2名普通法官，3名法官助理，4名司法辅助人员），在独任制的审判团队中采取"1+N"模式（即1名审判长和若干名审判辅助人员）②。

（2）确定审判长审判权力。明确审判长享有的案件分配、工作安排、人员

---

① 肖黎明、刘希平：《审判长负责制如何解放"审判生产力"》，载《法制日报》2015年12月5日。

② 参见黄晓云、李轶娟：《审判权运行机制改革的福田样本》，载《中国审判》2015年第17期。

调度、案件审理、文书签发、业务管理监督等职权,明确其对团队所有案件负责。院长、庭长不再对案件进行协调,不再审核、签发合议庭案件的裁判文书,更不得改变合议庭的相关决定,但在审判指导、管理和监督方面发挥更加突出的作用。有些法院保留了庭长,有些法院取消了庭长的设置①。

(3) 司法责任制保障。明确院长、庭长和审判团队各成员的责任,并将司法责任制落到审判工作的各个环节。

2. 新型合议庭审判制模式

新型合议庭审判制通过重构合议庭,将审判权集中到优秀法官手中,构建以主审法官为中心的审判团队,变人人平均办案为优秀法官办案,变承办人"一人说了算"为合议庭共同负责。河南省在多个中级法院和基层法院中进行了新型合议庭审判制试点。概况见表3,其中改革成效数据来自新闻报道②。

表3 新型合议庭审判制模式概况

改革内容	重构合议庭	保留审判庭,在原有审判庭基础上,按照一定人员搭配比例构建新型合议庭
	合议庭负责制	明确合议庭及其成员的办案责任
	审判管理权制度	审判管理权全程留痕,将院长、庭长的审判管理权具体化、明确化
配套措施	案件质量管理体系	以案件审判标准为导向,以审判质效提升为核心,以错案责任追究为保障的案件质量管理体系
	考核制度	新型合议庭和主审法官的考核办法、奖励办法、惩处措施等一系列配套规定
指导文件	《河南省高级人民法院关于推行新型合议庭审判制度的指导意见(试行)》	
改革成效	截至2014年底,河南全省法院已组建新型审判团队1 890个,共审结案件28万余件,结案时间平均缩短15天,服判息诉率提高近5个百分点	

这种模式的主要探索包括:

(1) 组建审判团队。保留原有的审判庭室设置,一个合议庭即为一个审判

---

① 如广东佛山中院保留了庭长的设置,而湖南长沙市天心区法院则取消了庭长,庭长辞去职务,平等参与审判长竞聘。参见肖黎明、刘希平:《审判长负责制如何解放"审判生产力"》,载《法制日报》2015年12月5日。

② 王汉超、张毅力:《河南法院推进新型合议庭制》,载《人民日报》2015年5月13日。

庭的模式，将原正、副庭长全部编入固定合议庭担任审判长，每个合议庭即一个审判团队。采用"1＋X＋X"模式（即 1 名主审法官，若干名法官，若干名司法辅助人员）搭建新型合议庭。

（2）强化合议庭负责制，明确合议庭及其成员的办案责任。加强对院长、庭长行使审判管理权的约束和监督，防止审判管理权的滥用。

（3）推行院长、庭长办案制度。将副院长、审判委员会委员、庭长直接编入合议庭并担任审判长，担任主审法官审理一定数量的案件。

3. 专业化审判团队模式

专业化审判团队模式在保留原有庭室的基础上，按照对法院案件类型进行细化分类后，成立熟悉某类型案件的专业化审判团队。主要试点有重庆市渝中区法院、江苏省淮安法院、江苏省徐州市鼓楼区法院、四川省成都市武侯区法院等。概况见表 4，其中改革成效数据来自新闻报道[①]。

表 4　专业化审判团队模式概况

改革内容	案件类型划分	根据人员配置、收结案数量、案件类型等因素划分专业类别
	组建专业化团队	以专业型法官为中心，建立"团队负责人＋法官＋法官助理＋书记员"的审判团队
	改革审判权力运行机制	规范院长、庭长职权，明确团队中法官的权责，保证裁判权独立行使
配套措施	绩效管理及责任追究	通过绩效管理考核团队办案成果，通过责任追究防止法官"专断"
	培训及调研	结合专业性审判的需要，开展有针对性的业务培训，围绕专业疑难问题开展调研
指导文件		江苏省高院《人民法庭审判权运行机制改革试点审判团队工作流程指引》、徐州市鼓楼区法院《关于加快建设审判团队　推进审判权内部运行机制改革的实施意见》
改革成效		成都市武侯区法院 2015 年一线法官人均结案 359 件，同比增加 119 件。类型化案件审理效果已经初步体现，已审结民事案件中，服判息诉率同比上升 4.1％，改发案件数量同比减少 43 件，已审结刑事案件上诉率同比降低 1.31％

---

① 开永丽：《一个合议庭就是一个审判庭》，载《四川法制报》2016 年 1 月 14 日。

这种模式的主要探索包括：

（1）成立专业化审判团队。根据案件类型和收案量，将全院的案件细化分为若干种类型，由熟悉该类型的审判人员组成专业化审判团队。对于审判团队专业的划分，不同的法院有不同的尝试①。

（2）明确法官的权责。取消院长、庭长对案件审理过程和结果的层级管理，团队负责人对本团队所审案件及其他事务负责。

（3）建立配套工作制度。建立绩效管理及责任追究、审判团队定期学习研讨等工作制度，保障审判团队顺利运行。鼓励专业化审判团队围绕类型化案件涉及的难点疑点问题，加大调研力度，统一审判尺度。

（三）审判团队模式运行中存在的问题

审判团队模式改革的初衷是为了解决实践中的问题。而在具体运行中，制度往往发生一些异化或者变形，需要探讨和研究。

1. 认识偏差：理论认知的不统一

各地法院对"审判团队"理解的不一致，都源自对审判团队的理论认识偏差。其一，有的试点法院将审判团队与审判庭混同，一些规模相对较小的法院将原有的审判庭直接更名为审判团队，对审判团队的组织架构没有做任何改变，并未从根本上发挥出审判团队模式的作用。其二，有的试点法院将审判团队与合议庭混同，部分法院直接将相对固定的合议庭及与辅助合议庭法官的法官助理和书记员直接称为审判团队，而没有注意到审判团队并不是审判组织②。其三，有的试点法院只考虑了合议庭案件审判，而忽视了独任制案件的审判，其建立的审判团队并未合理解决审判中出现的问题。

2. 制度障碍：功能定位的模糊化

制度规定的缺乏，导致审判团队的定位不清，影响其长远发展。其一，

---

① 例如，江苏省徐州市鼓楼区人民法院成立了建设工程类、民事侵权类、民事合同类、商事合同类、公司类、家事类、少年类、行政类、刑事侵财类、刑事侵权类、审监类等11个专业化审判团队，其他案件按照类案的配比分配给各个团队。参见张宽明、李涛：《扎实推进"让审理者裁判，由裁判者负责"——江苏省徐州市鼓楼区人民法院审判权运行机制改革调查》，载《人民法院报》2015年10月22日。

② 根据法律规定，我国法院内部只有三种审判组织，即审判委员会、合议庭和独任庭。

没有专门的规范性文件。审判团队的摸索已经进行了一段时间，但是目前还没有关于审判团队的规范性文件，审判团队的规定散落在最高人民法院的一些文件中。尽管多地法院出台了一些指导性文件，但其效力和推行范围有限，阻碍了审判团队模式的有效探索。其二，审判团队模式的名称不统一。在改革中，各地法院对于该项制度的名称还不统一，如办案标兵制、主审法官工作室、主审法院负责制、审判长负责制、专业合议庭制度、新型合议庭制度等。审判团队组成人员的名称也不统一，有的分为主审法官、其他法官，有的分为首席主审法官、主审法官、其他法官，还有的分为常任审判长、责任审判长、承办法官、其他法官等。

3. 模式粗放：组建方式的简单化

审判团队组建模式的简单化，导致了制度试行的粗放。其一，不考虑地域差别。因为各地发展状况的差异化，法制化的程度也不尽相同，不同规模的法院案件体量也不一样。所以，不能不考虑地域差别，将一种模式机械套用。其二，不考虑法院级别。目前的试点，在基层法院、中级法院和高级法院中都有相关尝试。但法院的级别不同，审判的状况和需求也不同，审判团队模式主要适合案件数量较多的法院，特别是基层法院。其三，团队人员组成不科学。比如，法官和审判辅助人员比例的确定，应建立在数据统计和工作实际的基础上，不能一刀切。再如，部分法院将人民陪审员也纳入固定审判团队。但考虑到审判团队的相对固定性，人民陪审员作为人民参与司法审判的重要保证，更应当在组成合议庭的时候随机抽取产生。如何尽量实现在各团队间人员配比平衡，并且充分考虑分案数量、难度、调研压力、业绩考评标准等因素，防止法官之间的工作压力过分不均，成为亟需解决的问题。

4. 评估困难：运行效果的不确定

改革成效的评估是检视改革的最重要指标。人员配比的不同，加上审判工作内容的差异，审判团队之间难以形成横向比较和考核机制。而审判团队考核标准又较为单一，导致难以客观真实地反映不同审判团队的真实运行情况及运行效率。在审判团队内部，由于审判团队人员的工作内容又千差万别，导致个体之间的横向比较也存在较大难度,而用个体因素反映审判团队整体绩效的评价方式有时并不一定客观。有的法院用收结案数量、结案时间、上诉率等衡量审判团队的运行效果,但是审判团队只是缓解案多人少的矛盾、去除司法行政化过程中的一个环节,审判团队模式究竟能在多大程度上解决这些问题,至今没有明确的评估指标。

5. 配套缺失:关联机制的不健全

审判团队模式的有效运行涉及很多体制性的问题,法官员额、人员分类管理、绩效管理及考核制度、司法责任制、司法人员职业保障等一系列配套机制,这些体制性问题如果不能同时解决,审判团队模式改革也将举步维艰,很难实现预期效果。比如,分案制度问题,目前主要有集中分案和团队分案两种方式,各有利弊,需要定期对各类案件进行调研分析,实时解决新类型新问题案件的分案均衡问题。又如,交流调整机制问题,审判团队是整个管理系统的一个单元,要形成协同效应,推动法律适用统一,需要加强审判团队之间人员的动态调整、审判团队内部的岗位调整和业务交流、审判团队负责人的选任和退出,以保证审判团队的活力。根据目前的运行状况,这些交流和调整做得还不够。尽管部分法院的试点中也对一些配套措施进行了探索,但是措施还不完善,并没有形成系统化的运行模式。

三、价值解读:审判团队模式的功能和价值

"文以意为先"。任何一项制度设计都有其出发点,这个出发点就是制度本身的价值。面对审判团队模式运行中出现的问题,我们应当将视线回归到这项制度本身的功能和价值,探求实践中一些尝试出现偏离的根本原因,以期为新型审判团队构建提供指引。审判团队模式主要是为了实现法官职业化、管理扁平化和去行政化的价值需求。

(一)扁平化管理

扁平化管理是现代企业组织结构理论中的内容。所谓组织结构扁平化,是指为适应现代竞争的特点,在信息技术的基础上,重新界定分工原理和跨

度理论,使企业组织结构由金字塔模式转向扁平化模式的过程①。扁平化管理否定了金字塔管理模式②,通过拓展管理幅度减少管理层级,达到提高管理效率的效果。金字塔管理模式有一定的局限性,表现在等级多导致决策传达速度慢、效率低下和员工主动性和创造性缺乏等方面。所以扁平化管理模式越来越受到关注。在法院审判工作中,我们可以借鉴扁平化管理的方式。要实现以审判为中心,就要将法官从层级化的管理结构中解放出来,实现扁平化管理,即由一种纵向的管理方式,变为横向的管理方式。审判团队模式作为法院管理结构扁平化的一次探索,其功能和价值主要体现在:其一,突出法院的审判工作职能。通过削弱管理体系的复杂化,实现管理的精细化,将审判作为法官工作的中心。其二,推进审判能力的现代化。理顺法院审判工作与行政工作的关系,将更多的司法资源配置给审判部门,实现审判权力运行的现代化。其三,实现法院管理的规范化。通过整合内部管理职能,规范管理流程,达到人案配比科学性,提高审判质效,实现法院建设和管理的规范有序。

(二)法官职业化

十八届三中全会提出"建立符合职业特点的司法人员管理制度"。这就涉及法官职业化的问题。法官职业化是实现司法公正的保证。当前,法官的职业权能受到很多限制,包括来自外部社会环境的和来自内部院长、庭长管理的,影响了法官的正规化、专业化和职业化。法院,特别是基层法院人力资源配置的不均衡,影响着审判职能的有效发挥。审判团队模式的探索,就是为了解决这些问题。其一,依法独立行使审判权。审判团队模式运行的核心就是审判权。通过削减院长、庭长对审判工作的干预、弱化庭长的行政管理和案件审批职权,将审判权还给承办案件的法官,真正实现"让审理者裁判"。其二,法官工作的专业化。审判团队模式以人员分类管理为基础,将不同专业和审判领域的资源优化分配,为法官专业化提供学习机会和实践平台。

---

① 易建平:《扁平化管理的理论特征及应用》,载《农村金融研究》2003 年第 6 期。
② 金字塔管理结构的主要特点是标准化、非人格化,高度集权,采取严格的层级制。

其三，加强法官职业保障。通过健全审判权力运行机制，强调法官职权保障，降低法官的职业风险。

（三）削弱行政化

去行政化是本轮司法改革反复提及的问题。改革审判权力运行机制，就是要解决审者不判、判者不审、权责不明的问题。审判团队模式对于削弱法院行政化趋势的功能，主要体现在两个方面。其一，法官身份的去行政化。建立单独的法官序列，将法官与公务员分离，将法官与审判辅助人员和司法行政人员分离。在审判团队中，法官的职责是审理案件，法官对自己审理的案件负责。其二，审判权上的去行政化。从法院外部看，避免地方政府部门对审判权的干预。从法院内部看，避免法院的院长、庭长影响裁判结果。

四、思考与展望：构建新型审判团队的可行性方案

在下一步的审判团队建设中，要进一步发挥审判团队作用，从宏观和微观两个方面加强审判团队管理和建设，不断提升审判工作效率。

（一）审判团队建设的着力点

1. 以审判为中心

以审判为中心是诉讼制度改革的关键，也是诉讼规律的必然要求。只有以审判为中心，才有可能实现司法公正。外部环境上，就是要独立行使审判权，防止审判权受到干涉。避免行政部门、上级法院对案件审判的干涉，减少其他司法部门对案件的影响，保证法院就是中立的裁判机关。从法院内部来看，就是要以法官为中心，以案件审判为中心，减少院长、庭长行政管理对法官的影响，突出法官在审判团队中的主体、主导地位，保证其案件判断权、裁决权及团队工作指挥权。

2. 繁简分流提升效率

提升司法效率也是提升法院公正审判品质的重要环节。具体到审判团队模式中，繁简分流的理念体现在探索审判团队组建模式的多元化。在精确统计测算法院的案件量、工作量和人员的基础上，动态调整审判力量的配比。

根据法官的能力和案件繁简等因素，组建不同规模和人员数量的审判团队，最大限度地发挥审判团队的优势，提升审判的质量和效率。

3. 落实司法责任制

落实司法责任制就是要实现"由裁判者负责"，其落实以科学的审判权利运行机制为核心，以明确的审判组织权限和审判人员职责为基础，以有效的审判管理和审判监督制度为保障。审判团队模式的科学运行，就是建立在审判权、审判管理权和审判监督权良好运行的基础上，其组织构建模式需要明晰的权限和人员权责作保障。司法责任制的落实，使得权责明晰、权责统一、有效监督，可以保障审判团队模式的运行。

（二）宏观方向：审判团队的定位和模式选择

1. 审判团队的定位

在制度层面应当明确对审判团队进行规定，对审判权力运行机制的清晰定位。审判团队模式中涵盖了审判权与审判管理权的内容，同时又受审判监督权的制约。审判团队模式本身就在诠释这三项权力之间的关系。其一，审判团队模式的核心是审判权。审判团队建设就是通过给法官配置一定比例的审判辅助人员，减轻法官的事务性工作负担，从而让法官将更多精力投入审判工作中，保证审判权的有效运行。其二，审判团队的良性运行建立在审判管理权合理分配的基础上。不同于过去的审判权力等级模式，《最高人民法院关于完善人民法院司法责任制的若干意见》中提出，案件数量较多的基层人民法院，可以组建相对固定的审判团队，实行扁平化的管理模式。其三，审判团队模式的运行需要审判监督权的保障。审判监督是保证审判团队模式制度化、规范化、科学化的必要条件。审判团队、审判工作和管理工作等司法活动都需要加强监督，推进严格司法。

2. 审判团队的模式选择

首先，要明确审判团队模式选择的根据。审判团队模式选择要考虑如下方面：法院规模大小、案件数量、案件类型、案件审理特点、人员结构等。

其次，人员配置和比例要科学测算。各法院、各审判业务部门的规模和特点，通过大数据的测算，得出科学的人员配置比例。根据实际情况，组建

"1+N+N+N+X"的审判团队,即一个合议庭负责人加上若干名法官、法官助理、书记员和其他辅助人员①。当然,这些人员不一定完全配齐,也可以根据实际需要和法官的实际情况合理确定法官助理和书记员的配置比例,组建若干个"1+N+N"或"1+N"的审判团队模式。

再次,审判团队的人员构成也不局限于法官和法官助理、书记员。根据审判实践的需要,结合具体的审判团队需求,还可以考虑将调解员等纳入审判团队,形成区别化、阶梯化的审判团队组合模式。例如,在有需要的人民法庭,结合当地诉调对接的模式,组成"法官+法官助理+书记员+调解员"的审判团队,以"调解为主,调判结合"的工作思路,审理涉案标的额较小、矛盾冲突不大的案件,实现案件繁简分流。

(三)微观调整:审判团队的具体运行模式设计

在前期探索的基础上,构建起更加符合司法规律和司法实践状况的新型审判团队,继续推进审判团队模式的优化运行,对于在更深层次上解决司法改革中遇到的问题,具有积极意义。审判团队的具体运行模式设计,可以考虑以下几个方面:

1. **案件分配机制**

案件分配的科学性,是审判团队审理案件的开端。在分案机制的构建中,可以从三个方面展开。第一,通过繁简分流调控办案量。建立科学的案件分流和流量调控机制,根据案件类型、性质、标的、难易等因素,将复杂案件和简单案件在审判团队之间合理分配,平衡好审判团队之间的办案任务。第二,借助审判程序实现"难案精审,简案快审"。充分利用小额诉讼、简易程序和速裁程序的优势,依照法律规定对简易案件的送达、开庭、裁判文书制作等环节进行简化。完善多发、类型化案件的审理模式,促进这类案件的快速、规范审理。第三,依托信息化分析维持分案均衡度。通过大数据整合全院审判力量,在团队内部和团队之间形成相互配合整体推进的协调办案格局。

---

① 需要注意的是,审判团队的成员构成不能是违背司法规律。比如,人民陪审员就不适合编入相对固定的审判团队。

2. 人员选任及绩效评价

第一，审判团队的人员选任要与人员分类改革和遴选制度相联系。在审判团队的组建中，要综合考虑法官及审判辅助人员的情况，包括业务能力、办案数量、工作年限、专业特长、职业习惯等因素，实现人员的优化分配和组合。第二，对审判团队的绩效评估也要逐步科学化和规范化，建立起客观公正、科学合理的评价考核体系。继续探索完善审判绩效考核评价制度，加大团队考核激励举措，完善法官、法官助理、书记员分层次考核标准，注重通过案件权重系数、工时制等方法进行考核。增强业绩考核对约束审判团队及法官的内在自律功能，弱化考核的外部压力，逐步减少指标考核和数据考核在业绩考核中的占比，形成评估结果综合和多元应用的良性管理机制。

3. 职责分工

在审判团队中，各个角色都承担起适合自己岗位的职责分工。第一，法官主要从事核心审判工作，包括组织案件庭审、裁判案件、制作及签发法律文书、指导法官助理和书记员，以及团队的组织管理工作。第二，法官助理主要从事审判辅助工作，包括在法官指导下审查诉讼材料、组织庭前证据交换、接待诉讼参与人、准备与案件审理相关的有关资料和庭审材料、调查取证、委托鉴定、协助法官调解、草拟法律文书以及主审法官交办的其他审判辅助性工作。第三，书记员主要从事诉讼事务性工作，包括送达文书、庭审和案件评议记录、校对文书、卷宗归档以及法官交办的其他事务性工作。除以上人员之外的其他团队成员，从事团队需要的其他法律事务工作。

4. 管理监督

探索和完善审判团队的管理监督制度，对审判团队整体及成员的案件评查、审判监督、质效考核及人事管理等方面进行管理和监督。在实现扁平化管理之后，院长、庭长的一项重要工作就是管理监督，在尊重法官和合议庭审判权的基础上，加强审判流程管理、审判质量管理和审判事务管理。院长、庭长对审判工作的监督应当以事后监督为主、事中监督为辅。事后监督主要是通过复查、评查已结案件，发现案件审理中存在的错误和问题，及时加以弥补和纠正，落实案件责任追究。事中监督主要是对审判流程节点、重大程序问题以及当事人的投诉进行监控和处理。

5. 配套机制

审判团队的平稳运行需要一系列的机制保障。总结起来，与审判团队模式最息息相关的配套机制主要有：第一，专业法官会议机制。法官会议是法官自我管理、民主决策的组织形式，讨论、决定与审判相关的业务及事务工作，例如规划和执行法官季度、年度办案工作计划，提供法律适用问题参考意见，评议法官及审判辅助人员的绩效及工作情况等。第二，研讨和培训机制。审判团队和全员范围内要定期针对存在的问题进行分析研讨，提出解决对策，同时强化培训，提升法官及团队成员的业务能力。第三，社会化服务购买机制。司法辅助人员的部分非法律职责可以通过购买社会化服务的形式完成，如速录工作、卷宗装订，为司法辅助人员减负，同时也解决了司法辅助人员不足的问题。第四，第三方评价机制。通过将第三方评价机制对法院整体工作和审判团队进行考核，建立对法官业绩的科学评价体系，增强法院工作的社会公信力。

五、结语

审判团队是一项新型的制度，是本轮司法改革中的一个重要组成部分，也是改革攻坚阶段有必要着力探索的一项难点。基于此，本文对审判团队模式的理论逻辑和运行状况进行了分析论述，期待通过对审判权力运行机制的"结构性变革"，解决司法实践中的案多人少矛盾和行政化问题，实现司法公平正义。

诉讼服务中心标准化建设研究

江 帆[*]

摘要： 标准化建设是诉讼服务中心建设中非常重要但却易被忽略的一环。当前，我国的诉讼服务中心建设普遍存在着亮点多、创新多但缺乏主线的问题，建设思路不尽相同、建设格局大相径庭、服务流程与质量参差不齐。不同的服务系统及流程，导致当事人或律师在不同的地方法院参与诉讼却不得不学习并适应不同的诉讼服务系统，反倒增加了诉累。通过截取中、东、西部相关法院诉讼服务中心的建设实践，梳理不同的建设思路与路径，权衡利弊后从可持续发展的角度提出"模块划分、流程贯穿、两翼辅助"为主体的建设思路，构建诉讼服务中心标准化格局与流程。

关键词： 诉讼服务中心　标准化建设　精准服务

诉讼服务中心是人民法院服务群众、司法为民、展示司法公开的窗口。2015年11月24日，周强院长在全国法院诉讼服务中心建设推进会（"合肥会议"）上强调，要加快实现诉讼服务中心的系统化、信息化、标准化、社会化（以下简称"四化"），推动诉讼服务中心建设实现新发展，切实满足人民群众日益增长的多元司法需求。随着立案登记制的逐渐深入与铺开，诉讼服务中心的地位在整个诉讼体系中愈加重要，繁简分流、购买社会化服务、信息化等改革举措均围绕诉讼服务中心展开。不夸张地说，诉讼服务中心建设的发达程度某种意义上决定了我国司法系统能否顺利走出人案矛盾的困境。建设怎样的诉讼服务中心以及怎样建设诉讼服务中心不仅是司法改革的难点，

---

[*] 作者简介：江帆，上海市浦东新区人民法院研究室法官助理，硕士研究生。

也将是中国特色社会主义法治的亮点。

一、问题的提出

诉讼服务中心建设是一项从理念到硬件的全方位改革。从 2009 年诉讼服务中心的概念提出至今，我国诉讼服务中心建设经历了长足的发展与进步，特别是信息化建设有了突飞猛进的发展，社会化程度也在逐渐提高，然而标准化建设却鲜有提及，实践中各地法院诉讼服务中心建设模式与格局大相径庭，主要表现为以下几个方面：

（一）建设理念不统一

建设理念包括建设成怎样的诉讼服务中心以及怎样建设的问题。一方面，就建设成怎样的诉讼服务中心而言，各地法院对诉讼服务的定位存在较大差异，特别是功能定位方面，有的法院侧重于诉讼服务中心的对外服务功能，以当事人诉讼便利为轴心开展机制、硬件建设；有的法院均衡诉讼服务中心对内对外服务功能，在便利当事人的同时也注重对内辅助审判；有的法院在对内、对外服务以外，将诉讼服务职能延展到服务社会，扩大诉讼服务中心职能。另一方面，就怎样建设诉讼服务中心而言，发展路径可分为两种，一种是自上而下的改革式发展，另一种是自下而上的摸索性发展。2009 年前，我国法院并无诉讼服务中心的概念，一般由立案庭承担收案、移送案件、材料收转等工作，或设立案服务大厅，集中对外提供以立案为核心的诉讼服务。随着诉讼功能的不断完善，诉前调解、执前督促、判后释明、信访接待等需求逐渐增多，既有的立案大厅无法满足日益增长的诉讼服务需求，诉讼服务中心的概念孕育而生。2009 年 2 月 18 日，《最高人民法院关于进一步加强司法便民工作的若干意见》（法发〔2009〕6 号）明确应当设立立案大厅或诉讼服务中心。由于各地法院此前已基本形成由立案庭集中处理对外服务事务，因此诉讼服务中心建设基本都在既有格局上进行改建。且由于最高人民法院关于诉讼服务中心建设总体上采取较为宽松、灵活的政策，基础设施上的差之毫厘，直接导致如今诉讼服格局相差千里。

（二）服务标准不统一

诉讼服务中心的核心在服务。随着立案登记制的事实，诉讼服务（尤其是立案）标准有所趋同，但仍然存在不统一的问题。笔者经实证调查发现，A法院是S市人均收案量最大的法院。在对数十名诉讼当事人的询问中得知，A法院的立案难度最小，因此诉讼当事人一般会选择协议由A法院管辖。同时，笔者还调查发现，诉讼当事人一致认为S市的B法院立案难度最大，主要表现为窗口接待人员设置立案障碍，比如不得手写修改诉状、对不符合要求的立案材料不一次性告知、诉讼服务中心内无打印复印设备，即使立案材料符合要求，窗口人员亦会从审判角度提示当事人谨慎选择诉讼，这显然已经超出了立案的职权范围。法院案多人少、结案压力大、任务重的现实客观存在，特别是当以收结存案率作为法院主要考核指标时，一些法院选择降低收案、提高结案率的做法亦是不得已的选择。此外，有的当事人表示基本上不同的法院的立案流程都不一致，有的要求先预约，有的要求先审查，有的有专人引导，有的直接取号办理。

（三）建设格局不统一

总的来说，各地诉讼服务中心的格局可以分为三种（图1）：

一是直接照搬原立案大厅，改头换面为诉讼服务中心，仍由立案庭全面负责诉讼服务中心具体事务（内涵式），实质是将诉讼服务中心作为立案庭的职能机构；

二是在原立案大厅的基础上，改建诉讼服务中心，适当增设除立案业务外的其他服务模块，如判后释明、流程管理、信访接待、法律咨询等，由立案庭及相关业务庭室共同负责（相对独立式）[①]；

三是大刀阔斧地重新建设，全面按照最高人民法院要求，建设功能更加齐备、服务更加全面的诉讼服务中心，并独立于立案庭及其他相关业务部门（完全独立式）。

---

① 现阶段我国大多数法院都采取了相对独立式的诉讼服务中心发展模式。

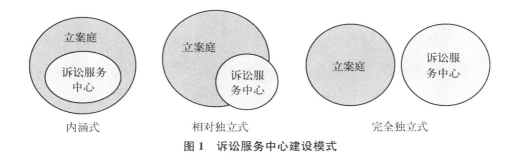

图 1　诉讼服务中心建设模式

二、诉讼服务中心建设标准化缺失的影响

诉讼服务中心建设标准化缺失是法院建设发展的"隐形杀手",集中表现为对内制约诉讼服务中心的可持续发展,对外服务质量参差不齐,人民群众满意度不高。

(一)建设格局迥异,可持续发展性较差

由于缺乏标准化的建设思路及规范,对诉讼服务中心建设的方向把握不准,导致格局迥异:有的发达地区且场地富余的法院另起炉灶,建设专门的诉讼服务大厅;有的场地不富余的法院在院内搭建临时性建筑提供诉讼服务;有的没有场地的法院在商务楼内租借楼层提供诉讼服务。暂不论后两种举措的合理性,从诉讼服务中心发展的角度来说,随着诉讼服务朝着多功能、信息化的方向不断发展,后两种方式显然无法预留足够的场地给予诉讼服务中心发展空间,一旦诉讼服务中心出现了某种发展趋势,这类模式的诉讼服务中心极容易碰到发展瓶颈,可持续性较差。此外,诉讼服务中心建设一旦形成后两种格局,将大大制约决策者的发展思路。决策者不得不在既有格局内寻求出路,而所谓的出路亦跳不出既有格局的框架,最终导致思路愈加狭隘,格局愈加落后。

(二)诉讼流程不一,人民满意度不高

如前所述,服务是诉讼服务中心的核心,诉讼服务中心建设围绕诉讼服务质量的提升而展开。诉讼服务中心建设标准化缺失的最直接表现就是诉讼流程的不统一，进而导致服务质量的差异较大，人民群众对诉讼服务建设不甚满意。我们必须清醒地认识到，虽然诉讼服务中心建设不断推陈出新，但诉讼大厅内人满为患、长时排队等号、智能立案系统用户体验不佳的问题仍然存在，诉讼服务中心的建设进度尚未达到人民群众对诉讼服务的要求。实践中，并不鲜见一些当事人刻意协议由某一法院管辖相关案件，导致某地法院某类案件井喷，人案矛盾尤为显著；有的法院案件搞"收结平衡"，结案率较高，将人民群众挡在门外，将社会矛盾拒之门外。从司法便民的角度而言，诉讼服务标准化的缺失使人民群众对人民法院的诉讼服务能力存有疑问，尤其是当法院将矛盾拒之门外的时候，看似耀眼的数据背后暗涌着司法公信力的滑坡。

或基于此，最高人民法院正在全国试点推行跨域立案诉讼服务，试图破除立案标准不统一的问题。从短期来看，跨域立案诉讼服务一定程度上平衡了各地法院立案标准不一致的问题，但从长远来说，诉讼服务中心的标准化建设才是彻底解决立案标准不一、诉讼服务尺度不一的根本。

（三）直观感受不一，间接影响司法统一性

习近平总书记指出，要让人民群众在每一个司法案件中都感受到公平正义。公平正义作为抽象的价值观感，本质上是人们内心的一种感受，甚至所谓的司法统一性也可解读为一种内心感受，而这种感受往往取决于人民群众对司法活动的第一印象。心理学上第一印象效应是指最初接触到的信息所形成的印象对我们以后的行为活动和评价的影响占据主导地位。诉讼服务中心作为法院的窗口，是人民群众接触司法活动的第一媒介，人民群众对诉讼服务中心建设的满意度某种意义上决定了对司法活动的满意程度。一个外观规整、流程顺畅的诉讼服务中心与租房组建的诉讼服务中心给人民群众的感受是完全不同的，即使是类案，由于诉讼服务中心规格的不统一，导致当事人产生司法不统一的误会，尤其是当诉讼当事人对判决不满时，释明窗口的统一化与专业性往往决定了当事人对人民法院的信任度。

此外，考量社会公平正义以及裁判统一的实现程度正如"木桶原理"一样，最短的木板决定了法治的真实进程。在千万件的案件裁判中，只要有一

例案件裁判结果与同案或先例不符,司法的公正性便易受到人民群众的质疑。因此,公平正义具有全局性,不在于局部发达地区或中心地区的法治文明的发达程度。诉讼服务中心建设亦然,虽然中、东、西部社会、经济情况各异,但并不能成为司法不统一、服务标准各异的理由。从这个意义上讲,诉讼服务标准化建设不仅在于微观的建设格局或流程统一,更在于从整体上保持建设步调的一致。

三、诉讼服务中心建设标准化缺失的深层原因

诉讼服务中心建设标准化的缺失并非表面现象,其背后蕴含了深层的认识及历史原因。

(一) 对司法权的基本属性理解不深

中央明确我国司法权的两大基本属性为判断权与中央事权,无论是诉讼服务中心建设抑或司法改革,都不应违背司法权的两大属性,对司法权基本属性的正确认识是法院科学建设的基础。

司法权的判断权属性往往作为与行政权的管理权属性比较而得出的[①]。最高人民法院司改办主任贺小荣指出:"司法权作为一种国家判断权,它是国家宪法赋予司法机关对一切争议和纠纷依法进行终局裁判的专门权力,任何其他单位和个人不得行使此权力。"[②] 司法权的判断权属性决定了其所担负的使命是对世间是非对错的认识与评判,意味着诉讼服务也不可能走无下限的市场化服务道路,因此诉讼服务必然是有限度的服务,以实现公共服务为主要目的,以社会的公平正义为价值追求,而非简单地满足每一个人民群众的具体诉求,一味满足当事人的诉讼需求——甚至是无理需求——违背司法权判断属性的要求,也违背了司法规律。有的地方法院以"有诉必理,有案必立"为理念指导诉讼服务中心立案工作,不甄别虚假诉讼与恶意诉讼,亦不引导

---

① 参见孙笑侠:《司法权的本质是判断权》,载《法学》1998 年第 8 期。
② 贺小荣:《掀开司法改革的历史新篇章》,载《人民法院报》2013 年 11 月 16 日。

当事人通过多元纠纷解决机制寻求更加便捷的渠道解决争议，实则是对司法权的误读，悖逆了诉讼服务中心的初衷。此外，习近平总书记在2014年首次中央政法工作会议上指出，我国是单一制国家，司法权从根本上说是中央事权。司法权的中央事权属性决定了诉讼服务中心建设总体上应是在中央指导下的实践展开，即由中央决定，省高院直管，市县法院统一建设路径。当然，诉讼服务中心建设标准化并不意味着建设的一致化，除了"规定动作"外，各地法院可以结合地方特色及案件需要发展出"自选动作"，但发展思路、理念、路径、目标等原则性问题不应有大的差异。

（二）发展历史差异导致建设格局迥异

诉讼服务中心自概念提出到政策落实并非一蹴而就，其发展沿革经历了探索期、发展期与创新期三个阶段，每个阶段的任务各有侧重（表1）。

首先，探索期包括早、中、后期三个阶段，其中早期探索主要是北京海淀法院、上海一中院、山东胶州市法院、广东省法院四地就多元化诉讼服务，升级立案接待大厅功能展开的初步探索，诉讼服务的机构雏形开始出现；中期探索体现在天津高院出台的一系列关于诉讼服务中心建设的规范性文件及具体的探索实践，其历史意义在于标准化诉讼服务体系；后期探索主要集中于：硬件上，立案大厅开始向诉讼服务中心综合性服务大厅转变；思想上，由过去的单一制立案服务转变为综合性诉讼服务，服务内容横向延伸。这一时期，由于没有先例可循，以司法为民为宗旨，诉讼服务中心建设开始摸着石头过河，也正是因为经历这段历程，我国的司法体制更加彰显人民性，诉讼服务中心的概念逐渐深入人心。

其次，诉讼服务中心的发展期主要确定了诉讼服务大厅的内容，奠定了线上线下"两条腿"发展的诉讼服务中心建设格局，即诉讼服务大厅、诉讼服务网及12368诉讼服务热线。同时，对诉讼服务中心的基本框架、功能布局、人员安排都作了相对详明的阐述，为今后诉讼服务中心的发展奠定了敦实的结构基础。

最后，诉讼服务中心创新期的任务是如何在新时期让诉讼服务中心建设搭上信息化的顺风车，更多地释放司法潜能、更快地提升诉讼服务效能。一方面，诉讼服务功能开始二分法，即强调诉讼服务对内、对外两大职能，改变过去过于注重对外服务群众、轻视对内服务审判的思路，更加注重提升司法质效；另一方面，这一时期围绕诉讼服务中心的主要议题包括如何打造"智慧法院"、构建诉讼服务中心升级版、人工智能及大数据的运用。同时，由于恰逢立案登记制改革，法院"案多人少"矛盾愈加突出，购买社会化服务、繁简分流亦在诉讼服务中心建设的理论框架内寻求突破。总体而言，诉讼服务中心创新期的亮点即信息化与社会化。

表 1　诉讼服务中心发展历程

阶段	时间	主要内容	根据
探索期	早期探索：2005年1月至2008年初	北京海淀法院设立了当事人服务大厅，提供诉讼引导、案件信息查询等服务；上海一中院建立了诉讼事务中心，将涉及多个部门的多种事务集中到一个部门；山东胶州市法院建成多功能"诉讼服务中心"，设立立案大厅、庭前调解室等六个服务窗口；广东省自2003年起，启动新措施规范工作机制，创立立案信访两个文明窗口，推行十项便民利民措施。诉讼服务的机构雏形开始出现	详见四地法院实践
	中期探索：2008年初至2009年2月17日	天津市高院党组提出"争创全国一流法院"目标，要求各级法院对现有的立案接待大厅进行重新改造，提供诉讼引导、立案审查、诉前调解、司法救助、联系法官、收转材料、案件查询、法律咨询、信访接待、判后答疑等"一站式"全方位服务，建立了覆盖全市范围的诉讼服务网络以及调动社会资源和整个法院内部资源的联动机制，标准化诉讼服务体系	《天津市高级人民法院诉讼材料收转工作规范（试行）》《天津市高级人民法院关于判后答疑的若干规定》《天津市高级人民法院关于涉诉信访案件评估机制的若干规定》等一系列规范性文件
	后期探索：2009年2月18日至2014年12月13日	人民法院应当设立立案大厅或诉讼服务中心，配备必要的工作人员，认真做好信访接待、诉讼引导、案件查询、办案人员联系、诉讼材料接转等工作，并应配置必需的服务设施。诉讼服务中心开始在向全国范围推广	《最高人民法院关于进一步加强司法便民工作的若干意见》（法发〔2009〕6号）

续 表

阶段	时 间	主 要 内 容	根 据
发展期	2014年12月14日至2015年11月23日	明确了诉讼服务中心建设的总体目标和基本原则、诉讼服务大厅的整体布局,并对诉讼服务工作提出了具体要求,其中第二条规定,人民法院诉讼服务场所统一使用"诉讼服务中心"名称	《最高人民法院关于全面推进人民法院诉讼服务中心建设的指导意见》《最高人民法院关于全面深化人民法院改革的意见——人民法院第四个五年改革纲要（2014—2018）》
创新期	2015年11月24日至今	周强院长强调,深入总结诉讼服务中心建设的经验做法,明确新常态下诉讼服务工作的目标任务,以创新、协调、绿色、开放、共享发展理念为引领,加快实现诉讼服务中心的系统化、信息化、标准化、社会化,推动诉讼服务中心建设实现新发展,切实满足人民群众日益增长的多元司法需求	2015年11月24日,全国法院诉讼服务中心建设推进会在安徽合肥召开

由于历史的原因,诉讼服务中心的概念形成于法院建制之后,导致各地法院在如何建设诉讼服务中心的问题上产生了不同的思路。特别是在早期探索阶段,中央层面并未作出明确的指示,各地法院的探索路径不尽相同,建设格局的迥异进而导致管理方法、方式以及服务标准的不同。例如,在前述完全独立式的诉讼服务中心建设模式下,诉讼服务中心相对独立于法院建制,社会化程度较高,诉讼服务更能贴合需求侧；在内涵式的诉讼服务中心建设模式下,诉讼服务中心的功能受限,仍局限于立案庭的职权,难以满足人民群众日益多元的诉讼服务需求。综上,诉讼服务中心建设标准化缺失的问题非一日之寒,而是历史发展的结果,探索期差异化的失之毫厘将导致后期建设发展格局差之千里。

（三）司法"本土化"倾向仍然存在

辩证地讲,司法"本土化"有利有弊,利在接地气、有利于当地矛盾的化解,所谓因地制宜,立法允许地方法院结合经济发展及地域情况在法律的范围内略作调整，弊在司法地方保护、司法垄断以及司法行政化。从历史唯物主义的角度而言，对事物的准确认识应结合具体的历史背景。事实上，司法权运行至今已刻上鲜明的时代属性，司法不再是一国之内的事务。随着经济全球化的不断升级，两大法系之间的借鉴与融合愈加深入，司法的国际化趋势愈加明显，尤其在服务保障世界经济、贸易中的地位越来越重要，特别是随着"一带一路"倡议和自贸区建设的不断铺开，国际社会对我国的司法能力与水平充满了新期待，同时也对我国的司法能力提出了明确要求。法院建设如果仍然死守一片疆土，恪守司法"本土化"将与世界潮流渐行渐远，不利于提升我国在世界经济体中的综合竞争力。

(四) 对"四化"要求的误读

合肥会议指明了诉讼服务中心的发展方向与趋势，即系统化、信息化、标准化、社会化，同时也点明了目前我国各地诉讼服务中心建设中存在的问题。但各地法院关于"四化"的认识存在较大差异，一些法院将成本与精力大量投放到信息化建设中，购买高科技设备，升级审判管理系统，但仍然无法满足人民群众的诉讼需求。事实上，信息化及社会化建设并不能解决诉讼服务中心建设中的根本问题，归根结底，其只是辅助手段，而标准化才是诉讼服务中心发展的基础与主心骨。缺乏标准的诉讼服务中心好比无源之水、无本之木，表面看似技术强大，实则内功欠佳，服务能力不足。群众不会用、群众不想用、群众不能用的信息化以及缺乏统一标准、流程、规范的社会化服务并不能有效提升诉讼服务效能。标准化建设与信息化、社会化的关系犹如内功与外功，标准化是诉讼服务中心建设的核心，信息化、社会化是助力诉讼服务能力提升的翅膀，唯有"内外兼修"才能达成诉讼服务流程的高效运转以及诉讼服务能力的显著提升，而系统化正是诉讼服务中心建设的整体展现①。唯有树立以标准化为核心协同推进信息化、社会化建设的诉讼服务中心建设路径，才能保证诉讼服务能力在根本上的整体提高。

---

① 系统是指将零散的东西进行有序地整理、编排形成的具有整体性的整体，系统化即形成整体的整个过程。系统化并不仅仅体现在可视的信息系统，也包括诉讼服务流程整体的科学构建和快速流转。

四、诉讼服务中心标准化建设的具体举措

诉讼服务中心标准化建设从结构上说包括建设理念、功能定位、基本格局及服务标准四大层面，前两者是标准化建设之"意"、后两者是标准化建设之"形"，从内质到表层均应具备相当的一致性，虽不求标准的完全相同，但总体追求"意相近、形相似"，保证诉讼服务质量统一。

（一）统一建设理念

建设理念决定建设方向，理念的差之毫厘意味着建设成果的失之千里。统一诉讼服务中心建设理念即为标准化建设奠定基础，确定诉讼服务中心的框架。

宏观上，司法权作为中央事权，重大决策应收归中央，在改革探索方面应秉持自上而下的基本方针，允许地方法院进行有益探索尝试，但基本方向、格局不能有大的变动。以我国自贸区建设为例，中央先确立了由上海自贸区肩负"先行先试"的历史使命，后在广东、天津、福建再设三个自贸区，待四大自贸区试验经验逐渐完善成熟后进一步扩区、扩范围。这种由中央统管，地方现行先试，再形成可复制、可推广的经验后逐步推开的方式，保证了改革的方向一致、内容明确、目的鲜明。同时，由于有现行地区的成功范例，后行地区可以少走弯路，结合具体情况稍作调整，政策兼具灵活性与纲领性。诉讼服务中心标准化建设的理念可借鉴自贸区建设的成功经验，先由最高人民法院确立改革目标并指定试点法院，由试点法院先行先试，总结建设经验，按照"东→中→西"的区域发展方向，实现诉讼服务中心渐进性标准化建设。

微观上，在诉讼服务中西标准化建设的具体实践中可按照"模块划分、流程贯穿、两翼辅助"（图2）的路径，将诉讼服务单元划分为诉前、诉中、诉后，通过标准化的诉讼服务流程贯穿全部诉讼活动，辅之以信息化、社会化手段，增强诉讼服务活力。又根据各地法院体量差异，对于大体量法院可将诉讼服务单元模块化为诉调对接中心（诉前）、诉讼服务中心（诉中）、执

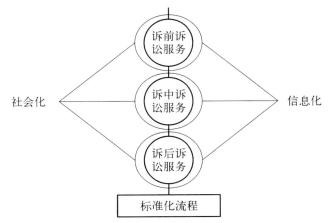

图 2 诉讼服务中心建设路径（微观）

行事务中心（诉后）①，小体量法院则仅须在诉讼服务大厅内设置三大区域或三大窗口。

此外，诉讼服务中心的建设理念必须与时俱进，必须为将来的探索留出必要的建设空间，增强建设弹性。诉讼服务中心标准化建设并非捆绑式的僵化建设，而是开放性的探索建设，标准本身具有鲜明的时代性，现在的标准并不代表今后的标准，标准化建设应紧密结合具体时代，尤其是具体时代中群众的普遍诉求。

（二）统一功能定位

诉讼服务作为一种特殊的公共服务，应当具备对内辅助审判、对外服务群众两个向度的基本功能。在统一基本功能的基础上应注重审判职能延伸，即诉讼服务中心的社会职能（图3）。

对内辅助审判主要包括服务法官审判、审评鉴相关工作、辅助电子送达、人民陪审员管理、移送卷宗等。对内辅助审判的方式主要是将非审判性业务从审判事务中剥离出来，减轻审判单元的负担，将非裁判性工作交由诉讼服务中心统一负责，获取规模效应。

对外服务群众主要包括服务诉讼群众诉讼引导、案件查询、法律援助、

---

① 下文详述。

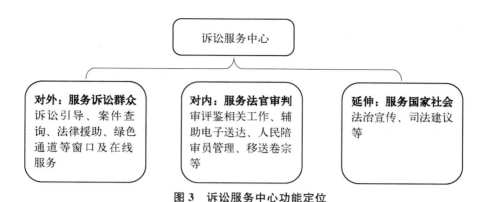

图 3 诉讼服务中心功能定位

绿色通道等窗口及在线服务。诉讼服务中心的对外服务职能主要是以模块化的方式提供一站式、全流程、多功能的诉讼服务。具体来说可分为接待功能区、引导功能区、材料收转功能区、法律援助功能区等。对于零散诉讼服务单元应尽可能地进行同类项合并，集约司法资源，优化效能配置，提供工作效率。

此外，"法院作为国家公权力部门，在完成自身审判工作的同时，还必然承担着部分社会职能，因而法院开展诉讼服务的对象除了诉讼群众，还包括国家和社会等一些较为抽象的内容，这属于广义范畴内的诉讼服务内容"[①]。例如司法建议、构建与相关职能部门的联动机制、法治宣传等，充分依托司法职能，将审判实践中的问题及时向有关部门反馈，引导公平、正义的社会风尚。

(三) 统一基本格局

由于不同的发展历史，各地诉讼服务中心格局不尽相同。格局的不同体现建设理念及功能定位的差异，两者系内核与外壳的关系。实践中，也正是由于地方法院关于诉讼服务中心的建设理念与功能认识的不同才导致诉讼服务中心格局的迥异。目前而言，从与立案庭的辖属关系划分，我国诉讼服务中心的基本格局主要包括立案接待大厅、综合性内属诉讼服务中心、综合性社会化诉讼服务中心。然而，随着情势的变更，人民群众对诉讼服务的需求

---

① 李少平：《人民法院诉讼服务理论与实践研究》，法律出版社 2015 年版，第 199 页。

愈加多元、审判辅助事务的比重愈加凸显，法治新时代对诉讼服务中心建设提出了新的、更高的要求，信息化、标准化、社会化已成为诉讼服务中心必然的发展方向。有鉴于此，诉讼服务中心的基本格局应当逐渐统一，具体可分为三个阶段：首先，先在机构设置上不能将诉讼服务中心等同于立案庭；其次，在诉讼服务中心功能尚不齐备的情况下由立案庭指导、负责，但又相对独立于立案庭；最后，待诉讼服务中心的基本功能齐全后可考虑将其作为派出机构，专门处理诉讼服务相关事宜。

同时，诉讼服务中心不应局限于审前及审中阶段，而应贯穿全部诉讼环节，提供全方位、多角度、一站式的连通服务。广义上诉讼服务中心应当包括诉前的诉调对接、进入诉讼环节的立案、材料收转、上诉办理等以及诉后的执行相关事务，进而可将三者模块化为诉调对接中心、诉讼服务中心（狭义）、执行事务中心（图4）。同时，根据诉讼服务中心职能定位，在三大中心内部应体现对内、对外两大职能。

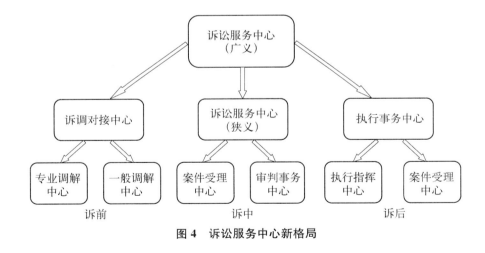

图 4　诉讼服务中心新格局

诉调对接中心主要负责对外提供诉前调解服务，根据案件需要分为专业调解中心和一般调解中心，前者主要负责对如金融、商事、涉外、家事等专门、专业纠纷的化解。

狭义的诉讼服务中心功能主要划分为案件受理中心与审判事务中心，前者负责对外提供诉讼服务，后者负责对内辅助审判。同时案件受理中心仍然作为诉讼第一平台，登记、受理案件，按照繁简分流的标准分流部分简案进入诉调对接中心。

执行事务中心全面接管执行相关事务，包括执行指挥中心与案件受理中心两大模块。执行指挥中心是执行大厅的后台决策、管理、监督机构，负责执行决策、执行指挥及执行信息交换等工作，具体包括：执行质效监控、执行案款监管、超期案件督查、执行流程管理、执行对外联动、执行人员指挥及执行专项检查等；执行受理中心主要处理执行案件受理、根据执行事务流程科学可划分为"执行引导""绿色通道""立案审查""执前督解""案款收发""执行信访"和"法律咨询"七个单元。当然，对于小体量法院并不要求一定要建设三个中心，可在一个诉讼服务大厅内设置三个区域，甚至设置三个窗口，实现三个中心的功能。

（四）统一服务标准

统一的服务标准是诉讼服务中心标准化建设的当然之义。目前，我国诉讼服务中心建设最大的不统一就是服务标准的差异。当前，结案率仍是评价法院工作的重要指标。有些地方法院为保持结案率的高位，人为控制收案量，将社会矛盾拒之门外；或抬高诉讼门槛，迫使当事人知难而退。这种做法不仅损害了人民法院的形象，更是开依法治国的倒车。诉讼服务中心标准化建设必须统一服务尺度，类案不仅要同判，也应同收、同立。

服务标准包含服务流程标准与服务质量标准两个层面，前者包括从咨询引导、立案、材料收转等环节的标准化操作，即怎样做诉讼服务，后者主要指诉讼服务的尺度、弹性等问题，即诉讼服务做得怎样。

就服务流程标准而言，案件从进入法院到执行完结，期间须由多个诉讼单元相互衔接、紧密配合。完善且标准的流程好比诉讼流程的高速公路，实现案件的快速流转，集约司法资源，特别是在立案登记制背景下，案件大量涌入法院，标准化的服务流程方能有条不紊地分流案件，将各个案件分解到合适的单元（图5）。

因此，在严格执行《技术标准》的同时，应由最高人民法院出台关于基本格局方面更加细致的规定，保证各地诉讼服务中心外观万变不离其宗。

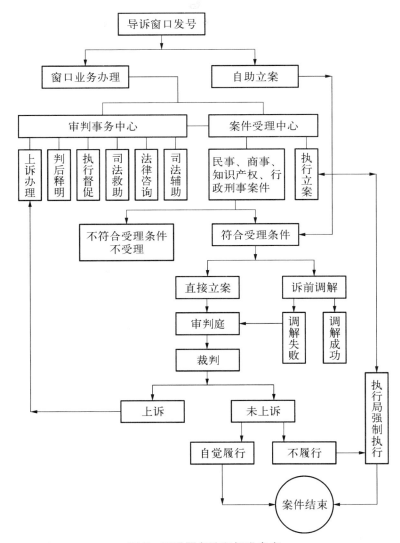

图 5　诉讼服务流程标准参考

就服务质量标准而言，首先应当明确诉讼服务应当具有的质量，即从受众的角度确立质量标准。由于诉讼服务中心具有对外、对内两大职能，服务质量亦应分为对内服务质量与对外服务质量两个层面探讨。

对内服务质量标准主要是从审判工作人员的角度而言。由于诉讼服务中心的建设过程中侧重对外服务，对内服务经验不足——有的地方法院案件信息系统严重落后，导致法官不想用；有的地方法院未考虑办案实际，盲目提升信息化水平，导致办案系统法官不会用、不愿用；法院与法院间由于系统的不一致，在处理关联案件时不能借助信息化平台，而不得不借由共同上级法院或政法委出面协调，导致人力、物力的损失。鉴于此，对内服务质量标准宜由最高人民法院确立试点省份，由试点省份高院制定该省内统一的审判管理系统，规定具体的对内服务流程及标准，设立专门的对外联络平台，实现对外联动，待一段时间的摸索、成熟后向其他地域拓展，最终达到全国法院审判管理系统的统一。

对外服务质量标准主要指的是服务尺度，即诉讼服务的边界问题，例如什么样的案子该收什么样的案子不该收、繁简分流的标准为何、立案预约等问题都亟待统一。如果说诉讼服务流程标准讨论的是诉讼服务便不便捷的问题，那么诉讼服务尺度涉及的是诉讼当事人对诉讼服务满不满意的问题。由于司法权的中央事权属性，诉讼服务尺度大都涉及案件的实体问题，宜由最高人民法院统一口径，严格按照相关规定办事，对外提供一致、相对拘束的诉讼服务。

（五）统一外观设计

2016年10月18日最高人民法院下发的《人民法院诉讼服务中心标识设置技术标准》（以下简称《技术标准》）是现行关于诉讼服务中心外观设计的唯一指标与参照，一定程度上敦促各地法院按照最高人民法院统一要求，调整诉讼服务中心外观。美中不足的是，《技术标准》主要是对门楣、标识等提出要求，并不涉及外立面设计。举例而言，公安派出所采取统一的蓝白相间的墙面涂料，门楣上悬挂警徽，甚至其外墙结构都具有相似性，无论何地的百姓都能第一时间辨识出来。相较而言，法院诉讼服务中心的外观设计显然未达到公安派出所的统一程度，但司法统一性的要求不仅体现在案件裁判的统一性，同时体现在老百姓最朴素的对人民法院的外观感受上。当然，各地法院情况不尽相同，统一外观设计并非要求诉讼服务中心必须按照同一张图纸建设，在强调外观统一性的同时也应注意差异性，可按照"整体统一，局部差异"的路径，保证直观上的一致性。当然，这些都亟待由最高人民法院出台标准，按照自上而下的改革路径统一外观设计。

五、结语

诉讼服务中心是人民法院的名片。诉讼服务中心从概念提出到合肥会议召开经历了长足的进步，尤其是信息化水平有了质的飞跃，人工智能的运用程度更加娴熟。但我们必须清醒地认识到，诉讼服务中心标准化建设是根基，缺乏标准的创新并不能从宏观层面提升诉讼服务质量。虽然信息化给诉讼服务中心建设的改变是直接且显见的，但是标准化建设对诉讼服务中心建设的意义更具有全局性与整体性，是全面提供诉讼服务水平与能力的重要抓手。随着跨行政区域立案的试点不断推进，相信我国诉讼服务中心标准化建设将迈上新的台阶，诉讼服务能力将有新的飞跃。

网络法庭相关问题研究

上海市浦东新区人民法院课题组[*]

摘要：信息化、全球化时代，整个社会都在追求更高效、更便捷、不受时空限制的办事模式，传统的法庭审判已不能完全满足司法实践的需要，网络法庭应运而生。本文以网络法庭为研究对象，较为系统地对网络法庭的起源和发展、特点及优势、正当性及必要性、创设条件、诉讼程序等相关内容进行研究介绍，并在课题最后探讨了网络法庭存在的若干问题相关的解决对策，力求可以在司法实践中对网络法庭的推广建设有所裨益。

关键词：网络法庭　远程审理　法庭虚拟化

互联网和电子商务的迅速发展导致大量网上纠纷接踵而至，社会主体间利益的日益多元化使得越来越多的社会关系需要用法律手段加以调整和解决，纠纷和案件与日俱增使得诉讼机制的功能性障碍愈显突出，且由于延迟和高成本导致的日常纠纷解决途径的不畅和阻滞已经开始危及司法的权威，为此，必然需要一种可以有效解决纠纷、缓解诉讼压力，并具有便捷、高效、经济、公正、不受时空限制的方式来作为以审判解决纠纷的主体方式的有益补充。网络法庭由此走入人们的视野。

一、网络法庭概述

（一）网络法庭的起源和发展

经济基础决定上层建筑，在互联网影响整个时代的同时，各国都在积极

---

[*] 作者简介：课题主持人为傅玉明（上海市浦东新区人民法院副院长），课题组成员为陆罡（审判员）、韩伶（审判员）、杜向红（审判员）、韩春琴（法官助理）。

探索"互联网+"的审判模式。世界上最早采用网络法庭审判方式的国家是澳大利亚，英文名称是 e-court system，是指司法审判与信息技术相结合的一种运用方式，即将电脑技术与网络信息系统运用到司法审判的过程中[①]。美国在 2001 年设立"赛博法庭"，德国积极推行民事诉讼程序电子化并设立"E-诉讼法"规则，英国民事诉讼法也有电子送达等规则，韩国大力推进其"电子法庭 Tele-Courts"。我国在 2015 年 7 月提出建设"智慧法院"，要运用司法大数据、云计算、人工智能来提供高效、便民、公正的司法服务，将现代科技应用和司法审判活动深入结合来实现审判体系和审判能力的现代化。2017 年 8 月设立的杭州互联网法院，是司法主动适应互联网发展大趋势的一项重大制度创新。

网络法庭根据应用计算机信息技术的程度可以表现为两种形式：一种是将全部或部分诉讼程序数字化的审判活动，也可称其为数字化法庭；另一种是全部或者部分审判活动利用网络信息技术，如远程作证、异地审判等，也即法庭虚拟化。笔者认为前者的形式并非真正意义上的网络法庭，本文将以后者的表现形式作为研究对象。

网络法庭并非一种全新的争议解决方式，其内在机制原理和常规审判活动相同，所不同的是在信息传输的载体和方式方面，这就决定了其是常规审判的演变方式。所谓网络法庭，即通过计算机及网络技术建立的声音、视频图像传输通道及终端设备等，人民法院审判人员与当事人、诉讼参与人分别在法庭或特定的终端同步完成接待当事人、开庭审理、开庭宣判等审理活动。

我国网络法庭建设建立在全国法院计算机信息网络系统的基础之上。该系统的建设目标是通过四级法院的局域网互联形成法院系统的内部广域网，完成覆盖全国各级法院的信息交换，为各级法院审判业务提供广泛的技术支持和信息服务。

（二）网络法庭的主要特征

以互联网为媒介，是网络法庭与常规审判相区别的主要标志，其自身所

[①] 李雪：《简谈网络法庭》，载《江苏警官学院学报》2007 年第 3 期。

具有的特征主要有以下几点：

1. 虚拟性

无论是部分利用网络技术开展远程作证、质证以及异地审判等诉讼活动，还是将整个法庭搬上网络平台，诉讼程序纯粹建立在网络上，网络法庭以互联网为媒介的主要标志，因此虚拟性是其主要特征。

2. 无时空限制

由于网络法庭在虚拟空间进行，无论诉讼参加人身处何方，即使是存在时差的地区，也可以通过网络参与庭审活动。

3. 无纸化审判

以网络侵权案件、网络支付纠纷、网络著作权纠纷等案件为例，网络法庭可以利用网络技术将常规审判中的法官、律师和当事人之间的讯息交换、证人证言等案件卷宗材料，在不损害其原有法律内涵的前提下将传统的纸面文书处理为电子数据。

4. 对外部设备的依赖性

网络法庭需借助相应的硬件设备才能实施，其案卷信息需存储于软盘、光盘、硬盘中，而信息为人们所感知则要借助视频、音频、终端显示输出设备等。

（三）网络法庭的优势

1. 有利于提高司法效率

为提高诉讼效率，法院必须要把合理有效配置司法资源作为推动审判方式改革以及工作方式创新的指导理念，致力于以最小的司法资源消耗获得更多案件公正、快速的审结。网络法庭方式迎合了法院对诉讼效率的要求，这主要表现在以下几个方面：

一是缩短案件审理周期。采用网络法庭方式，当事人、证人及其他诉讼参加人可以在远程审理点通过网络视频实现出庭，这就省去了传统审判方式中法院必须考虑进去的上述人员出庭所需在途时间，整个审理周期相应缩短。

二是节省审判成本。在刑事案件中，按传统审判方式往往需要调动大批法警、出动囚车提押犯罪嫌疑人，同时还需安排庭审的安保工作，审判成本较大，而采用网络法庭方式，由犯罪嫌疑人就近出庭，可有效缓解法警力量不足、节约交通油耗支出以及减少安保费用等，有效节约了审判资源。

2. 有利于提高证人出庭率

证人出庭率不高一直是困扰我国审判的难题，其原因首先表现为证人出庭需要承担一定的经济成本，如参加庭审的往返费用、误工费用等；其次，社会成本的支出，尤其是担心会造成人际关系的紧张，甚至担心遭到被控人的打击报复。

而通过网络视频方便证人出庭作证，一方面更够节省证人出庭作证的成本，另一方面在必要的情况下通过视频处理技术也能够在一定程度上使证人出庭作证所面临的伦理困境迎刃而解。

3. 有利于提高庭审透明度和记录准确度

网络法庭可以将庭审过程中各个阶段的图像和声音完整记录和存储下来。这一方面为庭审笔录的准确性提供校对基准，另一方面还可以通过视频点播等方式再现庭审过程，便于社会公众对审判过程进行监督。

4. 有利于提高裁判准确性

我国的当庭宣判率还比较低，定期宣判仍然占有很大比重。定期宣判的弊端之一就是法官对庭审的直委感受会随时间推移淡化，特别是可能导致对某个关键事实的遗忘，而传统方式下单纯依靠书记员来记的庭审笔录不免也会出现误记、漏记，由此存在无法核对的可能，继而会影响裁判的准确性。由于网络法庭要求全程录音录像并以电子案卷形式固定保存继而再现庭审过程，这种方式对提高裁判的准确性具有积极意义。

尤其是传统审判中，审判委员会对案件讨论决定程序及二审法院对上诉案件的不开庭审理程序中，可能因为没有亲历庭审过程，未能形成对案件的系统全面认识，主要通过阅读案卷材料来审理，容易造成先入为主的偏见。通过网络法庭的全程录音录像审判委员会成员或二审审判法官完全可以通过观看录音录像电子案卷来直观感知和了解审判情况，同时能感受到一种亲历庭审的氛围，这可以有效克服间接书面审的弊端，提高裁判的准确性。

二、网络法庭的正当性及必要性分析

(一) 网络法庭的正当性分析

作为一种融合了现代科技因素的新型审判方式,网络法庭还未被我国立法明确合法性,但滞后性是法律的特性之一,法律必须服从进步所提出的正当要求。笔者认为,网络法庭具有比较坚实的法理基础,详释如下:

1. 网络法庭符合直接言辞原则

直接言辞原则是诉讼的基本原则,是直接原则和言辞原则的合称。直接原则一般有三重含义:一是"在场原则",即指法庭审理时,法官、当事人和其他诉讼参与人必须到庭参加庭审;二是"直接采证原则",即参加庭审的法官必须亲自参加法庭调查,认真听取法庭辩论,直接接触证据;三是"直接判决原则",判决由直接参加庭审活动的法官做出,并以庭审中接触的证据来认定案件事实。而言辞原则主要包含两重含义:一是庭审中所有诉讼主体的诉讼行为都应当以言辞方式进行,当事人以言辞陈述,质证、辩论以口头形式进行,法院调查证据应以口头形式进行,证人应以口头形式作证,未经言辞方式不生程序上效力。二是在法庭上提出的证据材料,都应以言辞方式提出并调查,否则,不得作为判决之依据[①]。当前针对网络法庭实践有一种质疑声音,其认为法官在当事人及证人等其他诉讼参与人未实际出庭情况下,所进行的法庭调查、采证等是对直接言辞原则的明显违反。而笔者认为这种审判方式是符合直接言辞原则的,理由如下:

首先,在远程庭审过程中,虽然法官与当事人不在同一物理空间,但借由现代网络视频技术,当事人的声音和图像可以清楚地呈现在法官面前,产生与传统庭审同样的效果,这与直接言辞原则意旨是吻合的。

其次,网络法庭是否符合"在场原则"是争议较大的一点,有人认为,"在场"必须是法官、当事人共同出现在特定物理空间——法庭。笔者认为这

---

① 杨荣鑫主编:《民事诉讼原理》,法律出版社 2004 年版,第 117 页。

种观点是对"在场"的僵化理解，对法学概念和理论应当以与时俱进的眼光来看待和理解。完善的网络法庭系统可以为当事人营造出"在场"的氛围：通过先进的证据双向展示系统可以清晰、流畅地进行举证、质证；随时变换拍摄角度的视频系统可实现对法庭的全景覆盖，这些现代技术设备经由网络连接使审判法庭的物理空间得到了虚拟延伸。

再者，远程庭审过程中，法官、当事人及其他诉讼参与人可通过音视频设备实现声音和图像的双向同步传递，完全符合言辞原则之要求。

2. 网络法庭符合公开审判原则

公开审判原则要求整个审判过程以人们看得见的方式展示出来：一方面可以监督法官行权，防止徇私枉法；另一方面正义实现过程的直观演绎可以对民众起到警示和教育效果。根据我国审判制度规定，公开审判原则主要体现在以下几个方面：一是公开告示审判事项。法院在开庭前应公开庭审的地点、时间、当事人姓名和案由等。二是公开审理过程。除法律规定的涉及国家秘密、公民隐私或商业秘密等不得公开外，审判过程应当向普通民众和新闻媒体公开。三是公开审判结果。审判结果应以判决书形式作出，并一律要公开宣告。

在网络法庭中，公开告示审判事项和公开审判结果与传统审判方式并无不同，而在公开审理过程方面，网络法庭方式可以让民众通过现代多媒体来观看整个庭审过程，这样公开的范围更大，受到法治教育的民众将会越多，审判公开的社会效果将更加明显。

3. 网络法庭符合诉讼当事人平等原则

诉讼当事人平等原则是我国民事诉讼原则中的首要原则，它不仅是宪法规定的"公民在法律面前一律平等"原则的贯彻，也是程序公正和实体公正的重要保障。对法院而言，诉讼当事人平等原则不仅要求其尊重当事人双方的诉讼权利，还要求其主动创造条件，为当事人营造充分、平等地行使诉讼权利的时空环境。

现代社会人口流动频繁，人与人之间交往范围加大，司法实践中经常会出现被告实际工作地与管辖法院相距千里的情况，在一些标的额较小的案子中,被告方可能在进行"成本—收益"分析后选择不出庭,导致法院缺席判决,其诉讼权利的行使因此受到抑制。

采用网络法庭方式,当事人的诉讼权可通过网络视频以最小的成本得到最大限度的行使,这体现了法院对当事人诉讼平等原则的积极贯彻和保障。

4. 网络法庭符合当事人程序利益保护

程序利益保护是我国台湾学者邱联恭先生系统提出并逐渐为学界予以充分肯定的一种理念,是指当事人在诉讼中"简速化程序之利用或避不使用烦琐、乏实益之程序所可节省之劳力、时间或费用而言,所以诉讼程序之进行或运作尚未能致力于此,或竟然反而造成劳力、时间或费用之浪费,即属使当事人蒙受程序不利益"[1]。概言之,即因程序的效率化设置而获得的诉讼成本的节省和诉讼负担的减轻之利益。程序利益保护论认为,在诉讼过程中,当事人不仅有追求其实体利益的权利,也应当有追求其程序利益的权利,为此,受诉法院除了应赋予当事人追逐实体利益——慎重而正确之裁判——的机会,还应当赋予其追逐程序利益——迅速且经济之裁判——的机会,这就要求法院应当在保证当事人实体利益的前提下,致力于设置简化且富有效率的纠纷解决程序,使当事人可根据自身利益需求选择适用。应当说,程序利益保护是公民宪法权利如自由权、财产权、平等权及诉讼权等在诉讼领域的体现,强调对当事人程序主体地位的尊重,即"将当事人真正作为程序的主体对待,而不是作为客体来对待"[2]。

网络法庭方式的推出体现了法院对当事人程序主体地位的尊重和程序利益的保护。首先,通过网络法庭,只要在就近的网络审判点利用视频系统就可实现"出庭",切实有效地减轻了其诉讼成本及讼累。其次尊重当事人的程序选择权,当前对民事案件是否采用网络法庭方式,法院都是以当事人意志自治为前提的,或者赋予当事人启动权,或者经法官征得当事人双方一致同意,绝不强加,这体现了法院对当事人程序选择权的充分尊重。

---

[1] 邱联恭:《程序利益保护论》,台北三民书局2005年版,第5~6页。
[2] 刘敏:《原理与制度:民事诉讼法修订研究》,法律出版社2009年版,第27页。

(二) 网络法庭的必要性分析

一项制度的研究只有适合当前国情需要,有其存在的空间,才有研究它的必要。笔者认为,研究网络法庭的必要性主要表现在以下几个方面:

1. 案多人少的现实需求

当今的中国正处于前所未有的飞速发展之中,社会愈趋多元化,随之而来的是诉讼爆炸时代,案多人少问题凸显。虽然我国近年来积极探索 ADR 制度颇有成效。然而这只能在一定程度上分担法院解决纠纷的压力,并不能根本解决法院目前存在的问题。

在此背景下,依托于传统审判发展而来,作为传统审判方式延伸和补充的网络法庭更加适应这个"互联网+"时代,其存在意义尤其体现在它的功能上:由于其将信息、图像、声音技术应用于法庭,使审判不再拘泥于时间和空间的局限,可以做到随时开庭、随时审判,给当事人和法院都带来了便利,提高了审判效率,可以使法官集中精力审理案件;而且网络法庭在诉讼成本上的节约也是非常可观的,也减轻了法院和当事人的经济负担,节约了社会资源。

2. 司法为民理念的题中之意

网络法庭最大限度地实现将当事人的利益放在首位,是司法为民理念内在要求的新体现。网络法庭为人们提供了走向诉讼之门的有效快捷方式,实现了让当事人花费最小的代价实现最大的正义的目标。同时网络法庭也为身处异地的或者体弱病残的当事人节约了诉讼成本,减轻了诉累。

3. 克服传统审判方式弊端之要求

在这个高效率、快节奏的时代,人们所追求的是"恰到时候、恰到好处"的正义。而传统审判方式审判空间单一,审判方式不够灵活。传统审判方式往往是在一定的物理空间内进行的,它要求当事人在指定的法庭参加庭审,按照诉讼法程序进行审理,不但耗费当事人的时间与精力,而且也不利于诉讼效率的提高,同时大量的司法资源被动用,容易造成讼累。其次,传统审判方式在实现正义的效率上远不胜网络法庭。传统审判方式中繁琐死板的诉讼程序往往给法院实现正义的效率带来了技术难题。

总之，传统审判方式的不足为网络法庭的发展提供了契机，它在一定程度上可以弥补传统审判方式的这些弊端，但是并不是说我们就需要用网络法庭代替传统审判方式，而是应当将两者相结合，共同为民事诉讼的发展服务。

三、网络法庭的创设条件及诉讼程序

（一）网络法庭创设条件

传统审判方式，只要具备审理场所即可开庭审理案件，但网络法庭除此之外，还需其他一系列条件支持，这些条件主要包括完备的网络法庭系统、网络审判点的选定以及专业技术人员支持，三者缺一不可。

1. **完备的网络法庭系统**

一是设备齐全的数字法庭。所谓数字法庭，"是指利用多媒体技术、网络技术以及集中控制技术，实现法庭内部对声、光、电等各种设备进行集中控制的一种法庭模式"，是法院信息化建设的重要组成部分。为支持网络法庭的开展，相关的数字法庭一般应配备的硬件设备包括高清晰度摄像机、证据展示设备、音视频设备、多媒体显示设备以及计算机等。

二是稳定安全的网络平台。网络平台是连接审理法庭与网络审判点的媒介。从已开展的网络法庭实践来看，主要存在两种网络平台利用模式：其一是互联网平台，即主要是通过互联网第三方视频平台来设置网络法庭的；其二是法院专网平台，即通过法院系统内部的广域网来设置网络法庭。由于法院专网是内部封闭的广域网，其在传输信号的稳定性和安全性上有互联网无可比拟的优势，因此，利用法院专网平台进行审理应成为法院系统内部网络法庭的基本要求。

成熟的网络法庭系统应当具备以下功能：① 音、视频同步传输功能。在远程庭审过程中，位于不同地点的法官、当事人和诉讼参加人等可通过多媒体音视频设备并借由网络平台进行清晰直观的同步信息交流。② 证据展示功能。在远程庭审过程中，位于审理法庭和网络审判点的出示证据一方可通过证据展示设备向对方当事人以及法官出示证据，由质证方、法官通过多媒体显示器进行辨认、审核。③ 音像记录功能。通过多媒体音视频设备可将整个庭审过程进行详细的记录，并进行数字化存储。它可以帮助书记员核对庭审笔录的准确性，也可以随时回放庭审过程，以方便法官查漏补缺；另外，一旦当事人对庭审程序合法性提出质疑，音像记录便成为保护法官的重要利器。④ 法律文书的制作和送达功能。成熟的网络法庭系统，可支持文书的现场制作及电子签章，并当庭通过网络电子设备向当事人送达等功能。

2. 网络审判点的选定

网络审判点，是指由管辖法院选定的用于配合网络法庭进行的异地法院或其他司法机关所提供的法庭或其他审理场所，其应当符合网络法庭系统的配置要求。网络审判点的选定是网络法庭能否开展的基础性条件之一。

就刑事案件而言，人民法院可在看守所设立审判专用法庭作为网络审判点，也可将网络审判点设在看守所所在地法院。前一种方式被浙江省法院系统普遍采用，浙江省高级人民法院与浙江省公安厅在2009年4月13日联合下发了《在看守所建立和使用远程视频室的通知》，以期推动远程视频室的规范化建设。后一种方式则为上海市第一中级人民法院和第二中级人民法院审理刑事二审案件时所普遍采用。

就民事案件而言，网络审判点应设在法院系统内部，由网络审判点所在法院指派专门的法院工作人员协助配合网络法庭工作的进行。有人认为，为了进一步体现网络法庭的便民性，民事案件中的当事人或其他诉讼参加人可以选择就近的具备网络视频设备的任何场所参加庭审。笔者认为不妥，这样一方面会造成当事人身份以及签字真实性无法确认问题，另一方面，也会使得庭审的法定程式无法得到贯彻，显得庭审过于随便，这会损害审判的庄重和威严。还有一种观点认为，在民事案件中，网络审判点应设在乡镇一级，如果乡镇一级设有派出法庭的，应以该派出法庭为网络审判点，如果没有派出法庭的，还可以乡镇的司法所、派出所为网络审判点。笔者对此持否定态度：首先，从法理角度看，司法所、派出所作为网络审判点不符合审判理论。笔者认为，尽管网络审判点并非管辖法院一部分，但在网络法庭中可以视为是管辖法院的一种虚拟延伸，从这个意义上讲，管辖法院的审理法庭和网络审判点可以并合为"一个法庭",而法庭本质上是审判机关不可分割的一部分。将司法所、派出所等行政部门作为网络审判点,无异于将其等同于审判机关的一部分,则不免违反审判权、行政权相互独立的法律原则。其次,审判工作对程序性和专业性要求都很高,法院工作人员经过系统专业训练,熟悉整个庭审流程和操作规则,而司法所、派出所的工作人员工作性质与审判工作的性质截然不同,其对相关程序规则的掌握也不熟悉,因此,其并不能保证整个网络法庭过程的合法有序进行,一旦出现失误,将会极大损害审判权威和公信力。

再言之,网络审判点的设定将硬件的保障责任分配给法院,而不是转嫁给群众,能够有效保护普通群众的利益,防止信息化加剧的数字鸿沟致使弱势群体在司法这一最后一道正义防线上处境更难。

3. *专业技术人员*

如前所述,网络法庭系统涉及高科技设备应用,必须配备专门的技术人员用于协助操作及故障的及时维修。同时,网络法庭系统有必要对法官以及书记员进行专门的技术培训,因为整个庭审程序的进行是由法官主导的,过度依赖技术人员必然会影响庭审的流畅性。只有在涉及专业设备操作或出现技术故障时,专业技术人员的及时处理才成为必要。

(二)网络法庭的诉讼程序

尽管目前全国很多省市的法院都开始试水网络法庭,但尚未形成全国性的统一操作规则。本文基于现行诉讼法的规定,结合网络法庭要旨,综合现行网络法庭的适用情况,总结一套可行性较高的诉讼程序。

1. *程序启动阶段*

程序的启动采取当事人自愿原则。对民事案件,由当事人自愿选择,主动申请网络法庭方式。当事人可在一审案件申请立案时,二审案件提起上诉时向人民法院提出适用网络法庭的申请。对一审民事案件,若一方当事人提出申请的,承办法官应事先征求对方当事人同意后再决定是否准许;对二审民事案件,若双方当事人均提出申请的,除特殊原因外,二审合议庭应当准许。另外,法院如果认为案件适合网络法庭的,也可在征得双方当事人同意后适用。对刑事案件，应提前书面告知被告，如果被告明确提出不同意采取该方式且理由合理的，应尊重其选择。

2. 审前准备阶段

(1) 当事人确认。对决定采用网络法庭方式的民事案件，一审法院应在送达开庭传票或受理通知的同时，二审法院应在收到当事人上诉状同时，向当事人送达《网络法庭事项告知及确认书》并告知关于网络法庭方式的相关事项，当事人均需签名确认。

(2) 开庭公告。对开庭审理的案件，审理法院需在开庭公告中载明审理法院开庭的时间、地点等，也要载明网络审判点所在法院名称、地址及具体法庭。

(3) 身份核对。审理开始前，由审理法院委托网络审判点所在法院对其辖区内的当事人身份进行初步核对，之后在庭审中，将由审理法院通过远程系统再次核对。当然，随着人脸识别技术应用的日益普遍和完善，以及大数据系统建设的日益完备，可以畅想的是，当事人身份核对将会更加快捷、高效。

(4) 设备检测。审理开始前，法官或书记员先与参加网络法庭的当事人就音频、视频等系统设备是否正常运行进行确认，一旦出现问题，需经技术部门修复后再开始审理。

(5) 押解及安保。在刑事案件中，被告人的押解由审理法院负责，并商请网络审判点所在法院配合。网络审判点的安检及其他安全工作由网络审判点所在法院负责。

3. 开庭审理阶段

(1) 法庭秩序。若网络审判点发生违反法庭纪律的行为，网络审判点值庭法警有权制止。对行为严重的，由值庭法警向审理法院审判长报告，由审判长按照法律规定处理。

(2) 故障处理。审理中若发生信号中断、延迟，应暂停审理并立即与技术部门联系，待故障排除后再恢复审理。恢复审理时，应首先固定故障发生前的审理内容，如当事人产生异议的，对有异议的审理内容重新审理。若故障无法排除的，对民事案件，审判人员应立即电话通知当事人改期审理；对刑事案件，则直接通知远程审理点改期审理，并安排好被告人的还押。

4. 庭审结束阶段

审理结束后，书记员将庭审笔录通过网络发送到网络审判点电脑终端上由当事人阅看，如无异议应当场点击确认，如有异议则向审理法庭书记员提出修改。书记员在确认当事人确认庭审笔录后关闭网络法庭系统。

四、网络法庭存在的若干问题及对策

（一）网络法庭对信息技术依赖的风险及对策

1. 网络法庭对信息技术依赖的风险及影响

相比于传统审判方式来讲，网络法庭对技术设备和网络的依赖性比较强，一次微小的故障都可能影响庭审的顺利进行。一般而言，网络法庭中可能会出现下列风险：一是机器设备的故障；二是网络信号不稳定性；三是感染网络病毒或者被黑客攻击。上述风险一旦发生，将会对网络法庭造成巨大影响：

（1）导致诉讼迟延。网络法庭的一个突出优势就是效率，而一旦远程庭审过程因设备故障或网络病毒发生中断，将导致审理时间拉长。如果故障无法排除或病毒无法清除，则须另择日再行开庭，这样反而可能比传统审判方式都花费时间，效率优势便无法体现。

（2）影响庭审流畅性。一旦发生中断，对法官而言，脑中对案件的梳理分析也被迫中止，如果庭审无法快速恢复，本来清晰的思路可能随时间的推移而模糊，法官将不得不重新梳理案情。对当事人及其代理人而言，庭审中清晰、流畅和富有逻辑的辩论更能起到揭露对方证据事实弱点以及感染、说服法官的作用，一旦网络法庭系统遭遇技术故障，其流畅的辩论便被迫中止，说服力度也将随之减弱。

（3）网络安全问题。当适用网络法庭的案件涉及国家秘密、个人隐私或商业秘密时，如果遭遇到网络病毒或黑客侵袭，相关的涉密信息将可能被窃取并泄露，从而产生严重后果。另外，网络法庭中的案卷信息是以电子数据形式存储在一定存储设备上（软盘/光盘/硬盘等）的，遇到病毒感染、系统崩盘、错误操作等情况将可能导致数据丢失或失真，无法恢复或核对。

2. 相关对策

(1) 加强数字法庭硬件建设。一方面，法院应采购高质量的多媒体设备，特别是要保证音视频传输、显示设备和证据展示设备的质量，将故障发生的可能性降到最低。

(2) 要加强网络平台的稳定性和安全性。为此，一方面法院要大力推行专网建设，逐渐将专网作为网络法庭的唯一通道。另一方面，法院要综合运用多种网络安全防御手段，如确保法院局域网、专网与互联网进行严格的物理隔离、部署有效的防火墙和杀毒软件以及注意对电子案卷信息的备份等，最大限度地防止病毒感染和抵御黑客侵入，以保障网络法庭系统稳定运行及信息安全。

(3) 提高法院技术人员的专业技能。由于我国法院数字化建设还处于初级阶段，大部分法院相关技术人员配备还较少，并且其技术能力尚不能完全满足网络法庭对设备操作技能的高要求。对此，笔者认为，一方面应当吸纳一批既具有较高的计算机专业技能又具备法律知识的复合型人才到法院来，另一方面要加强对法院已有技术工作人员的培训，提高其设备操作熟练程度和故障排除能力。

(二) 网络法庭案件适用范围问题及对策

1. 网络法庭案件适用范围不明确

当前各地法院的网络法庭仍处于探索阶段，对案件的具体适用范围还没有统一明确的适用范围。以上海市第二中级人民法院为例，就民事案件而言，该院原则上规定一、二审民事案件均可适用网络法庭方式；就刑事案件而言，刑事二审案件一般均可适用网络法庭方式，但排除了刑事一审案件。表面看来，似乎适用范围较广，但该院设定了一个界限"案情复杂、争议较大，以及不宜通过远程审理的案件不得适用网络法庭方式"，这条规定过于原则，何为"案情复杂、争议较大"，何为"不适宜"，这留给法院较大的自由裁量权，由此使得案件适用范围变得不明确起来。

另外，网络法庭实践较多的浙江省法院则主要将网络法庭用于刑事案件的审理中，民事案件适用较少，且与上海不同的是，其在一审刑事案件中也可以适用网络法庭方式。此外，全国其他地区的网络法庭实践多处于个案尝试阶段，一般适用于案情简单的案件，也无明确适用范围。

2. 相关对策

（1）适用案件判断标准。盲目扩大适用范围可能会造成对当事人实体公正的侵蚀，因此网络法庭的适用必须要注意平衡好公正和效率的关系。笔者认为，公正前提下的效率应当成为判断某一案件是否适用网络法庭的标准。

首先，判断适用网络法庭是否会影响案件公正。这需从四个方面对案件进行判断：一看法律关系复杂程度。如果法律关系比较复杂，网络法庭方式可能不利于案件查明，则不应适用该方式。二看涉案人数。如果当事人人数过多或涉及证人人数过多，由于视频显示设备有限，过频的声音和图像切换容易造成庭审的混乱，同时证人过多又可能造成证言之间存在冲突，视频传导神情信息的不完整会使得法官无法准确判断证人证言真实度。三看证据品种。如果证据无法通过证据展示系统辨认，如涉及新旧笔迹比对的证据，需亲自触摸感知的证据等，则不宜适用远程质证。四看当事人或其他诉讼参与人是否存在视频交流障碍。如当事人或其他诉讼参与人存在聋哑、失明等生理缺陷，由此带来的交流困难将会在远程庭审中放大，不利于其充分行使诉讼权利，故也不适宜网络法庭。

其次，判断适用网络法庭是否符合诉讼效率。在确定适用网络法庭不会影响公正的情况下，法院应当对该案件适用网络法庭方式进行大致的审判成本核算，这主要包括时间成本、人力成本以及财力成本等，以确定不会造成审判成本过度投入或招致更大低效，在确定符合效率原则后，即可适用。

法院在判定某一案件是否可适用网络法庭方式时可参照上述标准，由此尽可能在现有技术条件下实现公正价值与效率价值的平衡。

（2）适用案件范围。根据前述判断标准，笔者认为网络法庭范围应主要包括以下几类案件。

民事案件的适用范围：

一是适用简易程序的民事案件或小额诉讼案件。前者是指事实清楚、权利义务关系明确、争议不大的民事案件。后者是指争议不大、标的额又较小的案件，特别是在网络购物纠纷领域，网络法庭方式有较大发挥作用的空间。

二是事实清楚的民事二审案件。网络法庭方式与传统审判方式相比，主要是在质证阶段对某些证据的辨认存在缺陷，因此如果一审中已就相关证据的真实性进行了认定，案件事实基本得到了查明，则在二审中可以适用网络法庭方式。

刑事案件的适用范围：

一是适用简易程序的刑事案件。这主要是指：依法可能判处三年以下有期徒刑、拘役、管制、单处罚金的公诉案件，事实清楚、证据充分；告诉才处理的案件；被害人起诉的有证据证明的轻微刑事案件。此类案件事实清楚、案情简单，适用网络法庭一般不会对被告人的合法权益造成影响。

二是事实清楚的刑事二审案件。由于刑罚涉及对人身权利的剥夺和限制，一旦误判，存在无法复原性，因此在判断刑事案件能否适用网络法庭方式时务必要持谨慎态度。而对证据比较充分、犯罪事实清楚的上诉案件，由于主要涉及法律适用问题，网络法庭系统的缺陷不会影响被告人合法权利，因此可以采取。另外，网络法庭的效率优势还可以使二审法院提高开庭比例，从而增强二审程序公开性，有利于当事人服判息诉。

总之，鉴于目前视频技术还未完全成熟，且网络法庭尚处于摸索阶段，其适用范围还不宜过宽，否则当事人实体权益将存在受侵害风险。另外还需强调的是，法院要注意做好网络法庭方式与传统审判方式的衔接工作。如果在远程庭审过程中，法官发现案件事实和法律关系比较复杂，或者出现无法通过证据展示设备辨认证据的情况，继续适用会对案件查明产生影响的，则应当立即休庭，并通知远程审理点当事人择日适用传统审判方式继续审理，这是审判效率对实体公正的必要妥协。

（三）质证、认证环节问题及对策

质证，是指当事人在庭审过程中，对双方当事人或其他诉讼参加人提供的证据进行公开辨认、说明、质疑和辩驳，以供法官对证据的可采性和关联性予以判断的一项法律制度；认证，是指法官对证据的可采性和关联性进行鉴别、核实并最终确认其效力的诉讼行为。质证权是关系当事人切实利益的重要诉讼权利，而法官认证则是举证和质证所要达到的目的，是确定案件事实的基础，因此质证、认证环节无疑是庭审的核心环节。在网络法庭中，受信息技术发展水平影响，网络法庭系统可能会对当事人质证、法官认证产生一定程度的影响。

1. 网络法庭质证、认证问题

(1) 关于物证、书证的质证、认证问题。

一是物证、书证的真实性认定问题。根据法律规定，当事人应当对证据进行质证，而法官应当对证据进行审核认定，这均涉及对证据的真实性认定。现有视频技术水平对一般的证据辨认并不存在障碍，但是如果涉及一些特殊的、需对细节辨认的证据，例如涉及新旧笔迹的鉴定、古董文物的核实等，现有视频设备并不能够实现对这些证据细节的完全传递，当事人、法官往往无法通过显示屏幕进行辨认或存在较大的错认风险。

二是物证、书证经视频证据展示设备转换后的证据形式及认定问题。物证、书证通过网络视频显现在显示屏上时，其证据种类仍属于物证、书证还是已经嬗变为视听资料证据，存在很大争议。这其实给法官出了个难题，当涉及对判决书中证据部分的描述时，是表述为物证、书证还是视听资料呢？另外，根据最佳证据规则，书证原件应作为最佳证据，这是法官认定证据力的重要判断标准，但是网络法庭中，书证通过视频传输设备显示出来的影像能否也被视为最佳证据？

(2) 关于证人证言的质证问题。

证人作伪证在审判实践中时有发生，判断证人证言虚假与否是质证、认证环节的重要内容。一般而言，在庄严的法庭中，证人是否在说谎会通过其细微的面部表情或肢体动作表现出来，这是法官、当事人及其代理人判断证言真伪的重要线索，但由于受技术发展水平以及多媒体配置不高等因素限制，网络视频还无法对证人的表情如紧张、恐惧、羞愧而脸红或细微的身体动作等信号进行准确传递，这导致法官、当事人及其代理人可能无法察觉其是否在作伪证，由此可能导致该证人证言被法官错误认证，进而影响案件的公正性。有学者还认为："在传统的法庭上，对证人可信性进行质疑和攻击可利用心理战术、提问突袭等多种诉讼技巧，而采取录像或视频会议技术开庭审理，没有与证人直接接触，证人易从容地掩盖事实，故利用现代科技方式开庭审理对评价证人证言存在重大缺陷。"

2. 相关对策

（1）对物证、书证的质证、认证问题对策。

首先，做好庭前准备工作。对适用网络法庭的民事案件，应当督促当事人及时在举证时限内向法院提交证据。对当事人提交的证据，法官应当及时进行审查，并判断这些证据是否存在对细节辨认的要求，如果认定某些证据的关键细节无法通过视频系统显示出来，例如需要触摸感知的物证、涉及新旧笔迹辨认的书证等，则应将案件转为传统审判方式进行并立即通知当事人。

其次，参考相关立法进行审核认证。在庭审中，对通过网络视频转化为影像形式的书证如何判断证据力，有学者认为能否将这种影像视为最佳证据，法官应当结合相关立法精神进行认定，如可参考《中华人民共和国电子签名法》第五条之规定，"符合下列条件的数据电文，视为满足法律、法规规定的原件形式要求：（一）能够有效地表现所载内容并可供随时调取查用。（二）能够可靠地保证自最终形成时起，内容保持完整、未被更改。"该规定实际上便是根据电子信息记录的完整性来推定其符合最佳证据规则要求的。

另外，笔者认为应当将远程审理点的法警职责限定为维持秩序，同时在有必要的情况下增设法官或书记员为庭审配合人员，由于他们具有系统的法律知识和丰富的办案经验，不仅可以保证审理程序的规范性，还可以协助主审法官来判断证据的证据力，例如协助辨别原件、原物真实性等，当然最后的认证权仍属于主审法官。

（2）对证人证言的质证问题对策。

首先，法院的数字化设备应当紧跟技术发展步伐，不断提高技术含量。随着多媒体技术的不断发展和高清显示设备的革新，目前市场上已经有较为完备的表情、动作捕捉技术，通过网络视频设备传输的音视频图像会日趋逼真，网络法庭的庭审现场将更加"面对面"。

再者，应充分利用微表情心理学分析方法对证人证言进行分析。微表情是心理应激微反应的一部分，是人类的本能反应，无法掩饰与伪装。国内学者姜振宇长期与司法科研机构合作进行应激微反应研究，并已经有相应的研究成果。

五、结语

从"智慧法院"的建设到杭州互联网法院的设立，我国的司法日益主动适应互联网发展大趋势。互联网发展到信息化时代，整个社会都在追求更高效、更便捷、不受时空限制的办事模式，网络法庭能够提供满足群众"快审理""低成本"的司法需求的优质司法服务。网络法庭在保护民众诉讼权利以及减轻法院工作压力、提高审案效率、降低审判成本、保障刑事审判安全等方面开启了一个全新的思路。作为一种处于探索阶段的新型审判方式，其必然会存在着一些问题，如对技术依赖性过强导致的风险、质证与认证方面的不足等。但笔者相信，随着网络法庭系统科技含量的不断增加、相关配套制度的日益完善、实践经验的逐步累积以及法院信息化建设在深度和广度上的持续推进，网络法庭面临的上述问题必将会得到解决，其适用范围也将会不断拓宽，从而为社会纠纷的快速高效解决发挥更大的作用。

[公证问题研究]

公证管理的科学化研究

常州市公证处课题组*

摘要： 随着经济社会的高速发展，公民的法治意识和法治素养不断提升，我国公证业务得到迅猛发展，公证管理也将面临转型升级的关键时期。公证管理在现实转型过程中存在诸多不适应时代发展的困难和问题，公证管理的科学化面向是解决公证管理转型的必由之路。在外部监督管理的法治维度，强调组织管理、行为管理、业务管理和绩效管理的科学内涵方面，为其成功转型确定规范化和程序化的实践路径。

关键词： 公证管理　转型升级　科学化面向　实践路径

随着法治中国建设的深入推进，我国的公民法治意识和素养得到快速提升，其中公证业务的迅猛发展即是一个较好的明证，无论普通公众还是社会组织皆越来越重视和关注公证文书在纠纷解决中的证明效力。卢曼在谈到社会职能系统时指出："向社会性系统首先是职能区分的过渡，要求在各职能系统之间的关系中建立新型的结构性联系，即能够考虑到各职能系统的自律性和运作上自成一体性的联系。"① 同时，我国公证事业的发展也进入一个关键期，由过去的国家机关到事业单位或者合伙组织的组织变迁，公证机构与公证员的内部和外部管理面临转型带来的种种问题需要予以解决，其中关涉公证管理科学化面向的实践路径尤显重要，本文期待在此方面予以梳理和探讨。

---

* 作者简介：课题组成员为莫良元（常州大学史良法学院）、陈小吉（常州市公证处）、李智（常州市公证处）、黄咏梅（常州市公证处）、徐芳（常州市公证处）、陆春洪（常州市公证处）、董樑（常州市公证处）。

① ［德］卢曼：《社会的法律》，郑伊倩译，人民出版社2009年版，第253页。

一、公证管理转型的科学化面向

我国公证管理可以包括内部自律管理和外部监督管理,内部自律管理是指各个独立运行的公证机构对其内部公证员的日常组织工作和公证业务活动所进行的各种管理,由于其属于组织内部管理的范畴,主要属于管理学的研究领域,故不是本文研究的内容。本文基于法学视域重点关注因由组织变迁而发生转型的外部监督管理,所以后文中所提及的公证管理皆指外部监督管理。"在现代法律规制下,一个普遍的问题就是,被约束阶层的成员们通常面临模棱两可甚至冲突的指导意见,使得他们无所适从。"[1] 根据现有法律法规的法治意涵,公证的外部监督管理主要是指司法行政机关和公证行业协会在公证机构转型过程中对公证机构和公证员所进行的各种监督管理,具体包括组织管理、行为管理、业务管理和绩效管理。因由公证机构的组织变迁所带来的公证管理转型也应随之发生相应的改变,以期适应新形势下对公证业务快速迅猛发展的期待。

(一)公证管理转型的主要表现及特征

虽然公证管理转型是因由公证机构的组织变迁而必须随之进行的改变,但是从外部监督管理的核心要素来分析,公证管理转型也是公证业务的法律属性对其外部监督管理的法治规制期待所在,主要表现为主体、内容、方式、规范和效果上的对比差异。

主体差异是指公证管理在主体间关系上发生的变化,即过去的管理者与被管理者之间属于行政机关的内部关系,现在属于行政外部关系,逐步实现各主体之间关系由明确的法律规范予以调整。内容差异是指公证管理在具体事项上带来的转变,即由过去的一般性行政属性的公证业务向法律证明属性的综合化公证行为转变,这是法治中国建设的具体内容赋予公证机构和公证

---

[1] [美]凯斯·R. 孙斯坦:《法律推理与政治冲突》,金朝武等译,法律出版社 2004 年版,第 137 页。

员的法定事项。方式差异是指公证管理转型在具体管理行为上已经由过去的单一化行政指令式向程序化和专业化的指导和监督方式转变,即在公证业务的技术性逻辑中为外部监督管理探寻适宜于公证事业发展的规范化和科学化形式。规范差异是指公证管理转型在现有《公证法》以及部委规章的粗线条式规范实践向精细化和体系化的现代公证法律技术规范转变,立法如何解决公证管理转型所带来的实践中遇到的种种问题已经成为当前较为迫切的法治困境。效果差异是指公证管理转型在公证业务的社会化过程中表现出其评价效果由行政机关单方认定向社会化综合评价转变,即公证业务的社会认可已经成为公证管理转型的重要评价依据。"未经组织之公共利益的代表者出于多种原因,更愿意要求行政决定受制于正式程序。"① 概括而言,公证管理转型是由传统行政管理向多元治理的转型,并且是一个较为长期复杂的生成过程。

"规范模式的转化意味着全部或部分核心规则或已有规范模式的改变,特别是关键的组织原则、规范的思想和对社会关系的预期的改变。"② 在公证业务迅猛发展和社会期待越发高涨的职业关注中,公证管理转型已是必然之举,其显现出时代性、科学性、规范性和公开性的鲜明特征。时代性是公证业务在法治中国建设背景中所赋予的法治意义,为社会大众的权利确证和实现表征出时代主题带来真切诉求,公证管理转型即是适应时代变迁而顺势进行的结构性调整。科学性是公证管理转型在公证业务的社会正义实现机制需要客观面对的法律技术规范过程中秉持的要求,也是公证机构和公证员职业技术需求的内在渴望,诠释出公证事业发展的运行规律。规范性是公证管理在转型目标实现过程中外部监督管理者确定明晰权力运行的规范边界,确保司法行政机关和公证行业协会的指导和监督管理具有明文规范和公开化的制度运行机制,也是公证管理转型的关键要素所在。公开性是公证管理转型过程中具有的标志性特征,公证属于法律证明的专业活动,在实现社会正义的法治

---

① [美]理查德·B. 斯图尔特:《美国行政法的重构》,沈岿译,商务印书馆 2011 年版,第 156 页。
② [美]汤姆·R. 伯恩斯:《经济与社会变迁的结构化》,周长城等译,社会科学文献出版社 2010 年版,第 59 页。

图景中越来越体现出其法律专业优势和特长，故而其公开性在外部监督管理上主要是过程公开、管理事项公开和处理结果公开，使得法律专业行为具有技术性评价的多维主体共识生成可能。

（二）公证管理转型的核心要义

在法治中国建设进程中，现代公证管理的外部监督需要准确定位，积极促进和保障精准发挥公证机构和公证员承担法律证明的专业功能。"尽管这些权力是由其新的拥有者所掌握，他们还是属于公共行政的一部分，因而还是与国家有关。这也使得这些权力受到针对其独立性而特别设立的监督权的制约。"① 公证外部监督管理的核心目标是改变当前不适应于现代公证行业发展的传统行政管理模式，我们认为，公证管理转型在其外部指导监督方面主要是实现管理过程的专业化标准和程序化保障，即公证管理在时代转型的背景中具有法治精神的期待和诉求，转型即是在体现公证指导的专业化和公证监督程序化中为公证职业发展提供制度依据和保障。梳理现有关于公证的法律法规以及部委规章，基本将公证的具体行为规范得颇为精细，以至于规范的公证文书在尺寸和字体格式上都有具体要求。传统公证管理已经不能适应社会变迁对公证业务的期待，尤其在公证组织发展的多元化主体参与治理的现代管理模式中，外部监督管理应该在法律证明的技术指标方面表现出统一和规范的特点，能够真正实现公证快速发展对其功能发挥带来指导意义。另外，公证管理在传统行政化模式下过于封闭和简单地以科层式审批来表征监督职责，但发生公证纠纷的个案时却只是一线公证员承担直接责任，似乎监督成为可有可无的外在之物。因而，我们认为，公证管理转型的监督程序化应该成为制度建设的重要方面，也就是说，外部的监督管理需要有明确的法律法规对其权限做出具体范围和过程的明示，不能由外部监督者单方面确定监督规则，同时，要明确监督程序上的责任认定规则，为其确立监督权威，使得公证管理转型在有序有责的运行逻辑中保证其正当性和合法性。

解决公证管理的技术指导专业化和监督程序化取决于其科学化的实践面

---

① ［德］奥托·迈耶：《德国行政法》，刘飞译，商务印书馆2016年版，第121页。

向，即公证管理转型的核心要义。在理论逻辑中，公证管理转型强调从传统的单一行政化管理模式向多元主体治理模式转变较为容易达致共识，但是转型的效果能否实现预期目标，则主要在于实践中如何贯彻落实的问题，也就是说如何在科学化的实践面向上探寻公证管理转型问题。科学化的实践面向是指公证管理的多元主体需要在治理模式中达致应有共识，为技术指导和程序监督探寻具有实践意义的有效途径。公证外部指导监督的司法行政机关和行业协会只有拥有公证业务的法律证明方面的技术特长优势和相关权力授权或技术权威获取，才能够在具体实践中得到管理者的认可和信赖，也才能发挥其科学化技术指导的功能。"虽然建立在惯例或习惯的基础上，制度仍然是公共福祉观念的汇集处；我们所面临的挑战是要通过确保制度持续性地满足时代的需求而避免制度僵化。"[①] 公证业务在实践中发生的个案纠纷是否就一定属于公证员或公证机构的责任，不能简单化处理此类纠纷，因为公证事项在法律纠纷解决过程中只是其中的一个环节，并且公证程序规则在认定公证纠纷方面如何进行有效监督本身也要接受程序规则的规制，唯有如此才能够在实践面向上坚持科学化的程序检验，有效减轻公证员和公证机构的实践困惑。

二、公证管理科学化的现状考察

（一）公证管理的现状

随着我国公证改革的推进和公证事业的发展，我国公证管理体制经历了从行政管理体制到"两结合"管理体制的转变。国务院 2000 年 7 月 31 日批准的《关于深化公证工作改革的方案》中明确指出："实行司法行政机关行政管理与公证员协会行业管理相结合的公证管理体制。司法行政机关的行政管理主要侧重于组织建设、队伍建设、政策指导、执业监督处罚等宏观管理。公证员协会主要负责具体事务管理。"[②]

[①] ［英］马丁·洛克林：《公法与政治理论》，郑戈译，商务印书馆 2013 年版，第 169 页。
[②] 《司法部关于深化公证工作改革的方案》，http://www.law-lib.com/law/law_view.asp?id=72405。

截至 2016 年底全国公证机构类型统计和 2016 年全国公证机构办理公证数量统计，详见表 1、表 2。

表 1 2016 年底全国公证机构类型统计表

公证机构性质	数量（家）	占比（%）
行政体制	894	29.8
事业体制	1 984	66
合作制试点	20	0.7

表 2 2016 年全国公证机构办理公证数量统计表

公证机构性质	办证数量（万件）	人均办证数（件）
行政体制	122	415
事业体制	1 178	1 316
合作制试点	71	2 601

截至 2017 年 9 月 5 日，江苏省 103 家行政性质公证机构全部改制为公益二类事业单位，成为第六个完成公证机构改制任务的省份①。江苏省还有 1 家合作制试点公证机构。目前，常州市现有 5 家公证处，分别为常州公证处、溧阳公证处、金坛公证处、武进公证处、天宁公证处，其中，常州公证处、天宁公证处为自收自支全民事业单位，武进公证处为全额拨款全民事业单位，溧阳和金坛公证处为差额拨款全民事业单位。全市共有公证人员 84 人，其中注册公证员 39 人，公证员助理 24 人，行政及其他人员 21 人。常州市公证事业发展水平处在全省第一方阵，公证机构都为公益二类事业单位，事业单位类型齐全，具有一定的典型性。

（二）存在的问题

1. "两结合"管理体制需要进一步完善

自 2000 年深化公证改革以来，"两结合"管理体制对于公证工作发展起到了积极的促进作用，但在运行过程中也出现了一些问题。一是行政管理与

---

① 2017 年 9 月 22 日，江苏司法行政在线微博发布。

行业自律管理职责划分还不明确。长期以来全国大多数地方公证协会是"一套班子，两块牌子"，公证管理部门和协会合署办公，既代表行政机关进行宏观管理，又行使行业协会的具体管理职能，造成行政管理和行业自律管理职责划分不清、管理职能交叉。二是公证协会自身建设相对滞后。近期，中国公证协会对全国（不含港、澳、台地区）各地方公证协会进行的摸底调查显示，全国省级层面全部建立公证协会，但协会有专职工作人员的只有12个省市，其余19个省市或是公证管理处人员兼职，或是只有秘书长1人而无其他专职工作人员；9个省市有独立办公场所，其余22个省市都是与司法厅（局）公管处合署办公；有专职会长、秘书长的只有北京、上海、山东、四川4个省市，其余大都是兼职。常州市公证协会情况与全国大多数地市公证协会的情况差不多，公证管理处与公证协会秘书处合署办公，没有专职工作人员。这些问题的存在，导致"两结合"管理效果大打折扣，特别是公证协会行业自律管理作用很难全面发挥。

2. 身份不同导致的管理差异化鲜明

目前，全国范围内存在行政体制、事业体制和合作体制三种性质公证机构，事业体制中又分为全额拨款、差额拨款和自收自支三种类型。由于公证机构的性质的差异造成司法行政机关对公证机构的人、财、物管理权限不同：行政体制的公证机构实质就是司法行政机关的一个内设机构；事业体制的公证机构拥有一定的自主权；合作制的公证机构在法律框架内享有完全自主权。不同性质的公证机构中公证人员绩效考核、福利待遇、养老保障等方面也存在差异，进而导致各公证机构在业务受理、服务态度、业务开拓等方面的积极性都有所不同，司法行政机关和行业协会进行管理时差异化明显。

3. 职业化认同度不高导致管理效果不佳

担任公证员和取得律师执业资格都必须通过国家司法考试，但从审批程序、实习年限等方面来看，公证员执业资格的授予更严于律师执业资格的授予。然而由于体制机制的原因，经过30多年的发展，全国律师队伍已接近30万人，全国公证员队伍仅1.3万余人。律师行业在推进全面依法治国、维护社会和谐稳定、促进经济社会发展等方面取得了骄人的业绩，获得了国家、社会、百姓的广泛认可，行业影响力不断扩大。反观公证行业，由于顶层设计、区域差异、保障机制等因素制约，导致公证行业发展缓慢、业务结构单一、人才流动不畅。同样通过国家统一司法考试的人员，经过若干年的发展，其他法律职业共同体成员的职业生涯都有发展，而作为一名公证员职业发展通道有限，缺乏交流机制，容易造成其对职业的认同感不高，导致管理效果不佳。

4. 社会知晓度不足导致管理层次感欠缺

目前，公证行业影响力较弱、业务领域相对狭窄、宣传意识和手段较为滞后，导致公证在公众中的知晓度相对较低。很多老百姓不知道公证是干什么，为什么要办公证。即使在办理公证过程中很多当事人对公证工作的认识还有许多误解：有的当事人把提供证明材料的正常要求看作刁难；有的当事人认为，支付了相关费用就应该按照其全部要求提供公证文书；有的当事人认为，公证机构就是签字盖章的地方，没提供什么劳动却要收取看上去很高的费用。此外，一些点滴瑕疵公证事项严重玷污了公证这块金字招牌，如"西安宝马彩票案"、北京方正公证处"以房养老"违规公证等。这些负面事件的发生，对公证行业和公证公信力造成了不可估量的负面影响，一旦公证的公信力受损，极有可能发生蝴蝶效应，行业发展自然会受到严重影响。这些因素的存在，使本来社会知晓度不高的公证更加易于遭受发展困境。

三、公证管理科学化的要素分析

公证机构是保障国家法律正确实施，维护国家利益和公民、法人、其他组织的合法权益，促进社会和谐的国家专门的法律证明机构，是国家司法体系中一个不可缺少的法律服务部门。公证机构对预防纠纷、减少诉讼、维护稳定有着不可替代的作用。要培育出一支高素质的公证队伍，则离不开对公证机构和公证员进行科学化管理。依据《公证法》《公证程序规则》的相关规定，各公证机构制定比较完善的公证处内部管理制度，并制作发放《公证处内部制度汇编》，明确处行政管理、人事管理、财务管理、各岗位职责等事项。在日常管理中颁布《公证处内务管理制度》《公证处值班制度》《员工着装规定》《保密工作制度》《水印纸管理规定》等，这些是很好的规范公证员工作的行为规范。在业务上，推出公证员会议制度、主任会议制度、业务委员会制度等，有效解决在日常办证中遇到的疑难问题。而正是这些规定制度，可以对公证员起到很好的指引与规范作用。

（一）公证科学化管理的专业性

不同于法院、检察院及其他法律机构，公证机构是依据《公证法》设立，不以营利为目的，依法独立行使公证职能、承担民事责任的证明机构，也是执行国家公证职能、自主开展业务、独立承担责任、按市场规律和自律机制运行的公益性、非营利性的事业法人。这就要求公证机构既要承担公益责任又要开拓市场，自负盈亏。而这两种属性在实践中往往是冲突且难以调和的，需要以科学化管理为切入点，进行大胆尝试，如针对遗嘱公证，因遗嘱公证耗时长、收费低、责任大等客观情况，部分公证人员心理上不愿办、行动上相互推诿。针对此类公证的客观情况，应着眼于服务群众、公证为民的思想，多方面协调沟通，在思想上强调公证员的服务意识、公益意识。同时特别针对遗嘱公证提出奖励措施，实现经济效果和社会效果的双赢。

（二）公证科学化管理的反馈性

现在是大数据时代，全面、真实、快速的信息反馈是公证科学化管理的重中之重。按传统公证机构基本认为，让人民满意的公证就是做到又好又快地出具公证书。但随着时代的进步，群众对公证业务的要求越来越高，这也是供给侧结构性改革的具体体现。为应对新时代的要求，需要建立一套完整的客户反馈机制，设立投诉意见箱、主任投诉室，每一个拿到公证书的当事人都能收到对服务是否满意的调查短信。然而现实中主要是反馈的信息较片面、不及时且识别度不高。比如群众不满意往往集中体现在接待咨询时、准备材料及往返奔波中。又如许多群众可能对公证人员十分满意，认为态度好、服务周到，但是认为公证手续繁琐。还有现在的满意度调查短信满天飞，许多人看到抬头就直接忽略甚至手机直接屏蔽，这也影响了反馈信息的全面性。为了突出科学化管理的科学性，建议在将来条件成熟时，推出手机 App 软件，到时公证问询、材料的准备沟通、预约办理、意见反馈都可以在手机 App 软件上完成，依据 App 可以建立科学完整的与公证相关的数据，依据这些数据能及时判断存在的问题、未来的办证方向、亟待改善的地方。

（三）公证科学化管理的奖惩性

公证机构的活力来源于每个公证员的积极性、创造性。由于公证员的需求有多样性、多层次性、动机的复杂性，所以对公证员的奖惩要讲究科学合理。目前有多种奖励措施，如目标奖励措施，即规定公证员每年办证量达到一定的数量即可发对应的奖金；又如示范奖励措施：每个季度都会评选出服务之星，获得此荣誉的，将拿到奖状并公示。

四、公证管理科学化的实践路径

公证管理的科学化是公证管理的发展方向，但是我们也必须注意到，我国的公证制度脱胎于行政管理体制，发展至今形成了包括行政体制公证机构、事业体制公证机构、合作制公证机构三种体制并存的组织结构形式。要想实现科学化管理，没有现成的书本知识和经验，必须要不断探索和试点。我们可以在基本原则、规范制度和治理模式三个方面探索公证管理科学化的实践路径。

（一）公证管理的科学化基本原则

注重业务指导和民主参与的基本原则是解决科学化的基本要求，这是公证管理实践中需要确立的核心问题。

1. 注重业务指导

我国的《公证法》明确了公证管理的以司法行政机关宏观管理为主，行业协会负责微观事务为辅的"两结合"的管理体制。但从实际效果来看，司法行政机关对公证机构的行政管理一直处于主导和支配地位，而公证协会的业务指导作用极为有限。究其原因主要是因为行业协会的自身发展相对薄弱和滞后，因此要加强行业协会的建设，制定相关配套的法律法规，建立人才引进机制。

2. 民主参与

所谓民主参与即加强司法行政机关、公证协会、公证机构以及公证员之间的沟通，以公证机构为根本出发点通过协商、互动的模式，改变以往的单向性、缺乏可商谈性的管理模式。

（二）公证管理的科学化规范制度

在法律规范和管理规章两个方面进行规范化的制度建设是解决公证管理科学化的制度保障。在法律规范方面，司法行政机关摒弃传统管理理念，更多侧重于宏观、间接的管理，将重点放在拟定规划、总结指导和监督等方面。所谓拟定规划即制定长远的可持续发展的行业政策，并根据实际发展情况不断更新完善，建立涵盖执业准入、日常监管、考核评价、奖励处罚等方面的公证执业监管体系。《公证法》立于2005年，碍于当时的特殊情况，尚有许多真空地带，在上位法缺失的情况，给社会和一线办案公证员带来了很多困扰。如假人假证的处罚、公证处的调查核实难、公证员的免责等，如果司法行政机关能在这方面总结经验并形成相关指导意见会极大地有利于公证行业的发展。在监督方面主要是加强信息化建设，做好热点问题的办证监督、舆论导向，以及公证执业管理的信息收集、归口管理等工作。

在管理规章方面，主要就是公证协会要承担起以下行业管理职能：① 制定行业规范和各类公证业务的操作标准，从技术层面指导公证业务的开展；② 对公证员进行业务培训，提高公证业务水平；③ 预防、调解和裁决公证员执业过程中发生的矛盾和争议；④ 加强职业道德、执业纪律教育，提高公证队伍素质；⑤ 加强公证工作的社会宣传和对外交往交流；⑥ 维护会员的合法权益；⑦ 对公证机构的账簿、组织制度、工作状况进行经常性指导、监督；⑧ 组织公证理论和实务研究，为行政决策提供咨询和参谋，为公证事业发展提供智力支持[①]。

---

① 参见陈桂明、王德新：《公证权的性质——立足于政府职能社会化背景的一种认识》，载《河南省政法管理干部学院学报》2009年第3期；张美琳等：《加强和改进新时期公证管理工作的思考》，载《中国公证》2007年第11期。

（三）公证管理的科学化治理模式

司法行政机关和公证协会的外部监督管理在公证事业发展中，具有国家权力和社会权力相伴运行的内生机理，也就是说，公证事业是两者共同治理的实践业态。贝克在论述社会变迁所带来的权力结构表现时指出："这些发展企图通过着眼于此类不平等的不可避免性和永久性，以及着眼于它们与成就原则的相容，它们的有形性，以及一个作为它们的直接可见性的结果的事实——它们使独立的社会和个人认同成为可能——来争取其政治力量。"[①] 同时，从根本意义上说，公证事业的发展更需要遵循其内在的运行规律，因为公证机构和公证员才是核心要素。故而，行政编制、事业编制和合伙编制的公证机构在实现公证管理科学化的治理模式上，应该探寻其同质化的现实性问题，不可以简单化为传统意义上的行政管理模式。具体而言，治理模式在治理主体、治理内容和治理方式三个方面表征实践路向。首先，治理主体上当然是有司法行政机关、各级公证协会以及公证机构和公证员，区别于传统行政管理科层结构上的上下级的主体意涵，治理模式中的治理主体虽然有外部监督管理主体的司法行政机关和公证协会，但是各主体之间强调各方皆积极参与治理的主动性和反馈性。其次，治理内容上主要是关涉公证业务管理的技术规范和程序规范两个部分，司法行政机关的治理内容倾向于刚性规范管理，即主要根据《公证法》和《公证程序规则》对公证机构和公证员进行事先和事后监督管理，而公证协会的治理内容倾向于柔性制度管理，即主要结合公证协会的行业内部制度进行指导性监督管理。当然，公证机构和公证员在具体公证内容的理解和诠释过程中可以与相应治理主体进行有效沟通和反馈。最后，治理方式上可以结合不同治理主体的特点进行多元化的探索，以期在增强民主性、规范性和权威性三个维度得到技术规范的支持和保障。

[①] ［德］乌尔里希·贝克：《风险社会》，何博闻译，译林出版社2004年版，第124页。

公证业务纠纷预防功能研究

常州市公证处课题组*

摘要： 公证作为一种古老的传统，在我国已有几千年的历史。公证业务的展开可以起到部分替代诉讼、预防社会矛盾纠纷、提高公民法律素养、扩大对外开放的法律制度作用，对中国的法治建设具有极其重要的意义。但是随着社会经济的快速发展，公证业务遭遇了法定滞后、公证人员意识僵化、公证业务裹足不前等困境；这里既有公证法律法规细则的迟延、公证固有不足的原因，也有社会对公证的误读、经济发展过快的因素。基于上述情境，我们通过完善公证法律法规、转变服务意识、创新业务服务水平、拓展公证业务范围等方式提高公证业务预防纠纷的功能。

关键词： 公证业务纠纷预防　困境表征　问题探源　完善路径

公证既是独立的，又是附随的。独立是指作为一种特殊行业，它有着不同于其他行业的特质；附随表征它深受诸如国家体制、经济发展、社会进步等的影响。公证业务是公证活动的具象，故公证与公证活动在某种意义上可以互为指称。因此公证抑或公证业务无论是独立还是附随，都不能阻碍公证业务在任何时代具有的纠纷预防功能。

一、公证业务纠纷预防功能解析

公证作为一种古老的传统，在我国已有几千年的历史。近代以来，公证

---

* 作者简介：课题组成员为孙莉萍（常州市公证处）、闵奕（常州市公证处）、陈云（常州市公证处）、廉宇乾（常州市公证处）、周忠学（常州大学史良法学院）。

行业的发展却分外曲折和艰难，经历了创建、取消和重建的反复过程。就常州公证处来讲，从 1957 年在常州市人民法院成立，1959 年公证机构被撤销，至 1977 年又恢复重建。故探究公证业务的功能，尤其是公证业务的纠纷预防功能，对于公证的发展有着极其重要的意义。

（一）公证业务预防纠纷功能内涵廓清

公证业务是公证的具体指向，从具象的视角，两者可以互为换用，因为"公证是一种预防纠纷、减少诉讼，具有社会公信力的法律职业活动"[①]，具而言之，是指由法定的具有专业法律知识素养的人员或专门机构依照法定程序对某种待证事项进行的证明活动，它是通过公证机构根据有关当事人的申请，对某种法律行为、有法律意义的事实和文书真实性与合法性的判断性证明活动。从抽象意义而言，公证指的是公证制度。公证制度是保障法律正确实施，预防纠纷发生，减少民事纠纷和诉讼，保护公民、法人和其他组织合法权益的一种预防性法律制度，是我国社会主义司法制度的重要组成部分。公证制度的价值和功能主要体现在预防纠纷、避免纠纷与遏制纠纷，以实现减少诉讼的目的，通过发挥特有的公示公信力，遏制机会主义意念，降低诉讼成本，督促相关利益主体履行相关义务，预防纠纷和化解矛盾。公证制度的纠纷预防功能为各国设立公证的根本目的，"均在保障民法私权自治原则的基础上，实现国家对重大经济活动与公民的重要法律行为的适度干预，以预防经济纠纷的产生和避免可能发生的社会矛盾，维护经济活动的正常秩序和社会的和谐、稳定"[②]。公证制度是公证业务活动的制度化，公证业务是公证制度的具体展开，两者具有一致性，故公证业务也具有纠纷预防功能。

公证业务的纠纷预防功能是指公证业务内在的纠纷预防本质属性。具体言之，公证业务在预防纠纷方面发挥着两种功能和作用：一是满足参与交易的经济主体对交易安全的需求，借助公证书对交易行为赋予的真实合法性效力，对投机者施以强大的规避压力，给各方参与者注入可靠的心理预期，从而有

[①] 马宏俊：《比较法视野下公证职业属性研究》，载《中国政法大学学报》2016 年第 3 期。

[②] 宫晓冰：《中国公证制度的完善》，载《法学研究》2003 年第 5 期。

效减少和预防因交易而产生的纠纷；二是以公证业务的制度化视之，公证制度是一种在法律规定下的准司法制度，与正式的司法制度相比，公证制度能够灵活规避因法律的滞后性而产生的矛盾纠纷，并能够高度适应新的交易情形，在不违反法律的禁止性规定下，依旧可以凭借公证的证明力达到一种稳定的预期，以实现规避因法律滞后性带来的纠纷风险，也为纠纷事后解决提供解决途径。事实上，公证业务的展开最终固化为公证书，而公证书是由当事人申请，公证机构依照事实和法律规定，遵循法定程序制作的具有特殊法律效力的司法证明书。它具有较强的证明力，在法律上的特定证据效力较其他证明文书能够被国家司法肯定，起到三个方面的作用：一是证明待证事项的真实性和合法性；二是保护公共利益和个人合法权益；三是法律的教育意义。因此，公证业务成为预防纠纷的一项重要手段和解决方式。

（二）公证业务预防纠纷功能的内在机制与外在诉求

1. 公证业务预防纠纷功能的内在机制

公证业务的实质性审查有利于预防纠纷，《公证法》和《公证程序规则》对公证业务有着严格的规范要求。严格的公证审查程序，保证了审查结果的真实性和合法性，通过证明活动帮助引导公民和法人从事各种合法的交易活动，进一步明确参与主体的权利与义务关系，发挥教育和监督作用，避免虚假事实破坏社会经济活动秩序，从而达到预防纠纷的作用。

同时，公证的特定法律效力也有利于预防纠纷。公证不仅是一项证明活动，它所形成的证明文书具备一定的法律效力，能够确保当事人获得合理的法律保障。公证书与审判机关的判决书、调解书等都属于法律文书，都是依据相关法律规定制作的，公证所形成的结果能够为当事人"保驾护航"，抵御法律风险。

当然，公证解决矛盾的效率性也有利于预防纠纷。人们在社会经济活动中的多元需求，使得公证制度成为司法制度的一种补充制度，相较于律师制度、仲裁制度和调解制度，公证制度比正式的司法制度更加灵活，它可以在不违背法律的背景下，制定多样性的交易规则，以满足法律对于当前经济的普适性，最大限度避免因法律的滞后性而带来的各种纠纷矛盾。从预防纠纷的必要性来看,所有的司法制度如裁判制度、律师制度或者是仲裁制度,无不是在矛盾发生后才起到一定的作用,也是人们创设的一种解决问题的方式,然而很多人并不希望矛盾冲突发生,他们希望矛盾冲突从一开始就不会发生。那么这就需要公证制度来维护经济社会活动的平衡状态,公证制度依靠其独立性的特点,脱离于司法范畴却为司法制度服务,其运作机理就是通过公证人的提前介入,把事实和法律进行固化,从而达到预防纠纷的作用。同时,公证能够降低当事人的成本投入以避免交易风险带来的巨额损失,并被更多的社会成员所接受,其普适性显而易见[1]。

2. 公证业务预防纠纷功能的外在诉求

公证能够有效地遏制投机行为。投机行为是危害社会经济活动正常运行的绊脚石,产生于人们对短期高效益追求的不择手段,其后果的不可预测性和不确定性,总会导致这样或那样的经济矛盾和纠纷发生,严重影响人与人之间的信任关系,进而破坏正常的经济交易秩序,加大市场交易的成本。这就需要公证制度发挥预防纠纷的功能价值以遏制机会主义,充分发挥公证制度的法律效力,对机会主义者施加心理压力,为交易者创设可靠安全的交易环境,以保证交易行为的真实性和合法性,充分满足交易者对交易安全的特殊需求,从而预防矛盾纠纷,维护交易的安全。

发挥公证的纠纷预防功能也是多元纠纷化解的需要。在我国经济和社会事业快速发展的背景下,全面深化改革带动利益格局的调整,也使得矛盾纠纷的多元化、复杂化特征尤为突出,各种纠纷发生的概率也在增加,整体表现出群体性、突发性和尖锐性的特点。面对复杂化的矛盾纠纷,相互协调的多元化纠纷解决方式成为必需,诉讼和非诉讼纠纷解决机制是否能够协同发挥作用成为解决多元化纠纷的关键。随着公证制度在社会实践中的发展应用,公证在预防纠纷和解决纠纷中发挥着不可替代的作用。相比其他预防纠纷和解决纠纷的方式(如诉讼、仲裁、调解等解决方式),公证表现出更为经济、更为理想、更为有效的优点,能够起到事先保留证据、避免诉讼外解决方式

---

[1] 杨琳:《后现代社会中公证制度的性质定位》,载《中国公证》2015年第7期。

不正当的作用①。

(三) 公证业务预防纠纷与纠纷事后解决的特点

1. 公证预防和解决纠纷的优势特征

公证业务在预防纠纷方面的优势特征表现在：首先，公证业务可以通过保证交易主体、过程及结果的真实性和合法性，引导交易双方达到一种稳定的心理预期，充分维护交易安全，避免因交易而产生纠纷，并且它还可以为一定的交易规则赋予法定效力和证据效力，在不违反法律相关规定的前提下，根据当事人意愿提供合意的证明。其次，公证机构因其为非营利性、中立性机构，以法律公正为宗旨，以维护公民、法人和其他组织的合法权益为前提，以尊重当事人的意思自治为原则，不偏袒任何一方，最终达到满足交易主体对交易安全的需求。再次，公证的告知程序一方面使当事人能够充分了解自身所享有的权利、义务、法律后果以及注意事项等方面的内容，另一方面使公证员充分了解当事人申办公证的目的和用途，这种严格的告知程序保障了当事人的合法权益，有效制止了违法行为的发生，有助于预防纠纷。

公证业务在解决纠纷方面的优势特征表现在：首先，公证机关开具的公证书具有特殊的证明力，公证在证据的采集、保全和质证环节更具公信力，公证在诉讼中可以作为事实依据，简化审查环节，降低诉讼成本，充分起到辅助解决纠纷的功能。其次，纠纷解决过程中，公证发挥着教育引导、协调和解、消除纠纷的积极作用。

2. 公证预防和解决纠纷的缺憾

我国公证制度的发展水平和公证制度的完备程度与大陆法系法治国家相比还存在很大差距，公证机构和人员的公信力不足已经成为我国公证业务发展的一大障碍②。法定公证缺位已经成为公证预防功能和纠纷解决功能发挥的共同缺陷。比较而言，大陆法系的公证制度相对完善，而我国的则有明显的缺陷，具体反映在公证组织形式上的较为独立中性，但是在公证职能发挥上

---

① 周志扬：《公证工作发展有关问题研究》，载《中国司法》2015 年第 12 期。
② 马宏俊、李炳燃：《法国公证制度对我国公证制度改革的借鉴意义》，载《沈阳师范大学学报》2016 年第 4 期。

存有明显的劣势，这就会造成不同程度的产生机制失衡和功能紊乱。就体制弊端而言，自收自支的强势公证机构总是受制于其职能的弱化，开拓证源、疏导关系带来不正当竞争关系的形成，从而引起一些公证机构意图最大化追求办证数量和收费，从而办证质量不可避免得不到保证。

（四）公证业务预防纠纷与其他方式预防纠纷的比较

公证在预防纠纷中发挥着重要的作用，公证的运用极大程度上明确了当事人之间的权利和义务，这对于预防纠纷和化解矛盾起到不可替代的作用，可以有效引导当事人通过公证依法表达诉求，遏制机会主义，尽量避免和减少诉讼，从而促进社会和谐。公证的权威性一般而言是由公证效力、证据效力和强制执行效力三个方面组成。其中公证效力的作用机制主要体现在提醒当事人更加谨慎小心处理事情；证据效力的作用机制体现在证据的法定效力可以为胜诉增加筹码，提高了胜诉的可能性，发挥震慑预防作用，一定程度上降低了纠纷发生的概率。强制执行效力提前明确了纠纷解决途径，能够有效防止当事人投机拖延时间而隐藏或销毁证据，进而转移责任风险。公证制度的权威性多是从外部加以约束，采取多种措施积极应对，适当增加投机者风险成本，并依据相关制度充分降低可投机的机会，达到预防纠纷发生的效果。公证机构运作的宗旨与传统农业文明所倡导的道德理念较为一致，这也说明现在的公证制度具备了优良的道德底蕴，这与公证制度中的主体和程序法定性密切相关。因此，适用公证制度产生的结果具有一定的传统道德和规则基础，很容易受到人们的尊重。另外，公证较诉讼更为温和，它避免了诉讼的激烈手段成为一种相对温和的事前防御手段，多受民众青睐，公证制度兼具事实防御作用和民众心理需求，使之能够成为一种合乎法律和道德双向需求的预防纠纷的利器[①]。

非讼程序通过发挥监护、确认、证明和许可功能，对纠纷产生一定的预防作用，主要目的是为了弥补民事主体专业知识或能力的不足，增强民事主体对纠纷的预防能力。如前文所说，机会主义是导致纠纷频发的主要诱导因

[①] 杨琳：《后现代社会中公证制度的性质定位》，载《中国公证》2015年第7期。

素，也是罪魁祸首，只有在外部制约和内部制约双重约束下才能消除纠纷发生的可能性。与内部制约具有不可控性相比，外部制约则可以通过规范制约的方式，使得民事主体主动理解和遵守，有效降低当事人出现投机的机会，确保法律关系和法律事实的确定，有利于当事人结合自身情况预测他人行为，使得民事法律行为能够在正常的轨道上实施，这也带来显著的预防纠纷的效果。非讼程序的四大功能倚重于外部制约，各功能各司其职，监护功能可以有效弥补个人保护自身权益的能力弱的问题，证明功能提高当事人的举证能力，确认功能和许可功能则凭借公共权力的名义对相关行为或事实的效力程度给予确认，预防有关争议的发生。与人民调解相比，公证所具有的便民、公平、公正原则以及真实性、合法性审查原则可以弥补合法性保障的不足，公证较人民调解具有证据保全、固定证据的作用。

二、公证业务纠纷预防的困境表征

尽管许多公证业务已经把纠纷拦在了第一道防线以外，或者是为化解纠纷增添了砝码，但是公证业务对于纠纷预防还存在一些问题：

（一）公证业务法定的滞后性

在我国，公证业务更多的是来自法律法规以及部门规章的规定。《公证法》第十二条规定，根据自然人、法人或者其他组织的申请，公证机构可以办理下列事务：① 法律、行政法规规定由公证机构登记的事务；② 提存；③ 保管遗嘱、遗产或者其他与公证事项有关的财产、物品、文书；④ 代写与公证事项有关的法律事务文书；⑤ 提供公证法律咨询。此外还包括：《司法部、建设部关于房产登记管理中加强公证的联合通知》；中国公证协会《办理继承公证的指导意见》（2009年10月22日中国公证协会第五届常务理事会第九次会议通过）；《资助出国留学协议书》系协议书本身背书公证条款，要求该协议经公证生效；《传统医学师承和确有专长人员医师资格考核考试办法》（卫生部第52号令）生效后衍生出的《传统医学师承关系合同书》公证。

公证业务的法定性。在某种意义上公证业务处于其他部门以部门规章或条例的方式"赏口饭吃"的状态,因其服务强制性的特点,其受众——自然人、法人和其他社会组织——并没有主动购买公证服务的欲望。在计划经济向市场经济转型的过程中,公证行业"预防纠纷,保障自然人、法人或者其他组织的合法权益"的功能随着"强制公证"的推广,在一定程度上有助于提高行政、司法、民商事活动的效率,在避免虚假事实和伪造材料导致的相关后果,大力发展经济上起到了一定的促进作用。随着社会经济的不断发展,在国家宏观调控的不断放松及各部门循序渐进简政放权的大背景下,强制公证已成为阻碍社会经济飞速发展的绊脚石之一,其取消势在必行。为进一步加快不动产登记效率,减轻自然人、法人及其他组织的经济负担,《关于简化个人无偿赠与不动产土地使用权免征营业税手续的公告》应运而生,在明确缴纳契税无须提交赠与公证书、接受赠与公证书或赠与合同公证书后,原本就供需极其不对称的赠与公证、赠与合同公证难觅踪影。

(二) 公证服务质量瑕疵太多

新中国成立后,我国公证行业一度中断,后又因脱胎于计划经济体制下,一直潜在着行政的基因,服务社会、经济的质量有待提高。"公证业务办理职业化水平不高;公证资源整合水平不强,理论发展总体孱弱,公证创新基础薄弱;公证管理水平参差不齐、机制各具特色,公证行业自我管理能力整体不强;公证与信息化、知识化要求总体上不相称,公证信息化程度不高。"[①]为了提高公证业务的服务质量,2017年9月18日,司法部下发了《司法部关于进一步加强公证便民利民工作的意见》,对公证行业的改革发展提出了新的目标,即"加强便民利民工作"。"便民利民"是我们公证行业坚持不懈的追求,也是我们公证人努力的方向。遗憾的是,就当前实际情况来看,方向是坚持了,"便民利民"却不尽人意。"办证效率不高,手续比较繁琐,出证周期较长"等于民不便、于民有碍的情况时有发生。不可否认,公证员即使努力,也不是万能的。虽然公证员是专业的法律职业人员,但是受公证法、公证程序规则的限制,公证员没有核实权,许多资深公证员是凭借多年经验的

---

① 张烽:《关于构建公证服务体系的思考》,载《中国公证》2015年第6期。

积累才走上了公证行业的前列,或者说公证办多了,公证员有一种"第六感",能够从当事人的只言片语中洞悉事情的真相;但面对形形色色的当事人,公证员只是比一般人多了一份专业知识,无法清晰地还原申请公证事项背后的真相。公证人员尽管努力,但是有时并不能缓解公证服务质量不高的境遇。

(三) 公证人员意识僵化

长期以来,公证服务仍停留在"坐堂办证"思想层面,只有改变公证人员的思维,走出公证处,贴近公证需求侧,才能有效地保障公证制度在民事法律行为中发挥更好的作用①。公证行业在大多数地区虽然经历了体制改革,但从业人员并没有在思想上放下"官架子"。我国原有公证制度下公证机构明确为国家机关。改革开放以后,我国逐渐实行社会主义市场经济,政府职能也随之转变。根据党的十四届三中全会和党的十五届四中全会文件,公证被列为市场中介组织之一,而社会中介组织应与政府部门彻底脱钩。2000年司法部《关于深化公证改革的方案》,则要求行政体制的公证处改为事业体制②。但多种模式的并存,使得公证机构管理紊乱,公证从业人员专业水平参差不齐。面对新形势下的新挑战,许多公证从业人员有畏难情绪,本着宁少做、不犯错的"人生哲理",主观上拒绝接受新事物,在纷繁复杂的民商事领域不敢越雷池一步,使得原本既无供需优势,又无产品优势的公证行业如一潭死水,不泛一丝波澜。

(四) 公证业务裹足不前

随着公民法律意识的逐步提高,社会对公证质量以及公证服务的要求也越来越高。人们不单单追求公证高质量,还要求公证处及公证人员的服务也得上一个档次,服务不到位,即使没有瑕疵的公证文书也可能得不到当事人

---

① 沈洁:《公证在法律行为中多元化适用——注重行业供给侧改革 提升公证综合服务力》,载《法制与社会》2016年第10期。
② 施柯云:《我国公证制度的问题分析及其改革策略——以公共服务民营化为研究视角》,华东政法大学2014年硕士论文。

的高度认可①。遗憾的是，公证行业经历了一个较长的"垄断期"，几乎丧失了创新和改革的能力。在相当长一段时间里，从彩票开奖现场监督到公证遗嘱效力优先，从保全证据到赋予强制执行效力债权文书，公证行业独领风骚，毫无对手，更何谈服务理念的构建和服务方式的更新。随着社会主义市场经济的不断开放及我国法制社会的不断健全，传统的法律服务已由简单的法院、检察院、律师、公证模式向多元化方向发展，新型的法律服务类机构及多元化的法律服务拔地而起。在遗嘱领域，中华遗嘱库的横空出世使得原本就不被公证员"青睐"的遗嘱公证失去大片受众；在知识产权领域，新型知识产权维权机构以其灵活的机制吸收了一大批专业人才，能为当事人提供更为专业、细致的法律服务产品。面对并无优势的"对手"，公证服务还停留在被动服务的层级，仍试图以几张文书交差了事，并满足于以证换证，缺乏主动服务和延伸服务。公证行业在法律服务的内涵和外延上并无创新，加上难以扭转的供需关系、不冷不淡的"官本位"态度，在便民利民的目标上渐行渐远。

三、公证业务纠纷预防的问题探源

毋庸置疑，公证及其预防纠纷的功能已经被越来越多的人所知悉，但是公证业务确实存在着众多的不可忽视的问题，深入探究，有以下几个因素：

（一）公证业务发展的历史短暂

公证作为一种古老的传统，在我国已有几千年的历史。近代以来，公证行业的发展却分外曲折和艰难，经历了创建、取消和重建的反复过程。就常州公证处来讲，从1957年在常州市人民法院成立，1959年公证机构被撤销，至1977年又恢复重建，公证行业几乎消失了20年。由于我国公证行业起步较晚，所以公证法律空白、公证理论缺失、公证人才匮乏等问题在公证制度重建之初便如附骨之疽，难以摆脱。即使在改革开放以后，公证还是很弱，

---

① 陈燕：《如何化解提高公证质量与做好公证 服务之间的矛盾》，载《法制博览》2016年第9期。

以致"1986年,中央领导同志在谈机构改革时指出'公证部门很弱,要加强'"①的感慨。为了推动公证行业的不断发展,更好地服务于我国的社会主义现代化建设,公证行业从恢复之初便必须自发自动地进行改革,司法部亦多次出台意见积极地指导和推动公证行业的健康有序发展。

(二)公证业务滞后于社会经济发展的现实之殇

随着我国市场经济的进一步发展和对外开放的逐步扩大,我国公证机构的业务范围也在不断地拓展,从公证暂行条例到公证法,公证业务在增加,归根结底,先有经济的发展才有公证新业务的产生,近几年的网络保全证据公证,手机短信、邮件、微信、微博等保全证据公证,赋予强制执行效力的债权文书公证、招投标公证逐年增加就是强有力的证据。2017年全国公证工作会议强调要拓展创新公证业务领域,服务经济发展新常态:一是拓展创新金融领域公证服务;二是拓展创新知识产权保护公证服务;三是拓展创新司法辅助公证服务;四是拓展创新产权保护公证业务。这四项公证服务均是随经济的发展应运而生,假若社会倒带回到1946年的哈尔滨(第一份公证书的发源地),哪来如此多的公证业务,也许公证机构仍然是法院里的一个小部门。

以遗嘱、继承以及商事合同等典型的公证业务为例。一方面,随着经济社会的发展和积累财富的多样化,人们未雨绸缪,通过办理遗嘱公证来合理安排身后事和分配财产,防止家人在自己百年之后因继承遗产而产生纠纷。同时伴随着老龄化的加剧,空巢老人、失独老人越来越多,老无所养的社会问题也日益突出,老年人开始重视自己的晚年生活质量,趁意识清醒的时候通过意定监护公证指定信任的监护人,为自己管理财产,履行监护职责,防止自己晚年孤苦凄凉的同时不让晚辈们将自己辛苦积累的财富肆意挥霍②。另一方面,继承公证是所有公证机构的一项基本业务,当所有的继承人对死者的遗产达成合意时可以选择前往公证处办理遗产继承公证,最终遗产继承人可以凭借公证书顺利取得相应的财产。同时伴随着信息化时代的到来,资金

---

① 何思明:《公证改革发展若干规律性认识》,载《中国司法》2016年第1期。
② 刘崴:《公证思想创新与新业务"三驾马车"构想》,载《中国公证》2016年第6期。

财富的快速流转，企业之间开始探索一些新型的合作方式，附条件的经销协议、供货合同等。为了平衡双方的利益，企业之间协商用个人的资产为上述合同提供反担保，申请办理反担保合同公证并赋予强制执行效力，这种做法被许多企业（如银行、保理公司等）效仿，公证机构作为中立方能够更好地审查合同中双方的权利义务关系，预测可能发生的纠纷，并善意告知当事人，且一旦发生纠纷，经公证的合同可直接申请强制执行或者提交法庭，防止一方将私下协议（往往是不公平、不对等的协议）瞒天过海呈现给法官。经济的飞速发展与社会的巨大进步，以及"互联网＋"的到来，纠纷的形式更加复杂，具有多变性，公证业务范围虽然也在紧跟时代的步伐拓展，仍不能充分满足纠纷的更新速度。

（三）公证制度的内在缺陷

由于公证业务是公证的表征，故公证的一些弊端也是公证业务的不足。公证起源于西方，它有着深厚的西方制度文化的背景，古罗马时期，便有所谓的"代书人"，这就是现代公证的起源。中国现代正式的公证制度是在辛亥革命以后逐步确立的，1935 年颁布《公证暂行条例》，1943 年颁布《公证法》，至今不足百年历史。虽然 2005 年颁布了一部《中华人民共和国公证法》，但仍未真正与现有法律制度完全融合。由于法律传统、文化习惯、人文精神的不同，真正意义上的现代公证在我国还未完全建立起来。公证属于非讼程序，这是拉丁公证制度对公证的共识，但是我国公证在发展过程中发生了异化，现在的公证仍被定位为"证明论"，这既使公证陷入了"以证换证"的死循环，同时否认了公证的自由职业性，更否认了公证的法律服务性，从而导致许多坚持"公证证明论"的公证员在对待每个当事人、每个案件时不能以服务的心态和理念提供专业的法律意见，不能放下身段为当事人化解矛盾、纠纷。若公证员继续故步自封，公证的出路将是一片黑暗。

（四）公证业务中"真实性"审查标准不一

《公证法》第二条规定："公证是公证机构根据自然人、法人或者其他组织的申请，依照法定程序对民事法律行为、有法律意义的事实和文书的真实性、合法性予以证明的活动。"由此可见，真实性是公证审查的重点之一，真实性审查关系到公证书的质量，而学界一直有公证审查真实性的争论，到底是"法律真实"还是"客观真实"，最终没有一个官方定论。许多公证员在办理公证时以无法探究公证背后的"客观真实"为借口拒绝受理公证，对于稍有争议纠纷的事务敷衍了事、能推则推，这无形中在公证业务与纠纷预防之间阻隔了一道墙。笔者认为公证证明所要求的真实，应以"客观真实"为目标，以"法律真实"为路径，由公证员根据自身经验及敏锐的洞察力、当事人提供的证据材料和陈述进行综合的法律判断，在存疑时应加以核实从而使各证据互相印证直至达到公证员内心确认的"真实"的证明活动。

（五）社会对公证业务的误读

首先，谈及公证，大多数人都会说不就是花钱盖个章，以及公证手续繁琐、公证收费高、公证书没有用、当事人对公证机构和公证员不信任、不满意等，这些导致许多人对公证望而却步，或非心甘情愿办理公证（要么基于法律政策规定，要么基于第三方要求），如此公证业务自然无法顺利开展。其实公证是一种具有预防性的法律制度，其活动宗旨是通过公证活动预防纠纷，避免不法行为的发生，减少诉讼，通过公证活动来消除纠纷隐患，平衡当事人之间的利害冲突，维护社会稳定和谐。其次，办理公证时许多当事人为了便捷、省事，往往向公证员隐瞒了许多真实情况或者提供了虚假证据材料，这类举措不仅加剧了纠纷的产生，也使公众不再信任公证，公证机构和公证员因此蒙上不白之冤或者受到经济处罚。在我们平时办理的继承、委托、抵押借款公证中最容易发生此类情况。其实每位公证员在审查、受理直至公证书出具的背后，要付出许多工作和努力（整理材料、核实相关材料、起草公证书等），而恰恰这些当事人是看不见的。

四、完善公证业务及纠纷预防的路径

（一）完善《公证法》的实施细则

《公证法》颁布已 10 周年，从当前大环境背景前提下审核《公证法》已感到其不适应公证行业发展之需，甚至有的条文规定制约了公证行业的发展，迫切需要修订完善①。最突出的是公证机构的性质问题，这是今后解决公证行业发展的重中之重。目前在国家管理层与理论界存在两种不同的观点：一种将公证定位在公益性、非营利性的事业单位；另一种认为公证行业是法律服务行业，在没有法律禁止的前提下，提供法律服务且不履行公共法律服务职能，应是有偿的②。作为第一线从业公证人来讲，修正公证的定性是非常迫切的，到了不得不解决的关键时期。公证行业的发展，如果停留在公益性、非营利性的事业单位，必将受到国家权力部门不断出台政策的制约，而打破这种制约几乎不可能。如何解决这一问题，就是要从《公证法》上对公证机构重新定性。目前全国大部分省份的公证机构已改制成事业单位，有些省份选择了经营性类体制，但还有个别公证处停留在行政机关。鉴于全国公证机构发展不平衡，加上地区差别，如果将公证机构划分为两大类，将全国的公证机构统一改制为事业单位，既保留公益性公证机构，同时将有条件的发展为合作制的公证机构。这样既解决了不发达地区公证处的困难，又为发达地区的公证机构的发展创造了舞台，相得益彰。

而在公证实践操作中，司法部从1991年到2012年陆续出台了20多个操作指导意见和实施细则，但规定过于原则。例如司法部《遗嘱公证细则》第十二条规定公证人员询问遗嘱人，制作询问笔录着重记录：遗嘱人的身体状况、精神状况；遗嘱人系老年人、间歇性精神病人、重伤病人的，应当记录其对事物的识别、反应能力。这个问题同样体现在该实施细则第十六条中，公证员发现下列情形之一的，在与遗嘱人谈话时应当录音或者录像：① 遗嘱人年老体弱；② 遗嘱人为重伤病人；③ 遗嘱人为聋、哑、盲人；④ 遗嘱人为间歇性精神病患者、弱智者。这两项条款在公证员操作时，作为专业的法律人士，其实无法对上述情况做出清晰的判断，在笔录中也无法描述，在实践中公证员能够做到的只能是：辨别老人的年龄，遗嘱人办理遗嘱时是否能够正常表述，语言是否连贯，伤残等级是否有医院的诊断证明。某些事务司法

---

① 常密菊：《从公证服务之不足看公证事业发展》，载《中国公证》2014年第6期。
② 胡荣举：《关于公证机构性质定位之探讨》，载《中国司法》2014年第8期。

部或者公证协会应做细化的规定，例如如何判断当事人的精神状态；重伤的依据是司法鉴定还是医院的证明；聋、哑、盲人是否需要专业人士的翻译；等等[1]。

细则中缺乏具体操作规定。中国公证协会《办理保全证据公证指导意见》第十五条：办理保全互联网上实时数据的公证，应当使用公证机构的计算机或者无利害关系的第三人的计算机进行。在这项条款中应当规定，办理互联网保全的计算机如何进行清洁性检查；在下载过程中采用何种方式对整个过程进行同步的录音、录像；承办的公证人员中至少有一名是具有计算机操作专业知识的人员；公证员在证据保全的过程中身份也仅仅是监督作用，而不是实际的操作人员，明确规定计算机的操作由申请人在公证员面前进行。

（二）强化公证实质性审查

公证员的实践中的实质性审查：一是真实性的审查。公证的真实性在一定程度上取决于证明材料的真实性，真实性的审查是指供公证员在办证过程对当事人提供的证据材料的认定。这类审查更多用在办理事实、文书类公证的业务上，主要是对当事人提交的学历证书、成绩、收入及相关的文件材料，通过法定程序来核实，证明材料的真实性。二是合法性审查，合法性审查主要体现在民事法律行为和继承、合同类公证上，对公证员的综合素质来说是一个考验。在我们办理的民事类公证中，我们更多的是审查当事人提交的文书、合同是否合法，证据材料是否存在严密的逻辑关系，能否相互印证。最常见到的是在民事借贷合同公证中，审查合同条款中的出借人的出借资金是否合法，合同上约定的利息、违约金是否符合法律和人民银行的相关规定，另外对借款人的真实性，审查是否存在真人假证或者真证假人的情况，更重要的是要对借款人提交的不动产证书进行审核，看其是否存在被抵押、被查封的情况。在碰到人的审查中，除了运用现代化的人脸识别仪外，我们在询问笔录中应加强对人的脸部细微表情的观察。

---

[1] 周志扬：《公证工作发展有关问题研究》，载《中国司法》2015 年第 12 期。

(三) 规范监督公证行为

目前在北京的"以房养老"的骗局，使公证处这一全国信用度最高的事业单位又一次站到了风口浪尖上，北京、上海等地一些公证员违规办证或者被个别违法犯罪分子利用的情况陆续出现在大家的面前。司法部部长张军在 2017 年 7 月 17 日全国公证工作会议上明确指出，公证质量是公证工作的生命线，关系到申请人切身利益和公证事业形象，必须严管。为此，有必要让老百姓知晓公证、认识公证、运用公证。要加强公证宣传工作，特别应当在媒体上出现大的公证公共事件的时候要及时作出回应。这就要求从上到下要建立起一个应急机制，发现事件及时应对。减少对公证的负面宣传，同时要大力宣传公证理念、公证人员先进事迹，要发挥司法行政普法宣传职能，加大对机关团体、企事业单位、公民宣传公证法，要将此列入普法计划，打造公正宣传平台，体现司法行政对公证工作的领导与支持。

有必要培养复合型公证人才。如今公证业务已经渗透到社会生活的方方面面，光有丰富的法律知识的公证员已经远远无法满足需求，要培养一批既有专业知识，还拥有金融、IT 等领域的相关技能，年轻的公证员应该是知识复合、能力复合、思维复合的具有综合技能的专家[1]。

有必要发挥行业协会的作用。公证协会应对公证处目前的业务进行梳理，加紧制定全国统一的公证业务操作规范、行业惩戒办法，规范执业。

(四) 改变公证服务理念，提高公证服务质量

在公证行业如火如荼的岁月里，公证人员积累了相当丰富的法律经验，但是公证业务仍存在诸多不足：公证申请事项不够便利，提供材料相对繁琐，公证文书时有瑕疵。要提升公证服务质量，就要求公证员除进行基本的法律行为、法律文书公证外，往往还需要针对各项因公证产生的纠纷进行预防，从法律公平、公正的角度来杜绝歧义与纠纷，并在公证时明确公证的公平性与法制性，并借助科学手段调节、满足各方的利益需求[2]。公证法律服务要获

---

[1] 吴爱英：《进一步加强公证工作、更好服务经济社会发展、服务人民群众》，载《中国司法》2014 年第 9 期。

[2] 赵士杰：《转变公证服务理念 深化公证法律服务》，载《法制博览》2016 年第 29 期。

得深化发展，必须转变法律服务的理念。公证服务理念在转变自身的过程中，应认清社会的现实情况，理清社会发展的脉络。在法律服务行业呈多元化发展，纠纷解决机制呈扩散式成长的社会状态下，抱残守缺的服务理念必将被时代所淘汰。必须始终把公证从业人员队伍建设、素质建设、思想建设摆在首位，努力构建高素质公证从业队伍。在现阶段，必须把握公证服务需求发展的新变化和新趋势，不光要学习相应法律、法规，还要学习文明服务的礼仪，从而提升公证服务人员行为素养与职业素养。

公证人员必须始终保持学习精神，对公证的基础法律及其细则、指导意见、规章、办法、批复等进行科学化、体系化的学习和梳理，努力提高公证职业化水平[1]。对新出台的法律、法规及政策等，应当积极学习，开展座谈，及时领会要义并反馈到实践工作中去。公证人员还可以通过行业交流来加强学习。省公证协会及各市公证协会每年组织的公证卷宗质量检查，为提升公证产品质量打下了坚实的基础，同时也为行业交流搭建了广阔的平台。不同地区面对同一问题的不同处理方法，在某一公证领域有独到见解的公证人员，都是我们学习的对象，只有不断汲取经验，增长知识，加强交流，才能在面对新问题、新情况时游刃有余。

创新服务模式主要体现在把被动服务改为主动服务，为社会群众提供全方位的个性化菜单式服务，摸清社会需求。司法部提出对于法律关系简单、事实清楚、无争议的六大类公证事项，只要申请材料齐全、真实，符合法定受理条件，"让当事人最多跑一次"。并且公证要主动参与法院工作，做好司法辅助工作，发挥公证作为预防纠纷的第一道防线的职能作用，公证与诉讼进行对接，可以降低司法成本，减轻法院"案多人少"的压力，真正实现公证作为预防纠纷、化解矛盾的第一道防线的作用。公证介入诉讼调解，可以利用执业中具备的信息核查优势，方便当事人对证据的收集，实现当事人的信息对等，并且公证机构所处的地位是与当事人相对应的民事主体地位，平等的交流与沟通便于接近当事人，给当事人创造和谐氛围，有利于纠纷的化

---

[1] 常密菊：《从公证服务之不足看公证事业发展》，载《中国公证》2016年第3期。

解。即使是公证机构最终未能化解纠纷，公证机构仍可以向法院提供充分的证据材料，有效协助法院的裁判。

公证行业虽然面临严峻挑战，但在一些领域仍存有优势，提升公证服务质量，就要在优势领域上做精做细，在劣势领域上做大做强。在知识产权领域，公证行业的取证优势仍然明显，2013年度，25省（自治区、直辖市）共办理知识产权公证108 732件，公证业务覆盖知识产权保护的各个方面——设立、流转、权利救济、争端解决、域外申请、域外保护、国际合作[①]。值得注意的是，公证在知识产权领域的不可替代性非但不能成为公证行业安于现状的保护伞，反而更应促使从业人员进一步加强思考，力求在该领域精益求精，以期成为公证品牌的强力代言。在合同类领域，由于民商事法律关系意思自治原则根深蒂固，公证行业一直以来难以介入，并无多大建树。建立公证档案信息化，进一步提升公证服务质量。公证处在几十年民商事业务的办理中，已经积累庞大的民生类的数据，首先公证机构应将这些纸质的档案进行梳理、扫描、录入和信息抓取，建立全国联网的信息化平台，公证机构应会同公安、法院、民政，建立完整、专业的相互融通的网络化平台，实现数据共享和关联，为整个社会管理运行高效提供大数据服务。

（五）积极拓展公证业务范围

除了打破传统思维，树立公证品牌，公证行业还必须矫正与受众之间的供给关系。要进一步扭转供给，使公证行业与公证受众在供需上达到平衡，必须进行"供给侧改革"[②]。供给侧改革的实质是在最低限度上纠正过去的供给过度，尤其是错误的供给，弥补供给不足，从而找到新的供给，刺激需求，实现可持续的经济增长[③]。因此，矫正供给关系，实现公证现代化，必须在市场经济体制下实施结构整改和权利再分配，从而创造新的附加价值[④]。目前，公证与诉讼进行对接，可以降低司法成本，减轻法院案多人少压力，真正实

---

① 余飞：《〈中国公证服务知识产权发展情况报告〉发布——公证服务成为知识产权保护重要法律手段》，载《法制日报》2015年5月15日。
② 习近平，中央财经领导小组会议，2015年11月10日。
③ 郑永年：《中国需要什么样的有效供给》，凤凰网，2016年1月28日。
④ 段伟、杨邵宏：《从供给侧理论改革中探寻公证现代化内涵》，载《中国司法》2016年第6期。

现公证作为预防纠纷、化解矛盾的第一道防线作用。一是无纠纷或无诉讼相对人的继承案件、可能化解的家事类财产纠纷案件、法院认为可以移交公证机构处理的案件,由公证前置处理。二是法院可就诉讼文书的送达和裁判文书的执行交公证机构办理保全证据、提存等公证。三是法院根据最高人民法院有关规定对公证机构出具的赋予强制执行效力的公证债权文书的执行给予司法支持。此外,双方还建立了定期协商、信息共享、风险通报等相关制度。

另外,在日新月异的互联网社会发展的趋势下,公证行业必须积极适应新形势,找准自身角色定位。努力探索"互联网+"与传统公证模式的融合路径,以互联网技术为支撑,以传统公证理念与现代化服务模式的结合为手段,着力于整合和创新传统的工作流程,有效地提高公证行业的服务效率,开拓新兴公证业务,是在当今互联网背景下公证行业积极回应社会需要的必然选择①。

五、结语

公证业务在预防化解矛盾纠纷、保障当事人合法权益、服务经济社会发展等方面发挥着重要作用。公证业务纠纷预防功能必须通过具体的公证业务的现实展开才能实现,公证业务的展开在当代社会遭遇了系列问题。面对问题,唯有积极面对。在新形势下,公证行业只有充分认识进一步加强公证便民利民工作的重要性,提高自身业务知识、专业素养,改变传统行业模式,切实转变工作思维,用专业、高效、便民的服务去赢得当事人的信任,依法履行公证工作职责,深入开展民生领域公证服务,不断拓展公证业务范围,提升服务水平,促进社会主义法治事业不断发展。

---

① 张鸣:《现实与未来:公证在"互联网+"下的发展趋势探讨》,北大法律信息网,2015年8月7日。

新时代公证宣传策略分析

常州市公证处课题组*

摘要：公证制度作为一项世界各国通行的法律制度，在经济和社会生活中有着无可替代的作用。但在现实生活中，一方面媒体对公证的片面甚至负面宣传、妖魔化宣传不绝于耳，另一方面，受公证介入公众生活的广度、深度的局限，不少公众对公证的认知尚停留在抽奖摇号或规避法律上，对公证的认知模糊甚至错误，公证的功能尚未得到充分发挥。在新的历史时期，如何准确把握公证宣传规律、补齐宣传短板、畅通传播渠道，从而让公众知晓公证、认可公证、运用公证，是公证宣传工作必须解决的问题。本文结合公证宣传工作的实践和新闻传播规律，对公证宣传的重要性以及目前公证宣传工作存在的问题进行分析，并就如何提高公证宣传工作的效果作一探讨。

关键词：新时代　公证宣传　宣传策略

公证制度是一种预防性的司法证明制度，以其证明、服务、沟通、监督的职能预防和减少纠纷，保护国家利益和公民、法人及其他组织的合法权益，在经济和社会生活中有着无可替代的作用。但长期以来，以政府为主导、运动式为主的公证宣传方式，致使公众对公证的认知浅显、片面、模糊甚至错误，公证对公众生活的介入无论是广度还是深度均显不足，公众利用公证大多是出于文书使用部门的要求的被动选择，公证的作用尚未得到充分的发挥。在新的历史时期，如何准确把握公证宣传规律、补齐宣传短板、畅通传播渠

---

* 作者简介：课题组成员为李强国（常州市公证处）、刘永（常州市公证处）、恽嘉俊（常州市公证处）、宣顿（常州大学史良法学院）。

道,分析、研究并切实解决公证宣传工作中存在的问题,从而让公众知晓公证、认可公证、运用公证,成为新时期公证宣传工作的当务之急。

一、新时期公证宣传工作存在的问题

(一)公证宣传的主体定位存在偏差,政府主导因素过多

长期以来,我国对公证实行司法行政和行业协会两结合的管理体制,但行业协会目前并未真正成为行业自治组织,公证协会的常设机构大多与司法行政机关的公证管理部门合署办公,对行业宣传的指导与司法行政的指导并无太多区别,基本如出一辙。因而,公证宣传以政府为主导成为常态。公证法治宣传虽是司法行政机关的一项重要职能,但相较于律师、法律援助、社会矫正等工作,其社会地位明显偏低,公证法治宣传缺乏科学的顶层设计。这种以司法行政机关为主导的宣传模式,习惯于行政命令,习惯于自上而下下发文件,习惯于政府部门或行业集中统一开展行动,追求全国统一、场面宏大,公证宣传工作带有浓厚的行政色彩。与此同时,公证机构独立法人地位尚未真正确立,目前占行业三分之一的行政体制公证机构体制改革尚在进行之中,占行业大多数的事业体制公证机构自主权大多在落实之中,因而,公证机构及其从业人员参与公证宣传的自主性明显不足,对公证宣传缺乏精心的组织策划。此外,公证机构受困于法定公证业务的缺乏,开拓业务无疑是其工作的重中之重,虽然不少公证机构将撰写论文纳入公证人员的绩效考核,但论文选题大多与业务相关,研究公证宣传可谓凤毛麟角,高度重视公证宣传尚未成为行业共识。加上公证机构普遍重视对业务人才的培养和引进,而对既懂宣传又懂业务的人才的培养与引进普遍重视不够,公证人员大多是只懂业务知识,而对宣传方面的专业知识普遍不足,这也使得公证机构对公证宣传工作往往力不从心。

司法行政机关为主导及公证机构在公证宣传中的缺位,客观上也导致了社会力量对公证宣传的参与度不够。大部分行政机关、社会团体甚至人大代表、政协委员以及专家学者并不真正不了解公证,为公证鼓与呼甚少,相反,

质疑公证手续烦琐、收费畸高的声音不绝于耳，甚至有些所谓的专家直接建议国家取消运用公证手段对社会生活进行适度的干预。有些媒体常常以"博眼球"来扩大所谓的发行量，对公证甚至出现"妖魔化"的宣传。

（二）对公证宣传对象的差异性缺乏研究，对公证宣传的内容缺乏科学的设计，公证宣传的针对性不强

依《公证法》的规定，公证是公证机构根据自然人、法人或者其他组织的申请，依照法定程序对民事法律行为、有法律意义的事实和文书的真实性、合法性予以证明的活动。随着经济社会的发展，公证服务的对象越来越广泛，不仅包括参与民商事活动的公民、法人和其他组织，甚至行政执法的主体、司法部门的活动也需要公证部门的介入，近来公证广泛参与司法辅助事务即为例证。但长期以来，公证法治宣传工作对宣传对象的广泛性、差异性缺乏足够的研究，很少顾及宣传对象的年龄、职业、知识结构、所处行业，也很少顾及不同部门、不同机构、不同行业对公证需求的差异性、层次性，对宣传的受众不加区分，对所有群体"一视同仁""眉毛胡子一把抓"。同时司法行政部门和行业协会对公证宣传的内容缺乏科学的梳理和设计，对法律法规对公众生活的影响及如何引导公众运用法律武器维护自身的合法权益缺乏科学的研究，同时对公众的需求缺乏调研，对公众对公证的敏感的话题、热门的话题、关切的话题把握不准，各地大多"各自为战"，宣传的内容大多停留在标语、口号、法律条文或者是公证产品的介绍上，而对公证的职能、典型案例、公证的办证程序等宣传明显不足，甚至片面、错误，难以达到精准、专业、权威，领导能听到"响声"，但群众得不到"实惠"。

（三）公证宣传的形式、手段过于传统、单一

目前已比较商业化运作的律师法律服务宣传，采取了商业和公益两条腿走路、多种形式开花、多渠道渗透的宣传形式，使律师法律服务普及到了社会经济生活的方方面面，无论是传统媒体还是新媒体，实物介质还是虚拟介质，线上还是线下，常常能看到律师法律服务宣传的存在。而以政府为主导的公证宣传，无论是宣传的形式还是手段都较为传统和单一。宣传的方式集中于广场活动，满足于搭咨询台、领导到会讲话、发放宣传资料、挂横幅，理论研讨会、沙龙、座谈会等形式并不多见，时间节点的选择上大多集中于法律法规实施周年纪念日，宣传的手段主要借助于报纸、电台、电视台等传统媒体，微信、微博等新媒体运用并不成熟，宣传的方式和手段与社会公众的需求脱节，难以满足社会公众的期待，虽然活动场面轰轰烈烈，但活动的效果难尽人意。

（四）公证宣传尚未建立起科学的效果评估体系

长期以来公证宣传工作满足于活动的开展，但对宣传效果的评估主要是活动组织者或实施者事后的自我总结、分析，其内容主要集中于什么时候、什么地点组织了什么活动，有多少人参加，发放了多少宣传资料，至于参加者通过活动了解了多少知识，接受了哪些信息，活动是否达到预期的目的，活动对参与者的生活产生了什么样的影响，活动的内容及形式有何需要改进的地方则缺乏令人信服的结论，为活动而活动的情况屡见不鲜。虽然有的公证机构和行业主管部门通过短信、电话事后回访了解情况，但引入第三方专业机构进行评估尚未成为常态，公证宣传工作的效果评估体系尚在建立之中。

正是由于公证宣传存在的上述诸多问题，导致社会公众未能充分知晓公证，对公证的功能和基本程序缺乏足够的了解，甚至认知模糊、错误，公证的基本价值尚未渗透到社会生活的方方面面，公众运用公证大多是被动的选择。同时公证有时甚至被一些商业活动所利用，成为噱头，沦为商业宣传的工具。在新的历史时期，如何准确把握公证宣传规律、补齐宣传短板、畅通传播渠道，分析、研究并切实解决公证宣传工作中存在的问题，从而让公众知晓公证、认可公证、运用公证？

二、新时期公证宣传工作的策略分析

公证宣传工作是国家法制宣传的重要组成部分，在当前社会主义法治语境下，要切实做好公证宣传，笔者认为可从以下几个方面入手：

（一）深入研究公证宣传的主体，实现公证宣传的全员化

公证工作主要是公证机构及其从业人员以其专业公证知识、技能为社会公众提供公证法律服务。公证机构及其从业人员身处公证服务第一线，其提供的公证产品与社会公众的生产生活、与百姓利益诉求息息相关。因此，公证宣传工作不能司法行政机关和行业协会唱"独角戏"，必须充分调动和发挥公证机构及其从业人员的骨干作用，建立司法行政机关和行业协会综合普法与公证机构专业普法相结合的宣传模式。司法行政机关和行业协会主要侧重于做好公证宣传工作的顶层设计工作，做好与相关部门的协调联动工作，做好对公证机构的宣传工作，以及做好公证法、公证基本程序、公证职能的等公证知识的普及宣传工作。而公证机构及其从业人员主要侧重于根据不同行业、不同受众进行精准的宣传，主要侧重于典型示例、典型人物的引领，侧重于危机的公关，侧重于通过优质、专业、高效、便捷的公证法律服务进行直接宣传。特别要强调的是"一个实际的行动胜过十打纲领"，公证机构通过不断提高业务质量和服务水平，使当事人在办理公证的过程中，受公证员潜移默化的影响，从而加强对公证的认识，提高自身的法律意识，让公众感知公证的有用、管用和公信力，为公证宣传奠定良好的基础。为充分发挥公证队伍在宣传工作中的作用，必须切实提高公证宣传队伍的宣传意识和宣传能力。首先，要提高公证机构及从业人员的宣传意识，要让每个从业人员认识到参与公证宣传是其职责所在，提高参与宣传活动的主动性、积极性；其次，要加强宣传知识的培训和宣传能力的培养，掌握公证宣传规律，提高公证人员的宣传技能，善于总结公证工作中的热点、亮点、创新点、突破点，增强公证宣传的能力和实力；再次，要重视复合型人才引进和培养，建立一支既懂公证业务又懂公证宣传的专业人才队伍，为公证宣传工作提供人才保障；最后，还要建立科学的考核机制，将公证宣传工作纳入公证员的绩效考核，将"谁服务谁宣传"的责任落实到实处。

　　公证宣传工作是国家法治宣传工作的重要组成部分，离不开其他行政部门、专业机构、社会力量的广泛参与。公证机构可以通过司法行政机关与知识产权保护部门、法院、仲裁、不动产登记部门等进行高层互动、营销和传播价值理念；可加强与人大代表、政协委员、专家学者的交流、沟通，发挥其在立法、执业、普法中的建言作用。近年来，常州市公证处在引入社会力量参与公证宣传方面进行了有益的探索。常州市公证处先后与常州市天宁区人民法院、钟楼区人民法院开展"诉调对接",承接司法辅助业务,充分发挥公证机构在非诉领域的定争止纷作用。常州市公证处与常州大学共建研究中心,对相关公证问题合作进行研究,充分借助高校的专业资源,为公证服务提供理论支撑。常州市公证处与市知识产权保护中心建立合作机制,发挥公证在保护知识产权中的作用,实现公证行业墙内开花墙外香。

(二)深入研究公证宣传的对象、内容,提高公证宣传的精准性

公证宣传不能为宣传而宣传、为活动而活动,要重点研究宣传对象的层次性、差异性、多样性,提高公证宣传工作的针对性。宣传对象不同,其对公证知识、公证服务以及宣传方式的要求也有所区别。如老人大多会关注遗嘱、财产转移的问题,青年人可能会关注婚前财产约定问题,资产较多的人可能会关注遗嘱信托、财富传承的问题。企业单位可能会关注合同的合法性和经营风险的防范问题,律师可能会关注代理案件中涉及的保全证据的问题。公证宣传人员必须树立群众观念,充分了解群众对公证服务的真正需求。在公证宣传前,可通过问卷调查、走访、电话调查、咨询、座谈等形式了解不同群体、不同行业对公证服务的不同需求,并据此进行分析研究,满足其合理需求,激发其潜在需求,引导排除其不合理需求。

公证机构在了解公证宣传对象的需求的基础上,应遵循以下原则对公证宣传的内容进行精心梳理和科学设计。

1. *真实性*

真实性是公证宣传的生命,只有真实的东西才能打动人,公证宣传的素材和案例要从实践中来,必须完整地、客观地反映事实情况,来不得半点含糊不清、夸大其词、添油加醋。公证宣传工作人员在搜集素材的过程中,可以根据需要对某些细节进行突出表现,但绝不能"以形害义",在素材中加入不实报道。对素材中涉及的人物、时间、地点、事件、数字都应核实准确。

2. *全面性*

公证法律服务涉及群众生活的方方面面,公证宣传的内容必须扩大覆盖面,不能留有"死角"。

3. 专业性

公证宣传内容的专业性决定了公证宣传的权威性,公证宣传中涉及的专业术语、工作流程以及法律意见均需经过专业论证确定。尤其是面对负面舆情时,公证宣传须统一宣传口径,只有给公众明确的、权威的答复及意见,才能让公众对公证信服,维护和提升公证在全社会的认可度和公信力。

4. 时效性

公证宣传的价值很大程度在于其内容的时效性。面对大量的公证案例,公证宣传人员要有宣传敏锐性,第一时间将一线案例转化成公证宣传稿件。当公证工作产生创新成果、出台便民措施时,公证宣传人员要及时总结经验、搜集素材、撰写报道。公证人员应持续关注独生子女继承难、以房养老骗局等社会热点问题,并经过研究后进行积极、及时的回应。在新媒体运作中,宣传人员应不断将公证行业的新鲜人、新鲜事推送到群众眼前、耳边,树立公证行业便民利民、主动服务的积极形象,帮助公证行业在群众中刷"存在感",提升"好评度"。

(三)深入研究公证宣传的形式,提高公证宣传的可接受性

公证宣传工作也要尊重新闻传播的时效性、互动性、目标性等规律,创新公证宣传的方法、手段,将公证专业知识与传播规律、受众心理相结合,实现公证宣传效果的事半功倍。

1. 坚持普及宣传与定向宣传相结合

由于公证工作面向全社会提供服务,公证宣传首先要广泛地开展普及性宣传,结合"七五"普法工作、"集中宣传月、周"等,将与群众息息相关的公证知识、公证流程宣传覆盖群众生活的方方面面。以简单概念不断重复的方式,通过通俗易懂、寓教于乐的形式,向群众灌输公证工作的基础概念,让群众大致了解公证,使公证宣传能更接地气。在此基础上,根据青少年、成年、老年等纵向细分受众以及领导干部、企业经营管理人员、外来务工人员等横向细分受众的不同需求,建立公证宣传的"目标受众",以定向宣传的形式,将公证宣传的效果最大化。

2. 坚持公证场所形象宣传与公证专业服务宣传相结合

公证机构在公证办公场所中张贴统一的标识、标语、公告和办证流程图,设置固定的宣传册放置处,布置公证法律知识展厅。同时向群众提供优质的公证服务,将公证宣传融入公证服务各环节,在公证活动中解析法律、阐明法理,体现公证宣传的全程化。比如首问负责制、一次性告知、绿色通道、网上办证、规范服务、延伸服务、提供专家意见等,让群众感受公证的权威和便民,给群众以良好的情绪体验,从而使其认可、运用公证。

3. 坚持线上宣传与线下宣传相结合

充分利用微博、微信、QQ、网站、论坛、微视频、微电影等自媒体形式,拉近公证与群众的距离,及时、充分地展示公证工作的一环一节、一点一滴。同时继续开展"开放日""法律六进""法治大讲堂"等线下公证宣传活动,与线上活动互为补充,在为社会公众普及公证法律知识的同时,重点向普法志愿者、社会工作者、新闻工作者等公证知识传播人员介绍公证工作,培育一支义务公证宣传队伍。

4. 坚持主动宣传与被动宣传相结合

强化宣传意识,提升公证人员自主宣传的积极性,主动策划、谋求宣传效果。同时制作舆情应对预案,将社会热点、网络舆情(例如房产摇号、担保性委托、开具证明、假人假证等)视为宣传契机,及时回应、详细解答群众关切,将群众对公证工作的误解和不满,通过积极宣传引导转化成为公证宣传的展示机会,促进公证工作的开展。

5. 坚持传统媒体宣传与新媒体宣传相结合

与传统媒体合作加强宣传,通过电视、广播、报纸、杂志等传统主流方式进行报道,传播最新动态,让社会大众体会到公证与人民群众的联系,改善原先社会公众被动接受宣传的状况;应用新媒体循序渐进地进行宣传。可以通过微博、微信公众号、官方网站等方式量身定做社会群众关心的公证知识,在线向他们展示公证办理流程、解答他们关心的法律问题。

（四）深入研究公证宣传效果评估机制，建立科学的评估体系，增强公证宣传效果的可控性

公证宣传需要投入，有投入就要建立科学、完整的公证宣传效果评估机制以避免盲目投入，浪费不必要的人力、物力、财力。科学的效果评估应包括事前评估、事中评估、事后评估。事前评估是正式宣传前，公证机构或者其聘请第三方专业机构，对公众的公证宣传需求进行评估调查。主要包括了解公众对公证的认知程度、宣传面向的目标群体、公众对宣传内容的吸引力、公众办理公证的意图等。事中评估主要是公证机构在宣传进行过程中通过问卷调查、面对面交流了解公众对宣传内容的反应。这是最直观的评价方式，可以直接了解公众对宣传内容的印象深刻度、理解度、接受度。事后评估是公证宣传结束后，对宣传效果进行的全面评价。这有利于总结经验得失，以改进以后的宣传工作。事后评估主要通过回访办理公证当事人及文书使用部门来实现。

为保证评估的科学性、公正性，科学的评估体系除了事前、事中、事后的全程评估外，公证宣传的效果评估不能满足于活动主体的自我总结、自我评价，还应尽可能引入中立的第三方专业机构或社会力量的参与，根据第三方专业机构或社会力量的反馈，总结、分析公证宣传工作的经验，找出不足，进而步研究改进措施，提高公证宣传的效果。

司法部张军部长在全国公证会议上的发言中提到："公证具有法定证明力，可以预防矛盾纠纷，能够有效保障当事人合法权益，在服务党和国家工作大局、服务供给侧结构性改革、服务防控金融风险、推进产权保护法治化、完善多元化纠纷解决机制等方面大有可为。我们一定要下大气力，拓展创新公证服务，提高服务质量和公信力，做精做优公证。'谁服务谁普法'，做好公证工作的同时，要坚持以案释法，通过多种传播形式，广泛宣传我国公证制度。"这为新时期公证宣传工作指明了方向。相信只要通过全社会力量的广泛参与，多渠道、多形式地开展公证宣传，就一定能让社会知晓公证、认可公证、运用公证，充分发挥公证预防、沟通、服务、监督、证明的作用，满足社会公众对公证的新期待。

[纪念改革开放 40 年专题：影视作品中法制观念的进步]

通过文学作品的法社会学研究

邢 路*

摘要："通过文学的法律"，即将文学艺术作品作为法学研究的素材，作为一种研究方法滥觞于美国的"法律与文学"运动。自 20 世纪 90 年代被介绍入中国以来，这种研究方法在法律社会学研究中获得了广泛的应用。文学艺术作品从本质上讲，是能够反映社会现实方方面面信息的文本，同时，与数据、概念、案例等法社会学实证研究素材相比，文学艺术作品能够提供更多关于法律实际运行所处的社会环境的信息，便于读者情境化地理解文本所要反映的信息，具有一定的比较优势。因此，在法社会学研究中，采用"通过文学的法律"这种研究方法，将有助于拓展研究视角和研究手段的多元性，使研究更多地贯彻人文精神。

关键词： 通过文学的法律　法社会学　比较优势　多元性

"通过文学的法律"（law through literature）①，即通过分析文学艺术作品的叙事，发现其所展现的社会情境中的法律制度、制度变迁等法律主题，是社会科学由来已久的重要研究方法。恩格斯在《政治经济学导言》中指出：巴尔扎克的《人间喜剧》"甚至在经济细节方面（如革命以后动产和不动产的重新分配）所学到的东西，也要比从当时所有职业的历史学家、经济学家和统计学家那里学到的全部东西还要多"②；法国著名社会学家布迪厄通过对福楼

---

* 作者简介：邢路，华东理工大学法学院博士研究生。
① 此处的"文学"，应当采取一种较为广泛的含义，即将其他各类以某种符号方式呈现叙述的文艺作品，都视为研究的对象，如电影和戏剧，可以看作是以表演和镜头的手法呈现叙事的"文学"作品，音乐作品则可以看作是以声音和节奏表达意向的作品。
② 《马克思恩格斯全集》第 4 卷，人民出版社 1972 年版，第 463 页。

拜《情感教育》的解读，对特定社会情境下场域的形成、结构以及权力法则进行了细致入微的分析。20世纪60年代以来，"通过文学的法律"更是成为美国蓬勃兴起的"法律与文学"运动（law and literature）的学术起点和两个主要分支之一①。"法律与文学运动"主要研究者们立足于不同的学术旨趣，分别从法律史、法律与伦理、司法程序、司法权威、女性权利、刑事侦查、律师技巧、庭审心理等学术角度，对"文学艺术作品，特别是小说、戏剧中的法律秩序、法律运行、人与法律的关系以及庭审过程的叙事文本"② 所描述的情境进行分析和探讨，发掘其中蕴含或隐喻的不同层次、不同侧面的细微而丰富的法律主题。这种研究方法"不再将法律看作一系列原则、规则及其操作化组成的体系，而是将法律看作是人类的故事"③，看作是从一系列叙述、修辞、表演和解释中呈现出的细微而变化的微观情境的意义结构。这种研究方法带有反对法律条文主义的后现代法学风格，从法条之外的更为丰富的现实素材中去认识法律制度和制度变迁。这种研究方法立足于解释的多元性，主张法学研究不仅要关注法律条文的概念、规则、逻辑等，也应该关注文学所擅长的行为意向、人际关系、角色背景等，从而为研究法律制度的实际运行拓展出更为多元、丰富的视野。

为了更进一步厘清"通过文学的法律"这一研究方法在中国法学研究实践的运用脉络，发现这一研究在当下中国法学实践中更为广泛的价值，发现文学艺术作品作为法学研究对象的比较优势，本文拟对这一研究方法与法社会学研究的内在关系展开分析，对法社会学研究是否可以和需要文学艺术作品作为资源进行探讨。

一、文献回顾："通过文学的法律"在我国的20年

自20世纪90年代以来，在中国法学界，学者开始有意识地利用法律与

---

① 明辉、李霞：《西方法律与文学运动的形成、发展与转向》，载《国外社会科学》2011年第3期。
② 许慧芳：《论文学中的法律——以英美法理学研究为例》，载《政法论坛》2014年第6期。
③ 信春鹰：《后现代法学：为法治探索未来》，载《中国社会科学》2000年第5期。

文学之间固有的显明的或隐含的关联，探索新的法学研究路向，作为法学研究的一个分支，产生了法学研究的新的生产方向。但是，梳理国内学术界通过"法律与文学"进行法学研究的实践我们会发现，利用文学资源进行法学研究的，"……最初是被用来帮助解释中西法律文化的特征"，而"更有普遍性的学术取向则是，从文学作品中发掘具有法律意义的材料""发掘其中的法律理念"[1]。

"通过文学的法律"这一研究方法在中国法学界展开实践的 20 年中，持续不断产生学术成果。自 20 世纪 90 年代开始，陆续有学者对这一研究方法本身展开系统的介绍和评述，其中较有影响力的成果有：

1996 年，苏力教授从电影《秋菊打官司》和《被告山杠爷》中，挖掘出其中隐含的法理学问题，即法治的悖论，一时引起了法学界的热议，也催生了一批应用这一方法或围绕这一话题进行深入讨论的学术成果。值得注意的是，苏力在该文的附录《从文学艺术作品来研究法律与社会》中，特别对"法律与文学"研究的方法论进行了初步的介绍和讨论，他提出：文学作为研究材料的价值并不在于"作品中的人物和事件本身是否真实发生过，而是事物显示出来的逻辑关系和普遍意义"[2]。1999 年，冯象博士发表了《法律与文学》一文，较为系统地总结和评价了美国法学界的"法律与文学"运动。冯象不仅梳理和批评了"文学中的法律"和"作为文学的法律"两种研究类型的理论逻辑及其内在困境，还提出了诸多具有理论意义的法学问题与值得开拓的研究课题[3]。

2001 年，胡水君博士在《法律与文学：主旨、方法与局限》一文中，承认和肯定了波斯纳对"法律与文学"的评论意见，在细致分析了 20 世纪 80 年代之后美国"法律与文学"运动的后现代走向的基础上，进一步指出中国

---

[1] 徐忠明、温荣：《中国的"法律与文学"研究评述》，载《中山大学学报（社会科学版）》2010 年第 6 期。

[2] 苏力：《秋菊的困惑与山杠爷的悲剧》，载《法治及其本土资源》，中国政法大学出版社 1996 年版。

[3] 冯象：《法律与文学——〈木腿正义：法律与文学论集〉代序》，载《北大法律评论》1999 年第 2 期。

"法律与文学"研究方法与美国的不同及其可能应用的领域。2006年，沈明博士在《法律与文学：可能性及其限度》一文中，对波斯纳界定的"法律与文学"的四种类型，分别作了详细介绍和评述。他认为，"文学中的法律"对中国的法学研究来说更具有可欲性和可实践性；但是，由于中国没有而且将来也未必会有一个大规模的法律与文学研究的所谓"运动"，因此"作为文学的法律""通过文学的法律"与"有关文学的法律"这三种类型的研究，仍有生长空间，但可能不会被纳入"法律与文学"这一标签当中①。而刘星显博士在其博士论文《基于关系视角的法律与文学研究》中，更加深入地分析了"四分法"的谬误，主张以"文本"看待法律，还法律世界以多元性和多样性②。

除了上述学者针对"法律与文学"方法本身展开的研究之外，很多学者运用法律与文学的基本方法和技巧，拓展了法理学的表现方式，如贺卫方教授的《法边馀墨》，刘星教授的《西窗法雨》和《古律寻义》，郭建教授的《中国法文化漫笔》这些较有影响力的法学随笔，无不采用"讲故事""通过故事谈法律"的方式，在文学文本中渗透和呈现法理学的问题和理论，在法学界风靡一时。中山大学徐忠明教授自1992年起，对包括戏曲、杂剧、小说，甚至延及谚语、笑话和竹枝词等丰富、大量的文学作品中特定时期的法律文化进行解读和分析，从"文史互证"，发展为以文学艺术作品为素材，进行中国法律文化史呈现的研究范式。而另一方面，苏力教授则着重从文学艺术作品，特别是从中国传统戏剧作品中，着力挖掘较为长期存在的法理学问题，提出新的视角，并结集出版（详见苏力：《法律与文学：以中国传统戏剧为材料》，读书·生活·新知三联书店2006年版）。

在以上述学者为代表的一批学者的共同努力推动下，"通过文学的法律"作为一种新的研究方法，在法学界的一定范围内引起注意。自20世纪90年代之后的20余年间，引发了法学界持续的回应，关于"秋菊""安提涅戈"之类的学术讨论，10余年来不绝于各类学术刊物，其影响力和发展势头可见一斑。

---

① 沈明：《法律与文学：可能性及其限度》，载《中外法学》2006年第3期。
② 刘星显：《基于关系视角的法律与文学研究》，吉林大学2016年博士学位论文，第70页。

二、提出问题：法社会学研究是否需要以文学艺术作品为研究素材

通过上述梳理我们不难发现，自20世纪90年代以来在中国法学界逐渐兴起并获得重视的以文学艺术作品作为法律研究素材的方法，即"通过文学的法律"这一研究方法，经过初期介绍和被引入我国法学研究中后，其应用领域迅速集中到了法史领域和法律社会学领域，这是我国法学界应用"通过文学的法律"这一研究方法的基本现状。而法理学的其他领域以及其他部门法研究实践中，鲜见应用这一方法进行学术研究的实践。

法史学的研究尽管属于法学领域，但却天然带有浓重的史学研究的学术风格，大量使用史学研究方法，而非法学研究方法。中国历史研究历来重视"文史互证"，即文学作品在历史研究中历来被视为验证其他研究资料的重要研究资料，这是中国历史研究的一种学术纪律[1]。因此，在法史学领域广泛应用"通过文学的法律"这一方法，具有方法论上的正当性（这同样是需要专文论述的问题，本文不拟对此展开讨论）。

而另一方面，应用"通过文学的法律"这一研究方法所进行的研究，大多将注意力集中在文学艺术作品所蕴含的较为深刻及长久存在法理学问题上，并通过将具体的问题置于特定时空背景下的特定社会环境中，发现其他社会事实与法律规则、法律运行、法律文化的关联，从而对通过文学艺术作品所发现的法律理论问题提出更为深厚和更具有实践意义的解读。也即，文学艺术作品作为分析素材，以其中蕴含的法理学问题为研究对象，通过法社会学的理论框架进行学术展开，已渐成应用"通过文学的法律"这种研究方法的主要研究范式。

尽管广泛应用已成定势，但应用这种方法之前，我们必须回答的问题是：

---

[1] 陈寅恪：《元白诗笺稿》，上海古籍出版社1978年版。

即便文学艺术作品具有法学研究所要求的必须的真实性、客观性[①]，但如果以文学艺术作品作为法律社会学研究素材，与以其他通过实证调研手段所获得的素材相比较，其优势在哪里，这是需要在应用之前回答的问题。本文拟从文学艺术作品得以转化为法学研究对象的实质特性，及文学艺术作品相对于数据、概念、定义、假设命题等传统法社会学研究素材的比较优势两方面，对上述问题进行回应。

三、多元化解读社会的文本：文学艺术作品本质属性和比较优势

在法律社会学研究中，将文学艺术作品作为研究素材，实际上是在假定文学艺术作品所反映的社会生活的种种信息真实、全面以及表达本身也是客观的、真实的前提下，将这些信息中所体现的法律问题或者法理问题，作为分析对象，进行研究的过程。经过后现代法学的洗礼和熏陶，法学界越来越认识到并普遍承认，法律不是自我完善和自在自为的体系，法学研究必须依赖于对社会生活的全方位的观察和判断，我们更无法断言法律问题的解决在其系统内部就可以获得得以解决的足够信息，法律问题作为社会事实的一种，其生发和解决，均依赖与其他社会事实之间的关系，并以观察法律中的种种社会关系及法律与其他社会事实、社会主体之间的种种社会关系为基础。这是法社会学思想的出发点。

（一）本质属性：文学艺术作品是解读社会的文本

基于上述思想出发点，法社会学研究天然地要求对现实社会做出理解和解读，并且做出多元的、全方位的理解和解读，这就使得法社会学研究以各种意义文本而非价值、指令等为研究对象。而这些文本，要求尽可能准确、客观地反映研究者要研究的问题的各种信息。

[①] 这一问题与本文的研究，是文学艺术作品为法学研究素材的方法论正当性的两个支柱之一。对于真实性问题，笔者拟另文专述，本文不拟展开论述，而作为本文分析的假定条件之一。

作为法社会学研究素材的"文本",形式是丰富多彩的,但无论如何,正如美国学者格雷西亚所言,一个文本,"就是一组用作符号的实体(entities),这些符号在一定语境中被作者选择、排列顺序并赋予某种意向,以此向读者传达特定的意义(specific meaning)"[1]。如果以这一定义作为法社会学研究的研究素材的标准,那么凡是能够保持信息与社会实际生活具有高度关联的文本,都应该能够纳入法社会学研究视野范围。文学艺术作品的结构一般分为两个肢体,其一为叙事,其二为隐喻[2]。无论叙事还是隐喻,文学艺术作品无疑通过作者的观察,记录并传达了关于社会现实的方方面面的信息,而这些社会信息中,又无疑包含了一些足以引发法律思考,或对正在进行的法律思考有所帮助或支持的信息。

例如,在唐朝著名的边塞诗人王昌龄的名作《出塞》中,有两句传诵久远——"但使龙城飞将在,不教胡马度阴山。"此处的"阴山"是唐朝与少数民族政权的边境所在,是昆仑山脉的北支山脉,位于现在河套地区西北到绥远、内蒙古南部及热河北部一带。而时间迁移到南宋,著名爱国将领辛弃疾,就只能在镇江的长江边,发出"何处望神州?满眼风光北固楼。千古兴亡多少事?悠悠!不尽长江滚滚流。年少万兜鍪,坐断东南战未休。天下英雄谁敌手?曹刘!生子当如孙仲谋!"的感慨了。而《南乡子·登京口北固亭有怀》中充满艺术夸张力的隐喻里,同样明确地传达出这样的信息:镇江已经是前线,长江以北的大好江山已全部陷落敌手。通过边塞诗的叙事和隐喻所反映的疆域变化的信息,我们完全可以对特定历史条件下相关地区兵役制度的演进和特点进行细致的分析。

因此,文学艺术作品从本质上讲,是对特定历史时期社会现实的呈现,这种呈现可能是直接的(叙事),也可能是隐晦的(隐喻),其对于法社会学研究,同样贡献了关于社会生活的方方面面的有价值的信息,因此,同样应

---

[1] [美]乔治·格雷西亚:《文本性理论:逻辑与认识》,汪信砚等译,人民出版社 2009 年版,第 16 页。

[2] 张伟兵:《文学作为史料:探索社会真是的另一种路径》,载《华中师范大学学报(人文社会科学版)》2007 年第 1 期。

当被纳入法社会研究的素材范围。

（二）比较优势：文学艺术作品对社会的呈现更加情境化

对实证倾向浓厚的法社会学研究而言，以经过实证调研过程获得的数据、定义、案例、访谈资料等文献作为分析素材，显然会使研究更具有科学性。然而，在假定文学艺术作品所反映社会现实的信息及表达本身具有足够的真实性的前提下，文学艺术作品对社会现实的反映更为情境化，也更具有实践性。文学艺术作品的文本的参与，力图拨开弥散在法学领域内"客观""中立"与"理性"的迷雾，勾画出一个复杂而多元、丰富而不可同约的世界，通过对文学文本的"发现"与"解读"为契机来展开对"他者"的关注与关怀。

文学艺术作品往往不是依靠定义、概念来传达信息，而是依靠情境带入，甚至对气氛、心情、情感等主观环境的渲染，向读者传达某种情绪。不可否则，这种艺术的夸张对于学术研究是毫无意义的，但是，审视这些艺术夸张的背后，仍然可以发现作者通过艺术夸张所要传达的主观信息，并且通过这些夸张，会使读者很容易地进入作品所试图构建的情景，更易于体会文本所含信息背后的语境，从而更加情境化地理解这些信息。无论是从《红楼梦》的"护官符"这一情节里，还是《威尼斯商人》的"庭审"戏中，作品展示出的法律栖身其中的大的社会环境，以及法律的实际运行，必须通过读者的主观理解才能达到，因此，文学作品的"二度创作"要求，恰恰符合李凯尔特对于理解的主观性的要求，只有通过读者深入作品语境的过程，读者才能与作者共同完成作品对于法律主题的社会背景因素信息的意义构建和发现过程。这就使得法律社会学的研究超越了机械的解读模式，而贯彻了更多人文主义的精神。

由此，我们可以说，"作为法律的文学"，对于法律社会学研究，是一种有独特价值的研究方法。文学艺术作品作为一种反映社会生活的文本，其作用不是替代性的、次优的，在深入作品语境、情境化地理解作品所反映的法律的社会背景及法律的运行实际方面，具有强大的比较优势。更深一层，读者基于主观因素而参与的作品"二度创作"，使得作品中关于社会现实信息的传递和解读，具有更强的交互性和对他者的关怀，从而会使法社会学研究贯彻更多人文主义精神。

乡村社会治理模式新探索

——基于《被告山杠爷》的讨论

张 放*

摘要： 当代中国的法治建设是一个长期的过程，法治建设的推进离不开法治思想的传播与发展。法制电影是法治思想的重要表达方式之一，电影作品所具有的直观性和大众性特点使其在法治思想的传播与发展方面发挥着不可替代的价值。在《被告山杠爷》中我们可以看到，由于国家法律的缺位导致了村民对"村规"与"国法"关系的误解，而在国家法律到场并且进入乡村之后却并不当然地带来由"人治"到"法治"的转变。在转型时期，对乡村社会治理模式的探索上，法治作为一种治理模式在乡村社会中的确立必然要面对人治传统的挑战。从传统人治向现代法治的转变是一个必然的过程，同时也是一个艰难和长期的过程。

关键词： 乡村社会　治理模式　人治　法治

《被告山杠爷》是1994年在中国上映的一部影视作品，该电影在商业性和艺术性上均获得了较高的评价，在社会上产生了一定影响[1]，同时由于其题材和内容上反映了乡村社会治理模式由"人治"向"法治"的变迁，也一度引起了法学界的诸多关注。

一、电影故事简介

《被告山杠爷》是1994年由峨眉电影制片厂摄制，范元导演、李仁堂主

---

* 作者简介：张放，华东理工大学法学院2017级硕士研究生。
[1] 该片荣获第1届中国电影"华表奖"最佳故事片、第15届中国电影"金鸡奖"最佳故事片、第18届大众电影"百花奖"最佳故事片等奖项。

演的影片。本片也是范元作为电影导演的处女作。影片讲述了 20 世纪 90 年代，在堆堆坪村所发生的一系列故事。堆堆坪村是位于我国西部的一个偏远山村，在经济、文化、交通等方面十分落后，但从政治上来讲，却是县乡里有名的模范村，受到过县乡两级政府的许多表彰。堆堆坪村成为有名的模范村离不开一个人，他就是本片的主人公——赵山杠。赵山杠是堆堆坪村的村支部书记，村民们习惯亲切地称呼他为"杠爷"或"山杠爷"。他具有高尚的品德，时刻以一个共产党员的身份要求自己，积极为村里人谋福利，深受大多数村民爱戴。在他的治理下，堆堆坪村"搞生产、评先进"，是县里治安秩序最好的一个村，县乡里的治安人员从来没有来过这个村子，山杠爷本人也被评为劳动模范。但因为山杠爷惩治了"不孝老、不敬老"的强英，导致强英在山杠爷门前上吊自杀，山杠爷触犯了"国法"而成了被告。

故事以村里泼妇强英的上吊为开头，以女检察官对山杠爷行为的调查为主线，以对匿名信的举报人的猜测为暗线，主暗线共同推进，以此展现整个故事的发生过程。电影一共向我们展现了山杠爷在治理堆堆坪村中的五件大事。第一件事是强英不孝敬婆婆，经常打骂婆婆，山杠爷为了整治这股"不孝老、不敬老的歪风邪气"，将强英"放电影"并且绑起来游街。第二件事是山杠爷为了保证村里的地有人耕种，私拆了青年劳动力张明喜和他妻子的信件以找到他的打工地址。第三件事是村里有名懒汉二利酗酒、殴打妻子，山杠爷知道后将他囚禁在了祠堂里面。第四件事是为了在全村树立一种权威，将不按时交公粮的王禄关在祠堂里面。第五件事是山杠爷提议修水库解决用水问题，号召党员带头，但作为党员的腊正却公然唱反调，山杠爷当众打了他耳光并停止了他的党员登记。

随着调查的进行，检察官查明了强英自杀是由山杠爷将其"放电影""游村"的粗暴行为所致。事实查清后，检察官告诉山杠爷他的行为触犯了法律，山杠爷接受了这个事实，准备接受法律制裁。他安排好村里的工作和家中的事，准备服刑。而就在这时候写匿名信的举报人也被戏剧性地揭示了，出乎所有人意料之外的是，写匿名信的人不是这些被山杠爷惩罚过的人，而是山杠爷自己的孙子虎娃。虎娃写匿名信的原因则更加令人吃惊，虎娃是为了弄明白"村规"与"国法"的区别。影片的最后是堆堆坪村的所有人在为山杠爷送行,村民们呼喊着"杠爷"的名字。

本片最精彩的部分是这样一个场景,检察官在结束了对山杠爷的调查后准备告诉山杠爷他违反国家法律的事实,此时堆堆坪的村民包括被山杠爷所惩罚的人自发地聚集在村里,向检察官请愿和求情,成为山杠爷行为的支持者和辩护人。在村民们看来山杠爷是好人,而且是按照"上面的"指示在办事,国家法律怎么会惩治好人呢?而且山杠爷的行为是为了堆堆坪村好,根本谈不上是滥用私刑,更不用说是侵犯人权了。女检察官所代表的国家法律以及法律所代表的正义在这个场景中受到了强烈的质疑与挑战,现代法治在人治模式下的堆堆坪村遭遇了困境,化解这种困境的不是现代法律所依靠的国家强制力,而是这个村里最具权威的山杠爷。

二、电影中的法学问题

(一)乡村社会治理模式新探索——人治向法治的变迁

从影片直接传达出来的效果来看,本片似乎只是一部宣传法制的普法教育片。苏力也曾说本片的"普法教育"痕迹太重[①],这种普法教育痕迹实际上与当时的时代背景相关。1985年11月全国人民代表大会常务委员会通过了《关于在公民中基本普及法律常识的决议》,由此开始,整个中华大地上掀起了一场浩浩荡荡的普法宣传活动,本片自然也受当时政策需要的影响,以普法教育作为其主要的目的之一。但深入挖掘该片的价值会发现,该片实际上隐含了一个极为重要的法学问题:在转型时期,乡村社会的治理中从人治走向法治的冲突。

在本片中,堆堆坪村是一个远离城市,交通不便,消息闭塞,生活节奏缓慢的西部农村,属于典型的乡村社会。山杠爷是堆堆坪村的"最高统治

---

① 苏力:《秋菊的困惑和山杠爷的悲剧》,载《法治及其本土资源》,北京大学出版社2015年版,第35页。

者",在村子里享有绝对的权威。"权威"是韦伯对社会权力关系进行的一种分析,他总结出了不同的权威类型,所谓权威类型即基于权威具有使他人服从的支配力。人治与法治所依赖的是不同的权威,法治所依赖的是法律制度权威,人治所依赖的则是统治者的个人权威。在本片中,山杠爷所代表的是一种传统型权威中的家长式权威,人们对家长式权威的遵从是对个人的敬畏情感和对传统的尊重[①]。依靠着这种家长式的权威,山杠爷在堆堆坪村的治理中形成的是一种典型的"人治"模式。

从影片中我们可以看到,堆堆坪村是县乡里有名的"模范村",可以说山杠爷的人治模式在堆堆坪村取得了良好的效果。分析山杠爷的人治模式在堆堆坪村有效的因素,会发现山杠爷的行为有着传统道德因素的支撑,这种符合传统道德要求的治理行为在乡村社会极为有效。强英的行为违反的中国人所最看重的"孝道",这是中国传统社会最根本的道德要求,因此惩治强英自然具有正当性,能得到村民的普遍认可。二利好吃懒做的行为与中国人"勤劳苦干"的道德品质格格不入,其酗酒后殴打妻子和孩子的行为更是与中国传统观念中夫妻之间应当"相敬如宾"的相处模式相违背,因此山杠爷让村里人不卖酒给他喝以及将其囚禁在祠堂里的行为可以说大快人心,得到了村民的高度认同。

山杠爷人治模式在堆堆坪村有效的第二个因素在于他所采取的惩罚措施,从影片中我们可以看到山杠爷的惩罚措施包括"关祠堂""放电影""游街"等。这三种惩罚措施相比于传统刑罚似乎并没有那么严厉,但这些措施在乡村社会所产生的威慑作用是极为有效的,因为这几种惩罚措施会对违反"村规"的人的"面子"产生严重损害。在乡土社会,丢了面子就丢了人际交往的基础。泼妇强英的自杀正是由于被山杠爷"游街"导致其在村子里没脸见人,丢掉了面子的强英基本上丢掉了作为一个人在乡村社会存在的基础,因此她选择了自杀来结束这一切。山杠爷触犯国法,成为被告的直接原因也在于此。正是因为触犯了国法,现代法治开始进入这个偏远的西部山村。

---

① 转引自李瑜青:《法律社会学教程》,华东理工大学出版社2009年版,第24页。

在现代法治进入堆堆坪村之前，堆堆坪村由于地处偏远，交通不便，而且秩序良好，县乡里的治安人员没有来过这个村子。因此，国家法律在堆堆坪村可以说是缺位的，国家法律的缺位也就导致了山杠爷不可能采用法治模式来治理堆堆坪村，而只能是依据其个人权威所形成的人治模式。这种人治模式下也有一定的行为规则，这种规则乃是堆堆坪村自己的地方性的"法律"，这种地方性的"法律"就是在长期的实践中所形成的解决乡村纠纷的规则、习惯、风俗，也就是本片中所谓的"村规"。依据这种"村规"实行人治的山杠爷尽管可能违反了正式的国家制定法，但他的行为却获得了村民的欢迎和认可，从而具备了某种"合法性"[1]，县乡政府的褒奖也加强了山杠爷对自身治理行为"合法性"的认同。

而山杠爷悲剧发生的原因正是在此，作为村支书的他根本不知道国家法律是什么，孙子虎娃在学校里接触了法律后，回来告诉爷爷，他的行为违反了正式法律，但山杠爷却教导虎娃说："堆堆坪放大了就好比国家，国家缩小了就好比堆堆坪。一个村跟一个国家，说到底是一码事。国有国法，村有村规。如果把一个村看成一个国家，村规就是国法。把国家看成一个村，国法就是村规。"在山杠爷看来"村规"和"国法"是同一的，他认为他的行为是合"村规"的，自然也是合法的。他眼中的法律"就是用来整治不服管教的刁汉泼妇"的。而在山杠爷治理下的堆堆坪村的大多数村民虽然也有意识到其行为可能存在不妥的地方，但在山杠爷的权威统治下，也接受了这样一种法律思想，也是这么看待国家的正式法律的。这种对法律的看法是承袭于中国传统的法律思想。中国传统的法律思想中，法与刑密切相连，《说文解字》中写道：法，刑也。老百姓们谈到法律，自然联想到的是犯罪与惩罚，根本不会认为法律是用来保护权利的。对国家法律缺乏认识的堆堆坪村村民只能依据"村规"和山杠爷的个人命令来行为，由此在堆堆坪村形成了一种极为有效的人治模式。

---

[1] 苏力：《秋菊的困惑和山杠爷的悲剧》，载《法治及其本土资源》，北京大学出版社 2015 年版，第 34 页。

女检察官同志的到来，意味着国家正式法律的到场。女检察官代表的是国家司法机关，象征的是现代法治。她的到来让这个偏远的小山村第一次接触到正式的国家法律，而其后对山杠爷所进行的一系列调查，使山杠爷和堆堆坪的村民感受到了由她所带来的对山杠爷及以山杠爷为代表的人治传统下的乡村秩序的威胁。现代法治的第一次"下乡"，所带来的不是稳定和"善治"，反而引起了堆堆坪村村民的不安与焦虑，现代法治在堆堆坪村遭遇到了传统人治的强烈挑战。

（二）学术界对乡村社会治理模式的讨论

讨论乡村社会治理模式，首先需要明确几个基本概念。在学界，"乡村""农村""乡村社会""乡土社会"这几个概念时常混淆在一起使用。一般而言，"乡村"意指城市以外的广大区域，与"农村"不做严格区分。但随着我国农村经济的发展，农村产业结构和劳动力结构趋向多元化，农村不仅只有农业而且同时存在工业、建筑业、运输业、商业等非农产业，所以使用"乡村"这一概念更为准确。而"乡土社会"这一概念，主要意指与费孝通的"乡土性"论断相对应的、具有乡土特色的中国传统乡村社会[1]。"治理"从字面上可以理解为治国理政，对于其内涵不同学者有不同理解。有学者认为"治理是指在一个既定的范围内运用权威维持秩序，满足公众的需要。治理的目的是指在各种不同的制度关系当中，运用权力去引导、控制和规范公民的各种活动，以最大限度地增进公共利益"[2]。有学者主张"治理是政治主体运用公共权力及相应方式对国家和社会的有效管控和推进过程"[3]。有学者从治理主体、治理客体、治理方式、治理效果这四个要素来理解治理，认为治理是指政府、社会组织及个人运用法治和德治的方式对国家和社会实现"良法善治"与"厚德尚理"相统一目标的有效推进过程[4]。根据这一定义，笔者认

---

[1] 王露璐：《伦理视角下乡村社会的"礼"与"法"》，载《中国社会科学》2015 年第 7 期。
[2] 俞可平：《治理和善治：一种新的政治分析框架》，载《南京社会科学》2001 年第 9 期。
[3] 徐勇、吕楠：《热话题与冷思考——关于国家治理系统和治理能力现代化的对话》，载《当代世界与社会主义》2014 年第 4 期。
[4] 吴俊明：《论现代中国治理模式的选择——以法治与德治并举为分析视角》，载《法学杂志》2017 年第 5 期。

为治理的具体方式有"法治"与"德治"两种。而治理模式则是在方法论的高度上而言的，一般认为法治与人治是社会治理的两种基本模式，德治是从属于人治模式下的一种治理方式①。

厘清了这些基本概念之后，我们再来讨论乡村社会治理模式会发现，乡村社会是整个社会的一部分，乡村社会的治理模式和社会治理的基本模式一样，也不过是人治和法治这两种基本模式。而对于到底应该采用哪一种治理模式，无论是在东方还是西方，虽然两者的文化差异巨大，都存在着对于人治与法治的争论，这种争论在几乎贯穿于自国家产生以来的数千年历史之中，并且至今仍然未有定论。

在我国古代，"人治论"的思想基本占据主导地位，这一思想最早可以追溯到春秋战国时期。儒家学派是这一理论坚定的倡导者。孔子曰："道之以政，齐之以刑，民免而无耻；道之以德，齐之以礼，有耻且格。"强调统治者要以"德"和"礼"来治理国家是儒家"人治论"的最突出的特点。到了汉代，汉武帝采纳董仲舒"罢黜百家，独尊儒术"的建议，儒家的这种"人治论"一跃成为治理国家的主流理论，并且在中国两千多年的封建历史中占据了主导地位。中国古代的"法治论"思想以法家为代表，韩非子强调："天下事无大小皆决于法。"但这种法治思想却带有强烈的人治痕迹，因为封建君王不受"法"的统治，君王所说的话本身就是"法"。

古希腊被视为西方"法治论"的源头，但在古希腊城邦的治理实践中，很大程度上人治与法治是交织在一起进行的。古希腊的思想家们对此的认识也未有一个统一的认识。古希腊哲学家柏拉图在其《理想国》中勾画出了一个由"哲学王"统治的乌托邦国家，被认为是"人治论"的鼻祖②，其思想在晚年发生了一定转变，但仍然是认为人治优于法治。作为柏拉图的学生，亚里士多德却和老师在这个问题上有着相反的看法。亚里士多德精辟地指出"法治应当优于一人之治"，在《政治学》中他则更加明确地主张"法治应当

---

① 苗延波：《论法治、人治与德治的关系——中国与西方人治、法治思想之比较》，载《天津法学》2010 年第 2 期。

② 参见韩春晖：《人治与法治的历史碰撞与时代选择》，载《国家行政学院学报》2015 年第 3 期。

优于人治",他提出"法治"应包括两重含义:"已成立的法律获得普遍的服从,而大家所服从的法律本身又是制定得良好的法律。"① 现代西方的"法治论"在这个基础上又有了许多新的发展,观点各异,但基本都认为一部成熟的宪法、法律至上、民主政治是现代法治所不可缺少的几个要素。

我国自进入近代以来,受"西学东渐"的影响,现代西方"法治论"的思想开始传入中国,传统的"人治论"开始受到一定的挑战。但由于面临严重的民族危机,在治理模式的实践上始终缺乏一个稳定的政治土壤。新中国成立以后,在治理模式的选择上一度出现过现代法治的痕迹,但由于领导人缺乏对法治的深刻认识,在20世纪80年代之前事实上仍然实行的是传统的人治。

改革开放后,我国开始了现代化建设,看到"文革"所带来的灾难性后果使我国开始对人治模式进行深刻的反思,有关法治的讨论开始活跃起来。有学者认为"法治是一种贯彻法律至上,严格依法办事的治国方式"②,还有的学者提出"法治应是以民主为前提和目标的依法办事的社会管理机制、社会活动方式和秩序状态"③ 等。可以说法治是一个综合概念,它具有多重意义,但从治国方式的角度来说,法治是依据特定的价值观所构建的普遍认同、遵守的良法来治理国家、管理社会的一种方式④。

影片所反映的正是在这样一种时代背景下,应当采纳人治还是法治的治理模式。对于这个问题,影片也给出了自己的回答。在影片最后,虽然有无数的村民,甚至连乡里的王公安也为山杠爷求情。但在现代法治的话语体系下,法律面前人人平等,触犯了国法就必须受到惩罚。山杠爷最终还是被检察院的同志带走,接受法律的惩罚。随着山杠爷的离去,堆堆坪村传统的人治模式也将逐渐被现代法治模式所取代。

---

① [古希腊]亚里士多德:《政治学》,吴寿彭译,商务印书馆1965年版,第199页。
② 孙国华:《法理学教程》,中国人民大学出版社1994年版,第304页。
③ 卓泽渊:《法理学》,法律出版社1998年版,第106页。
④ 李瑜青:《法理学》,上海大学出版社2005年版,第156页。

三、评价

（一）影片在当时的价值

考察本片在当时的价值需要结合本片的历史背景来分析。20 世纪 90 年代，一方面，在政治上，中国的农村，特别是在像堆堆坪村这样交通闭塞、基本与世隔绝的农村，村支书在基层村落里享有巨大的权力，他们是"党政干部"，代表着国家行使对基层村落的统治权，村支书的一言一行在村里都能得到回应并有效执行。依靠着在村子里的绝对权威，很多村支书在治理村子时所采取的方式简单而粗暴，侵犯村民权利的现象时有发生。另一方面，在经济上，以 1992 年邓小平南方视察为标志，中国的改革开放进入一个新的时期，建设社会主义市场经济成为当时社会的主要思潮，市场经济以其强大的活力渗透到中国大地的各个方面。市场经济的飞速发展使得中国的现代化建设进行得如火如荼，中国社会进入了一个急剧变革的时代。和现代化相配套的民主、法制开始渗透到中国社会的方方面面。在这样一种政治经济背景下，法、法律、法制等逐渐成为当时社会上的流行词。

本片也受到了时代背景的影响，以法制宣传作为影片摄制的主要目的之一。影片中的山杠爷可以说是当时中国农村村支书中的一个典型。从他的治理目的来看，他是真正想为人民服务，希望村民们能够过上好日子。从他的治理效果来看，堆堆坪村秩序良好，多次被上级政府表扬，他在堆堆坪村的治理取得了良好的效果。毫无疑问，山杠爷的治理目的和治理结果都具有正当性，并且从山杠爷的人物形象来看，他也绝对是一个好人、一个能人。但山杠爷治理目的和结果的正当性却改变不了其行为的违法性，无论是好人还是能人，在法律面前都一律平等。"好人犯罪""能人犯罪"也必须接受法律的制裁。正因为如此，山杠爷的故事普遍被认为是一个悲剧，这样的悲剧刻画使得该片给观众留下了深刻印象，该片也因此在当时产生了不小的影响。特别是在广大的农村，通过露天电影的形式放映后，对村支书以及普通村民产生了不小的震撼。习惯了注重治理结果而不注重治理过程的村支书开始意识到现代法律的威严，逐步地规范自身的治理行为。对普通村民而言，对法律有了新的认识，他们不再只将法律看作是"惩治坏人"的，逐步意识到法律可以用来保护个人的权利。可以说，该片所欲达到的法制宣传的目的基本实现，作为一部法制电影，其价值更在于在人民群众中传播"法律面前人人平等""法律是保护个人权利的利剑"这样的法制思想。

（二）从当代法治中国的建设看影片的价值

党的十八大对法治问题进行了浓墨重彩的论述，阐述了一系列新思想、新论断，并且做出了全面推进依法治国的战略部署。习近平总书记就法治建设发表了一系列重要讲话，明确地提出了"法治中国"的科学命题和建设法治中国的重大任务，将法治提升到了治国理政的新高度。习近平总书记在党的十八届四中全会第二次全体会议上曾谈道："法治和人治问题是人类政治文明史上的一个基本问题，也是各国在实现现代化过程中必须面对和解决的一个重大问题。纵观世界近现代史，凡是顺利实现现代化的国家，没有一个不是较好解决了法治和人治问题的。相反，一些国家虽然一度实现快速发展，但并没有顺利迈进现代化的门槛，而是陷入这样或那样的'陷阱'，出现经济社会发展停滞甚至倒退的局面。后一种情况很大程度上与法治不彰有关。"这番讲话表明，对于人治与法治的争论，我们国家给出了自己明确的回答——那就是要法治不要人治。

当代法治中国的建设要求以法治作为治理国家的基本模式，乡村社会也必然地要全面推进治理模式由人治向法治的转变，从而实现构建良好的乡村社会秩序的目的。但值得注意的是，乡村社会有乡村社会自身的特点，乡村社会是一个"低头不见抬头见"的熟人社会。熟人社会的一大特点在于，面子文化盛行，人与人之间交往非常看重面子，一个人的面子、名声是进行人际交往最重要的要素之一。这样的一种特点，使人治模式在乡村社会有着极强的社会基础。透过《被告山杠爷》，我们也可以看到人治模式在乡村社会具有高度的契合力，村民们已经习惯了这种治理模式，甚至自发地为山杠爷求情与辩护。现代法治进入乡村社会后，迅速摧毁了原来的人治模式。人治模式虽然被摧毁了，但法治模式在乡村社会的建立仍需一个过程，这就导致原本稳定的乡村秩序面临瓦解的危险。费孝通先生在《乡土中国》中曾写道："现行的司法制度在乡间发生了很特殊的副作用，它破坏了原有的礼治秩序，但并不能有效地建立起法治秩序。法治秩序的建立不能单靠制定若干法律条文和设立若干法庭，重要的还得看人民怎样去应用这些设备。更进一步，在社会结构和思想观念上还得先有一番改革。如果在这些方面不加改革，单把法律和法庭推行下乡，结果法治秩序的好处未得，而破坏礼治秩序的弊端却已先发生了。"①

距离《被告山杠爷》上映到现在已经有20多年，20多年过去了，中国的法治进程经历了从"法制"到"法治"的飞跃。从这20多年中国社会发展的历史来看，中国社会正在经历一个前所未有的转型时期，在这个转型时期内，乡村社会的治理模式由人治转向法治是一个必然趋势，但如何推进这一治理模式的转变却并不是一个简单的问题。站在当代法治中国建设的角度思考，《被告山杠爷》给我们带来的至少有以下几点价值：

第一，普法是乡村社会从人治走向法治的必由之路。法治中国建设，离不开普法，中国乡村社会法治化也离不开普法。普法是通过普及法律知识来培养农民的法律意识，进而提高农民的法律素质，具体表现为，普法可以改善农民对法律认知的现状，可以增强农民遵守法律的自觉性，提高农民运用法律的意识和能力。只有国家正式法律到达了乡村社会，才能进一步弘扬法治精神，从而在整个乡村社会形成自觉守法、主动用法的氛围，良好的法治氛围能够减小在乡村社会推进人治向法治转变的阻力。

第二，"把权力关进制度的笼子里"是乡村社会由人治走向法治的根本要求。法治不仅是一种制度设计和运行机制，更是一种现代化的治理模式，作为一种治理模式，它并没有一个固定和一成不变的表现形式，法治的特征是多样的，但"把权力关进制度的笼子里"却是它的根本标志②。乡村社会虽然处于国家统治力量的末端，但村支书作为"党政干部"，代表着国家行使对基

---

① 费孝通：《乡土中国》，三联书店1985年版，第58~59页。
② 马长山：《"法治中国"建设的问题与出路》，载《法制与社会发展》2014年第3期。

层村落的统治权，同时依靠在当地所建立的个人权威，在基层村落里享有巨大的权力。在乡村社会推进法治，实现由人治向法治的转变，就必须要控制好村支书手中的权力，让他们的权力在法律制度之下行使，无论出于什么治理目的，都必须以法律为底线，不能逾越法律来治理乡村社会。

（三）影片存在的不足

作为一部法制影片，《被告山杠爷》中所传达出来的法治思想，无论是对于当年的法制建设而言，还是从今天法治中国的建设来看，都具有重要的价值。但受制于历史条件的限制，影片不可避免地存在一些不足之处。从当代法治中国建设的角度来看，其中对于"村规"与"国法"关系①的认识不够全面。影片中有多处提到了"村规"与"国法"的关系问题，而搞清楚这个问题也是孙子虎娃写匿名信的动机。在影片中，我们可以看到"村规"在治理堆堆坪村中的作用要远远大于"国法"，这不仅是因为"国法"在一定程度上出现了缺位，更是因为"国法"到场之前，"村规"更加符合当地老百姓的在解决纠纷时的想法，并且依靠"村规"的治理，已经形成了一个良好的乡村秩序。但由于影片拍摄于1994年，在当时全国的普法浪潮下，只有国家的正式法律被认为是合理的，影片的一个主要目的也在于进行普法教育。所以影片基本上否定了村规在乡村社会治理中的作用，把村规视为封建家长所制定的野蛮陋习。但应当看到的是，作为民间法一部分的习惯法是中国文化的重

---

① 讨论"村规"与"国法"的关系，需要采纳一种不同于以往严格的实在法观念，即一种法律多元主义（legal pluralism）视角。所谓法律多元是指"两种或更多种的法律制度在同一社会中共存的一种状况"。在这样一种视角下，"村规"转换成学术话语就是"习惯法"的概念，习惯法被认为是民间自发形成的不成文规范，它多与乡村日常生活，尤其是经济活动和交往有关。习惯法乃是由乡民在长期生活与劳作过程中逐渐形成的一套地方性规范，它被用来分配乡民之间的权利、义务，调整和解决他们之间的利益冲突。习惯法的效力来源于乡民对于"地方性知识"的熟悉和信赖，并且依靠有关的舆论机制来维护，而官方的认可和支持则加强了它的效力。在影片中我们可以看到，堆堆坪村的"村规"之所以能够有效地运行，正是因为它符合堆堆坪村村民在长期的生活中所形成的对村子的认识，而且乡县政府对于堆堆坪村的鼓励与支持更是让这种习惯法具有了更强的效力，使其在治理堆堆坪村的过程中占据了主导型地位。比习惯法更宽泛的一个概念是"民间法"，习惯法通常被视为民间法的一部分。而"国法"转换成学术话语就是"国家法"的概念。由此形成了国家法与民间法的"二元结构"说。在这样一种法律多元理论的双重结构下，国家法既指由国家强制力保证的正式法律制度，也指从发达国家借用、移植而来的现代法律。与此相对应，民间法则代表着传统法律的固有法和代表着非正式法律制度的社会规范。应当看到是，对于规范社会秩序而言，起作用的不仅有国家法，还有着大量的民间法，国家法与民间法共同构筑了一个和谐稳定的社会秩序。

要组成部分,是无数代中国人以其生活实践、生命心血所形成的,其精神生命是活的,其表现形式是活的,其现实效力是活的。习惯法是中国社会活的规范,在中国广大的乡村中实际影响着当今中国人的具体行为,调整着乡村社会中的社会关系[①],想要构建一个良好有序的乡村社会秩序必须承认民间法与国家法的共存状态,不能完全否认民间法表现形式之一的"村规"在乡村社会治理中的作用。

[①] 高其才:《习惯法的当代传承与弘扬——来自广西金秀的田野调查报告》,载《法商研究》2017年第5期。

乡土中国进入法治中国背景下法理与情理的冲突与探索

——基于电影《法官老张轶事》的讨论

彭佳欣*

摘要：本文就电影《法官老张轶事》所述说的故事进行了学理上的分析，从电影梗概、电影有关法律问题的讨论以及对电影的相关评价这三个部分展开，认为这部电影通过一起争夺抚养权的案件反映出来的是现代法治理念不能很好地与熟人社会的理念以及道德伦理接洽的法律的尴尬境遇。电影中的诸多场景影射了中国社会由人治向法治的推进路程，体现出中国法治建设在艰难中不断前行，同时这部电影反映出的思想亦对当今法治中国的建设大有裨益。

关键词：情感伦理　法理　冲突与平衡　人治与法治

一、电影梗概

电影《法官老张轶事》于 2002 年 10 月 24 日在中国大陆上映。影片故事发生在 20 世纪 90 年代我国的西部农村。迎面而来的"老城墙"是本片的第一个景象，与"老城墙"相对应，另一个沉重而经典的景象是片中的"深山"。一座座大山相互勾连，朴素的黄土墙围绕着一个民风质朴的小村落。电影在对农村环境进行全景拍摄后便开始了第一个戏码即"争夺孩子"——一个扎着芥末黄头巾、身穿蓝色棉服的背影占据了全部画面，诡异的配乐声中，此人以更加诡异的动作行进。紧接着，五六个身材臃肿、男扮女装的青年涌

---

* 作者简介：彭佳欣，华东理工大学法学院 2017 级硕士研究生。

进了一个平静的村庄，几个打扮像窃贼的男人以食物诱拐了一个名叫秀秀的三四岁的小女孩。很快，发现恶行的村民追打他们，他们被迫放弃了孩子，为首的戴着黄头巾的窃贼委屈地大喊："你们追错了，那孩子是我的！"这个略显做作但吸引人眼球的开局让故事以高度的矛盾进入了叙事：农民刘三喜在前妻去世时将刚出生的孩子秀秀甩给了老丈人和小姨子，后来法院判决由小姨孙玉担任刘秀秀的监护人，刘三喜支付抚养费。可三年后，当刘三喜发觉续弦的新婚妻子无法生育便想要回秀秀。明争不得，暗抢不成，刘三喜便在城里聘得律师一位，大摇大摆地走进了法官老张家的院子，一张口便是：要孩子，打官司！① 主人公老张是一名基层法院的法官，为人憨厚正直，一直以来，他秉公办案，在村民的心目中有很高的威望。这天，邻村的刘三喜带着律师找到他，要告自己的老丈人和小姨孙玉。从情理上来说，刘三喜确实不配做孩子的父亲，可是在法律上，他作为孩子生物学上的父亲却拥有合法的监护权，这让法官老张伤透了脑筋。几经周折，在双方调解失败后，老张便开始公开审理此案。在村里举行的公审大会上，判决刚下，不满的村民就围上来痛打刘三喜和他的律师，老张上前阻止也被牵连其中。这一集体抗法事件造成了非常恶劣的影响。在情与法面前、法与理之间，法官老张陷入了两难的抉择之地。经过老张的一番努力做通各方工作后，在村里举行的第二次公审大会上，老张依法判决，作为秀秀的父亲，刘三喜是其合法的监护人。判决执行一段时间后，刘三喜从对孩子幸福成长的角度出发，将孩子归还给小姨孙玉抚养。

电影中的"老城墙"是整个意象体系的出发点：是重塑这道破败而余威犹在的道德藩篱，还是在此基础上建设现代法治屏障，这是一个复杂而沉重的命题。与"老城墙"相对应，另一个沉重而经典的景象是片中的"深山"。这种"深山"景象曾经一度散见于《被告山杠爷》等反映农村民主法治面貌的影片之中。把"故事"设计在"深山"之中发生，仿佛越是深山更深处，越能产生那种不知"王法"、唯知宗法伦理秩序的道德权威与长老自治。现实生

---

① 王海威：《现实主义的界限——从剧作角度看法官老张系列》，载《当代电影》2010年第4期。

活因为有了"山"的存在使得"山"里的人与世隔绝，陈规旧俗在中国现代化还未广泛深入的农村地区仍然根深蒂固。但是在电影《法官老张轶事》里，"深山"的威仪犹在，传统的陈规旧俗和风土人情思想依旧存在，但却风格别具，这表现在："山"离人更近，且多以"豁口"的形式出现。在本片影像语言中，"山"不再成为边界隔阂，而成为人在其中往来的勾连、纽带。穿越"豁口"的人正是一老一少两位法官。毫不夸张地说，这是一幅意味深长的具有中国特色的法治进程画卷[①]。

二、电影有关法律问题的探讨

（一）电影讨论的法律问题

农村由宗法社会进入法治时代的啼笑皆非、复杂扭结之处在片子中表现得尤为突出，法律走入古老人情社会遇到的尴尬即法律与情感伦理的冲突在这部影片中展现得淋漓尽致。这些问题恰恰是我们法院工作中经常反映出来的问题，就是怎么把人情和法理更好地结合起来。作为司法者如何更好地平衡法理与情理之间的矛盾是这部影片所体现出来的突出的法律问题。

1. "情理"与"法理"的内涵

其一，情理是常理，是人之常情，是大众情感的集中体现。在瞬间判断之时，人往往不是理性的，而是根据感性来做出第一判断，这种感性来源于人性。因此"情理"重"情"远胜于重"理"。其二，情理是风俗。风俗是人们在一个特定的社会文化区域内共同遵守的行为模式，并且历经数代，对社会成员具有一定的行为制约作用，影响人们的判断与选择。其三，情理也是一种社会中的大部分成员对于公平正义的感觉。对于公平正义的感觉因群体而异，甚至因人而异。处在不同的群体之中、立场不同、经历不同、看待问题的角度不同，都会使对于公平正义的感觉不同。然而只有大部分人都赞同

---

① 李国芳：《乡土中国与法治中国——解读电视电影〈法官老张轶事〉中的意象体系》，载《北京电影学院学报》2003 年第 3 期。

的感觉才能具有普遍性,才能形成"理",才是情理。

所谓法理,即指法律的理论依据。法理是形成某一国家全部法律或某一部门法律的基本精神和学理,具体来说,就是法官审理案件、做出判决所要依照的法律理论。现代性法律的"法理"是以个人权利保护和高度的形式化、逻辑化为内容的。正如韦伯所指出的,西方现代法律和其他法律的不同之处,主要是它的"形式理性"。他认为,西方现代大陆形式主义法律传统的出发点是有关权利和权利保护的普遍原则。它要求所有的法庭判决都必须通过"法律的逻辑",从权利原则推导出来。"每个具体的司法判决"都应当是"一个抽象的法律前提向一个具体的'事实情形'的适用";而且"借助于法律的逻辑体系,任何具体案件的判决都必定可以从抽象的法律前提推导出来"①。

2. 电影中关于情理与法理矛盾问题的讨论

法理与情理相辅相成,最终到达一个完美的平衡点当然是最好的结局,但是在实践中,往往是"鱼与熊掌不可兼得"。尤其是在一个古老的人情社会迎来法制的背景下,法律的尴尬以及法律与人情世故的冲突在影片中展现得淋漓尽致。

比如,老张在给小姨孙玉家送传票时,老庆怒道:"好人去什么法庭啊!"法官老张解释道:"人家起诉了,法院受理了,你们就要应诉。"在以老庆为代表的广大村民心中的道德标准是"好人"不应该去法庭接受审判,然而向法院起诉以维护自身的合法权益是每个公民的合法权利,法院也有义务通知被诉人到庭接受审判,我国法律对此有相应的规定,我国《民事诉讼法》第三条规定:"人民法院受理公民之间、法人之间、其他组织之间以及他们相互之间因财产关系和人身关系提起的民事诉讼。"《民事诉讼法》第一百一十四条规定:"人民法院对决定受理的案件,应当在受理案件通知书和应诉通知书中向当事人告知有关的诉讼权利义务,或者口头告知。"又如,在法庭公审现场,原告律师指责老庆:"你不是诉讼当事人,这没你说话的权利。"老庆气

---

① 郭星华、隋嘉滨:《徘徊在情理与法理之间》,载《中南民族大学学报(人文社会科学版)》2010年第3期。

愤道:"我不是当事人,我替他养了三年的孩子,现在打起官司来,我不是当事人?"很明显在老庆的认知里,作为孩子的外公与孩子有着密不可分的联系,在诉讼进行中作为孩子多年的抚养人按照情理应有说话的权利,然而依照《民事诉讼法》,老庆确实不是当事人,没有参与法庭辩论的权利。针对本案的核心问题,原告刘三喜和他的律师主张刘三喜是孩子的生父,根据《婚姻法》第二十一条"父母对子女有抚养教育的义务",刘三喜作为孩子的生父,自然拥有对孩子的抚养权,本案的法官老张站在法律的立场出发也支持原告的主张,但被告和广大村民则站在道德伦理的角度出发认为刘三喜当年抛下孩子另立门户,现在转过头来想要争取孩子的抚养权的行为是不道德的、不仁义的,不能把孩子交到"泯灭良心"的人手里。法官出于人情世故的角度很同情小姨孙玉,但如果仅以法律为准绳,必定会伤害到小姨孙玉和老丈人的情感,同时也很难说服广大村民。在法理与情理的夹缝中,作为中立的裁判者很难做出裁量。在法庭上,老张是一个严格按游戏规则办事的法官,下了法庭,他就变成了深谙人情世故的性情中人。他无疑不想使自己的人格分裂,他更不想通过自己的手伤害这个人情社会,于是他努力地在法律和人情之间寻找平衡,用法律以外的方法弥补依法办事可能给农民老庆带来的创伤。这就成了剧情发展和人物性格发展的内在动力。而在一个变化了的时代里老张的努力肯定是不会成功的,这也就使剧中老张的行为有了某种悲喜剧的色彩。但老张的努力真的是徒劳无益吗?在剧本的最后,打赢了官司的三喜却又把好不容易赢来的抚养权送还给了小姨子孙玉,它提示的是编剧本人对法律碰见人情可能产生的效果的理解:当法律走进一个古老的人情社会时,它应该最大限度地顾及人情,也就是我们一般所说的情理,这样它可以尽可能缩小两者相撞时带来的创伤。三喜送回了抚养权,但又是通过法官老张送回的,这也显示出人情社会遇上法律发生的变化[①]。由此我们可以看到法理和情理的冲突在这部电影中展现得淋漓尽致,并且这种冲突很棘手,让人很难抉择,如何处理好法理与情理的矛盾就成为一个值得思考的问题。

---

① 赵冬苓:《当法律碰到人情》,载《电影艺术》2002年第6期。

（二）学术界就情理与法理关系问题的讨论

从 19 世纪末开始，我国将现代化作为追求的目标，现代化甚至成为一种意识形态。法律现代化即法治化，又是现代化最为核心的内容之一。在这样一种语境下，将西方国家的法律进行移植取得了正当性，并成为我国近现代法律建设的主要方式。20 世纪 90 年代中国开始全面推进社会主义市场经济建设，由此进一步奠定了法治建设的经济基础，也对法治建设提出了更高的要求。1997 年召开的中国共产党第十五次全国代表大会，将"依法治国"确立为治国基本方略，将"建设社会主义法治国家"确定为社会主义现代化的重要目标，并提出了建设中国特色社会主义法律体系的重大任务。1999 年将"中华人民共和国实行依法治国，建设社会主义法治国家"载入宪法，中国的法治建设揭开了新篇章。然而，现代性的法律在中国实践过程中却与中国的传统文化发生冲突，使人们不得不对我国的法律现代性建设进行反思。我国法律现代化过程所面临的主要困境，就是在判断事情对错时，现代性法律依据的是"法理"，而长期以来中国人依据的是"情理"。当现代性法律引入中国后，这两种不同"理"的冲突就显现出来了[①]。这些问题恰恰是我们法院工作中经常反映出来的问题，就是怎么把人情和法理更好地结合起来。这几年司法部门越来越注意到情理和法理的关系问题，有很多专家也在进行专门研究。

有学者认为情、理、法在不同的文化中有不同的意蕴，在不同社会人际关系的互动和社会秩序整合中的作用也有所不同。从人的自然属性意义上说，情是本能的情欲，理是人独有的用以控制和调节人的欲望和行为的一种能力，法是人为了生存而约定俗成的习惯和风俗；从中国古代宗法伦理社会角度说，情是基于血缘的亲情及推演，理是血缘人伦之礼，法的积极含义等同于礼，消极的一面是刑；在现代法理社会中，法是基于人的主体性，实现人的尊严和幸福的规则体系，理则是人对自身和社会的公平、正义、合理的设计和选择的理性，情则是作为人的自我实现、自我满足的情感体验和人性提升。可

---

① 公丕祥：《中国法治现代化的历程》，中国人民公安大学出版 1991 年版，第 23 页。

以说，情、理、法决定人的基本生活样式，三者作为人的共同属性始终是构成伦理体系的三个基本维度①。有学者将情、理、法视为中国传统法文化的文化性状，把对于法律的情理化或情理性理解作为古人对法律精神、法律基础的文化追寻，认为现代中国人并没有完全脱出传统的范围，法的情理基础仍被视为衡量法律的标尺之一；作为联系罪罚的通道之一，它在相当程度上被认为是理解法律的基础②。有学者认为中国历史上的传统法官是非职业化的法官，其思维是一种平民式的追求实质目标而轻视形式过程的思维。这种思维方式具体表现为传统法官在法律与情理关系上往往倾向于情理；在法律目的与法律字义面前倾向于目的；在思维方面"民意"重于"法理"，具有平民倾向，把民意作为衡量判决公正与否的重要标准；思维时注重实体，轻视程序。但对于当代中国而言，我们更需要一种法的形式理性③。有学者认为伴随着中国社会结构由传统向现代的转变，法律制度也随之完成其自身的现代性转型。法制的转型与变革，构成一幅正在进行中的法制现代化的画卷。情、理、法，既是一种传统，也是一种惯性力量，在"乡土社会"中，它与国家制定法一道，调整、规范着人与人之间的关系。法理与亲情，将在很长的一段时间内，将在同一场域内进行相互追求讨价还价式的利益分配，"法律制度的亲情化"与"亲情的法律制度化"必将贯穿中国法治现代化进程的始末④。有学者认为要从立法、执法、司法、用法四个方面来重新定位法治思维体系中情法两者的逻辑关系，从而坚守情法一元的理想法治观。在法治思维中，情理和法理两者是互为表里、相辅相成的。要真正推进法治，全面实现依法治国的目标，就必须在人们日常交往的情理中寻找法律的规定性，即以生活的规定性决定法律的规定性，并反过来用法律的规定性指导、调整和规范日常生活的规定

---

① 刘东升：《情、理、法：建构现代伦理的三维度》，载《社会科学辑刊》2003年第6期。
② 霍存福：《中国传统法文化的文化性状与文化追寻——情理法的发生、发展及其命运》，载《法制与社会发展》2001年第3期。
③ 孙笑侠：《中国传统法官的实质性思维》，载《浙江大学学报（人文社会科学版）》2005年第4期。
④ 缪文升、方乐：《法制现代化进程中的"亲情"定位》，载《云南行政学院学报》2005年第2期。

性①。有学者认为尽管情理中包含不利于法理的因素,但我们不能将法理与情理割裂开来,法理与情理之间存在着对立统一的关系,法理来源于情理,情理对法理起着一定的辅助作用,有助于实现个案的正义。法理依靠理性,情理体现良知,只有符合良知的理性才是我们所追求的公义。

在法理与情理存在矛盾这一问题上,电影编剧的立场反映出了以上一些学者的观点,即认为当法律走进一个古老的人情社会时,它应该最大限度地顾及人情,也就是我们一般所说的情理,这样,它可以尽可能缩小两者相撞时带来的创伤。法理与情理是相辅相成、对立统一的,只有符合良知的理性才是我们所追求的公义。法官老张在审理案件的过程中不仅要以法律为准绳,同时也要最大限度地兼顾人情事理和道德,做出的判决不能是只讲法理不讲情理的冷冰冰的一纸文书,这也是电影所要宣扬的核心思想。

三、评价

(一) 电影对法律问题的讨论对当时社会的价值

1. 有利于推动中国社会由人治向法治变迁

在小农经济占据主导地位的中国传统社会,人们对土地有着天然的依赖情感,安土重迁的思想在人们心中根深蒂固,一个熟人社会悄然诞生。历史上的中国更多地依赖于建立在人性善理论基础上的伦理道德体系,强调人的自律,法律只是为道德服务的工具②,在传统中国社会,情理是化解纠纷的标杆,而依据情理来解决矛盾冲突则是人治社会的突出特点。

新中国成立后较长一段时间内,党和政府开始探索走法治道路,在制度建设中比较重视约束公权力的运行,并且开始了行政法制的初步建设,但是他们对法治的认识并不是很深刻。在最高领导人心理上还是更加倾向于"人治"。特别是"文革"十年,法制更是备受摧残和践踏,陷入了彻底的法律虚

---

① 谢晖:《法治思维中的情理和法理》,载《重庆理工大学学报(社会科学)》2015 年第 9 期。
② 陈亚鹏:《法律人性化与中国法治的发展》,安徽大学 2007 年硕士学位论文。

无主义。公民权利缺乏基本保障，整个国家法制都遭到毁灭性的破坏。改革开放以后，在痛定思痛后深刻反省，我们又重新启程开始了对于中国特色法治道路的探索，并逐步走向了中国特色法治道路的正途。经历了自 1978 年至 1992 年我国法制的恢复和重建时期后，举国上下对于法治的需求也随着市场经济的发展不断增长。在这种时代背景下，法治目标开始孕育，法治建设开始加速。1997 年，党的十五大明确提出依法治国的基本方略，非常鲜明地反对"人治"，奉行"法治"。1999 年，我国宪法修订时更加明确提出依法治国的目标是"建设社会主义法治国家"①。

《法官老张轶事》这部电影的推出无疑是为当时中国社会的法治建设服务的。随着法治中国建设浪潮的不断推进，随着时间的不断推移，中国社会逐渐走向现代化，中国社会的治理体系也不断走向现代化，中国社会的治理规则也不断走向现代化。当今中国社会在极大程度上摆脱了人治思想，法律逐渐成为人们心目中的最高信仰。法官老张在审理案件的过程中所坚定奉行的是法律这一准则，法官老张这一人物行为的塑造暗示着我国当时社会治理模式的转变——从依据情理的人治社会向以法律为准绳的法治社会迈进，电影中关于情理和法理存在矛盾这一法律问题的讨论有利于推动中国社会由"人治"向"法治"转型。虽然法治社会法律至上，但仍然不排除法律之外的其他因素比如人情事理在国家治理中的作用。相反，以法理为基础，兼采人情，是中国法治的应有之义。电影通过塑造在情理与法理矛盾之间艰难斗争的法官老张这一人物形象，对当时法治中国建设起到了极大的推动作用。

2. 揭示了当时中国法治推行的艰难处境并给予人们深刻反思

《法官老张轶事》以喜剧化解现实忧患，塑造了在农村底层秉公执法而又通情达理的法官老张的形象，他在依法办案时遇到了重重阻力：首先体现在老张登门拜访小姨子孙玉说明来由后却受到了对方的质疑与不解——"当初是他抛弃的孩子，我抚养到现在，居然还有脸来要"，尽管依据法律规定父母享有孩子的抚养权，但在小姨子看来，法定的抚养权不能大过良心和道德。其

---

① 韩春晖：《人治与法治的历史碰撞与时代抉择》，载《国家行政学院学报》2015 年第 3 期。

次，这种阻力在法官老张公开审案遭到众多村民指责时体现得更为淋漓尽致。法官老张严格依法定程序审案却遭到了内心固守道德的村民的横加指责，认为法官老张是在帮当初抛弃孩子的"没良心"的父亲"抢孩子"。老张在审案过程中，不断有村民议论纷纷，对法庭秩序带来了严峻考验。在这个依靠传统伦理实行"自治"的村庄里，人们敬畏的不是法律，而是心中的道德观。当法官老张最后判决孩子归父亲抚养时，义愤填膺的村民一拥而上将原告及其律师连同无辜的老张一同修理了一番，这表现出了传统道德伦理"自治"对法治的极大挑战①。法官老张象征着当时中国法治进程中艰难的推行者，一方面要照顾到古老中国的传统道德风俗和伦理文化，另一方面又要坚持依法办事，推动法治进程向前发展。

法治进程的推动不是一蹴而就、一帆风顺的，任何事物的发展都是螺旋式上升的。根据马克思主义哲学关于事物发展规律的认识，我们可以看到事物发展的总趋势是前进的，而发展的道路则是迂回曲折的。任何事物的发展都是前进性与曲折性的统一，前途是光明的，道路是曲折的，在前进中有曲折，在曲折中向前进，是一切新事物发展的途径。中国法治道路的发展亦是如此，在艰难中推行并焕发着勃勃生机。

（二）电影对法律问题的讨论对当代中国法治建设的价值

《法官老张轶事》的故事几乎每天都在我们的农村中发生，它展现的是法律进入我们这个古老的人情社会所遭遇到的尴尬和变化。法律碰上人情会发生什么？所有的人、所有的角色、所有的东西都会变：农民老庆的身份变了，他突然从为女婿三喜养了三年女儿的"恩人"变成了被告，这一点使他怒不可遏；三喜的身份变了，一个被道德所不齿的"坏蛋"居然堂而皇之地坐上了原告席而且还打赢了官司，这一点让所有的村民们怒不可遏；法庭的角色变了，它在某种程度上失去了原有的即应该按照游戏规则来裁判胜负的场所，在那个场院里，村民们一定要赋予它道德判断的功能；法官老张的身份变了，他必须在法律以外寻求另外的东西，才能把这个案子判得圆满；甚至严肃的

---

① 赵冬苓：《当法律碰到人情》，载《电影艺术》2002年第6期。

法律也变了，它必须在自身之外考虑到人情，否则，它将损害维系我们这个古老社会的最基本的人与人的关系。因此，这部影片给我们当代法治中国建设带来的思考是怎样在法理与情理之间找寻到一个平衡点，从而使法律和情感伦理的功能得到最大限度的发挥。

1. 当代中国立法实践中要注重吸收情理的传统

正如苏力所说的："中国的法治之路必须注重利用中国本土的资源，注重中国法律文化的传统和实际。"① 立法者和法律学者应当研究如何把情理原则更多地纳入法律的规范之中，使情理在法律中有更明确的地位，而不是在实践中借法理之名，行情理之实。中国是法治社会，我国法治化的进程在不断加快，法律在我国有至高无上的权威，以法理为基础的各种法律、条文、条例靠我国强制执行，并且任何人都不能挑战法律的权威。但是在法治社会，单纯地依靠法理不能解决所有问题，现在的法律并没有包含社会的方方面面，它还存在空白和薄弱的环节，这些因素需要靠情理来填充，充分发挥情理在法理中的作用。没有法理的情理使法治社会缺乏应用的权威，缺乏情理的法理使法治社会缺乏亲切感和人情味，因此两者缺一不可，将法理与情理充分融合，才能加速我国法治化进程。

往往一遇到法理与情理的冲突之时，就会有部分人首先想到并指责法律的不健全。然而，事实上，"无法可依"的时代早已过去。从某种角度上来讲，自立法的那一刻起，这个法律就已经落后于社会现实。那么我们可不可以超脱于社会现实，使法律行走在社会发展之前？很显然不能。一味地操之过急，使法律脱离了社会现实，虽然会在表面上显得立法很完善，但在"有法必依"这一环节又会到更大的阻碍。在无法根据法律解决实际问题时，只能根据情理执行，使法律成为一纸空文。因此，立法者应该做民族精神的真正代表，而不能试图通过立法来改变社会规则的自然演进过程②。此外，盲目借鉴别国对于法理与情理冲突的处理方式也是不可取的。传统中国没有西方

---

① 苏力：《法治及其本土资源》，中国政法大学出版社 2004 年版，第 6 页。
② 郭星华、隋嘉滨：《徘徊在情理与法理之间——试论中国法律现代化所面临的困境》，载《中南民族大学学报》2010 年第 2 期。

的宗教基础，法律的价值根基从来都是付诸人心。直接照搬照抄其他国家的"良法"，无视我国国情，既无法满足法理的要求，也无法令情理得到满足①。在立法时要依据我国社会现实，重视传统文化观念，关注民族与地域间的差异，尽可能使法律符合社会生活的情理，符合公众对公正的普遍期待，对情理进行归纳与总结，使之符合法律逻辑，实现法理与情理的平衡，维护社会稳定。

2. 要注重法律之外的规范体系建设

当代中国法治进程的学理基础，最初被表述为"要法治不要人治""从人治走向法治"，按照这一框架，法治的要义被归结为"法大于权"，其实质是"法律至上"，是国家权力严格服从法律规定。因此法治不是"以法治国"而是"依法治国"，不是"用法律统治"而是"法律的统治"②。由于对法治过度推崇，使得在现实生活解决矛盾纠纷的过程中法律原则向其他社会规范领域不适当地扩散。但是法律作用总是有限的，有些社会领域法律并不能有效地去调节，可以将其让位于家庭伦理、公共道德、职业道德、风俗、行业或社区规范等规范体系去调节，达到"各安其位、各尽其能"的效果。

目前许多民间冲突正是起因于国家法律与民间风俗习惯的冲突。法人类学家吉尔茨针对法律现代性的盛行，提出法律和民族志的运作凭靠的乃是地方性的知识。另一位民俗学家萨姆纳则更明确地提出，法律是建立在民俗的基础上的，一个社会中的某种社会风尚能够得到普遍遵守，就会发展成为正式的法律。因此，立法必须在现存的社会风尚中寻求立足之地，立法如果要做到难以被破坏，就必须与社会风尚相一致。而我国的实际情况则是法律现代化的话语主导国家法律的建设，在司法过程中，国家法律又对地方风俗习惯形成了绝对的优势。中国人说"十里不同风，百里不同俗"，更何况中国地域广大、民族众多，社会发展极不平衡呢？所以国家法律应当为民间习俗让渡出足够的空间，根据各地实际，将民间习俗通过地方性立法或判例认可的

---

① 郭忠：《法理和情理》，载《法律科学（西北政法学院学报）》2007年第2期。
② 凌斌：《法律与情理：法治进程的情法矛盾与伦理选择》，载《中外法学》2012年第2期。

形式纳入法律体系当中①。

（三）电影的不足之处

虽然法律倡导理性和公正，但是本片以喜剧的形式化解罪与罚的价值判断，有着某种朴素的理想主义情怀的法官老张骑着自行车飞驰在山间，他的身后，法治精神正日益触动着乡土中国的神经，渐渐成为中国未来民主政治地平线上巍然的风景，中国法治在前进的路上不断聆听来自"泥土"深处的交响②。这部电影放在当时上映的年代来看，对中国社会由人治向法治转变起到了很大的推动作用，也起到了向广大民众普及法律知识的作用。放在当代法治中国的建设实践中来看，又对法治的内涵完善提供了启发与借鉴。总体来说这部影片所讨论的法律问题是很有价值的，但如若真要吹毛求疵谈谈这部电影的不足之处，笔者想谈谈自己的微薄之见。

笔者认为，这部电影的不足之处在于司法者处理案件纠纷时充分衡量法律与人情伦理的智慧没有在影片中较为突出地体现出来。首先，这部电影在法官审案的情节塑造中更多展现的是司法人员对法律的严格遵守。在电影的人物塑造中，法官老张严格依据我国《婚姻法》的相关内容，虽然内心深处颇有不甘，但始终立场鲜明地支持生父也即刘三喜对孩子的抚养权。作为观众，我只单方面地看到了法理与情理冲突时要以法理为准绳，情理在这其间发挥的作用不是很突出。情理层面更多地体现在法官对双方当事人的游走安慰上，缺少法律意义上的兼采人情。比如法官在审理这起抚养权纠纷时，可先行进行调解，以此来避免双方对簿公堂，避免法律碰撞人情遭致尴尬。在调解过程中，除了可以发挥法律的功能外还可以综合人情事理以及道德规范来对纠纷进行调节，这可能是本部影片所缺憾的一点。这部电影所宣传的思想显然对于当时中国的法治发展是起到了一定的推动和宣传的作用的，但是基于当代法治中国的建设而言，我们在强调依法治国的同时也要与以德治国

---

① 郭星华、隋嘉滨：《徘徊在情理与法理之间——试论中国法律现代化所面临的困境》，载《中南民族大学学报（人文社会科学版）》2010年第2期。

② 李国芳：《乡土中国与法治中国——解读电视电影〈法官老张轶事〉中的意象体系》，载《北京电影学院学报》2003年第3期。

相结合，我们除了要重视法律体系的建设之外，也要高度注重法律之外的规范体系建设，不能让法律在解决纠纷的过程中"单打独斗"。法律的运行要植根于社会的土壤，没有法理的情理使法治社会缺乏应用的权威，缺乏情理的法理使法治社会缺乏亲切感和人情味，因此两者缺一不可，将法理与情理充分融合，才能加速我国法治化的进程。

依法行政与接地气

——评电影《碧罗雪山》

时 彭*

摘要：21世纪初，我国的社会主义法律体系基本形成。然而，社会转型时期，地区法治发展差距大，尤其是边远乡村地区，仍然保留着传统人治模式，一面是政府强力推进的法治触角，一面是根深蒂固的传统思想文化，面对这一看似矛盾的对立局面，政府如何依法行政才能取得更好的社会实效？文章首先从法律视角对剧情进行梳理，其次分析了该电影在推动我国法治建设中发挥的作用，最后结合当今全面推进依法治国的政策背景，分析了电影在当今的价值。中国法治建设即将走过又一个10年，但是政府行政行为缺乏合理性的问题依旧存在。对这个问题的探讨将是我们需要长期面对的话题。

关键词：碧罗雪山 依法行政 合理行政

一、故事介绍：边远乡村的法治实况

《碧罗雪山》是刘杰导演《马背上的法庭》后创作的又一法制电影，是新中国成立60周年的献礼片。影片中的演员均为傈僳族当地居民，对白采用傈僳语是该电影的一大特色。没有太多跌宕起伏的情节、刻意夸张的表演、浓妆艳抹的场景，刘杰用了非常朴素的手法，以冷静、凝练的镜头，记录了青

---

* 作者简介：时彭，华东理工大学法学院2017级硕士研究生。

山绿水间发生的故事①。

多利拔是村中的长老,他的话语总是充满哲理,包含了许多傈僳族的传统和旧俗,也映射了人们的无奈和担忧,在传统与现代、精神与现实之间人们一直被选择困惑着,他是那股"神秘力量"与村民沟通的中介人。基于这层神圣的光环,长老的话总能使村民信服。迪阿鲁是多利拔的孙子,他爱着木扒的妹妹吉妮。因为哥哥外出挣钱一去不回,迪阿鲁苦思冥想要寻找外出的哥哥,爷爷却要他按照傈僳族传统娶嫂子为妻。傈僳族族人坚信黑熊有灵,会惩罚作恶之人,把幸运带给好人。因为熊是傈僳族的氏族图腾,熊又是国家保护动物,杀不得且私藏枪支也违法,随着熊数量的日益增多,村落频频遭遇熊的袭击——糟蹋庄稼、咬死牲口,有时更会伤人。迪阿鲁身为村民小组长,由于上头的补贴迟迟不到,天天要跋山涉水去乡里为村民索要赔偿,同时磨破嘴皮地宣传国家林业法规。三大坡有两个孩子,儿子木扒和女儿吉妮。村民们集体耕种,日落而息,各家各户紧紧团结在长老的周围。

故事发生在云南西南部,靠近中缅交界的地方。山脚下就是咆哮奔流的怒江。傈僳族古老的村落就依碧罗雪山而修建。雪山只有站在高处远眺时才可以看到,如同一种精神象征,当长者和村民遇到问题麻烦时,他们会祈盼神灵的指引,而神秘莫测、远远高耸的碧罗雪山就成了至高无上力量的化身。村中的居民世代生活在这"云端深处",与外面世界的联络仅依靠一条溜索。村中的多数村民一辈子没有接触过村外的世界。因为一条河的阻隔,女儿出嫁,母女俩痛哭地仿佛生离死别。也是因为这条河,迪阿鲁从"外面世界"带回的一面镜子就能让吉妮视如掌上珍宝。

故事的情节以两条线索展开。第一条线索是人与熊的抗争。随着黑熊数量的增多,黑熊进村破坏庄稼的情况时有发生,甚至发生过黑熊伤人事件。熊吃羊,熊也吃人,但熊是被信仰保护的。熊是祖先,老祖这么认同,于是村民都这么认同。这里,信仰保护熊已经演变为一种传统习俗的规则,变为全村人的价值观,即使它保护男权,充满原始意味,看起来并不合理。村民

---

① 王砚文:《〈碧罗雪山〉为什么悄然走红?》,载《北京日报》2011年6月30日。

的安逸生活就这样被不断侵扰的黑熊打搅。没有了耕牛,如何劳作?没有了猪、养,如何卖钱?在巨大的经济损失面前,村民的生活难以为继,然而政府的赔偿却捉襟见肘。木扒想到了一个挣钱的"好法子",去卖红豆杉的树皮!迪阿鲁作为村民小组长,积极宣传保护林木的法律,但是效果并不如意。当村民听说木扒触犯了"国法",他们当中的大多数人并不知道"国法"究竟是什么。因为语言障碍,即使是迪阿鲁,全村最先进的年轻人,在民警履行告知义务时也只能露出不解和惊愕的表情。在国法面前,卖树皮的木扒只好认罪伏法。他在被铐上冰冷无情的手铐时才认识到自己的行为为法律所禁止;在国法面前,木扒的父亲三大坡束手无策,唯一的办法是将女儿吉妮许配给有钱的地痞,试想此刻他的心中除了无奈与悲痛,一定还有仇恨吧;在国法面前,在古老的传统面前,木扒的妹妹吉妮只好选择委屈自己,放弃爱情,但是她绝对不会放弃自己纯洁的心灵,所以她不惜以付出生命为代价。政府为了调和这一场人与自然的矛盾,要求全村村民搬迁。搬迁对于政府来说无疑是保护生态环境与维护村民生命经济安全的两全之策。而搬迁之于村民确是数典忘祖、抛弃种族信仰的天大的事情。面对村民的抗拒,政府下了最后通牒,如果不搬迁就杀掉山上的黑熊,最终迫于压力,村民们搬离了碧罗雪山。多利拔独自坐在路边,疑惑着自己的这个决定,思索着傈僳族的未来。

第二条线索是迪阿鲁与木扒妹妹吉妮恋爱的过程。没有伴奏带也没有人工的修饰,两人共同割麦时唱的情歌实在太过动人。但这种青梅竹马的美好情愫却因为现实破裂成泡影。父兄不回来,迪阿鲁就必须抛弃自己惹人怜爱的发小妹妹,服从爷爷的安排。因为他不仅仅是吉妮的爱人,也是宗族的一分子,他必须尊重老祖,尊重传统。吉妮在古老的传统面前,也无力反击。为了父亲的心愿,为了哥哥的命运,为了襁褓之中的侄儿,她只能牺牲自己,永远消失在大山深处。剧中恋爱、婚姻家庭的刻画,细致地展现了傈僳族的风俗传统。我们不禁被这样淳朴、未经世俗沾染的民风打动,但同时也能感受到它的原始、腐朽。女性地位低下是影片中反映出的突出表现。作为女儿的吉妮不能有自主选择婚姻的权利,她的爱情幸福由父亲一手包办。谁家出的彩礼多就嫁给谁,待嫁的女儿仿佛沦为改善家中经济条件的工具。作为媳妇的木扒的妻子在家中没有话语权,家务上的一点差错便会招致丈夫与公公的大骂。

我们可以看到,虽然法治建设不断推进,但是由于地理环境等因素的制约,基层政府的法治触角依然难以深入广大的农村边远地区。政府的角色因此而处于一种尴尬的两难境地。一方面,村民集体内部的权威力量仍占据着较重的地位,纠纷解决依靠单一的长老出面调解的方式。影片中,黑熊闯进村,叼走三大坡家的一只羊,三大坡怒气冲冲到老祖多利拨家讨公平,而老祖却绕过政府只谈祖先。当媳妇放牛时没留神让牛掉下山沟摔死,三大坡首先找到老祖倾诉不快,要求赔偿。这样一来,政府普法工作难以展开,法律成了游离于村民日常生活之外的摆设,政府形象得不到正面展现。另一方面,由于村民对法律缺乏正确认知,政府的措施也常常不能获得村民的理解认同。拿不到足够的赔偿数额只会招致村民的抱怨,长此以往,村民积怨深重,行政工作更难展开,政府权威更难树立。

二、电影中讨论的法律问题

政府人员多次进入村寨苦口婆心地劝说村民搬迁,不但反映出当地政府对村民生命财产安全事件的重视程度,亦是加强生态保护之举。然而其具体执行及实施效果均不尽如人意。

(一) 影片反映出的法律问题

1. 行政决定不被接受

影片的主线围绕着熊与人展开,村民一方面希望保护熊,另一方面也不想搬迁出他们久居的山村。村民对政府决定的抵触表现在多个方面。首先,村民不满政府的补偿决定。电影中,迪阿鲁多次往返于县城与村民家中,如此苦苦奔波却依旧时常引得村民不满,因为政府发放的补偿款和村民受到的损失相比捉襟见肘。政府与村民的互动紧紧依赖着迪阿鲁这个连普通话也不会说的中间人。政府与村民的沟通障碍严重影响了村民的不满情绪的排解。村民恨上了政府,也顺带着恨上了迪阿鲁。另一方面,木扒砍伐红豆杉树皮卖钱惹祸上身，然而法律此时仅仅发挥了其强制作用，更重要的教育感化作用却被遮蔽了。村民对法律的认知程度不高，不知木扒的行为为法律所禁止。面对这一突如其来的变故，他们不能运用法律武器来维护自己的权利，也不懂得以法律途径解决问题，因而产生一种与政府对立的情绪，政府公信力降低。新仇旧恨纠结在一起，将矛盾愈演愈烈，村民渐渐习惯于采用自力救济的方式保护自身权益，最终引发了吉妮出走的悲剧。在村庄是否搬迁的问题上，村民与政府也产生了分歧。村民基于尊重传统的思想不愿意离开他们世代居住的家园，政府打着保护民村、保护生态的旗号要求村民与自己的信仰对立，而不考虑人情因素。影片结尾，村民依次通过溜索搬离了大山。山下为他们造好了房子，通好了水电，他们却丢失了最宝贵的东西，傈僳族文化的传承成了个谜。

2. 为什么不接受

（1）公众参与不足。政府决策过程中的公众参与是指公众以恰当的方式表达自身的利益要求[①]。任何社会系统都不是孤立的，政府系统也是与社会其他部分相互联系的，公众参与对于地方政府决策意义非凡。政府单一主体的决策往往是片面的，因为其掌握的信息和资源是不完全的。在缺乏监督的情况下，有时更会利用信息不对称来扩大自己的利益，损害民众的利益。因此公众通过政治参与，表达自己对共同利益分配的意见，使地方政府也借此取得了相关背景材料，了解民情民意，最大限度地集中公民的集体智慧，以此来提高决策的水平、地方政府的声望。影片中，村民与政府之间甚至缺乏最基础的语言媒介，公众参与无从谈起。唯一的意见交换仅是通过族长多利拨与迪阿鲁独立个人完成的。

（2）法治环境恶劣。很多时候，村民并不是不想表达心声，而是因为他们的教育水平和文化素质低下，不懂得如何去参与决策、参与地方治理，所以更多时候他们几乎根本不参与。结合影片的背景资料，在那样边远的闭塞地区，交通极不发达，村寨与外界几乎隔绝，村民的"法治"意识被宗族传

---

① 王士如、郭倩：《政府决策中公众参与的制度思考》，载《法学研究》2010 年第 5 期。

统支配。游离于法律之外使他们对政府抱以畏惧的心态。从屡次数额不足的补贴金到最终吉妮出走，索要赔偿被拒绝，村民心中积聚着怨气与不满，然而他们不知该如何反馈自己的想法，面对高高在上的政府，许多时候更是不敢发声。

（3）决策能力欠缺。现实社会生活纷繁复杂、变幻莫测、重叠交织，形成了一张规模庞大的社会关系网，这张网内充斥了千差万别的利益。不同的利益之间相互不能兼容就形成了利益冲突。因而政府决策者应当在做出决定前充分考虑相关因素，从整体的角度出发，统筹兼顾，避免决策的随意性和片面性。各种现实的利益关系经立法兼顾后所形成的格局，人们才能理性地遵从，社会才能稳定和谐。影片中，政府片面地追求环保政策的落实，却忽视了村民心中的"环保观"与政府的环保理念之间的差别。

（二）学界对该问题的讨论

政府移民的目的是保护当地居民的生命财产安全，缓解生态环境危机。县政府要求村庄集体搬迁的行政决定既符合法律规定也具备正当目的。但是村民的一系列反应表明，他们似乎并没有从心底真正认同政府的决定，而是演变成了一场为了维护"信仰"（政府不杀熊）迫不得已的交换。村民为什么不愿意接受政府的恩赐？政府如何作为才能真正符合百姓心中的法？依法行政的前提是正确适用法律，不与已有法律相抵触，即便如此，合乎法律的行政行为面临为人不服的窘境也使其正义性大打折扣。如博登海默所言，真正谈得上是伟大的法律制度，要能将刚性与灵活性相结合，要以一种妥协的手法达到这种完美的目标，使人们即使在不利的条件下也能存在并且免受灾祸①。此类不被接受的行政决定不但起不到建设法治社会的作用，反而使官民矛盾激化，人民的抵触情绪越浓重，政府的公信力越下降，形成恶性循环。电影引发了学界对现实法治建设中存在的相似问题的探讨。在这个问题上，学界提出了不同的理论观点。

---

① ［美］博登海默：《法理学：法律哲学与法律方法》，邓正来译，中国政法大学出版社1999年版，第405~406页。

有些学者尝试借助软法理论来寻找避免政府决策机械化的解决之道。"软法"概念在学术著述中有多种表述形式,例如"自我规制""志愿规制""合作规制""准规制"等①。"软法"是指那些效力未必完整、无须依靠国家强制保障实施但能产生社会实效的法律。与之相对的是"硬法","硬法"是指那些需要依赖国家强制力保障实施的法律规范。软法之所以成为法,是因为它具有法的基本特征。同时,它又以不同于硬法的方式体现出法律的共性特征。软法更侧重于反映国家意志之外的其他共同体的利益诉求,并且表现出一种松紧不一、强弱不等的法律效力。支持该理论的学者认为,要解决公共问题必须综合利用多种制度资源,不能将建设法治政府、法治国家与法治社会的希望完全寄托于由立法机关创制的硬法之上,否则一方面造成立法机关的超负荷运转,另一方面又会造成本土制度资源的浪费。另一部分学者提出了"互动性行政行为"的概念②。互动性行政行为需要满足以下几项构成要件:行政权要件。只有具备行政权的组织或者个人作出的行为才可能执行法律并作出行政行为,不具备行政权的组织或者个人作出的行为不是行政行为。当事人意思表示要件。行政主体与行政相对人甚至其他利害关系人,在行政行为过程中必须有双方甚至多方的主观积极意思表示。自由裁量权的存在。正是由于行政主体存在着自由裁量权,使得行政主体可以在其职权范围内灵活作出行政行为,互动性行政行为的存在和适用范围的扩张具备了条件。行政主体可以在其裁量幅度内根据多因素自由选择其行为方式和具体行为内容。行政主体在作出行为时要考虑到行政相对人对其欲作出行为的态度和接受度,通过与行政相对人协商对话的方式更能够使其采取最小成本而实现其目的的利益最大化。还有一部分学者提出了可接受性理论。我国的法治政府行政"可接受性原则"最初由美国行政法学者盖尔霍恩提出,他认为一个行政决定具有更高的可接受性的前提是充分顾及相对人的利益,按照相对人所有理解的方式进行,并且这个行政决定本身的质量也会更高。反之,如果人民认为

---

① 罗豪才:《认真对待软法——公域软法的一般理论及中国实践》,载《中国法学》2006年第2期。

② 程建:《互动性行政行为研究》,苏州大学2008年博士学位论文。

行政机关的决定是武断的、有失公正的,结果不仅会削减人民遵守决定的自愿性,而且会破坏该行政机关在人民心中的信任感①。推进可接受性的行政法治至少包括两个方向的内容:第一,推进立法的可接受性;第二,推进执法的可接受性。其中,立法领域的可接受性主要关注行政法律规范的内容能否被社会理解和认可;执法领域的可接受性则关注行政决定的内容能否被社会理解和认可。以上学者虽从不同的理论入手,但是大部分学者对待这个问题时,都站在了与电影观点一致的角度。

三、评价

(一) 当时背景下该电影的价值

依法行政的根本目的是建设法治政府。我国的依法行政建设是一个长期的、艰巨的过程。1978年十一届三中全会确立了"有法可依,有法必依,执法必严,违法必究"的社会主义法制建设十六字方针。这为我国依法行政的建设拉开了序幕。1985年,为了解决立法滞后的问题,适应改革开放之后不断发展的新形势的需要,全国人大授权国务院在相关法律正式颁布前,可以先行制定经济类法规,以解燃眉之急。1990年,《行政诉讼法》出台,从根本上改造了行政机关的思维定式,自此,行政机关开始小心翼翼地在法制轨道上执法,以避免被告上法庭的风险。1993年11月党的十四届三中全会通过《中共中央关于建立社会主义市场经济体制若干问题的决定》,第一次正式提出了各级政府都要依法行政、依法办事的要求。随后,我国陆续颁布了1994年《中华人民共和国国家赔偿法》、1996年《中华人民共和国行政处罚法》、1997年《中华人民共和国行政监察法》、1999年《中华人民共和国行政复议法》、2000年《中华人民共和国立法法》和2003年《中华人民共和国行政许可法》等诸多法律。1997年,党的十五大正式把"一切政府机关都必须依法

---

① [美] 欧内斯特·盖尔霍恩:《行政法和行政程序概要》,黄列译,中国社会科学出版社1996年版,第1页。

行政，切实保障公民权利"写入执政党的工作报告。1999年，国务院发布《关于全面推进依法行政的决定》确立了依法行政的指导思想和要求，并从加强政府立法工作、加大行政执法力度、强化行政执法监督等方面对依法行政作了规定，要求各级政府和政府部门提高对依法行政重要性的认识，带头依法行政。2003年3月，新一届国务院修订《国务院工作规则》，将依法行政正式确立为政府工作的三项基本准则之一，并明确规定依法行政的核心是规范行政权力。2004年，国务院发布《全面推进依法行政实施纲要》确立了建设法治政府的目标，提出要全面推进依法行政，是进一步推进法治政府建设的重要纲领性文件。2007年，党的十七大报告要求，"依法治国基本方略深入落实，全社会法制观念进一步增强，法治政府建设取得新成效"。2008年5月，九届人大二次会议又将"依法治国，建设社会主义法制国家"写入宪法。同时，国务院通过《关于加强市县政府依法行政的决定》，要求充分认识加强市县政府依法行政的重要性和紧迫性，大力提高市县行政机关工作人员依法行政的意识和能力，并从决策机制完善、规范性文件监督管理制度健全、严格行政执法、强化行政行为监督、增强社会自治、加强领导等几个方面提出了具体举措。2010年，为在新形势下深入贯彻落实依法治国基本方略，全面推进依法行政，进一步加强法治政府建设，国务院发布《关于加强法治政府建设的意见》。"到2010年底，全国人大及其常委会已制定现行有效法律236件、行政法规690件、地方性法规8600多件，中国社会主义法治体系的构建基本形成，'有法可依'基本得到落实"[①]。

总的来看，截至2010年，我国已完成多部法律的制定，大批法律法规进入实际运行当中，以宪法为核心的法律体系已初具规模。在这一社会转型时期，公民与组织摆脱了政府强权和计划经济的束缚，兴起的市场经济使每个市场主体成为独立的个体，"人治"社会向"法治"社会转变。多年前无法可依的局面已经扭转，依法行政建设面临的问题不再是法律依据的欠缺，而是如何使政府的行政行为不仅合乎法律法规而且更加合理，更加让公民组织产

[①] 转引自孙红军：《中国地方政府法治化：目标与路径研究》，苏州大学2016年博士学位论文。

生心理认同。这是由中国社会转型的固有特点决定的。中国的改革进程是一种"自上而下"的模式，政府作为社会转型中最有力的推动者，通过政治力量逐步地推进改革的步伐。最先在经济领域，通过社会结构的相互影响、相互作用，带动政治、社会、思想文化等层面的共同转变。这种政府主导下的变革决定了中国社会的转型必然是渐进的、不均衡的。地区法治发展的不平衡与法律模式的混合并存是法治建设领域的突出特点。这一时期，学界对依法行政问题的聚焦点也在发生变化。学者们讨论的重点不再是法治建设中具体法律制度欠缺的问题，更多的是结合社会实际探究如何使政府依法行政更具合理性的问题。

电影《碧罗雪山》深刻地披露了边远乡村人治与法治混合并存，基层政府依法行政开展不利，矛盾不断的社会现实。电影向观众传递的法治思想是，政府决策应当建立在行政决定合法的基础上，但是更应该关注民意与民益。以下三方面因素应该被包括在内。

1. 制度要素

从实体法上看，少数民族地区的整体法治状况决定了有法不依是一种较为普遍的现象。电影中描述的傈僳族村庄与外界的交往仅靠一条溜索维系，大大限制了村民经济活动的范围，使得当地经济的发展状况仍留有很强的自给自足的痕迹。在一个经济不发达的地域里，其他建设也难以做好。法治建设同样需要一定的物质基础，司法程序的运行、普法教育都以良好的经济发展状况为前提。执法环境是影响法治状况的另一重要因素。一方面，少数民族大多具有浓厚的宗法观念与民俗传统，群体内部纠纷往往依靠族内的规则，如长辈调停、习惯传统等方式得以化解，这便是他们心中的"法"。影片中，三大坡不止一次地与邻里发生纠纷，小到死了一牲畜，大到女儿出嫁，面对这些问题，他首先想到的是向老族长汇报，请他评理，法律对村民来说只是"摸不着头脑的"摆设。另一方面，我们也注意到，语言因素也影响着少数民族地区的法治状况。木扒被捕后，迪阿鲁作为村小组长，是村民与政府沟通的"桥梁"，竟然也听不懂办案人员的普通话。在这样的背景下，以人治占主导地位的少数民族地区，就出现了法律被行政措施、行政命令所替代的现象。

法律是统治阶级意志的调节器，如果法律沦为一种装饰，则不仅法律的作用得不到发挥，还会破坏法治建设的基础，人民对政府权威的信任。随之，人民对政府行政决定的接受度也会降低。法轨既定则行之，行之信如四时，执之坚如金石。

从程序法角度看，移民对一项行政决定的接受，来自双方主体之间的"合意"。因此，边远少数民族地区消息闭塞的环境，催生的双方主体间信息沟通的障碍，是影响政府行政决定可接受度的又一原因。意见交换过少，极易引发信息的误解与失真。影片中反映的政府与民间对话的状况令人担忧。从搬迁方案的制定到落实，政府与村民间前后仅经历过两次简短的沟通。沟通的目的是政府通过解说使得村民对搬迁计划有更深入的了解，从而产生认同。电影中表现出的沟通形式没有实际意义。首先，没有吸纳大多数村民，使他们参与到谈判过程中。平等的参与是正当程序的必然要求。其次，村民在政府面前不享有平等的话语权。在两者的沟通过程中，政府是资源与力量的集合，拥有较强势的话语权，村民处于弱势地位，这在一定程度上限制了村民利益要求的表达。在政府杀熊的威胁面前，村民同意搬迁是一种妥协，自然产生抗拒心理。再次，无论多完美无缺的制度，缺少了法律的规范，也容易产生恣意。生态移民过程中，意见沟通机制的建构需要在立法层面上着力，必须通过某种制度安排，消除引发误解和失真的根源。

2. 文化要素

以电影中反映的傈僳族为例，"比扒文化"① 是傈僳族源远流长文化的集中体现。他们的文化传统中蕴含着朴素的万物同源、万物有灵思想。整个宇宙是人鬼神灵及各种精怪共同生存的空间，除了人与人、人与自然的关系外，人还无时无刻不与各种鬼怪神灵打交道，人类要想有个良好的生存空间，就必须与有形无形的万物协调好关系，与之和平共处。"只要人们崇敬万物，万

---

① 比扒文化，指傈僳族人通过参与由傈僳族比扒主持的重大祭典和渡亡法事活动、诵经歌舞等，在特定场合以特定方式集中传递和展示傈僳民族发展的自然历史形态和物质精神创造成果，表达傈僳族传统的自然观和人文观，并为傈僳族人民世代相承的文化形态和传统。参见韩迎迎、李智环：《试析傈僳族的"比扒"文化》，载《教育文化论坛》2013年第5期。

物就能有灵有感，不会与人为敌，人类就能享受和平安康，否则人类就会受到各种形式的惩罚"①。因此，在保护生态环境的问题上，政府与村民基于不同的文化背景，产生了不同的认知。傈僳族村民从古老的万物同源、万物有灵思想出发，十分注重生态系统的维护。在村民心中，杀熊就是犯法。这是一种原始的保护自然的思想。在人类历史不断变迁的长河中，这种思想观念一直存续至今本身就说明了它具备一定现实基础。根据克利福德吉尔兹的"地方性知识"理论②，民间习惯的产生、民间文化的塑造总是与一定的地理自然环境、历史发展状况、风土人情相联系。傈僳族村民在生产实践过程中就已经形成了"万物同源"的生态价值观。他们认为对自然怀有敬畏之心就是在保护生态。相反，是政府的政策一步步侵蚀他们赖以生存的生态系统。政府对生态资源的开发，破坏了生物多样性，导致生物链断裂，才使得山上黑熊数量无节制地增长，引发了黑熊危机。

政府则站在保护村民生命财产安全的立场上，忽视了村民固有的地方性知识和来自生活的体验，将"保护环境，远离家乡"的逻辑建立在人与自然的对立之上，割裂了移民与环境保护的关系。这才导致其颁布的政策推行受阻，受到村民抵制。这折射出了政府行政决定在多大程度上被村民所接受，取决于该政策与村民固有思想文化观念的契合程度。一个由亲缘、地缘、宗族、民间信仰、乡规民约等深层社会网络连接的村落乡土社会，其终结问题不是非农化和工业化就能解决的③。

3. 社会心理要素

一项行政决定的推进，有赖于社会成员的内心确信。在传统乡土社会，

---

① 刘雁翎：《论西南少数民族的生态法治观价值》，载《中国社会科学院研究生院学报》2016年第2期。

② 我们将"地方性知识"界定为：在一定的情境（如历史的、地域的、民族的、种族的等）中生成并在该情境中得到确认、理解和保护的知识体系。"地方性"或者说"局域性"涉及在知识的生成与辩护中所形成的特定的情境，包括由特定的历史条件所形成的文化与亚文化群体的价值观，由特定的利益关系所决定的立场和视阈，由特定的认知偏好对外部事物的解读等。参见周海亮：《"地方性知识"与少数民族宗教信仰文化的"地方性"研究》，回顾与创新：多元文化视野下的中国少数民族哲学——中国少数民族哲学及社会思想史学会成立30年纪念暨2011年年会。

③ 李培林：《巨变：村落的终结——都市里的村庄研究》，载《中国社会科学》2002年第1期。

社会结构有着明显的宗法制的特点，人们以宗族为单位，尊崇族长的统治，人治以其对神学的崇尚赢得了民众的相信。社会矛盾的化解很大程度上依赖于家法族规等民间知识规范，人们不了解法律，人们日常生活正常运行好像也不需要政府和法律的干涉。村落内部纠纷时有发生，由于没有统一明确的行为规范，一旦纠纷发生，常见的做法是请德高望重的族长出面化解。这主要是因为族长作为祖宗的代表，被人们视为公正、善良的化身，他们的裁决被视为神佛的意志。在这种政府和法律长期缺席的状况下，人们对政府怀有一种恐惧的心理。

在一个法律适用程度较高的国家里，其公民往往具有较强的法律理念，对法律有着较高的整体信任，而政府的权威也相应较高。反之，在一个法律闲置的国家里，人们对法律内容难以把握，在受到法律的否定评价时，人们往往会对法律产生一种反感情绪，这就使其难以形成对政府的信任，从而大大降低了政府本应有的权威。由于地理环境等诸多复杂因素的影响，广大农村地区的社会情况千差万别，随着法治进程的逐步推进，传统的社会秩序不断受到现代秩序的冲击，人们的生活中出现了不曾出现的"新领域"。这就需要耐心细致地做大量工作，也更需要时间来塑造人们符合法治的思想观念、行为方式。例如，政府通过完善法律服务体系增强群众的法治观念。在推动边远地区法治建设的过程中，要清醒地认识到群众的法治观念不强的状况在短期内是难以完全改变的。如果过于超越现阶段人们观念层面的可接受程度，可能并不利于法治建设的顺利推进。

首先，这刚好与理论界研究的学术问题相契合，使社会大众与政府都客观地认识了当时中国法治的发展状况，起到了一定的警示作用，中国的法治建设尚存在诸多不足。其次，起到了一定的建设作用，为我们明确了新一阶段依法行政工作展开的重点，我们应该把目光从单一立法转移至如何实现法律法规内在地协调一致与法律实践上来。

（二）全面推进依法治国背景下该电影的价值

党的十八届三中全会在法治中国建设问题上，提出了依法治国、依法执政和依法行政共同推进，法治国家、法治政府、法治社会一体建设战略。其中法治政府是依法治国的关键。十几年前电影中暴露的问题，对我们今天的法治政府建设仍然有研究意义。政府"拍脑袋"的行政决定，群众"不买账"事件屡见不鲜：2017年河南环攻坚办春节期间颁布"最严烟花爆竹禁放令"①、2016年沈阳毕业生"零首付"购房政策②……种种事件均为政府行政缺乏可接受性的表现。要改变或减少这种现象，特别需要强调的就是提高公众参与度，依靠民意，尽可能地提高决策的科学化程度。在2015年发布的《法治政府建设实施纲要（2015—2020年）》中，进一步提出了"建设法治政府必须坚持人民主体地位"，这也就意味着法治政府应当是服务型政府，行政决策要科学、民主、合法，不应该僵硬机械化。我国当前提出的法治政府推进方式与该电影所要传达的呼声是一致的。

---

① 李师荀、朱立雅：《河南"禁放令"3天后撤回 叫停"短命政策"不应成为事件的终点》，载《中国青年报》2017年1月20日。
② 王丽新：《沈阳下发22条房产新政去库存 新毕业生购房零首付》，载《证券日报》2016年3月2日。

如何依法保护我们的儿童

——基于电影《亲爱的》的讨论

杨 光*

摘要：本文通过电影《亲爱的》所讲述的寻子故事，发现电影背后蕴含的法律问题，在刑法对"拐卖儿童罪"立法愈严的形势下，为何拐卖儿童犯罪行为仍未得到有效打击，其背后存在哪些原因？对贩卖儿童者与收买儿童者均应处以重刑吗？在我国现有的法律制度体系中，社会各方应当如何救助被拐儿童？通过对以上问题的分析，结合学界的不同观点，本文提出了修订与完善现有法律，建立全国性的困境儿童救助保护体系，加强被拐卖儿童解救后的保护、康复与救助工作，组织引导社会力量积极参与的建议，从而更好地保护我们的儿童。

关键词：拐卖儿童　收养　儿童保护

《亲爱的》是 2014 年上映的一部"打拐题材"电影，电影主要讲述以田文军为首的一群失去孩子的父母去寻孩子，以及养育被拐孩子的农村妇女李红琴如何为夺取孩子作抗争的故事。电影剧本是以一湖北籍深圳打工男子彭高峰的真实寻子事件为基础改编创作而成，运用电影独特的叙事手法将这一故事重新展示在观众面前，激起整个社会对拐卖儿童问题的新一轮热议。

一、电影梗概

故事开始是 2009 年 7 月 18 日的深圳，在潮湿、昏暗的城中村中，网线、

---

* 作者简介：杨光，华东理工大学法学院 2017 级硕士研究生。

电线交错,村屋密密麻麻。田文军从老家陕西来到大城市谋生,在鱼龙混杂的城中村租了一个铺位开网吧,因感情破裂和妻子鲁晓娟离婚,孩子田鹏由父亲田文军抚养,妻子鲁晓娟定期来探望。开场几幕戏,导演陈可辛就较为写实地呈现出外来人口进入大城市寄居城中村,和城中村特有的空间画面。

　　一群男子相互推搡着来到田文军的网吧上网,其中的几个人应该还未成年,但田文军最终仍没有查看他们的身份证,睁一只眼闭一只眼地让他们进来上网打游戏,边看顾店面边照看儿子的田文军没有更多的时间和条件陪伴儿子,只能在门口的电脑上教鹏鹏玩"连连看"游戏。此时,刚刚进来的那群人突然吵了起来,田文军赶忙上前制止,刚好附近的几个小朋友来叫鹏鹏一起去看滑旱冰,田文军此时也顾不上儿子,只随口嘱咐其中的一个小朋友看好鹏鹏,那时的鹏鹏只有三岁,可见田文军在抚养儿子的过程中并没有足够的安全意识,没有尽到监护人的义务。

　　鹏鹏在街上被人贩子抱走了。电影从这里才真正开始,田文军也正式踏上了寻子之路,当他首先向警方报案,民警给了他"24小时内的失踪人口不予立案"的回复,此时的田文军无奈只能通过自己和身边家人朋友微弱的力量寻找,这24小时应该是田文军最无助、慌张且痛苦的时候。电影还巧妙设计了田文军跑到火车站,在当晚即将驶离深圳的火车上寻找儿子的情节。在立案后,他通过警方调取的火车站监控视频看到了人贩子抱着儿子上的火车正是他前一晚在站台找过的那列火车,他无法控制自己的懊悔与愤怒责问民警:"昨天为什么不能立案,要是昨天能调监控就能找到儿子了!"

　　田文军开始通过在路边、摆渡船上发传单,同时也在报纸上刊登寻子信息,并在网络上发帖,希望更多的人能帮助他找到儿子。他在发传单时一直重复着这样一句话:"没有买方,就没有卖方,没有卖方,就没有拐卖。"这个连文化水平不高的田文军都明白的道理,可见在打击拐卖儿童犯罪行为的法律愈严的情形下,仍存在一定规模的买方市场。电影中出现的一个场景也反映出当地人口贩卖猖獗,在河北的一个小镇上,人贩子多以团伙作案,人数众多、分工明确,甚至还要抢田文军为了找儿子的救命钱。

随着时间的流逝，失踪的儿子的消息也逐渐消失，开始还有骗子打电话给田文军，但到后来连骗子的电话都没有了，仿佛石沉大海一般。田文军与前妻鲁晓娟也被折磨得精疲力竭，这时，他们认识了"万里寻子会"这样一个民间团体，是由韩德忠（韩总）组织成立的，他将深圳丢失孩子的父母聚集起来，通过相互分享经验、分担痛苦，并在这个团体中相互鼓励，使大家不要放弃寻找孩子的希望。韩总从派出所所长老刘那里得到拐卖儿童团伙落网的消息，带着这些丢失孩子的父母去派出所质问那些人贩子，希望从他们口中打听到自己孩子的一丝音讯，但结果往往都不尽人意。

2012年夏天，田文军突然收到一条短信，短信说在安徽农村见到了一个孩子很像鹏鹏，田文军立即联系了这个好心人，并决定与前妻和韩总一起前往该地确认消息是否属实。当他们到达那家时，看到村屋门口蹲着的似乎有点熟悉但又那么陌生的男孩，田文军也不能确定那个男孩是不是他丢了的儿子田鹏，直到看见男孩额头上的伤疤。他们确认男孩就是鹏鹏后，没等当地警方到达便抱起男孩就跑，他们以为在解救孩子脱离人贩子的控制，可谁知由于被拐卖时鹏鹏还小且已经在这里生活了三年，鹏鹏已经忘记了自己的亲生父母，男孩不愿和田文军走，还大喊着"妈妈，救我"。这里的"妈妈"并不是其亲生母亲鲁晓娟，而是影片中一个重要的角色李红琴——人贩子的老婆。

在这部电影中，李红琴是一个较为悲剧的角色。一个农村妇女在一夜间得知自己的老公原来是个人贩子，也在一夜间两个孩子都不属于自己，她只身一人来到深圳找律师一心想要回女孩吉芳的抚养权。故事发展到李红琴这里，如果别的导演来拍，大概就可以结束了，而这部电影，也可以改名叫"打拐"了。但是导演和编剧的野心不止于此，他们不是仅仅想让观众看到一个值得同情但距离我们遥远的故事，他们想让观众看到这个世界的全貌，残酷但也有温暖，让人无论经历了多少苦难，仍然有活下去的勇气。李红琴单纯善良、无依无靠，却同样执着勇敢、温柔包容，为了所爱的人可以义无反顾、无怨无悔。作为第二条主线，李红琴这一角色的设计让我们看到在当前中国的偏远农村，一个淳朴的农村妇女在面对这一系列突如其来的变故时的种种举动。其中一场是李红琴来到深圳福利院想看看吉芳，但被院长拒绝，于是晚上爬水管上去隔着窗口看吉芳，而小吉芳也哭喊着要妈妈。

李红琴最初几乎是站在剧中所有角色的对立面的，甚至包括后来帮助她的高夏，她跟剧中所有的角色都有激烈的冲突，她就像土地一样，吸收了所有的惩罚和怨恨。但是与我们印象中的那种社会底层动辄以死抗争的悲情不同，她这个角色的身上带着浓浓的"文明"气息，她知道找派出所开证明，她知道找律师通过法律的手段要回孩子，她知道用她仅有的资源最大限度地在合法的范围内交换她想要得到的东西。尽管可以想象她在知道的过程中经历过多少困难，但是她的一切，都让这个故事没有陷入一个死结，让所有人都看到，用另一种方式处理，可能事情就是另一种面貌，而任何你不理解的人或事，其实都有你不了解的一面。

如果说电影对于其他角色是精工细画，到了李红琴这里却几乎是泼墨写意了。因为这个角色，要承载的意义太多，任何的小细节，都会流于刻意。而她的命运，是所有观众可能都不敢想象、不敢代入的，每个人处于那个位置可能都会不知所措。所以导演就让观众远远地看着她，几乎没有正面近距离的特写和小表情小细节，全部都是斜侧面或者全景。角色的性格基本上全靠演员对角色状态的精准把握来表达。这种时候，赵薇对角色深刻的理解能力就发挥了最大的效力，她整个人就在李红琴的状态里，而不仅仅是某一种情绪里。真实的东西总是最有力量，她的表演就是真实到只言片语就让你看到她的心。

电影的结局设计李红琴怀孕，这个反转的结果对李红琴是五味杂陈，这一设置有两种不同的理解：一是较为乐观的处理，李红琴原来可以怀孕，可以有自己的亲生骨肉；另一种是悲观的理解，即和死去老公的朋友发生性关系而怀孕更无法领回吉芳。这样的结局令每个观众都有各自的看法，使李红琴这个角色继续陷入一种未知与希望。

二、电影中的法律问题

电影的最后插入了一段纪录片，这段纪录片讲述的是彭高峰寻子的故事，

《亲爱的》这部电影也是由这一真实案例改编而成的。2008年3月，彭高峰的儿子乐乐在自家门口被一陌生男子抱走，自此彭高峰一家便踏上了漫漫寻子路。彭高峰原本在深圳开了家电话超市，儿子的突然失踪，让原本幸福的家庭濒于崩溃。为了寻找儿子，彭高峰不放过任何一条线索，电话超市外悬挂着"寻亲子，悬赏10万"的灯箱和横幅，还在网上开起了"寻子博客"，写下的"寻子日记"记录着他这三年来艰难寻子的一步步。2010年初，彭高峰、孙海洋等深圳寻子联盟的家长，再次"悬赏百万"在互联网上大量发帖，虽然获得网友的众多回帖，但仍然没有儿子的消息。2011年春节，香港《凤凰周刊》记者部主任邓飞就想利用微博的方式来帮助彭高峰，通过"网络打拐"的方式，在微博上发布失踪儿童的照片和信息，希望更多的网友们能帮助这些家庭。就在那一年的大年二十九，彭高峰接到一位大学生的电话，说回江苏邳州老家探望亲戚时，见到了一个小孩长得很像微博上流传的小乐乐的照片。接到电话的彭高峰并没有什么感觉，因为这三年来很多人打电话给他说找到儿子，其实都是骗他的，直到那位大学生把照片传给了彭高峰，彭高峰一眼就认出照片上就是自己丢失的儿子乐乐，他立刻联系警方最终找到了孩子。

当前，我国仍有数以万计的家庭像彭高峰一样处于丢失孩子的痛苦之中，在拐卖儿童案件数量激增的背后，存在着以下的社会原因：

首先，当前我国养老保障不到位及计划生育国策的共同影响下，拐卖儿童现象逐渐增加。我国很多地区的妇女在生育了二胎以后，就会被强行做绝育手术。而在农村都是靠养儿防老的，所以家里没有男孩的这些家庭为了老有所依，就不惜一切代价买个男孩为自己将来养老做准备。这导致一些地区重男轻女的思想愈发严重，很多人在怀孕以后去做性别鉴定，如果检查出胎儿是女孩就打胎，结果致使很多地区男女比例严重失调。而这些地区原有的女孩，很多长大以后到大中城市打工，她们在这些城市增长了见识，也不愿意再回到偏远的山村去生活，所以很多农村的男孩长大以后娶老婆都是个难题。因此有些人家就趁孩子不大，花几千块甚至几百块买回个女孩养着，等这个买来的女孩长到十几岁，就直接给自己的儿子当媳妇，这样比娶一个媳妇的成本低出很多,这就导致一些地区购买女孩的现象同样严重。

其次,中国的收养门槛过高,收养渠道不畅通。我国《收养法》规定收养人应当同时具备无子女、有抚养教育的能力、未患有不利于收养子女的疾病、年满30周岁这些条件才可以收养孩子,这样的条件让许多想收养孩子的家庭望而却步。同时,由于我国的福利院要求收养人必须向福利院交纳一定数额的赞助费,有些福利院的赞助费用高达十万元。这巨额的费用让很多想通过正常渠道收养孩子的家庭无力承担,这些家庭在权衡之下,往往选择以低些的价格从人贩子手中购买孩子。而且救助站和福利院的信息不透明,致使部分走失的孩子作为无家可归的孤儿被收养,永远失去了与亲人团聚的机会。由于现在收养孩子福利院及救助站可以收取高额的赞助费,所以一些福利院、救助站在接收了走失的孩子后,并不愿意主动为这些孩子找家,而是通过送养方式把这些孩子变成金钱,其中很大一部分走失的孩子被送到国外,永远与父母天各一方。由于福利院可以从送养孩子中获得巨大的经济利益,很多福利院都把孩子当成了他们的摇钱树,甚至有些人贩子拐了孩子以后,直接卖给福利院。还有些计生部门,为了牟取不法之财,与当地福利院勾结,把超生的孩子强行抱走,再以弃婴的方式送到福利院,然后福利院以送养方式把孩子送到国外,计生部门与福利院共同分配送养孩子得来的钱。当福利院、救助站这样应当保护孩子的一方也变成进行"贩卖儿童"肮脏交易的场所时,那这群弱小的孩子还能去哪里寻求一丝安全感?

再次,孩子的监护人未尽到监护义务,事前未对孩子进行安全教育。由于大量农民工进城打工,他们的孩子就被留在农村由长辈看管,但长辈往往没有较高的文化水平和安全意识,这些留守儿童很容易成为人贩子的目标。电影中,许多外来务工人员都生活在深圳的城中村中,他们拖家带口来到城市务工、经商,有些农村来的年轻父母,一方面仍习惯于以农村传统的方式对孩子进行教管,另一方面又不得不为生计终日忙碌奔波,无暇对孩子进行有效看护。于是出现了外来人员聚居地周边的街道、集贸市场随处可见无人看管的儿童在玩耍的情形,为拐卖儿童犯罪活动提供了滋长的土壤。电影中当鹏鹏想要和其他小朋友出去玩时,田文军需要看管自己的店铺没有时间陪伴他们，便随意将看管孩子的责任交给一同出去的其他孩子，但他们均为未成年人明显是无法对鹏鹏进行有效监护的，田文军对孩子疏于管理是导致后来鹏鹏被拐的直接原因。

最后，公安警力和经费严重不足，使大量儿童失踪案件线索不能及时查证，导致一些被拐卖儿童得不到及时解救，犯罪分子逍遥法外。拐卖儿童案件都是跨地区作案，如果由地方警察来办，成本太高，经费是他们面临的很大的问题，往往会降低办案单位的积极性进而影响案件的侦破。有家长曾经与当地警方一起去某地调查一个被拐儿童，当看到那个孩子不是他们要找的孩子后，警察转身就走，并不调查孩子的来源，家长要求他们把这个孩子的情况调查清楚，警察就说，调查一个孩子，需要取证，需要做 DNA，需要安置这个孩子，这个钱你能出吗？家长眼睁睁地看着买主把那个孩子再次领走。一些职能部门及当地政府对这种罪恶也是视而不见，姑息纵容，也助长了这种买孩子的恶习。特别是一些地区买了被拐儿童后，他们都在当地顺利地落上了户口，被拐儿童身份能合法化，也让更多的家庭加入了收买被拐儿童的行列。

三、我国对"拐卖儿童"犯罪的立法讨论

前不久，微信朋友圈被广大网友刷屏："建议国家改变贩卖儿童的法律条款，拐卖儿童判死刑！买孩子的判无期！"相关话题引起了社会各界的广泛关注和热烈争议，大量网民在微信朋友圈、微博等社交平台表态支持。新浪新闻中心发起"拐卖儿童应该一律判死刑，你怎么看？"的网络调查，有 71 935 人参与了投票，其中，80.3％的网友表示赞成，14.6％的网友表示反对。从调查结果来看，大部分民众都认为拐卖儿童应该一律判死刑，绝不姑息。人们这种朴素的正义感虽然契合了严惩犯罪的思维方向，但对拐卖儿童者一律判处死刑，不仅无助于儿童解救，相反，这种"一刀切"思维恰恰忽视了法律的教育功能，可能会害了孩子。

对于拐卖儿童犯罪，尽管司法机关一直保持严打高压态势，但由于《刑

法修正案（八）》规定"收买被拐卖的妇女儿童，不阻碍其返回居住地的，对被买儿童没有虐待行为，不阻碍对其进行解救的，可以不追究责任"，导致滋生拐卖犯罪的土壤并没有被彻底铲除，买方市场无法有效打击入刑。《刑法修正案（九）》针对这一情况，对收买被拐卖儿童罪做了修改补充，草案一审稿规定："对收买被拐卖儿童没有虐待行为，不阻碍对其进行解救的，可以从轻、减轻或者免除处罚。"经过二审稿、三审稿的审议，修正案最终删去了草案一审稿中"可以减轻、免除处罚"的表述，将《刑法》第二百四十一条第六款修改为："收买被拐卖的妇女、儿童，对被买儿童没有虐待行为，不阻碍对其进行解救的，可以从轻处罚；按照被买妇女的意愿，不阻碍其返回原居住地的，可以从轻或者减轻处罚。"这既对买方行为具有震慑作用，也更加加大了卖方行为的犯罪风险，有利于从源头上减少拐卖妇女儿童行为的发生[1]。

拐卖儿童罪是指以出卖为目的，拐骗、绑架、收买、贩卖、接送、中转儿童以及偷盗婴幼儿的行为。拐卖儿童罪因其法律的构成特征和复杂的司法认定，一直是司法实践及刑法理论界关注的重点个罪，其构成要件从主观方面来看，行为人必须具有拐卖儿童的直接故意，且以出卖为目的，即行为人明知自己的拐卖行为会侵犯被拐儿童的人身自由或者人格尊严权，为获取非法利益而刻意实施该行为，至于出卖目的是否实现并不影响本罪的成立。接送、中转被拐儿童的行为之所以也以本罪论处，是因为其虽然不以出卖为直接目的，但是明知是拐卖儿童而帮助犯罪分子接送、中转，具有帮助他人出卖的目的，属于共同犯罪。关于拐卖儿童罪的客体问题理论界意见不一，有学者认为本罪客体是简单客体，也有学者认为本罪客体是复杂客体[2]。关于本罪的客观方面。根据《刑法》第二百四十条之规定，只要实施了拐骗、绑架、收买、贩卖、接送、中转儿童或者偷盗婴幼儿的行为之一的，均构成拐卖儿童罪。换言之，即便行为人实施了以上两种或者两种以上的行为，也只以一

---

[1] 张雪梅：《〈刑法修正案（九）〉关于未成年人保护的六个变化》，载《预防青少年犯罪研究》2015年第6期。

[2] 张柳：《拐卖儿童罪司法认定中的若干问题研究》，西南政法大学2013年硕士学位论文。

罪处理，而不实行数罪并罚。

我国《刑法》第二百四十条规定了拐卖妇女、儿童罪，其起点刑为五年以上，如果情节特别严重的，处死刑，并处没收财产。从刑期上看，拐卖儿童行为的法定最低刑高于故意杀人罪的法定最低刑三年以上有期徒刑，针对情节特别严重的可以处死刑，这说明我国刑法对拐卖儿童罪的刑期配置并不低。2009年至今，最高人民法院先后发布拐卖儿童犯罪典型案例十多件，其中罪责最为严重的罪犯均已被判处并核准执行死刑。可见，法院对拐卖儿童行为的处罚是相当严厉的。在对拐卖儿童行为处以重刑甚至死刑的情况下，我国拐卖儿童的现象并未因此得到遏制，这就不能归咎于刑事立法，相反，我们不禁会问：重刑甚至死刑能解决一切问题吗？答案很明显：不能！打击拐卖儿童行为，不仅是一个法律问题，更是一个需要多方参与、群策群力的社会问题。

四、如何依法保护儿童

面对如此猖獗的拐卖儿童犯罪，我国初步形成了"政府主导、公安推动、社会参与、国际合作"的多层面救助保护模式[①]。与此同时，我国被拐卖儿童的救助保护体系还存在诸多问题：有关法律需进一步完善，相关部门的职责需要更加明确，执法环节和部门间的合作也需进一步加强，经费保障机制也亟待完善。

（一）修订与完善现有法律

近年来，在少年儿童的保护方面，我国相继出台了《未成年人保护法》和《预防未成年人犯罪法》等"事前防控"法律以及《刑法》及其修正案等"事后打击"法律，但类似于美国《少年儿童失踪法》等直接救助被拐、被骗儿童的"事中干预"法律却极度缺乏，造成目前两头强、中间弱、救急性不

---

① 李春雷、任韧、张晓旭：《我国被拐卖儿童救助保护现状及完善对策研究——基于对近年133个公开报道案例的分析》，载《中国人民公安大学学报（社会科学版）》2013年第6期。

强的法律格局。为此，适应救助保护被拐儿童的新形势，有必要进一步修改《刑法》相关规定，及时出台新的司法解释，并制定实施《流浪乞讨儿童解救安置条例》等行政法规。

（二）建立全国性的困境儿童救助保护体系

案例分析显示，大部分儿童被拐卖前后的生存境况都很艰难。为此，有必要加强对困境儿童的保护，在国家层面建立强有力的儿童保护专门机构，推动符合国情的早期社区干预、行政干预、司法干预机制的建立和运转。

1. 建立全国性的儿童安全警报和快速反应系统

国内外的反拐经验证明，拐卖儿童案发后的几个小时是救寻儿童的黄金时间，一旦错过，案件侦破难度极大，儿童被拐率激增。为此，政府须尽快建立儿童失踪快速反应机制，在案发后的第一时间动用电视台、广播电台、手机短信等一切可动用的公共资源和信息平台，尽量详细地发布失踪儿童信息、照片和犯罪嫌疑人信息，争取在最短时间内找到失踪儿童，提高破案率。我国的儿童失踪案件短则 6 小时、长则 24 小时才能立案，为此，公安机关必须继续强化、简化立案程序，进一步加强警种间的配合，发挥警种合力，真正落实公安部提出的"公安机关接到儿童失踪报警必须第一时间立为刑事案件"的要求。同时，政府相关部门、公安系统也有必要统一建立专门的打拐机构并做好相互间的衔接，大力吸引民间力量介入，发挥反拐综治合力，提高被拐卖儿童的第一时间解救概率。

2. 建立全国性的流浪儿童救护体系

目前，全国流浪乞讨儿童数量在 100 万—150 万人左右。而大量案例显示，流浪乞讨儿童中很多属于被成年人强迫乞讨，一部分正是被拐卖的儿童。为此，建立全国性的流浪儿童救助保护体系势在必行。通过制定《流浪未成年人救助保护条例》等法律文件，在全国建立一个保障严密的流浪儿童救助保护体系，可在每个县设立一个儿童救助保护中心，聘用专业的社会工作者、志愿者，在儿童遭遇风险时，比如被遗弃、被拐卖或遭遇家庭暴力等，可临时避险。同时，一些儿童因种种原因，可能长期不能回归家庭，可在省一级建立收养中心，对其长期监护照管。而对于父母自生自卖的恶性案件，可考虑剥夺家长的抚养权和监护权，直至追究其刑事责任。同时，政府还可通过投资或购买服务的形式，让专业民间组织和热心个人进入这一公益领域。在此基础上，公安机关联合城管、民政、妇联等部门，定期开展救助流浪乞讨儿童的专项行动，并将其纳入基层考核体系，加大对流动儿童、流浪儿童、留守儿童、随迁儿童等弱势儿童群体的保护力度，从源头防控拐卖儿童犯罪行为的发生。

3. 建立全国性的失踪和被解救儿童查询、登记、比对制度

目前，在失踪人口信息管理方面，中央与地方、政府与民间、公安与民政基本上各自为政、"壁垒森严"，给失踪人口的登记、存档、管理、比对、查找等工作带来了极大不便。为此，有必要加快改造相关硬件与软件，适时整合有关资源与信息，建立全国统一的失踪人口信息平台。在此基础上，进一步加强信息反馈与实时交换，建立全国性的失踪和被解救儿童的查询登记制度，完善全国统一的打拐DNA数据库，以最大便捷被拐儿童的救助保护工作。同时，还需加大宣传力度，使更多的失踪儿童家长主动到当地公安机关采集血样。基层民警也需注意摸排辖区内来历不明、疑似被拐卖儿童以及来历不明的流浪、乞讨儿童，并将其血样录入信息库。随着上述制度的成熟和信息库的完善，可逐步建立全国性的婴儿身份库，这样既可及时发现拐卖儿童的违法犯罪行为，又可尽快找到被解救儿童的亲生父母。

（三）加强被拐卖儿童解救后的保护、康复与救助工作

当前，一方面，解救被拐卖儿童工作充满艰辛；另一方面，因法律缺失、信息不通、部门协作不畅、公益力量弱小等原因，被拐卖儿童解救后的安置、康复与权利救济工作，同样面临种种困难。在我国，许多县级以下行政区域并没有福利院等儿童救助机构，而有福利院的地区，民政部门也多未对被解救儿童制定相关的扶持和救助政策。在此情形下，孩子找不到亲人时，警方极易陷入两难境地。为了斩断犯罪链条、加强对犯罪分子和买主的震慑，不宜把孩子"寄养"在买主家中；而把孩子寄养在志愿者的家庭里，又缺乏必要的监督机制；若安置于福利院中，则往往出现合法性、经费和风险承担等问题。因此，做好被拐卖儿童解救前后的无缝衔接工作，呵护其顺利回归社

会，依然任重道远。

第一，完善收养制度。被解救儿童在法律上是一个特殊群体，不符合目前被收养人的法律条件。很多长期找不到父母的儿童只能被安置在福利机构中而不能依法走入收养和寄养程序，影响了其健康成长。为此，政府有必要因势利导，及时完善收养法律制度，收到既能抑制拐卖儿童犯罪，又能畅通被救儿童安置渠道的一举两得的良好效果。具体来说，首先，如果警方通过调查确定孩子是被父母遗弃的，可通过福利机构经合法收养程序由他人收养，并由收养人行使监护权；其次，完善收养程序及其监管体制，规定收养行为须经司法程序和行政程序的双重认可。在此基础上，还可尝试推行儿童试养、家庭寄养等做法。

第二，建立救济与追责制度。在对拐卖儿童行为进行严厉打击的同时，对于被拐卖儿童及其家庭在经济和精神上的损失，目前尚无明确的法律救济。实际上，被拐卖儿童得到解救后，其所遭受的精神损害、受教育权及家长监护权的损害，理应得到赔偿救济。在完善救济制度的同时，还应尽快建立追责制度，具体规制家长、学校等对儿童的具体职责及责任，督促其切实担负起保护儿童的法定责任。

第三，加强回归家庭与社会协作工作。儿童时期是人格发展的关键期。心理学研究表明，一个人在社会化关键期若遭遇巨大变故，便极易在个性、心理方面产生严重的后遗症。被拐卖儿童幼儿期在买主家养成的各种生活习惯、行为模式、思想观念等，便会产生明显的"刻印"效应且难以轻易改变。为此，对被救儿童，应首先充分发挥家庭的血缘亲情作用，促其积极转化；同时，在被拐卖儿童回归社会进程中，学校、同龄群体、社区等有着各自特定的重要作用。其良好作用的发挥，将有利于被拐卖儿童更快、更全面地融入社会，更好地解决回归后的社会化问题。此外，各级政府部门亦需加强协作与配合，采取因地制宜的实际措施，对被拐卖儿童的救助、康复工作提供及时引导与帮助。

（四）组织引导社会力量积极参与

保护被解救儿童的合法权益、促进其健康成长，是一个浩大的社会工程。

这不仅需要政府各部门的通力合作，更需要整个社会的积极参与。目前，在我国，寻找失踪儿童主要依靠警方和失踪儿童家庭的力量，公众的参与程度还很低，严格意义上的"社会合力"远未形成。为此，我们亟须建立一个政府与社会互为补充、相互协调的反拐大综治体系。

在我国，社会公益力量开始逐步介入解救、保护被拐卖儿童的行动当中，并取得了初步成就。其中，最突出的例子就是"宝贝回家"寻子网站的建设与发力。与此相似，"随手拍照解救乞讨儿童"同样影响广泛。近年来，公安部在部署全国公安机关开展"打拐专项行动"中，也开始特别强调动员社会力量"打拐"，明确提到要主动与民间"寻子联盟""寻子网站"以及被拐卖儿童家长、亲属交流沟通，让民间反拐力量和公安专门力量实现真正的汇流。

风险社会呼唤法治化的管理

——基于电影《盲井》的讨论

田潇洋*

摘要： 本文就电影《盲井》进行了研究讨论，从电影梗概、法律问题、评价三个部分展开。指出我国已经进入了风险社会时代，而在这个背景之下，则必须依靠法治化的管理，并从立法、执法、司法三个方面来促进社会主义法治国家的建设。

关键词： 风险社会　法治化　盲井

一、电影梗概

《盲井》[①] 主要讲述的是一个发生在我国西部山区煤矿上矿工杀害被诱骗群体从而骗取赔偿的故事：影片的开头，天蒙蒙亮，伴随着几声狗吠，两名"普通"而又"不普通"的矿工出现了——唐朝阳和宋金明，他们赚钱的方式不是通过付出自己的劳动，而是将罪恶之手伸向了自己的"亲人"。下到矿井之后，唐、宋两人在休息时与唐朝阳的"弟弟"聊天之际趁其不备将其在矿下杀害并伪造"冒顶"[②]，以受害者亲戚的身份向矿厂主索要赔偿金，在"和事佬"宋金明的劝说下，唐领取到了 3 万元的赔偿金，但是期间在与井长讨价还价的过程中，宋瞒着唐多收了矿长 2 000 元的"烟钱"，并在唐的质问中

---

* 作者简介：田潇洋，华东理工大学法学院 2017 级硕士研究生。

① 《盲井》改编自刘庆邦的小说《神木》，由李杨执导、编剧，2003 年在中国香港上映，曾在 2003 年荣获第 53 届柏林国际电影节银熊奖、第 40 届台湾电影金马奖、第 5 届法国亚洲电影节最佳影片奖。

② "冒顶"指地下开采中上部矿岩层自然塌落的现象，是由于开采后原先平衡的矿山压力遭到破坏而造成的。采煤工作中有时有计划地放落上部煤层，也称为"冒顶"。

大呼冤枉。随后在宾馆中，两人一改之前"伤心"的模样，愉快地进行了"分赃"，并把其"弟弟"的骨灰随手丢弃在马路一旁的垃圾堆。在歌舞厅中，唐、宋更是拿着这些不义之财搂着两个陪酒女郎欢唱。

唐朝阳和宋金明在人才招聘市场又一次寻找"肥羊"的时候，故事的另一位主人公出现了——年仅16岁的孩子元凤鸣。唐朝阳假装问询工作，跟元凤鸣交谈时"无意间"透露出了自己有一份赚大钱的工作机会，元深信不疑便苦苦哀求想要加入其中，随后唐、宋两人让其以宋金明"侄子"的身份自居，并为其伪造了身份证，一起去了一座小型煤矿。然而，由于矿厂主的奸诈与狡猾，使得唐、宋两人迟迟找不到下手的机会。随着时间的推移，三人有了充足的相处时间。当了解到元凤鸣是因为贫穷上不起学才出来打工的事实后，宋金明不由自主地想到了自己家中正在读书的孩子，再加上元凤鸣在工作之余依然坚持不懈地看书，使得宋金明不可避免地对其产生了恻隐之心。

在唐、宋、元三者的关系中，唐、宋两人是犯罪的计划者，而元凤鸣是其目标，元的生命安全处于危险之中，但自己却浑然不知。元凤鸣因为"二叔"宋金明给其找到了一份"赚大钱"的工作，从而使其能够供妹妹上学对宋充满感激。从影片中，元凤鸣作为一个被迫辍学、刚出校园的小孩儿，用拿到的第一份工资为唐、宋两人在集市上买了一只鸡可以看出，宋金明已经真正成了他的"二叔"。也正是因为元凤鸣的善良淳朴，导致唐、宋的加害计划一拖再拖，而究其原因也是意料之中的——宋金明那一颗坚冰包裹的内心被元凤鸣用最真挚的情感融化了。

这个时候影片的另一条线也渐渐地浮了出来。宋金明在一次与元凤鸣的交谈中无意间发现元凤鸣的父亲是被他两人杀害的，也就是影片刚开头被杀害的元姓男子，于是宋对元产生了愧疚之心，在之后的生活中处处找理由，阻止唐朝阳杀害元凤鸣。比如："已经杀了他的父亲，再杀他等于断了元家的香火"，要为元凤鸣摆送行酒等。

在影片的结尾，唐、宋、元三人再一次下到井里，在收到"即将进行爆破，所有人员退出矿井"的通知后，唐朝阳暗示宋金明是时候杀害元凤鸣了。但是在看见宋金明反对的眼神之后，唐一棍子把宋给打倒在地，当他正准备继续杀害元凤鸣的时候,却又被苏醒过来的宋金明打死。最终,唐、宋两人丧命于井下,根据合同,元凤鸣以宋金明"侄子"的身份领取了 6 万元的赔偿金。在把两人的尸体运走之后,随着火葬场缓缓升起的浓烟,影片合上了大幕。

二、法律问题

将重大案件改编成电影、电视等文学作品,用另一种形式展现在公众面前,引发公民进一步思考,从而发现其中深蕴的法律哲理、社会制度的本质,并不少见,而作为一名法律工作者,则应该透过影片的本质去发现其背后的法律问题。在影片中这种杀人骗钱的模式被人们俗称为"盲井式"犯罪[1],透过这种现象,笔者认为,自 20 世纪 90 年代初中国以社会主义市场经济的体制加入全球化浪潮,在之后改革的几十年间,尽管取得了许多重大成就,积累了丰富的物质基础和强大的经济力量,但随之而来的全球化的"副作用"也渐渐显露出来——中国正进入风险社会时代。然而,过去的人治化管理已经逐渐不能适应当今世界变幻莫测的局势了,要想在这种环境下保持平稳快速的发展,则必须呼唤法治化管理。

(一)风险社会

"风险社会"一词源于德国社会学家乌尔里希·贝克的《风险社会》一书,在贝克看来,风险社会是由于近代技术进步和现代化进程而伴随着的弊端凸显的状况。具体来说,贝克所谓的风险社会有三层意思:第一,它并非人为的,而是源于现代化自身;第二,它不是具体的某些风险事件,而是抽象的、普世的、超越人之感知能力的,对人类具有毁灭性后果的;第三,它不是某个地方特有的,而是全球化的、世界性的,超越了民族国家的边界,"风险面

---

[1] 本文所指"盲井式"犯罪,意思是在煤矿上进行的犯罪行为,在矿上谋生的矿工们,诱骗儿童、智障、流浪汉、务工者,甚至是同乡、亲友,到矿上打工,待到熟悉一段时间之后,趁其不备将其用各种方式加以杀害等,伪造矿难现场——"冒顶了",再找人冒充家属向矿方索要赔偿。事成之后,用来作案和讨价的筹码——人命,无再利用价值,便遭遗弃。

前人人平等"。究其成因，也是多方面的、复杂的，既有自然的，也有人为的。

1. **社会发展的负面效应**

首先，工业文明的快速发展使人类以"万物之主"自居，认为凭借自身理性就可以把握和驯服一切，把客观世界作为征服和利用的对象，从而导致大自然的屡屡"报复"，也使社会纷争和冲突接连不断。其次，社会发展被物化和简单化了，人们在盲目追求经济指标的同时，忽视了社会的全面协调与和谐发展，没有考虑发展的生态成本、安全成本和社会成本，只顾实现短期效应和眼前利益，这也是风险事故频发的重要原因。

2. **市场经济充满着挑战**

从影片中宋金明屡屡催促唐朝阳"这地儿实在不是人待的，赶紧做了赶紧走"可以看出，尽管我国已由计划经济转变为市场经济，但是在市场经济建设的道路上仍然充满着风险。首先，资本无止境地追逐利润，资本占有者不择手段地向自然和社会掠取，使生产、消费和劳动发生异化，导致人与自然、人与社会及人与人关系紧张。其次，容易产生贫富分化，当贫富分化严重之后导致社会"相对剥夺感"和"挫折感"不断增加，使劳动者的尊严感受到削弱，引发群体性事件和社会不稳定。以唐、宋二人为代表的群体正是导致这种结果的最为典型的代表，他们饱受矿厂主的压迫与剥削，付出与收益不成正比，以致另辟蹊径，最终导致犯罪现象的发生。

3. **过度依赖科学技术**

科学技术的发展在给人类带来巨大利益、不断满足人类多种需求的同时，也不可避免地造成各种负面效应，成为现代风险社会的重要风险源。人类对科技理性的过度崇拜、过于依赖，使科技潜在的危害嵌入了人类生活的方方面面，给人类社会带来了更多的不确定性。由于人类理性的局限性，科学技术难免存在某种不完备性，而人在实际规划和操作中又极易犯错误，这就会产生各种意外事故。也正是基于这些原因，"盲井式"犯罪屡见不鲜，矿厂主对此并没有很好的预防措施，只能息事宁人、破财免灾。

4. **社会治理失效**

首先，在一些现代风险面前，公共权力机构显得软弱或不作为，以及制度和政策的无效或存在制度和政策的真空,未能担负起事前积极预防、事后有效处置的责任;面对风险社会缺乏明确的责任机制和责任主体,风险制造者和风险治理主体都想方设法推卸责任。其次,许许多多的弱势群体、妇女儿童、山区农民等因基本权利得不到保障,为了生计不得不外出打工,但由于文化水平及某些先天缺陷,在毫无防备的情况下自身权利得不到保障甚至遭受侵害而无任何的救济途径。

(二) 法治与人治

"人治"与"法治"的争论由来已久,时至今日该争论仍未停歇,学术界就风险社会下体系的选择也存在不同的派系,分别是坚持主张用"人治化管理"[①] 与"法治化管理"。但笔者认为,风险不仅是客观存在,也是社会和文化的建构,跟人们的社会认同联系在一起,不同文化和社会情境下民众的风险感知、选择不完全一样。人治与法治,这是人类为克服自身缺陷而采取的不同的社会治理模式。就两者本身而言并无优劣好坏之分,它们是对立统一的关系,问题在于通过什么样的治理模式能达到善治。人治伴随人类社会的产生而产生,并与人类社会共始终。而法治则是社会发展到一定阶段的产物,与国家共存亡。我国是一个具有五千多年文化积淀以儒家文化为主导的带有浓厚人治色彩的国家,这就决定了我国必须走出一条具有中国特点和中国风格的现代化文明之路——即以法治为原则,以德治为补充,加速推进中国特色社会主义的历史进程。

1. 法治与人治的概念

"人治"就是国家权力的执掌者,凭借其所有或行使的不受法律制约的权力,完全依据其个人主观意志治理国家、管理社会公共事务的一种特定方式。具有如下几个特点:国家的前途命运系于最高掌权者一人之身;最高掌权者完全凭个人专断意志治理国家;法律是最高掌权者个人意志的体现;最高掌权

---

① 主张"人治化管理"者认为:我国法律追求的是一种确定性,并且针对的是已经发生的事项,而风险却是针对未来不可预测的事项。我国现行的法律要求与纠纷有关的一切要素都必须是客观存在的,这就造成了法律与风险之间的冲突。正是由于法律针对的是已经发生的纠纷,因为对未来发生与否还处于不确定状态的风险来说,法律无从规制。

者的权力不受法律制约。

"法治"与"人治"相对,其概念学说源自西方。但是,"法治的含义如同一匹桀骜不驯的烈马"①,明确把握法治的实质内涵并将其付诸政治实践并非易事。一方面,"法治是一个令人不断追求但尚未达到的终极目标"②,另一方面,"最好是把法治理解为一种独特的机构体系而非一种抽象的理想"③,在这种"理想"与"现实"、"价值"与"事实"的缠绕和分野中,法治及其具体内涵一直是富有争议的话题。"法治应包含两重意义:已成立的法律获得普遍的服从,而大家所服从的法律又应该本身是制定得良好的法律"④,古希腊哲人亚里士多德所言法治的"两重含义"一直影响至今。在近代,法治首先是作为平等、自由、人权保障的要求由欧洲启蒙时代的先进思想家提出来的,西方法学家基于不同的学术立场和理论主张,先后提出了法治的各种理论。我国法学家对法治的普遍特征也有很多精辟的论述。例如,李步云教授提出,法治国家应有十条标准:法制完备、主权在民、人权保障、权力制约、法律平等、法律至上、依法行政、司法独立、程序公正、党要守法⑤;张文显教授认为,法治是一个内涵民主、自由、平等、人权、理性、文明、秩序、正义、效益与合法性等诸社会价值的综合观念,其基本标志有五个方面:法律之治、人民主体、有限政府、社会自治、程序中立⑥。英国思想家洛克也曾说过:个人可以做任何事情,除非法律禁止;政府不能做任何事情,除非法律许可。尽管对于"法治"的概念界定颇多,但基本可以得出的共识是:所谓"法治",即根据法律治理国家,是治理国家的方式或方法。

2. 风险社会呼唤法治化管理

法治,是给公民以最充分的自由,是给政府以尽可能小的权力。法治的

---

① [英]詹宁斯:《法与宪法》,龚祥瑞、侯健译,生活·读书·新知三联书店1997年版,第42页。
② [美]劳伦斯·弗里德曼:《法治、现代化和司法制度》,载宋冰编:《程序、正义与现代化》,中国政法大学出版社1998年版,第109页。
③ [美]诺内特、[美]塞尔兹尼克:《转变中的法律与社会——迈向回应型法》,张志铭译,中国政法大学出版社1994年版,第59页。
④ [古希腊]亚里士多德:《政治学》,吴寿彭译,商务印书馆1965年版,第199页。
⑤ 李步云:《法治国家的十条标准》,载《中共中央党校学报》2008年第1期。
⑥ 张文显:《论中国特色社会主义法治道路》,载《中国法学》2009年第6期。

真谛在于：公民的权利必须保护，政府的权力必须限制，与此背离的就不是法治。《盲井》所描述的是21世纪初期的西部山区，尽管已经经过了20多年的改革开放，但由于其所属时空的限制，物质生活条件仍然处于不容乐观的情境，人们为了生计，不得不干着辛苦的工作，拿着低廉的薪酬。剧中，唐、宋两人知道矿厂主因为畏惧矿难被泄露承担法律责任而不得不破财免灾，一次又一次地密谋通过伪造矿难进行诈骗；同时也是因为熟知赔偿责任，才会伪造身份证假装亲戚关系；更是因为畏惧行政机关，所以打一枪换一个地方。他们擅于利用法律的漏洞，为自己获取利益，但可以看出，法律是不完善的，它虽然保障了唐、宋两人的利益，却损害了受害者的利益。由此可见，法律的生命力在于实施，法律的实施在于法律的完善，但是在我国的法治化建设中，尽管取得了一定的成果，但距离理想的目标还相距甚远。

三、评价

（一）影片在当时的价值

1997年9月，党的十五大报告中将"法制国家"改为"法治国家"，明确提出了"依法治国，建设社会主义法治国家"的政治主张；1999年3月，九届人大二次会议对现行有效的宪法进行了修改，将"实行依法治国，建设社会主义法治国家"纳入其中。剧中唐、宋所生活的时代是21世纪初，主要生活的地域是我国西北某些偏远的矿场。由此可见，《盲井》的时空背景，是法制向法治转变，仍处于建设社会主义法治国家的初级阶段。尽管已经经历了二十几年的改革开放，物质生活已经较为丰富，但是从根本上来说，民众的法治意识仍然比较淡薄。

然而社会秩序的构建、国家与民众和谐相处，都离不开法治。法治是实现人权的保障，保障人权是法治的价值追求。故只有在法治国家，人权才能够得到有效保障和充分实现；只有人权得到了有效的保障和充分实现，民众才能在风险社会中应对自如，使得社会能够保持一个井然有序的状态。

（二）影片在当下的价值

随着我国法治理念的深入、法治理论的发展，使得人权得到了充分的保障。尤其是《中国共产党第十八届中央委员会第四次全体会议公报》① 中曾 23 次提到"依法治国"，一方面体现了法治在国家治理和社会管理方面的重要作用，另一方面还体现了法治在中国共产党政治追求中的地位，两者共同推动了我国法治发展与人权保障。

基于风险社会下的人权要想得到充分的实现与保障，取决于法治的发展程度，而法律制度的健全与完善又决定了法治化的程度。截至 2016 年底，除宪法外，我国现行有效的法律共 256 部②。以宪法为核心，以法律为主干，包括法律、行政法规、地方性法规等多层次法律规范在内的法律体系，在我国已经初步形成，使得人权真正意义上得到了"有法可依"。不仅如此，中国共产党第十九次全国代表大会上更是强调了"法治"乃是我国未来经济建设中的必然选择③。从立法、司法和执法三个角度来看风险社会对于我国法治建设的价值，笔者认为是适宜的。

1. 对于立法的价值

"良法是善治之前提"，而要想成为一部良法，符合实际的立法是其最重要的基础。一部良法不仅是法治的基础，更是人权保障的基础。在该影片中，时代背景为 2003 年，那时候法律的制定及实施并非纸上谈兵，已有相当多的司法实践可以加以印证，尽管如此，仍有许多不完善的法律。

风险社会的立法则应当谨慎注意，首先，立法应当充分体现预防原则。"防止出现被制造出来的风险的最有效的方法就是通过采取所谓的'预防原则'来限制责任。预防原则这个概念最早于 20 世纪 80 年代出现在德国，是指即使存在不安全的科学证据，人们也必须对环境问题采取措施。"④ 风险社

---

① 中国共产党第十八届中央委员会第四次全体会议于 2004 年 10 月 20 日至 23 日在北京举行，会议明确提出了全面推进依法治国，总目标是建设中国特色社会主义体系，建设社会主义法治国家。

② 参见《中国法治建设年度报告（2016）》，http://www.mzyfz.com/cms/xuehuigongzuo/html/1535/2017-06-14/content-1274931.html。

③ 十九大报告全文，2017 年 10 月 18 日。新时代中国特色社会主义思想八个"明确"、新时代坚持和发展中国特色社会主义的基本方略等都明确了"依法治国"在我国的重要性。

④ ［英］安东尼·吉登斯：《失控的世界》，周红云译，江西人民出版社 2001 年版，第 28 页。

会的大量风险都是源于人类自身对技术的过度或不合理利用,确立预防原则有助于从源头上减少风险的来源。风险是人类制造出来的,若想有效逆转风险社会的趋势,较为可取的思路即在于引导人类对技术加以合理运用和开发,这种运用和开发应当而且必须受到法律预防原则的严格规制。其次,立法应当体现开放性和包容性的原则。众所周知,即使是在传统的农业社会或工业社会中,试图用立法的方式建立一套完善而自洽的社会体系的愿望也只是一个良好的企图,法律语言的模糊性及贫乏,法律所欲规整的社会事物的流变性以及法律本身所试图实现的一般性调整都为立法目的的完全实现设置了种种限制和枷锁。因此,风险社会中的立法应当是一种具有开放性和包容性框架的立法,以开放的方式和包容的价值面对新生的具有不确定性的社会事物或社会状态,以此来应对偶然性给法律带来的不确定性冲击。

综上,立法是当代世界法律生成的主要方式,即使是在判例法国家,有限度地吸纳成文法亦已成为一种基本趋势。从逻辑上看,立法是一切法律活动得以展现的起点,没有规范性法律文件的生成,就没有后续的法律运行与法律完善,更无法为民众提供基于法律的规划和信心。因此,正是立法才构成了一切法律活动的第一要务。

2. 对于司法的价值

为何唐、宋二人屡屡得手?为何案件发生之后就不了了之?又为何矿厂主总是选择破财免灾,而不愿意调查真相?在这些问题的背后,都反映出了一个共同的问题——风险社会,提高司法公信力是重中之重。

司法公信力是一个具有双重维度的概念。从权力运行角度来看,司法公信力是司法权在其自在运行的过程中以其主体、制度、组织、结构、功能、程序、公正结果承载的获得公众信任的资格和能力;从受众心理角度来看,司法公信力是社会组织、民众对司法行为的一种主观评价或价值判断,它是司法行为所产生的信誉和形象在社会组织和民众中所形成的一种心里反应[①]。

---

① 关玫:《司法公信力研究》,吉林大学 2005 年博士学位论文。

主要表现为民众对司法整体形象的认识、情感、态度、情绪、兴趣、期望和信念等,也表现为民众自愿配合司法行为,有问题第一反应是通过司法途径解决问题,同时因为畏惧司法而遵纪守法。

提升司法机关的公信力,对于我国法治建设具有极其重要的意义。研究司法公信力是依法治国,建设社会主义法治国家的必然要求。依法治国不仅要有完备的法律体系,还要靠人们对法律的忠诚的信仰。部分西方的政治学家指出:"如果大多数公民都确信权威的合法性,法律就能比较容易地和有效地实施,而且为实施法律所需的人力和物力也将减少。……一般地说,如果合法性下降,即使可以用强制手段来迫使许多人服从,政府的作为也会受到妨碍。如果人们就哪一个政权具有合法性的问题发生争论,其结果常常是导致内战或革命。"[①] 法律的遵守不仅要靠国家的强制力,更要靠人们自觉地遵守,只有人们自觉地遵守,法律才不会变成压迫人们的异己力量。而人们对法律的信仰很大程度上是依靠司法过程逐步建立起来的。法律制定出来后只是静止的存在,而司法过程则是将一个静止的法律付诸实践的过程,这是一个法律的动态过程。

综上,对司法的信仰是树立对法律信仰的重要条件。在任何一个国家中,司法的地位和权威是与法律的地位和权威相一致的,法律在国家政治生活中和社会生活中的地位和作用越突出,则作为执行法律的司法机构也必然要求具有较高的地位,同时也应当具有较强的权威性。在我国,将依法治国、建设法治国家作为宪政原则确定下来以后,就必然要求提高法院的地位,并使其具有一定的适用法律和解释法律的权威性,民众认同司法的权威性实际上就是认同法律的权威性。如果司法不具有权威性,司法不仅不能履行其在法治社会所具有的职能,而且也不能树立法律至高无上的权威[②]。树立司法的权威性,提高司法的公信力,是为了增强人们对司法的信仰,而这种信仰对建构社会法律秩序起着至关重要的作用。

---

① [美]加布里埃·A. 阿尔蒙德、[美]宾厄姆·鲍威尔等:《比较政治学:体系、过程和政策》,曹沛霖等译,上海译文出版社 1987 年版,第 36~37 页。
② 王利明:《司法改革研究》,法律出版社 2001 年版,第 139 页。

3. 对于执法的价值

从电影《盲井》中，我们可以发现以下几个问题：矿场主是否获得行政审批许可？如已获许可，行政主管部门是否就不用再履行监管职责？为何"卖淫女"如此猖獗地当街揽客？唐、宋两人可以说是"打一枪换一个地方"，那么行政部门对于流动人口的监控是否到位？

我国在建设中国特色社会主义的过程中，一贯极为重视建构法治化的社会机制，提出了依法治国、建设社会主义法治的目标。经过多年来党和政府各级有关机构的努力，我国的社会主义法治建设已经初步取得成效。但是，近几年来一些在法治建设过程中不断呈现的问题，如腐败、执法能力、基层司法人员素质等，严重影响了我国社会主义法治建设的进一步完善。在这些问题中，腐败[①]问题更是成为制约我国社会主义法治建设取得更大进步和发展的重要因素。即是说，我国目前存在的腐败问题已经成为影响我国实施社会主义法治建设进一步推进的瓶颈问题。

执法人员的腐败不仅会损害我国政府的形象，影响我国社会主义法治建设的进一步的推进，而且有可能对社会和谐造成负面影响。执法系统是我国政府的重要组成部分。执法系统具有与民众面对面且经常性接触的特点，因此，很多时候执法系统在权力行使过程中能否体现公平、公正的原则很可能直接影响民众对政府公权力的看法。执法腐败在一般的情形下往往是出现在执法权力行使的过程中，即一般是指行政人员在执法过程中有法不依、执法不严、收受贿赂、不按法定程序办事、缺乏责任感的行为。这样的腐败行为在为一些人违法谋取不正当利益的过程中，必然会损害某些民众的正当利益，使其受到不公正的待遇。行政腐败的存在不仅会损害民众对执法系统的认同度，同样会损害我国政府在民众中的形象。同时，执法腐败的存在很可能极不公正地剥夺一些民众本应获取的正当利益。当这些民众的正当利益由于涉及腐败的结果受到损害时，特别是当这些民众在遭遇腐败引发的不公正甚至

---

① 本文所指"腐败"，仅仅是指行政人员在执法过程中有法不依、执法不严、收受贿赂、不按法定程序办事、缺乏责任感的行为。

不合法的执法行为而缺乏有效、便捷的救济渠道和对抗机制时，利益受到损害的民众中的少数人就可能采取一些过激的手段尝试获得自己本应获得的公正结果，极少数人甚至可能采取对行贿者和涉及腐败的执法行政人员实施暴力行为等过激行为。不仅如此，很多本应被法律所禁止的东西也会如雨后春笋般冒出来。由于我国法治化进程的顺利展开一定程度上必须依赖民众对政府的信赖，因此腐败的存在必然会影响我国法治化的顺利推进甚至影响社会稳定。

综上，建设社会主义法治是我国依法治国的重要目标，近些年来，我国的法治化进程已经取得了巨大的成就。尽管如此，腐败等行为的出现也逐渐成为制约我国法治建设进一步完善的重要问题。但是，社会主义法治发展的进程是不可阻挡的历史潮流，极少数缺乏基本职业操守的人员造成的执法腐败问题，在政府系统等各级政府机构和全社会的共同努力下必将逐步受到更为严格的监督和制约。

（三）影片的不足

影片借助真实的镜头语言将社会中一些不为人知的黑暗面呈现给观众，正是借助"真实"这一最为出彩的地方来激发观众内心的愤恨和感伤，朴实的语言、无华的表演，尤其是当中的一句台词"中国什么都缺，就是不缺人"，更是体现了人性的黑暗，构筑了一个坚不可摧的城墙。《盲井》虽然仅仅是一部电影，但是其反映出来的问题却十分尖锐，从观影者的角度来看，这无疑是一部佳片。该片也曾在国际上荣获无数荣誉，在我国却屡屡碰壁，甚至一度遭禁。究其原因，无疑是影片涉及粗俗、嫖娼、合谋杀人等镜头[①]。

整部电影透露着一种消极粗俗的味道，但在笔者看来，这并不是作者想要向我们表达的。结合影片所处的时代背景，法律法规并不完善，且在实施过程中也有相当大的阻力，而作者可能更多的是希望我们采用辩证的眼光对待该影片，从中进行思考，而不只是一味地受到其中消极因素的影响。

[①] 《电影管理条例》第二十五条：电影片禁止载有下列内容：（七）宣扬淫秽、赌博、暴力或者教唆犯罪的；（八）侮辱或者诽谤他人，侵害他人合法权益的。（2001年12月12日通过）

通过对电影《盲井》的研究，笔者发现其实在社会中还存在着很多"看不见的犯罪"，他们与"盲井式"犯罪模式雷同。法律不可避免地具有局限性和不完善性，我们在法治社会建设进程中，应该具有前瞻性，即我们不能等到犯罪事件发生之后才进行相应的思考。至此，我们应该透过"盲井式"犯罪，进行更多的思考和反思，发现更多的"看不见的犯罪"，从而使我国法治建设不断完善，使我们的社会更加和谐稳定地发展。

［研究专题报告］

陪审员制度试点改革状况实证研究[*]
——以 J 省 Y 市基层人民法院的实践为例

张　建[**]

摘要： 人民陪审员制度是我国（法治）现代化进程中的一个环节，其制度功能主要表现在增强司法行为合法性、打破审理过程的封闭性以及防止司法腐败和促进社会法律意识提高三个方面。但由于诸多现实原因，人民陪审员制度在运行过程中并没有完全取得预设的效果，其在实践中的突出问题包括选任的精英化、陪审的形式化、管理保障松懈化等。面对人民陪审员制度的现实困境，我国启动了陪审员制度的改革试点工作，着重从人民陪审员的选任、参审及管理保障三个方面来着手解决这些问题。本文以当前陪审员制度改革试点的 Y 市基层人民法院为例进行实证研究，对其在改革过程中的特征、经验及不足进行凝练、分析与反思，并本着促进司法公正、提升司法公信力及陪审权利实现的理念，从司法公开、公正及效率的角度出发，对当前开展改革试点法院的相关不足提出优化建议和对策，并以此对陪审员制度试点改革进行总体性分析和反思，提出优化建议。

关键词： 人民陪审员制度　试点改革　实证研究

---

[*] 本文系张建主持的中国法学会课题"陪审员制度试点改革状况实证研究"（课题编号：CLS（2015）Y13）的最终成果。课题研究过程中，得到了陈立洋、姜金良、王新房、林磊及王长磊等法官朋友的大力支持，他们或为调研提供了足够的便利，或提供了大量的资料；文章的阶段性成果，也曾在《西部法学评论》《中国社会科学学报》等期刊报纸上发表过，特此致谢！当然，文章要是存在质量问题，一定是因笔者的能力所限而致，文责当然应由笔者承担。

[**] 作者简介：张建，常州大学史良法学院副教授，中国政法大学法学院博士后，研究方向为法律社会学与法哲学。

一、导　言

（一）问题的源起

2011年，全国人大常委会委员长吴邦国在十一届全国人大第四次会议上宣布："中国特色社会主义法律体系的形成，总体上解决了有法可依的问题，在这种情况下，有法必依、执法必严、违法必究的问题就显得更为突出、更加紧迫。"① 法律的生命在于实施，如何将法律体系转化成法治体系，使得法治成为一种生活状态、使得法律成为规范人之行为和社会秩序的基本方式，就显得格外紧要。如张文显所言："'法治体系'既是一个描述一国法治运行与操作规范化有序化程度、表征法治运行与操作各个环节彼此衔接、结构严整、运转协调状态的概念，也是一个规范法治运行与操作，使之充分体现和有效实现法治核心价值和价值体系的概念。"② 在看待中国特色社会主义法律体系和法治体系建设问题时，要是引进历史的视角，则能洞见到（法治）现代化是近现代中国发展的基本逻辑，或如杜赞奇所言："自从20世纪初发出现代化的口号之后，特别是民国成立之后，中国就卷入一种现代化合法性的逻辑之中，在此种逻辑中，其存在的理由就越来越取决于其完成现代化理想的程度。"③ 中国在推进现代化建设的过程中，将杜赞奇的判断投射到法治建设中来就体现为法律体系的现代化与法治体系的现代化。

司法是法律得以实现的关键环节，也被视为公平正义的最后一道防线，在法治建设过程中具有不可替代的作用。由于中国的现代化是在"时空挤压"的环境中加以推进的，需要共时性地解决西方发达国家法治建设过程中的历时性问题，这点体现到司法实践中就是如何在案件审理过程中平衡和处理好法治现代化与司法可接受之间的关系。记忆犹新的是1942年前后在陕甘宁边

---

① 吴邦国：《形成中国特色社会主义法律体系的重大意义和基本经验》，载《求是》2011年第3期。
② 张文显：《全面推进依法治国的伟大纲领》，载《法制与社会发展》2015年第1期。
③ ［美］杜赞奇：《从民族国家拯救历史：民族主义话语与中国现代史研究》，王宪明等译，江苏人民出版社2009年，第94页。

区，发生的以司法审判规范化和人员专业化为主要内容的讨论，就可以视为是对上述问题的直接回应。以李木奄为代表的司法现代化观点支持者之所以失败，根本的缘由在于："在一个革命的年代，对于一个以夺取政权为己任的政党来说，过分强调法律的公正性，强调法律的超阶级性，显然是很难做到的。""只有法制问题意识，但没有边区问题意识，改革不可能成功。"① 由此，马锡五审判方式逐渐获得重视。马锡五审判方式之所以成功就在于："马锡五肯于钻研，却又精明过人，他懂得如何避免自己的短处，如在审理案件时，较多地倾听群众的意见，将群众的意见、党的政策和边区的法律巧妙地结合起来，从而得到了各方面的满意和拥护。"② 经由对陕甘宁边区相关司法实践的分析，可以发现：一是不能简单地套用某种所谓的先进（司法）理念来规范实践，必须要结合实践本身；二是在中国语境的司法实践中，必须要重视包括政策在内的法律与民众意见之间的相互对榫，这需要一定的技巧。

　　历史地看，陕甘宁边区时代所面对的经济、政治、社会、文化结构在当下已发生了天翻地覆的变化，当前的司法所面对的案件的性质、案件的结构及案件中的当事人有着自身的诸多特征，但是不变的是如何在法律适用与民众意见之间保持一定的平衡，通过何种渠道和方式将民意导入司法实践，这依然是横亘在司法面前的重要问题。2004 年，全国人民代表大会审议通过的《关于完善人民陪审员制度的决定》则可视为是对上述问题的制度化、程序化回应。由于诸多原因，人民陪审员制度运行并没有取得预设的效果，故而十八届四中全会在《中共中央关于全面推进依法治国重大问题的决定》中进一步提出："完善人民陪审员制度，保障公民陪审权利，扩大参审范围，完善随机抽选方式，提高人民陪审制度公信度。逐步实行人民陪审员不再审理法律适用问题，只参与审理事实认定问题。"2014 年最高人民法院在《关于全面深化人民法院改革的意见》中则将上述要求予以具体化："33. 落实人民陪审员

---

① 侯欣一：《从司法为民到人民司法——陕甘宁边区大众化司法制度研究》，中国政法大学出版社 2007 年，第 179～180 页。
② 侯欣一：《从司法为民到人民司法——陕甘宁边区大众化司法制度研究》，中国政法大学出版社 2007 年，第 215 页。

倍增计划，拓宽人民陪审员选任渠道和范围，保障人民群众参与司法，确保基层群众所占比例不低于新增人民陪审员三分之二。进一步规范人民陪审员的选任条件，改革选任方式，完善退出机制。明确人民陪审员参审案件职权，完善随机抽取机制。改革陪审方式，逐步实行人民陪审员不再履行法律适用问题，只参与审理事实认定问题。加强人民陪审员依法履职的经费保障。建立人民陪审员动态管理机制。"①

立基于此，2015年第十二届全国人民代表大会常委会第十四次会议作出了《关于授权在部分地区开展人民陪审员制度改革试点工作的决定》，陪审员制度进行改革试点包含两个基本含义：一是当前的人民陪审员制度在实施过程中存在诸多问题，如选任、参审及管理、保障等环节都有不足和可改进之处，有必要加以变革与完善；二是由于陪审员制度在司法公正实现、司法公信力提升及推动法治中国建设等方面既具有形式价值又具有实质价值，为了控制改革可能带来的系统风险，只能选择部分地区的中级人民法院和基层人民法院开展试点工作。

经由上述，支配着本调研报告的主要问题意识有：一是对当前陪审员制度改革试点法院所开展的情况进行实证研究；二是对当前陪审员制度改革试点法院在改革过程中的特征、经验及不足进行凝练、分析与反思；三是本着促进司法公正、提升司法公信力及陪审权利实现的理念，从司法公开、公正及效率的角度出发，对当前开展改革试点法院的相关不足提出优化建议和对策。

（二）研究思路与研究框架

为了人民陪审员制度改革的有序稳妥推进，全国人大常委会在全国范围内选择了54家基层人民法院和中级人民法院作为试点改革单位，由相关单位先行开展探索，为陪审员制度进一步全面推进提供经验、发现问题。本文主要是以Y市基层人民法院所开展的改革实践为中心而展开，同时，依据法律社会学的方法，实证研究可以从宏观层面、中观层面和微观层面展开。具而

---

① 最高人民法院：《最高人民法院关于全面深化人民法院改革的意见——人民法院第四个五年改革纲要（2014—2018）》，载人民法院司法改革领导小组办公室编：《司法改革规范文件选摘》（内部文件），2016年9月。

言之，宏观层面指的是结构层面，中观层面指的是制度层面，微观层面指的是行动层面。依此，本文主要是在中观层面开展的研究，即主要是对Y市基层人民法院在推进陪审员制度改革时在制度机制层面上的变革进行实证研究。

为了能将上述的问题意识阐述清楚，展现当前人民陪审员制度改革的实际情况，发现既有改革中存在的不足之处，本文主要由五个部分组成：

第一，人民陪审员制度的演化与功能、存在的问题及改革要求。人民陪审员制度是中国（法治）现代化进程中的一个环节，既具有普遍功能又具有特殊功能，即陪审功能与群众路线。当前人民陪审员制度的制度设计与制度运行，在选任、参审及保障管理方面都存在一些不足之处，使得陪审员制度的目的与功能没能实现。陪审员制度改革对试点法院在上述方面作出了总体性要求。上述三个方面的深入研究，有助于为评价陪审员制度改革实践提供参照系。

第二，人民陪审员制度改革中选任改革的实证研究。陪审员制度改革对陪审员的选任条件、选任方式等进行了明确规定，需要回答的问题是陪审员的选任为何需要改革。改革试点法院在推进与落实改革精神、要求时，在制度、机制层面做了何种改革，需要进行实证研究。改革试点法院在陪审员选任方式上的经验凝练与不足分析。

第三，人民陪审员制度改革中案件参与改革的实证研究。陪审员制度改革对陪审员的参审范围、参审方式及合议程序等进行了规定，需要回答的问题是陪审员的参审机制为何需要改革。改革试点法院在推进与落实改革时，在制度、机制层面做了何种变革，需要进行实证研究。改革试点法院在陪审员参审机制改革上的经验凝练与不足分析。

第四，人民陪审员制度改革中管理—保障改革的实证研究。陪审员制度改革对陪审员的管理及陪审员制度运行的保障进行了要求，需要回答的问题是为何要重视陪审员制度的保障机制。改革试点法院在推进与落实改革时，在制度、机制层面做了何种改进，需要进行实证研究。改革试点法院在陪审员管理—保障机制改革上的经验凝练与不足分析。

第五，人民陪审员制度改革的总结。改革试点法院在推进陪审员制度改革过程中表现出来的总体特征为何、产生了何种有效经验、暴露出哪些不足及如何优化等,都需要结合中国特色社会主义法治精神、法治现代化要求及陪审员制度的目的等进行深入分析与概括。

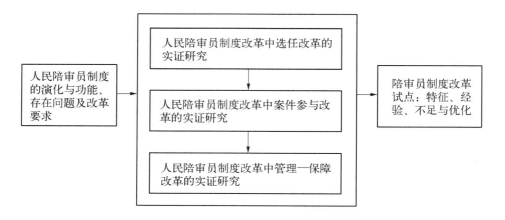

(三)研究对象与研究方法

研究过程中,之所以选择以 Y 市基层人民法院的改革实践及效果作为研究对象,原因在于:第一,Y 市作为 J 省北部地区的普通县级城市,在经济社会发展上既不像该省南部地区那样富裕,同时又不像我国西部落后地区那样欠发达,因而具有一定的代表性。第二,近些年来 Y 市基层人民法院的案件受理结构、组织结构等都在快速地发展,这与全国其他地区法院的发展趋势是较为一致的。第三,Y 市基层人民法院是最高人民法院所选择的 54 家试点法院之一,加之以前其已开展了一些陪审员制度方面的变革,积累了一定的经验。第四,作为一项法律社会学研究,能不能真正地进入实践场域、能不能获得一手资料,对研究结论的得出以及研究的信度和效度都具有直接的影响。要是无法真正进入司法实践场域,那么获得的资料和观察的现象肯定都是皮相甚至是虚假的,得出的结论自然就不可靠了,这也就是说,要注意研究的可行性问题。

Y 市基层人民法院既是笔者所在家乡的法院,更是笔者读博期间长期调研的单位,这些都使得笔者在该院具有较为广泛的人脉关系,也使得法官们能够接纳和信任笔者。当然,在调研过程中,笔者也会帮助法官们做一些力所能及的事情,并且从来不对案件随意插话或者评价法官的言行举止或者对当事人许诺什么以及能保守秘密,这些也都是法官们信任和接纳笔者的重要原因。在很多的交往场合中,如到地方政府去协商案件、法院及法庭内部开的各种交流会及案件合议等,法官们有时也会主动邀请笔者一起参加。

在研究方法上,本文主要采用了社会实证方法和价值评价方法。社会实证方法的学术指向是社会现实,重视对各种经验进行描述与归纳,与法律社会学派的观点相一致,"法律社会学突出法与实际生活联系的重要性,强调法律在社会中的作用和效果"[①]。社会实证研究方法给本文带来的启发就是,要重视对人民陪审员制度改革措施及改革措施所获得的效果的研究。价值评价方法的学术指向是道德理性,重视从价值角度对事实进行评价,与自然法学派的观点一致,"自然法学派认为法在本质上应该来源于永恒不变的自然性或理性,与一定的道德价值体系相一致"[②]。价值评价方法给本研究带来的启示就是,对人民陪审员制度试点改革的研究不能陷于就事论事的泥淖中,不能仅仅停留在对改革的状况的简单描述与勾勒层面,有必要从陪审员制度改革所欲达致的价值目标的角度出发,反身关照和评价改革的实际价值和意义,及发现改革实践过程中存在的不足与问题。简而言之,陪审员制度改革的目的在于通过民众参与案件审理实现司法公开、司法公正和司法效率三个价值目标,故而在对陪审员改革中诸措施进行描述与分析时,可以紧贴上述三个价值标准对改革措施及可能的效果进行评析。

社会实证研究仅仅是研究的一种思路,还需要借助于具体的方法将相关问题予以呈现。在本文中,笔者主要借鉴了社会中常用的定性研究方法,这"是与社会事象的性质和特征有关的研究,通常包括事物的性质、质量、特征、意义和趋势的评价、估计、判断、再现和预计"[③]。就定性研究的基本取向来说,在纽曼看来主要包含三个方面:"(1)定性研究为非实证取向;

---

① 李瑜青:《法律社会学教程》,华东理工大学出版社2009年版,第10页。
② 李瑜青:《法律社会学教程》,华东理工大学出版社2009年版,第10页。
③ 陆益龙:《定性社会研究方法》,商务印书馆2011年版,第25页。

(2) 定性研究具有实践逻辑取向；(3) 定性研究走非线性路线。"① 进一步而言，在具体研究方法上，主要采用了访谈法、观察法和文献分析法来收集与分析问题。

第一，无结构访谈法与深度访谈法相结合。无结构访谈是本文资料收集的重要方法之一，在访谈过程中我们并没有统一的访谈提纲，而是根据不同的访谈对象寻找不同的切入点。访谈对象主要为 Y 市基层人民法院的院领导、法官、人民陪审员、执业律师及一些在法庭上出现的当事人。基于本文的研究重点，也有意识地针对一些重点人物采用了深度访谈法，如人民陪审员办公室主任。深度访谈法与一般的访谈法有所区别，我们不仅与受访对象讨论陪审员，还讨论其他相关的问题。每次访谈时间控制在 30—60 分钟之间。由于访谈内容可能涉及对其他人、事的评价，所以应访谈对象和学术伦理要求，我们并没有在访谈过程中录音，而仅对关键内容加以记述。访谈结束后，根据访谈内容速记和自己对访谈内容的回忆，完成相应的文字整理工作。

第二，观察法。局外观察法和参与观察法也是本文收集资料的重要方法。局外观察法的突出特点，"是可以冷眼旁观，能使被研究的人意识不到他们正在被研究，从而保证他们在一种极其自然、不受研究人员干扰的环境中行动"②。在调研期间，笔者经常以一个局外人的身份对开庭审理及合议过程中的法官、人民陪审员等的言行及他们表达看法和意见的方式等进行观察。又由于被调查的法院是通过熟人引荐而进入的，有时又使得笔者能够深度地参与他们的活动中，全程监测他们的工作开展、闲聊等。

第三，文献分析法。通过对 Y 市基层人民法院审判管理系统中审判数据信息及相关文件，以及中级人民法院和高级人民法院发布的陪审员制度试点改革文件、兄弟法院人民陪审员制度试点改革经验通报等相关材料的收集，使得笔者对陪审员制度试点改革在 J 省的实践有了比较直观的理解，并形成了关于改革实践大概轮廓的认识。通过对学术文章及报刊资料等相关文献的分析，

---

① 陆益龙：《定性社会研究方法》，商务印书馆 2011 年版，第 25 页。
② 袁方：《社会研究方法教程》，北京大学出版社 1997 年版，第 388 页。

使得笔者对陪审员制度试点改革的精神和要求有了总体上的认识和把握。

（四）Y 市基层人民法院的组织结构、法官结构与案件审理

任何一种实践都是在一定的结构中展开的，陪审员制度试点改革工作也是各个法院基于不同的结构而作出的特定选择。试点法院在进行制度和机制变革时，不仅受制于改革的总体要求，同样要受制于法院的组织结构、案件结构及法官结构等。故而，对 Y 市基层人民法院的组织结构、法官结构和案件结构进行简描，有助于更好地理解和评价陪审员制度改革试点开展的基本逻辑及问题所在。

1. Y 市基层人民法院的组织结构及特征

在历史发展过程中，无论何时国家职能的履行都需要借助一定的组织才能得以实现。在封建社会，由于经济、政治和思想观念的原因，主要是借助家产制和封建制的组织方式来实现的。在韦伯看来，随着市场经济的兴起和发展、政治职能的不断分化及启蒙运动的开展，现代官僚制逐渐地取代了旧有的家产制和封建制。对此，科尔曼也认为："随着社会的发展，人们出于各种目的创建的社会组织正在取代社会赖以发展的各种原始社会组织。"[①] 韦伯认为，最为理想的现代官僚制是科层制。我国现有的法院体制及制度都是在学习、模仿西方宪政过程中逐渐发展和成熟起来的，加之受陕甘宁边区形成的"政法传统"的影响，使得我国当下法院与最能体现科层制精神的行政机关有着较为类似的组织结构和特征。结合 Y 市基层人民法院的实际及韦伯对科层制的理解，对该院的组织结构进行分析发现，该院在组织结构上具有如下特征：

一是法院内部存在不同组织的职能分工和管辖界限。即法院内部是通过组织分化的方式来完成法院整体职能的实现，法院的职能每发生一定的变化，就会延展出一个新的机构，如出于对法官开展绩效考评的审判管理办公室、出于推进陪审员制度改革的人民陪审员办公室等。

---

① 李耀锋、吴海燕：《一种开放的社会理论新思维——科尔曼的法人行动理论新探析》，载《国外社会科学》2009 年第 6 期。

二是法院内部具有较为明显的权力等级构建。仔细对该院内部组织结构进行分析，发现可将其权力等级分成四个层次：院长、副院长及院长助理层次；业务庭庭长、科室科长及审委会专职委员层次；各业务庭和科室副职层次及普通法官和工作人员层次。

三是各种业绩管理档案是法院开展管理的基础和抓手。针对法官有法官业绩档案，针对人民陪审员有人民陪审员业绩档案，针对人民监督员有人民监督员业绩档案。

四是重视规章制度建设，使得法院每个环节的运作都有相应的规范。规章制度的建设与内设机构一样，目的都在于促进法院功能实现，涉及的领域有党建工作、廉政建设、行政管理、立案信访、审判执行及警务管理等。为了规范和促进陪审员制度改革，该院也有针对性地制定了相关的规章制度。

2. Y 市基层人民法院法官结构与案件审理

所谓法院队伍，指的就是人民法院的正副院长、正副庭长、审委会专职委员、审判员、助理审判员及法官助理等能直接从事审判工作的人员和书记员、执行员等辅助人员，以及从事人事、行政、后勤、司法警察等审判保障工作的人员。只有各类人员按照工作需要合理配备、相互协调、密切配合，不断提高政治素质和审判水平，法院的职能才能够得以实现。当前，Y 市基层人民院在职干警共有 180 人。该院岗位分布和法官结构具有如下特点：

一是一线法官人数偏少。在该院从事审判工作的法官主要分布在：民一庭 8 人，道路交通庭 4 人，民二庭 9 人，刑庭与少年庭 9 人，行政庭 5 人，四个派出法庭各自为 5 人。同时，因为庭长的主要工作并非是从事案件审理而是有诸多的管理及协调工作，所以庭长只能算半个法官。若每个庭按照三审二书的方式来配置的话，真正从事一线案件审判的法官仅有 40 名左右，占总人数的 21%。

二是法官工作压力和强度较大，工作量普遍饱和[①]。在法官总人数并没有

---

① 我们开展的一项针对 Y 市法院刑庭法官工作量的调研，研究发现刑庭的 4 名法官在 2014 年的总工作时间为 8 491.3 小时，每位法官的平均工作时间为 2 122.8 小时，这与全年有效工作时间 1 264.2 小时有很明显的差距，这使得他们必须要不断地加班来完成审判工作。具体可参见张建、姜金良：《同质与建构：作为反思法官员额制的切入点》，载《山东社会科学》2016 年第 8 期。

太大变化的情况下,根据该院审判管理系统中的数据显示,自 2005 年以来法院的案件审理呈现快速上升的趋势:2005 年为 2 827 件,2006 年为 3 190 件,2007 年为 3 532 件,2008 年为 4 229 件,2009 年为 4 296 件,2010 年为 4 503 件,2011 年为 5 097 件,2012 年为 6 045 件,2015 年为 10 240 件,2016 年 1—8 月为 5 829 件。

三是法官流失的比例较大。这里的流失,指的是法院内部从审判一线岗位转向行政和后勤岗位、从法院系统流向其他系统以及提前退休、辞职等从法院退出的现象。最为典型的就是一位法官因法官员额制改革及较大的审判压力,而从法院辞职并考取 T 市发改委的职位。

总之,对 Y 市基层人民法院的组织结构、法院结构及案件审理情况的简要勾勒与介绍,目的在于为我们理解和把握陪审员制度改革提供一个基本的时空背景。任何一项制度的构造与实践,都是在一定的结构中展开的,陪审员制度改革也不例外。脱离了结构及限制性要素,泛泛地讨论和评价某种制度、改革,其所具有的意义并不大,只有结合结构性背景,才能真正地洞悉制度运作的奥秘。

(五) 创新点与不足

本文是在人民陪审员制度改革试点背景下开展的有针对性的实证研究,故而,本文的创新点主要体现在三个方面:一是从司法公开、司法公正和司法效率的角度对人民陪审员制度改革举措进行了系统研究和评价。将价值评价与实证研究结合起来,使得本文既区别于简单的价值分析方法下的研究,又区别于就事论事式的实证研究方法下的研究,实现了在价值与事实之间来回穿梭的目的。二是运用马克思主义视角下的结构分析方法与功能分析方法对陪审员改革举措进行研究。既要对陪审员制度的内部结构进行研究,还对陪审员制度制度改革所处的结构进行分析,使得本文区别于那种脱语境的研究。三是根据上述研究,提出嵌入与认同是理解陪审员制度最优化的两个关键词,则是本文在观点上的可能创新之处。根据结构功能分析方法提出理解陪审员制度的关键词,使得本文区别于有些研究仅从比较视角或价值判断视角得出结论的方式。

由于受制于研究时间、精力和经费等的限制，本文仅着眼于 Y 市基层人民法院的陪审员制度改革情况，这使得研究缺乏了横向比较的视角；同时，由于本文更多注重的是静态层面的分析，即改革试点法院在制度、机制层面上是如何进行变革的，这使得本文缺乏动态的分析，如合议过程中不同主体的行动及行动逻辑等。这些不足都为本文研究主题的持续和深入研究提供了空间。

二、人民陪审员制度历史演化、存在的问题及改革要求

一般认为，陪审制最早主要是在英美法系国家被运用，在亚伯拉罕看来，"陪审团就是一个预先确定数目的普通公民群体，他们由一个适时组成的公共机构召集，其目的在于回答某一个问题"[①]。其实，早在公元前 5、6 世纪之时，雅典就已采用陪审制度，其后的罗马也采用了陪审制度。现代司法研究认为，陪审团制度主要起源于大约 1200 年左右的英格兰。在英格兰早期，陪审团中的陪审员并不具有决定有罪还是无罪的权力，他们发挥的仅仅是证人的功能。创建于 12 世纪 60 年代亨利二世时期的陪审制度，该制度主要适用于民事案件。在现代英美法系国家中，陪审制度主要是通过大陪审团和小陪审团两种机制得以实现。两种机制相互间的区别在于：在案件审理过程中，大陪审团仅仅决定有效的证据是否存在；小陪审团则具有决定被告人是否有罪的权力。由于陪审团运作的不经济与审判效率要求之间存在的紧张关系、越来越专业化的司法实践及不断提高的当事人的法律意识，陪审团制度在英美法系国家的司法实践中被使用的频次也越来越少。以法德为代表的大陆法系国家主要采用参审制，参审制与陪审制的主要区别在于陪审员发挥作用的方式和参审范围不同。在我国，陪审员制度主要表现为人民陪审员制度。

---

① ［美］亚伯拉罕：《司法的过程》，泮伟江等译，北京大学出版社 2009 年版，第 117 页。

(一) 人民陪审员制度的演化与功能

我国现行的人民陪审员制度主要发轫于革命根据地时期，早在1947年9月13日中国共产党在全国土地会议上通过的《中国土地法大纲》中，为了贯彻农民当家作主的阶级斗争路线，就强调"人民法庭由农民大会或农民代表会所选及政府所委派的人员组成之"。在陕甘宁边区时代，群众路线在马锡五审判方式中得到了有力的体现。1954年，由第一届全国人民代表大会第一次会议通过的《中华人民共和国宪法》第七十五条就规定：人民法院审判案件依照法律实行人民陪审员制度。1963年，最高人民法院发布了《关于结合基层普选选举人民陪审员的通知》，不仅规定了人民陪审员的选任方式（广泛征求各方意见的基础上提出候选人名单，然后由城镇或人民公社的选民直接选举产生，或者由基层人民代表大会选举产生），还规定了人民陪审员的任期（一般为2年），及人民陪审员的使用（主要设在基层人民法院，高级人民法院和中级人民法院需要人民陪审员时，一般采用临时邀请的办法）。在"文革"期间，由于我国的法制建设和司法制度遭到了破坏，人民陪审员制度同样不能幸免。

1978年3月，最高人民法院发布了《关于人民陪审员的群众代表产生办法的通知》，再一次重申了1963年《关于结合基层普选选举人民陪审员的通知》的相关精神，奠定了其后人民陪审员制度安排的基本走向。但是，由于既有的关于人民陪审员制度的规定较为模糊笼统，使得该制度形同虚设，应有的功能与价值不能得到发挥。故而在2004年8月，全国人民代表大会常委会通过了《关于完善人民陪审员制度的决定》，随后最高人民法院及地方各级人民法院相继出台了若干相关制度，如最高人民法院于2005年1月出台的《最高人民法院关于人民陪审员管理办法》等，目的在于不断地推进人民陪审员制度的现实转化。就当前我国的人民陪审员制度来说，其具有如下三个方面的功能：

一是增强司法行为的合法性。"人民陪审员制度是体现我国司法民主化的一项法律制度"[①]。当代中国司法制度具有很强的移植品格，这带来了两个不

[①] 最高人民法院司法改革领导小组办公室：《人民法院司法改革与中国国情读本》，人民法院出版社2010年版，第121页。

好的后果：一方面，由于制度的设计是以某种价值理念为先导，而该价值理念可能与中国社会本身的观念及接纳程序之间存在一定的张力；另一方面，在政府推进型的变革模式中，人民的意志有时并没有得到充分体现。上述两点反映到司法实践中就是，司法行为及裁判结果在很大程度上不能得到当事人及社会的尊重和接纳，而人民陪审员制度能在一定程度上弥补某些法律制度与社会实际相脱节、弥补政府主导与民意导入不足的问题，从而增强案件裁判结果的合法性和可接受性。

二是打破法院案件审理过程中的封闭性。案件审理过程中的封闭性不仅指意志的封闭性，还包括审理过程中思维方式的封闭性。在规范法学看来，案件审理的主体应该是法官，基本过程则应是法官利用法律规范来涵摄案件事实并得出结果。20世纪90年代开启的庭审方式、举证制度及法官职业化改革，目的都在于朝向职业化和专业化方向发展，推动法官从积极角色向被动角色转变，这反映到思维方式上就是意志和思维过程的封闭性。吸纳人民陪审员参与案件审理，则可以打破法官封闭性思维带来的单一和片面，使得法官能更加全面、更加符合实际地看待案件。套用最高人民法院的话来说就是："人民陪审员参与案件审理，是用普通人的情感、常识和判断力参与司法活动，将普通公众的认知和价值观融入到司法审判中，以弥补职业法官过于理性及相对固定的思维模式之不足。"[1]

三是防止司法腐败和促进社会法律意识提高。规范法学视角中的案件审理主体是职业法官，社会民众无法参与案件审理，加之我国司法公开的有限性，这使得法官在案件审理过程中的权力无法得到有效监督，容易导致司法腐败问题出现。案件审理过程中，让人民陪审员参与并享有同等权力，"在一定意义上说，陪审员参与陪审活动拉大了司法决策的时空维度，扩大了司法决策的知情范围，减小了'黑箱操作'的可能性"[2]。人民陪审员制度的建立，通过特定方式让一定的民众参与案件审理实践，不仅有助于人民陪审员对法

---

[1] 张军主编：《人民法院案件质量评估体系理解与适用》，人民法院出版社2011年版，第85页。
[2] 吴宏耀：《人民陪审员制的价值及改革》，载《政法学刊》2006年第5期。

院工作的理解和认同，促进自身法律意识的养成和提升，还有助于他们通过现身说法的方式来宣传法治，提高周围人的法律意识及水平。

（二）人民陪审员制度实施中存在的问题

当前陪审员制度主要是以 2004 年由全国人民代表大会常务委员会通过的《关于完善人民陪审员制度的决定》（以下简称《决定》）作为制度的基本架构，以及如 2004 年最高人民法院与司法部联合制定的《关于人民陪审员选任、培训、考核工作的实施意见》、2005 年财政部与最高人民法院联合下发的《关于人民陪审员经费管理有关问题的通知》（以下简称《通知》）、2009 年 11 月最高人民法院审判委员会通过的《关于人民陪审员参加审判活动若干问题的规定》（以下简称《审判规定》）、2010 年 6 月最高人民法院制定的《关于进一步加强和推进人民陪审工作的若干意见》等相关文件所构成。陪审员制度试点改革前，普遍认为陪审员制度在实施过程中存在的问题有：

1. 选任的精英化

《决定》第四条认为公民担任人民陪审员应当具备的积极条件有：拥护中华人民共和国宪法；年满 23 周岁；品性良好、公道正派；身体健康及一般应当具有大学专科以上文化程度。同时，还规定了不得担任人民陪审员的消极条件：人民代表大会常务委员会的组成人员；人民法院、人民检察院、公安机关、国家安全机关、司法行政机关的工作人员和职业律师；因犯罪受过刑事处罚的及被开除公职的。《规定》第八条则规定了人民陪审员的选任程序：符合担任人民陪审员条件的，可以由其所在单位或者户籍所在地的基层组织向基层人民法院推荐，或者本人提出申请，由基层人民法院会同同级人民政府司法行政机关进行审查，并由基层人民法院院长提出人民陪审员人选，提请同级人民代表大会常务委员会任命。简而言之，人民陪审员有单位推荐和个人申请两种途径。

上述规定和要求在落实的过程中逐渐地出现了异化，比如就学历要求来说，根据 2005 年全国 1% 人口抽样调查主要公报显示，具有大学学历的人数为 6 764 万人，当时总人口为 130 628 万人，占比约为 5.178%，再考虑人才的地域、行业分布特点等，使得符合陪审员资质要求的人口更少，导致陪审员制度实施中出现文化程度要求高并呈现聚集效应的问题。

基层人民法院及基层司法行政机关工作人员在落实选任工作时,很多时候都是基于完成工作的心态,加之地方政府及相关委办局对人民陪审员身份的重视,以及司法公开不够导致的社会民众对人民陪审员身份认识的陌生等,上述因素综合在一起,使得人民陪审员的选任呈现出形式化、主要由国家公职人员担任等问题。

2. 陪审的形式化

《决定》第十、第十一条对陪审员的参审进行了规定,认为依法参加审判活动是人民陪审员的权利和义务,还指出人民法院应当依法保障人民陪审员参加审判活动。人民陪审员的工作职责是参加合议庭审判案件,对事实认定、法律适用独立进行表决;参加合议庭进行表决时,遵循少数服从多数的原则。《审判规定》第一条则对人民陪审员参审案件范围进行了明确规定:人民法院审判第一审刑事、民事、行政案件,属于涉及群众利益的、公共利益的、人民群众广泛关注的及其他社会影响较大的案件,除非是简易程序和法律另有规定的案件,都应由人民陪审员和法官共同组成合议庭。

《决定》第十四条还规定了随机参审的机制:基层人民法院审判案件依法应当由人民陪审员参加合议庭审判的,应当在人民陪审员名单中随机抽取确定,中院、高院则在所在城市的基层人民法院的人民陪审员名单中随机抽取确定。《审判决定》第二条规定了人民陪审员参审的方式:第一审刑事案件被告人、民事案件原告或者被告、行政案件原告申请人民陪审员参加合议庭审判的,由人民陪审员和法官共同组成合议庭进行。人民法院征得前款规定的当事人同意由人民陪审员和法官共同组成合议庭审判案件的,视为申请。

为了促进人民陪审员制度的有效落实,最高人民法院牵头制定的"案件质量评估指标体系"还专门设置了一审案件陪审率指标,认为"本指标可以反映一审案件的司法民主状况和司法透明度。……实行陪审制是吸收人民群众参加国家诉讼活动的一种形式,是人民法院自觉接受社会监督的重要措施,有利于提高案件审理的公正性和审判质量"[①]。

---

① 张军主编:《人民法院案件质量评估体系理解与适用》,人民法院出版社2011年,第85页。

上述规定在转化为实践的过程中，由于人民陪审员选任工作中出现的问题，使得相当多的人民陪审员没有足够的动力去落实相关的职责，导致"陪而不审""审而不议"等问题的频频出现。对此，多年前的一份关于案件审理中的人民陪审员状况的调查报告就曾指出："少部分人民陪审员更加看重的是人民陪审员的名称而不是其实际意义。……部分人民陪审员参加案件的审理，仅仅是参加案件的庭审过程，而对案情缺乏庭前的基本了解。……在听审过程中难以发挥基本作用。……在合议阶段难以真正实现陪审职责。"① 其实，即使最高人民法院设置了一审案件陪审率指标来强化人民陪审员的参审工作，但由于法官绩效考评等因素的制约，使得"选可靠的人、用放心的人、急匆匆的开庭通知、判后补签名"② 等行动策略被广泛使用，最终导致人民陪审员制度出现了空转现象。

3. 管理—保障的松懈化

《决定》第十六、第十七条分别从正反两个方面对人民陪审员的管理进行了规定：对于在审判工作中有显著成绩或者其他突出事迹的人民陪审员，给予表彰和奖励；人民陪审员有申请辞职、无正当理由拒绝参加审判活动影响审判工作进行的、违反法律及相关规定徇私舞弊造成错误裁判或者其他严重后果的，经由法院会同司法行政机关查证属实的，则由法院院长提请同级人民代表大会常委会免除其人民陪审员职务。

就保障方面来说，除了上述的履职保障外，《决定》第十八条还规定：因参加审判活动而支出的交通、就餐等费用，人民法院应给予补助，陪审员所在单位不得因参加陪审工作而克扣工资、奖金等，无固定收入的人民陪审员则由人民法院按照相关要求给予补助。《通知》在第三条第二款还进一步规定：各级财政部门要按照《决定》要求和"分级管理，分级负担"的原则，将人民法院实施陪审制度所必需的开支，列入人民法院业务费预算予以保障，

---

① 张永和、于嘉川：《武侯陪审：透过法社会学与法人类学的观察》，法律出版社2009年，第232~245页。

② 张建：《法官绩效考核制度中人民陪审考核及其悖论》，载《山东警察学院学报》2014年第4期。

保证人民陪审员依法参与审判活动所必需的经费。

为保证人民陪审员能有足够的法律知识以满足审判要求,《决定》第十五条规定：基层人民法院会同同级人民政府司法行政机关对人民陪审员进行培训,提高人民陪审员的素质。总之,《决定》对人民陪审员的参审职责、参审方式及素质提升都作了较为完备的规划。

制度在实施的过程中总会受制于一些其他因素,就陪审员的经费补贴保障来说,由于当前司法改革之前,基层人民法院的财政都是属地管理,这使得法院的经费与地方财政直接挂钩。具而言之,地方财政富余则法院经费充足,人民陪审员的经费补贴才有保障,但是由于诸多地方法院经费紧张的缘故,使得人民陪审员的补贴一直处于较低的水平,有些地区甚至是每件案件只给予20元的补贴,更何况有时同一案件还需要反复开庭好几次,这些因素的存在都会影响人民陪审员参加陪审工作的积极性。此外,由于选任的人民陪审员的结构及他们在庭审过程中、合议过程中的态度和做法,使得人民陪审员管理的正反激励机制也开始失效。

综上所述,2015年陪审员制度试点改革之前,《决定》及相关规定在实施的过程中存在的主要问题是：人民陪审员选任的精英化、人民陪审员庭审及合议的形式化,以及人民陪审员管理、保障机制的松懈化。

(三) 人民陪审员制度改革试点要求分析

为了贯彻党的十八届三中、四中全会关于人民陪审员制度改革的要求,司法部牵头制定了《人民陪审员制度改革试点方案》（以下简称《试点方案》）,经由中央全面深化改革领导小组第十一次会议审议通过,之后第十二届全国人民代表大会常务委员会第十四次会议通过了《关于授权在部分地区开展人民陪审员制度改革试点工作的决定》（以下简称《工作决定》）。随后,最高人民法院与司法部联合制定了《人民陪审员制度改革试点工作实施办法》（以下简称《实施办法》）。《试点方案》[①] 认为,陪审员制度改革的基本目标

---

① 参见最高人民法院、司法部：《人民陪审员制度改革试点方案》,载《人民法院报》2015年5月22日。

为:"要通过改革人民陪审员制度,推进司法民主,促进司法公开,保障人民群众有序参与司法,提升人民陪审员制度的公信度和司法公信力,让人民群众在每一个司法案件中感受到公平正义。"改革的基本原则为:"(一)坚持正确政治方向;(二)坚持依法有序推进;(三)坚持中央顶层设计与地方探索相结合;(四)坚持从本国国情出发与吸收借鉴域外经验相结合。"同时,还从选任条件、选任程序、参审范围、参审案件机制、参审案件职权、退出和惩戒机制及履职保障制度七个方面提出了具体要求。根据《试点方法》《实施办法》的精神要求和相关部署,以及人民陪审员制度运行中出现的问题及学理的理解,可将当前人民陪审员制度试点改革的任务归结为选任、参审及管理保障等三个基本方面,具体为:

1. 放宽选任要求,明确具体选任办法

《实施办法》第一条规定了公民担任人民陪审员的基本要求:拥护中华人民共和国宪法;具有选举权和被选举权;年满 28 周岁;品行良好、公道正派;身体健康;一般应当具有高中及以上文化学历,但农村地区和贫困偏远地区德高望重者不受此限。与《决定》相比,公民担任人民陪审员的条件发生了三个基本变化:一是年龄提高了,即由 23 周岁提高到 28 周岁。之所以要提高年龄,主要原因与人民陪审员工作的性质有关,人民陪审员应具有一定的人生阅历、生活经验。结合当前的社会实际来看,23 周岁往往刚好是本科毕业的年龄,而刚刚毕业的本科生显然在人生阅历、生活经验等方面都是有所欠缺的。二是学历层次降低了,即从大专及以上学历降到高中及以上文化学历。根据 2015 年全国人口抽样调查数据显示,大陆 31 个省、自治区、直辖市和现役军人的人口中,大学学历(大专以上)为 17 093 万人、高中(含)中专 21 084 万人,这与 2010 年的全国人口调查数据相比,每 10 万人中具有的大学学历的人口从 8 930 人上升到 12 445 人,高中文化程度人口由 14 032 人上升到 15 350 人。总之,学历层次的降低能有效地扩大人民陪审员的来源。三是兜底条款的设置,即"农村地区和贫困偏远地区德高望重者不受此限"。这一规定,能够有效地将民间少数具有丰富基层社会经验的人员、在特定区域具有威望的相关人员吸纳进人民陪审员队伍,从而能有效地促进司法与社会的相互交融，将民间社会涵括进司法逻辑中来①。

《实施办法》第五、第六条分别规定了人民陪审员的数量及选任方式，具而言之，人民陪审员的数额至少是同期法院法官人数的三倍，甚至可高达五倍；人民陪审员的选任应该由人民法院每五年从符合条件的选民或者常驻居民名单中随机抽取。扩大人民陪审员的数量，目的在于为随机抽取人民陪审员参加合议庭及相关工作打下基础，解决以往人民陪审员制度在落实过程中由于人数不够而存在的"驻庭陪审"等问题。随机抽选人民陪审员，目的在于解决以往在落实人民陪审员选人工作过程中出现的人民陪审员常任化、精英化的问题，而使人民陪审员更加倾向于平民化，更加能有效体现社会参与以及司法民主。

2. 明确人民陪审员参审案件的范围、职责和参审方式

《决定》和《审判规定》对人民陪审员参审范围的规定比较笼统而模糊，规定一审刑事、民事和行政案件中，"属于涉及群众利益的、公共利益的、人民群众广泛关注的及其他社会影响较大的案件"应有人民陪审员参审，但究竟如何界定群众利益、公共利益等，则存在争议，王艳法官在反思该问题时曾指出："《决定》中并未规定什么具体案件必须由陪审员参与审理，并且'社会影响较大'也不容易理解和把握。"② 导致的结果就是相关的监督和评价机制无法找到明确的对象。针对此，《实施办法》第十二条则采用了"原则性规定＋具体性规定"的方式解决了上述问题，规定"人民法院受理的第一审案件，除法律规定的特殊情况以外，均可以使用人民陪审制审理"。并进一步规定：涉及群众利益、社会公共利益、人民群众广泛关注或者其他社会影响较大的刑事、行政、民事案件；可能被判处十年以上有期徒刑、无期徒刑的刑事案件；涉及征地拆迁、环境保护、食品药品安全的重大案件，除非有涉及个人隐私、商业秘密等特殊情况，原则上都应有人民陪审员参与合议庭。这一规定，为评估陪审员制度改革的落实情况提供了一个较好的维度。

---

① 相关研究可参见拜荣静：《清真寺调解穆斯林普通民间纠纷的作用研究》，载《世界宗教研究》2011年第6期；魏小强：《通过乡土法杰的乡村纠纷解决》，载《学术交流》2015年第6期。
② 王艳：《浅析人民陪审员制度的完善》，载《盐城审判》2015年第4期。

《实施办法》第二十一、第二十二条对人民陪审员的职责进行了规定："合议庭评议时，审判长应当提请人民陪审员围绕案件事实认定问题发表意见，并对与事实认定有关的证据资格、证据规则、诉讼程序等问题及注意事项进行必要的说明，但不得妨碍人民陪审员对案件事实的独立判断。""人民陪审员应当全程参与合议庭的评议，并就案件事实认定问题独立发表意见并进行表决。人民陪审员可以对案件的法律适用问题发表意见，但不参与表决。"上述规定表达了两个观点：一是人民陪审员的主要职责就是案件的事实认定，案件的法律适用不再属于人民陪审员的职责范围；二是审判长在人民陪审员进行案件事实认定过程中，应发挥引导作用。这一改革举措有两个基本的意义：一是避免了由于人民陪审员法律素养不足而可能带来的误解法律规定等问题；二是使人民陪审员回归人民陪审员制度设置的初衷，即以普通人的视角来看待和分析案件事实。

《实施办法》第十六条对人民陪审员的参与方式进行了规定："参加合议庭审理案件的人民陪审员，应当在开庭前通过随机抽选的方式确定。人民法院可以根据案件审理需要，从人民陪审员名册中随机抽选一定数量的候补人民陪审员，并确定递补顺序。"通过扩充人民陪审员的数量，为随机抽选机制的实施提供了可能性，同时，通过随机抽选方式，也希望能避免既往受到诟病的"驻庭陪审"等问题。

3. *严格的管理与有效的保障*

在《决定》对管理进行规定的基础上，《实施办法》第二十七条对人民陪审员的退出机制进行了明确规定，有下列情况的：在人民陪审员资格审查中提供虚假材料的；一年内拒绝履行陪审职责达三次的；泄露国家审判秘密和审判工作秘密的；利用陪审职务便利索取或者收受贿赂的；充当诉讼掮客，为当事人介绍律师和评估、鉴定等中介机构的；滥用职权、徇私舞弊的；有其他损害陪审公信或司法公正行为的，经过查证属实，既可能被免除人民陪审员职务并在辖区范围内公开通报等，更甚者，构成犯罪的则需要追究刑事责任。这一规定较为完善地规范了人民陪审员的退出机制，结合当前司法实践、案件审理中的权力关系及人民陪审员制度实施中存在的问题，可以认为，对于一年内拒绝履行陪审职责达到三次的人民陪审员究竟是如何处置的,则是评价这一改革的重要指标。

在《决定》有关履职保障的基础上,《实施办法》第二十九条对人民陪审员履职过程中的个人信息、人身安全保护等作了明确而具体的规定:"人民法院和司法行政机关不得向社会公开人民陪审员的住所及其他个人信息。人民陪审员人身、财产安全受到威胁时,可以请求人民法院或者司法行政机关采取适当保护措施。对破坏人民陪审员制度的行为,构成犯罪的,依法移送有关部门追究刑事责任。"结合上述两个文件的相关规定,可认为在经费、培训及人身安全、个人信息保护等方面已有了较为完备的规定。故而,评估这一改革要求是否得到实现及实现的程度,可从经费保障角度切入。

上述之所以对人民陪审员制度试点改革方案进行不厌其烦的评述,目的就在于能够抽象出一些评价人民陪审员制度试点改革落实情况的指标。经由上述,我们认为对人民陪审员制度试点改革单位的落实改革要求的情况进行评估,可以从以下几方面切入:一是人民陪审员数量是否有大幅度提高,达到了同期法官人数的3—5倍的要求;二是人民陪审员在数量扩张的过程,是否采用了改革所要求的方式;三是在《实施办法》有明确规定的案件中,是否采用了人民陪审员参与的案件审理方式;四是人民陪审员参加案件审理的方式及频次等;五是对一年内超过三次不履行陪审职责的人民陪审员,人民法院是如何处置的;六是人民陪审员的经费保障有无改观。

综上所述,可知人民陪审员制度是我国司法正当性的基石之一,是我国司法制度的重要组成部分,其存在具有自身独特的价值与功能。但是,由于人民陪审员制度在实施过程中出现的选任精英化、参审形式化及管理—保障松懈化等问题,使得人民陪审员制度的目的与功能都没能实现,人民陪审员制度改革试点不仅要有针对性地对相关问题采取补救性的策略性措施,更要紧紧地扣住人民陪审员制度的目的与功能这个根本点,否则,要是仅限于机制策略层面理解人民陪审员改革试点工作,就极容易导致改革试点工作走向另外一种形式化,脱离中国的司法实际。

三、人民陪审员制度选任：改进、运行及不足

（一）人民陪审员选任机制改革的必要性

人民陪审员制度设置的目的在于通过将社情民意、民众的普通看法带入专业化、职业化的司法实践中，打破司法实践中可能存在的封闭性等问题。人民陪审员制度运作的首要环节就是选任合适的人来充任人民陪审员，故而选哪些人、如何选就成了重要问题。

人民陪审员制度改革前，由于人民陪审员总名额的有限性、对人民陪审员认知上的差异，如将其视为一种政治荣誉、对工作的肯定等，以及制度运行过程中个人的利益考量等，使得人民陪审员往往被地方政府部门的工作人员、人大代表、政协委员，及与负责制度落实的主体有关系的各类人员等"包办"了，导致选任程序的虚化、形式化等，造成了不好的社会影响。在新一轮的人民陪审员改革实践中，首先要解决的就是选何种人及如何选任的问题。在选何种人的问题上，出现了两种相互对立的思路：一种思路是，人民陪审员既然是将社情民意带入司法实践的主体，是民众的代表，就应该坚持大众化原则及海选、随机的选任方式。比如，在一些法院开展人民陪审员"倍增计划"的过程中，就是通过将辖区内所有常住人口纳入花名册，然后咨询被选中为人民陪审员的民众是否愿意担任人民陪审员，要是愿意且并不具有禁止性条件时，就进入人民陪审员花名册，成为人民陪审员。这种思路背后的理念在于，认为人民陪审员选任越是随机、人民陪审员越是没有专业性知识，越能代表民众和反映社情民意。另一种思路则认为，随着案情越来越复杂、越来越专业及层出不穷的新型案件，有必要坚持人民陪审员的专业化。在一些改革试点法院，就是将有专业知识的人士选为人民陪审员，如医生、建筑师等。这种思路背后的理念在于，认为专业化的案件只有专业化的人民陪审员才能够满足陪审要求。

上述两种思路都有其各自的逻辑与道理，更为紧要的是其背后理念的设计涉及人民陪审员制度改革的走向问题。针对上述思路，有两个问题需要讨

论：一是坚持在上述两种思路中二选一，能否满足整个中国范围内的人民陪审员制度改革的要求？二是人民陪审员制度改革中的选任机制改革，究竟应该坚持程序性还是实质性？显然，对于这些问题的讨论都不能泛泛而言，都不能只进行价值评价，要将其嵌入中国司法运作的实际及中国司法所面对案件实际的环境中来考量人民陪审员的人员构成及选任方式。

如我们所知，中国是在一个"时空挤压"的进程中完成现代化的，加之中国国情的复杂性，使得东西之间、城乡之间的发展存在巨大的不平衡。不要说全国范围内的比较了，就 J 省而言，任何一个县级市都会存在熟人社区与城市社会并存的格局，这一现象传导至案件审理中就是既有传统的、嵌入熟人社区的家长里短的矛盾，更有越来越多的如知识产权纠纷、医疗纠纷等新型案件。试想：要是将发生在熟人社区的案件，让一个相对当事人来说完全是陌生的人来充当人民陪审员去参审也好、调解也罢，当事人能否真正地接纳他并心悦诚服地接受他的一些主张、意见呢？此时，海选的、陌生的人民陪审员所达致的效果，肯定不如社区中那些熟悉人际关系、懂得民间习俗的人民陪审员。同样，在新型的、专业化的案件中，如计算机犯罪、知识产权纠纷、建筑合同纠纷等，人民陪审员如果不具有相应的专业知识，那他在理解和把握案件要旨的过程中肯定就会有所欠缺，此时人民陪审员背后的人脉、社会网络具有的重要性就淡化了，专业性就开始凸显了[①]。

在当前推进人民陪审员制度改革的过程中，应以中国所处的时空背景作为参照系，不能任性、肆意地以某种价值偏好作为支配人民陪审员制度改革的基本理念。习近平总书记曾指出，努力让人民群众在每一个司法案件中感受到公平正义。为此，人民陪审员制度改革时在选任问题方面，应该建立分类选任的观念，具体就是将普通人民陪审员与专业人民陪审员相互组合的方式，同时根据辖区内案件的实际情况对两者的比例进行适当的调整。普通人民陪审员，是指根据随机选任原则而确立的人民陪审员；专业人民陪审员，是指根据专业性要求定向地、有针对性地选任的人民陪审员。

---

① 参见张建：《推进人民陪审员分类选任的必要性》，载《人民法院报》2016 年 2 月 25 日。

Y市基层人民法院在推进人民陪审员制度改革时，同样也对人民陪审员的选任机制进行了制度化改革。故而，对Y市基层人民法院的人民陪审员的选任改革的实证研究，可以从三个层面切入：一是静态层面的研究，即该院做了哪些制度上的变革和举措？二是动态层面上的研究，即该院是如何推进和落实上述制度和举措的？三是如何对该院的制度改革及制度运行情况进行评价？

（二）Y市基层人民法院人民陪审员选任机制改革的举措

为推进人民陪审员选任机制的改革，Y市基层人民法院分别制定了《人民陪审员选任办法（试行）》（以下简称《选任办法》）及《人民陪审员随机抽选办法（试行）》等文件对选任工作进行了制度化、规范化处理。

《选任办法》确定了选任的基本原则、选任条件、员额确定、随机抽选等基本内容。就基本原则而言，确立了"定向分类、员额控制、随机产生、公开公正"的原则。所谓定向分类，是指将人民陪审员分为专业人民陪审员和普通人民陪审员。专业人民陪审员按照专业背景向相关单位定额划分，目的在于保证人民陪审员的专业需求；普通人民陪审员以乡镇为单位定额划分，目的在于保证人民陪审员分布的均衡性。所谓员额控制，是指根据法院所辖各个乡镇的区域面积、人口数量等，结合法院案件数量和人民陪审员工作实际，明确人民陪审员的员额数量。所谓随机产生，主要是通过两个随机的方式来加以保障，具体为从辖区内常驻具名信息库中随机产生人民陪审员初步人选，初步人选经过征求意见、资格审查等筛选程序后确定为人民陪审员候选人选，再从人民陪审员候选人员中随机抽选拟任人员。公开公正是指导和约束整个人民陪审员选任过程中，必须要坚持的基本原则，即在选前动员、选中随机、选后任命等各个环节都应该严格遵守公开公正的原则。

在结合《试点方案》《实施方案》的基础上，Y市基层人民法院在《选任办法》中对人民陪审员的选任条件进行了进一步具体明确规定，可分为积极条件、消极条件和禁止条件三个方面。积极条件包括：① 拥护中华人民共和国宪法；② 具有选举权和被选举权；③ 年满28周岁；④ 品性良好、公道正派；⑤ 身体健康。同时，规定担任人民陪审员，一般应当具有高中以上文学历，但农村地区和贫困地区德高望重者不受此限。消极条件包括：① 人民代表大会常务委员会组成人员，人民法院、人民检察院、公安机关、国家安全机关、司法行政机关的工作人员；② 党政机关、企事业单位第一负责人；③ 执业律师、基层法律服务工作者等从事法律服务工作的人员和经常代理诉讼的人员；④ 仲裁员、公证员和中介机构人员；⑤ 法、检、公、司等部门的退休人员，以及在本院辖区基层人民法院已经担任人民陪审员或其他因职务原因可能影响履行人民陪审员职责的人员。禁止条件包括：① 因违纪受过纪律处分，因违法受过治安处罚，因犯罪受过刑事处罚的；② 被开除公职的；③ 曾被人民法院纳入失信被执行人名单的；④ 因受惩戒被免除人民陪审员职务的；⑤ 因违纪违法接受审计、纪律审查、涉嫌犯罪正在被调查或者司法程序尚未终结的；⑥ 人民法院认为不宜担任人民陪审员的。

《选任办法》还对人民陪审员的类型及人数进行了较为明确的规定：就人民陪审员人数而言，根据本院的案件数量，结合陪审工作的实际，以及改革中人民陪审员是法官员额数 3—5 倍的要求，确定人民陪审员总额原则上为 90 人，其中专业人民陪审员为 20 名、普通人民陪审员为 70 名。专业人民陪审员由教育、金融管理机构、环境资源保护、新闻出版等系统以及工会、妇联、共青团等群团组织推荐并随机抽选产生。当然，人民陪审员的总额也不是固定不变的，而是可以根据法院的案件数量及辖区内人口的数量进行适当的变通。同时，专业人民陪审员与普通人民陪审员的比例也并非是绝对比例，相互间可以调剂。

《选任办法》对人民陪审员的选任程序进行了四步走的规定：随机确定初步人选、确定人民陪审员候选人、随机抽选拟任人员及提请任命。第一步，在随机确定初步人选的过程中，主要是以市公安局常住居民信息库作为基础，根据选任的积极条件、消极条件和禁止条件，将不符合条件的人先行排除，随机抽选出普通人民陪审员的初步名单。第二步，在框定普通人民陪审员的初步名单之后，则通过电话征求意见、反馈登记表格、提交证明材料及资格审查等步骤，确定普通人民陪审员的正式候选人。专业人民陪审员则由相关部门在征询本人意见的基础上进行推荐确定。在此基础上，制作普通和专业人民陪审员候选人信息库及人民陪审员候选人名册。第三步，根据确定好的人民陪审员名册，根据随机抽选的原则，由Y市基层人民法院会同市司法局负责抽选拟任名单，拟任人员名单确定之后，则建立正式的人民陪审员拟任人员信息库和制作人民陪审员拟任人员名册。第四步，根据确定好的人民陪审员拟任名单，由Y市基层人民法院将相应的材料提交给市人大进行任命。同时，《选任办法》还规定，新选任的人民陪审员都要进行集中公开宣誓。为了保证整个选任工作能够遵循公开公正的原则，在上述的每一个步骤和环节，《实施办法》都规定，要由政法委、人大、司法局及公安局派代表至现场进行监督。

（三）Y市基层人民法院人民陪审员选任机制的实现过程

根据《选任办法》对人民陪审员选任人数、选任方式的要求，Y市基层人民法院进一步将其转化为现实行动。就人民陪审员人数的落实情况来说，截至2016年10月，该院已完成了《选任办法》中人民陪审员人数要求。根据该院所作的《关于人民陪审员工作情况的汇报》，这90名人民陪审员分布情况为：男性50人，女性40人；35岁以下26人，36岁至45岁40人，46岁至55岁15人，56岁以上9人；其中高中及以下学历14人，大专学历26人，本科学历42人，研究生8人；机关事业单位23人，社区干部5人，乡镇办事处人员25人，人大代表、政协委员21人，企业员工16人；专业涉及金融、汉语言、英语、日语、应用化学、税务、临床医学、经济管理、工商管理、工业与民用建筑、法律等。

对于人民陪审员选任工作的推进和落实情况，笔者主要是从该院的门户网站抓取相关的信息，以此来重述他们对选任工作的落实过程和基本思路。之所以从门户网站来获取信息，原因在于：一是人民陪审员选任工作是一个持续推进的工作，它并非是在一个时间节点能够全部完成的，所以无法进行全程跟踪、观察；二是人民陪审员制度试点改革作为一项全国关注的司法改革项目，该院作为试点单位之一，肯定要通过信息报道的形式来体现自身的工作。基于这两个原因，可以判断，从门户网站抓取相关信息，具有相当的可靠性。

Y 市基层人民法院的门户网站主要由工作动态、媒体聚焦、在线诉讼平台、精品案例、司法调研、学术研讨、法制信息及各类具有针对性的专题模块所构成。2015 年,被确定为人民陪审员制度试点改革单位之后,该院的相关信息报道展现了这样的工作开展思路:第一步,确定人民陪审员制度改革的具体牵头单位、保障单位和相关制度的制定单位。2015 年 9 月 10 日,据题为《××人民陪审员制度试点改革工作领导小组第一次会议在我院召开》的新闻介绍,出席会议的人员有市委常委、政法委书记××,××市人大常委会副主任××及该院党组书记、院长××。××院长介绍了人民陪审员制度试点改革工作情况并提出了三点建议:"一是建议由市人大常委会牵头,立即着手人民陪审员选任工作。二是建议由市财政局牵头,落实人民陪审员制度实施经费保障机制。三是建议由市司法局牵头,完善人民陪审员管理机制。同时表示,我院将主动担当,认真制定《人民陪审员参审工作流程》,研发管理软件系统,加强宣传引导、品牌创建以及沟通协调,全力推进改革试点工作任务完成。"

第二步,对外公布人民陪审员选任信息、开展相关的舆论宣传。2015 年 9 月 23 日,一则名为《××法院人民陪审员选任公告》(附:专业陪审员自荐表)的新闻分别介绍了人民陪审员的选任条件、选任时间(从公告发布之日起至 2015 年 10 月底前完成)、选任方式、咨询电话及专业陪审员自荐表格下载地址等。其中,选任方式明确了候选人分为普通候选人和专业候选人、资格审查、确定人选、对外公示及提请任命等相关信息。2015 年 9 月 29 日,一则名为《我院召开新闻发布会介绍人民陪审员改革试点的情况》的新闻报道:"9 月 25 日,我院召开新闻发布会,向媒体记者通报人民陪审员制度改革试点工作情况,为改革试点的顺利推进营造良好的社会舆论氛围。会上,院党组成员、政治部主任××介绍了我院开展人民陪审员制度改革试点工作的基本情况与基本做法。院组织人事处处长××介绍人民陪审员选任工作的相关情况。"

第三步,确定人民陪审员的初步名单及最终名单等。《选任办法》对人民陪审员的选任程序已有了具体规定,重要的是将相应的具体规定转化为相应行动。我国党政机关的行动开展主要体现为各种协调会、碰头会等形式。2015年11月10日，一则名为《人民陪审员选任动员部署会议在我院召开》的新闻介绍道："出席会议的有市人大常委会副主任××，市法院党组副书记、副院长××及公安局分管人口管理、司法局分管基层工作的领导。"在该次会议上，市人大常委会副主任××作了高度要求："一是要统一思想，深化认识，切实增强做好人民陪审员选任工作的政治意识。各单位、各部门一定要高度重视候选人资格审查工作，切实加强组织领导，确保选任工作任务的圆满完成。二是要抬高标杆，把握关键，认真完成人民陪审员选任工作任务。各单位、各部门要全力以赴抓好各项工作的推进落实，行动要快，标准要严，宣传要勤。三是要统筹协调，加强联动，积极形成人民陪审员选任工作合力。各单位、各部门要加强组织领导，落实工作责任，加强沟通协调，确保选任工作在我市有序、有力、有效推进。"Y市基层人民法院具体负责人民陪审员选任工作的副院长×× "就人民陪审员候选人资格审查的目标任务、组织架构、工作安排、审查内容、审查步骤以及方法向与会人员作了详细介绍，并要求各审查单位组织领导要到位，必须高度重视，周密组织，确保按照规定的时序进度完成审查工作；人员力量要到位，选派工作认真细致，工作效率高，能吃苦，会办事的同志组成审查小组；工作力度到位，各审查小组要尽量联系上候选人，多做工作，争取一次性圆满完成资格审查任务"。

第四步，人民陪审员正式名单确定之后，举行相应的任职宣誓大会。2015年12月2日，新闻《我院隆重举行人民陪审员任职宣誓大会》报道："10月30日上午，我院隆重举行人民陪审员任职宣誓大会。市人大常委会副主任××、法院代院长××、市委政委政法委副书记××、市人大常委会内司委主任××、市人大常委会人代委副主任××、市公安局副局长××、市法院副院长××、市级法院副院长××、市级法院副院长××、市司法局副局长××、市法院政治部主任××、市司法局调研员××等领导出席会议。"

（四）Y市基层人民法院人民陪审员选任机制改革的分析与评价

对于人民陪审员制度中选任机制改革及实现的评价，主要从三个方面进行：一是Y市基层人民法院是如何进行自我总结和自我评价的；二是通过对相关信息的收集和开展访谈,来验证和评价该院的自我评价;三是上述两点仅仅是从事实层面进行的评价,即试点法院有没有开展相应的行动,此外还有必要从价值评价的层面出发,对以 Y 市基层人民法院为代表的试点改革法院的举措进行评判。

1. Y 市基层人民法院的自我评价

对于此次人民陪审员制度改革过程中选任机制工作的自我评价,Y 市基层人民法院认为,此次选任工作取得了较好的效果。之所以能够取得较好的效果,该院认为与以下四个因素有关:"首先是党组重视,高标准选好陪审员。其次积极主动与有关部门沟通协调。三是加大陪审员的宣传力度,全力提高社会的关注程度。法院将陪审员的相关制度,选任的条件、程序、人数、陪审员的权利义务等,主动走出去到社区、街头等公共场所进行宣传,同时还通过电台、电视台进行新闻报道,张贴陪审员选任公告。四是规范选任程序,强化政审考察,提高选任质量。"①

对于人民陪审员选任在推进落实过程中效果的获得,该院认为这与宣传力度、方式有关系,如其所言:"三是加大陪审员的宣传力度,全力提高社会的关注程度。法院将陪审员的相关制度,选任的条件、程序、人数、陪审员的权利义务等,主动走出去到社区、街头等公共场所进行宣传,同时还通过电台、电视台进行新闻报道,张贴陪审员选任公告。"②

2. 对 Y 市基层人民法院选任工作的评价

对于人民陪审员具体选任工作的评价,可以从两个方面进行:一是从结果的角度看,选任的人民陪审员在数量和结构上符不符合陪审员制度试点改革的精神及《选任办法》的规定;二是从过程的角度看,人民陪审员的选任有没有遵循《选任办法》中的随机选任、扩大选任范围等规定。

就选任结果来看,根据人民陪审员制度试点改革对人民陪审员选任人数的规定,即同期法院法官人数的 3—5 倍,Y 市基层人民法院的人民陪审员选

---

① Y 市基层人民法院:《关于人民陪审员工作情况的汇报》,2016 年 1 月。
② Y 市基层人民法院:《关于人民陪审员工作情况的汇报》,2016 年 1 月。

任工作,无论是在制度层面的设计还是在结果角度,都实现了预设的目的(90 人),符合《选任办法》的各项规定。

就选任的过程来看,我们曾对 Y 市基层人民法院的信息释放渠道、效果等进行了相应的收集与验证。具体的验证方式为:一是从传统媒体及新媒体如微信等去寻找相关的信息;二是对部分人民陪审员开展深度访谈予以验证。通过对相关信息进行检索,发现该院曾在当地一家媒体的微信上也发布了一则人民陪审员的选任消息,该消息这样写道:"根据十二届全国人大常委会第十四次会议作出的《关于授权在部分地区开展人民陪审员制度试点改革工作的决定》,××法院被确定为人民陪审员制度改革试点法院。现依据 Y 市人大常委会在《关于人民陪审员选任工作的实施办法》规定,××法院、××司法局决定面向社会选任 90 名人民陪审员。现将有关事项公告如下:……"同时,Y 市基层人民法院还通过政府系统将人民陪审员的公告在各个乡镇人群较为集中的地方进行张贴。当地的一家媒体也曾以《××法院 90 名人民陪审员选任纪实》这样予以报道:"老夏是一家汽车修理企业的普通职工,偶然通过微信朋友圈看到一则关于××法院人民陪审员公开选任的消息后,他专门给法院打来电话,询问自己是否符合报名条件和陪审员的具体工作内容。从 9 月 23 日开始,××法院专门设立的人民陪审员选任咨询电话每天都会接到几十个这样的咨询。"

由此判断,从形式上来看,Y 市基层人民法院无论是在人民陪审员的选任程序的遵守还是选任结果上,都符合人民陪审员制度改革和 Y 市基层人民法院的自我要求。存在的问题主要体现为:一是人民陪审员的来源构成、选任方式与试点改革的真正精神还有一定的差距①,比如,如何才能将"农村地区和贫困偏远地区德高望重者"选拔出来,在 Y 市基层人民法院《实施办法》

---

① 对于上述两点不足,我们认为,陪审员来源构成方式上的不足是试点法院自身可以控制的,是有可改进之处,但随机选任方式对基层人民法院来说则具有相当大的难度,更何况很多客观因素是法院无法掌控的。刘昂、杨征军的研究也表达了这一观点,如其所言,"(一)公众对随机抽选方式支持度不高;(二)随机抽选工作信息来源不畅;(三)随机抽选工作保障机制欠缺;(四)随机抽选信息库专业化建设不足"因素的存在影响了随机选任机制工作的开展。参见刘昂、杨征军:《人民陪审员选任工作机制的完善——基于对某改革试点省的调研分析》,载《中国司法》2016 年第 5 期。

及选任过程中都没有得到明显的体现。二是扩大宣传渠道和宣传面后获得的真正效果也是存疑的，如该院政治处主任××所言："这一次自己报名的人也是很多的，但是很多人由于不满足条件，所以被刷掉了，所以按照你的说法，从比例上来说应该是自己报名的人被刷掉的多一些。……我们在选人民陪审员的时候，发现老百姓也不是很热情，也不是很了解。比如还有人打电话过来询问，人民陪审员是不是法院的工作人员啊，等等。"（访谈笔记，2016）

3. 对 Y 市基层人民法院改革后的制度机制的进一步分析与反思

试点改革的目的不仅着眼于当前，更重要的是为人民陪审员制度的进一步系统性优化做准备。从这个角度看，对人民陪审员选任机制的进一步分析与反思，就不能仅仅停留在事实层面，即 Y 市基层人民法院制定了何种规则、哪种程序及该院是否按照相应的规则、程序来加以落实的事实，关键在于，有必要根据人民陪审员改革的精神和价值要求，对其制定的《实施办法》本身的合理性进行反思。

如何将"农村地区和贫困偏远地区德高望重者"选拔出来，这在 Y 市基层人民法院的《实施办法》及开展的行动中并没有得到体现，也说明了试点法院在进行改革的过程中的创新不够。人民陪审员制度选任机制的改革应该坚持目的导向，即服务于案件审理过程中"案结事了"的目的，在围绕该目的实现的过程中，应重视形式性和实质性两个方面的结合。就人民陪审员选任的形式性而言，有必要坚持选任过程中的相对随机性，以破除以往那种定性选任而使得选任形式化的不良后果；同时，还应坚持人民陪审员选任的实质性，即将能够真正地有助于法院案件审理顺利推进、有助于案件"案结事了"目的实现的人选择出来，简而言之，将那些热衷于人民陪审员工作、有助于人民陪审员工作开展并有一定能力的人选择出来（其中包括农村地区和贫困偏远地区的德高望重者）。但是，就当前的《实施办法》及具体做法而言，Y 市基层人民法院的工作着力点主要在于人民陪审员选任工作的形式性，这点体现在人民陪审员名单的初步确定、正式确定等方面，忽略了人民陪审员选任工作的实质性要求。最终使得人民陪审员的选任工作走向了另外一种形式化，与人民陪审员制度改革的真正目的有所背离。

之所以要在人民陪审员选任条件方面设置"农村地区和贫困偏远地区德高望重者"的兜底条款，目的就在于尽可能地克服选任工作过分形式化的可能性，使得人民陪审员在参与案件审理工作时，能与司法所处的时空结构具有一定的一致性。如上文所言，当前的中国社会是一个熟人社区与陌生人社会并存、一个传统纠纷与新型案件并存的格局，故而，人民陪审员的选任工作必须要以这一时空结构作为基本的参照标准。通过随机选举出来的普通陪审员，极有可能不能满足上述两点中的任何一点，即既不能满足专业性案件审理的需要，又不能满足熟人社会对非常具有人脉、获得所在社区广泛认同的需要。

现有的研究曾指出，在一个邻里纠纷的案件中，当原被告双方处于胶着互不让步并且法官难以从法律角度给予有效的解答时，恰恰是该案的人民陪审员利用当地的风俗习惯"水牢"的观念，让被告作出了一定的让步而接受调解，最终实现案结事了的目的。试想，如果该人民陪审员对当地的风俗习惯并不了解，仅仅是从自身直觉或从法律的角度作出判断，可能导致的后果就是，要么被告不接受，要么案件审理无法推进[①]。有关"驻庭陪审员"的研究也发现，驻庭人民陪审员们利用他们熟悉的阅历、社会经验、关系网络等不仅促进了矛盾纠纷的解决，更有力地促进了对法院所在地区较为陌生的年轻法官的社会融入[②]。

在推进人民陪审员选任制度、选任方式等改革的过程中，Y市基层人民法院能够围绕人民陪审员制度改革试点工作的基本精神而展开工作，完成了预设的任务，取得了较好的效果。以Y市基层人民法院为代表的试点改革法院，虽然将普通人民陪审员与专业人民陪审员作了适当的区别，这本是一种符合实质取向的举措，可经由一定的随机选任程序对这一分类本身的合理性和正当性予以保障。但是，由于试点法院对改革中随机选任程序的简单理解及简单易操作等因素的考量，使得普通人民陪审员在选任过程中完全以形式

[①] 参见张建：《民间法在司法过程中实际功能的类型化研究》，载《甘肃政法学院学报》2013年第6期。

[②] 参见张建：《陪审员制度实践困境形成原因的反思》，载《甘肃理论学刊》2016年第1期。

化作为取向，既忽略了试点改革中"农村地区和贫困偏远地区德高望重者"兜底条款设置的价值意义，也忽略了陪审员试点改革本应具有的实质价值取向的内在要求。

四、人民陪审员的案件参与：改进、运行与不足

（一）人民陪审员案件参与改进的必要性

在我国，2004年全国人民代表大会常委会制定的《决定》第十条就规定："依法参加审判活动是人民陪审员的权利和义务。人民陪审员依法参加审判活动受法律保护。人民法院应当依法保障人民陪审员参加审判活动。"第十一条规定："人民陪审员参加合议庭审判案件，对事实认定、法律适用独立行使表决权。合议庭评议案件时，实行少数服从多数的原则。人民陪审员同合议庭其他组成人员意见分歧的，应当将其意见写入笔录，必要时人民陪审员可以要求合议庭将案件提交给院长决定是否提高审判委员会讨论决定。"上述两条规定，从程序和实体上对人民陪审员参与案件审理作出了基本的规定：从程序角度看，人民法院有义务为人民陪审员参与案件审理提供基本的便捷保障和服务；从实体角度看，人民陪审员在合议庭合议过程中，与法官享有同样的权利，既需要对案件事实认定进行表决，同时又需要对案件的法律适用发表自己的见解。

不可否认，我国以往的关于人民陪审员参与案件审理的规定有其合理性，能最大化保障人民陪审员在案件审理过程中的参与度。但是，上述的规定在司法实际运行过程中就出现了很多异化和问题。就程序保障来说，由于法官在案件审理时需要考虑多种因素，加之以往人民陪审员选任过程中出现的形式化、精英化等问题，使得人民陪审员要么不关心案情而只重视有没有参与案件审理，要么法官会有意无意地使得人民陪审员不能提前阅卷。就合议庭中人民陪审员的表现来说，同样受上述因素的限制，人民陪审员在合议庭开庭和合议过程中，要么是陪而不审即仅仅是为合议庭凑人数，要么是审而不议即合议庭合议过程中没有自己的意见或以法官的意见为是。当然，人民陪

审员在开庭和合议过程中，之所以会出现上述情况，不仅在于选任过程出现的形式化问题，更在于人民陪审员在案件事实构建过程中对程序、证据和法律的理解与把握不足。

就包括中国在内的陪审制度来说，最为关键的功能在于要将普通民众意见带入司法实践中。之所以要将普通民众意见带入司法实践中，原因就在于随着功能的分化及法律职业的专业化、专门化，法律及司法实践逐渐形成了一个相对独立的思维系统和符号系统。在此系统中，法官极容易被过于专业化的法律知识结构化，造成与社会脱节的后果。让人民陪审员参与案件审理，就在于防止或纠正过于专业化、形式化的法治实践可能出现的异化。恰如陈江华所言："陪审团制度背后的理论基础在于陪审团成员与被告在人格上具有的同构性，这种人格同构性是建立在陪审团成员与被告人有更多共同生活经验的基础之上，陪审团成员的直觉与经验的判断因为与被告相同或相类似，因而也就更能赢得被告人的充分依赖。因此，陪审团制度有效地化解法官过度专业化和过度精英化的思想倾向。"① 其实，陪审员制度在英国等国家发明出来时，基本的目的就是帮助法官查明案件事实，在当时现代意义上的证据制度没有构建出来前，法官对案件事实的掌握主要是靠自身来予以实现，通过选择一些与案件当事人生活在同一共同体中的其他个体来充当陪审员，这些陪审员能为法官提供一些有助于案件事实构建的证据。即使在今天英美国家之中，陪审员制度运行得更加娴熟，但陪审员的功能仍然局限于对案件事实发表意见，而将法律适用交付给法官。

此时，就需要处理好两个问题：案件的事实认识如何构造？案件如何适用法律？基于人民陪审员制度设置的初衷及所面临的问题，可以肯定两者之间的关系是在法治化的背景下的人民陪审员制度及其实践，让法官专事于法律适用，让人民陪审员专事于案件事实认定，则能大致满足法治化与人民陪审员制度两者之间的功能配合要求。所以，让人民陪审员主要从事案件事实认定，即所谓的事实审就成了本轮人民陪审员制度试点改革的基本共识和出

---

① 陈江华：《人民陪审员"法官化"倾向质疑》，载《学术界》2011 年第 3 期。

发点。

十八届四中全会在《中共中央关于全面推进依法治国若干重大问题的决定》中指出:"完善人民陪审员制度,保障公民陪审权利,扩大参审范围,完善随机抽选方式,提高陪审员制度公信度。"J 省高级人民法院在落实该精神时要求:"2. 改进人民陪审员参审机制。落实随机抽取原则,丰富随机抽取形式。3. 完善人民陪审员参审权利保障机制。"① 基于上述要求,Y 市基层人民法院在开展试点改革时,主要从人民陪审员参审范围、参审程序、阅卷办法及事实认定等方面入手推进和落实人民陪审员制度试点改革。参审范围主要指哪些案件需要人民陪审员参与,参审程序主要规定了陪审员参与案件审理的程序,事实认定主要规定了陪审员参与案件的事实审时的基本要求等。

(二)人民陪审员参审范围的变化

2016 年 7 月,J 省高级人民法院开展了人民陪审员制度改革试点经验交流会,总结道:"改革试点以来,××(J 省)5 家试点法院共适用陪审制审理案件 8 478 件,其中适用陪审制大合议庭审理案件 294 件。一是探索构建均衡参审机制;二是探索参审案件范围和个案筛选机制;三是探索陪审制合议庭组成结构。"②

Y 市基层人民法院根据《中华人民共和国民事诉讼法》《决定》《实施办法》等相关文件的规定,按照最高人民法院和 J 省高级人民法院③的部属要求,结合自身的实际,经过审判委员会研究决定,先后制定了《人民陪审员参审范围及人数确定办法(试行)》(以下简称《参审范围》)、《关于进一步加强人民陪审员调解案件的实施细则》(以下简称《调解实施细则》)、《人民陪审员参与执行的实施细则》(以下简称《执行细则》)以及《人民陪审员参

---

① J 省高级人民法院:《关于开展人民陪审员制度改革试点工作的通知》,J 高法〔2014〕109 号。
② J 省高级人民法院:《J 省法院多举措推进人民陪审员制度改革试点工作》,载《J 省法院简报》2016 年第 42 期。
③ J 省高级人民法院在 2014 年对陪审员制度改革确定的目标之一就是,拓展人民陪审员参审职能,要去"充分发挥人民陪审员来源广泛,善做群众工作的优势,健全完善人民陪审员主持调解,参与信访接待,做好判后息诉工作机制。探索建立人民陪审员参与减刑假释案件审理和案件执行相关工作机制,放大人民陪审员参审效能"。参见 J 省高级人民法院:《J 省高级人民法院关于开展人民陪审员制度试点改革工作的通知》,J 高法〔2014〕109 号。

与涉诉信访工作实施办法》（以下简称《涉诉信访实施办法》）等文件。

根据《参审范围》的规定，在审理一审案件的过程中，可采用普通合议庭和大合议庭两种形式。普通合议庭主要是指，由人民陪审员和审判员共同组成合议庭，人数在3—5人即可；大合议庭主要是指，在审理一些特殊案件时，由3名以上的人民陪审员与审判员共同组成合议庭，案件范围包括：① 县处级以上领导干部职务犯罪案件；② 涉及征地拆迁、食品药品安全的案件；③ 国家级和省级主要新闻媒体关注度较高的案件；④ 10人以上人大代表、政协委员关注的案件；⑤ 一方当事人人数10人以上，有可能引发不稳定因素的案件；⑥ 可能被判处10年以上有期徒刑的案件；⑦ 因涉及群体利益、社会公共利益，人民群众广泛关注或者其他社会影响较大、可能严重影响司法公信力的其他刑事、行政、民事案件。

《调解实施细则》规定，人民陪审员在下列类型的案件中可以独立调解：婚姻家庭纠纷类、继承纠纷、相邻关系纠纷、赡养纠纷、轻微人身损害纠纷及其他适宜独立调解的案件。人民陪审员参与调解既可以是指定独立调解，也可以是委托独立调解，在调解结束达成调解协议后，则由法官询问或合议庭合议并依法制作调解书。

在《执行细则》中规定，组织集中执行活动或执行案件有下列情形的，可以邀请人民陪审员参与执行：① 社会反映大、执行难度大、当事人对立情绪大的；② 群体性纠纷；③ 可能受到地方、部门保护主义等干扰的；④ 严重抗拒、逃避执行的；⑤ 专业性较强的；⑥ 其他适宜由人民陪审员参与的。并且规定人民陪审员参与执行的程序，由案件承办法官提出建议经执行局局长同意，由人民陪审员管理办公室统一安排。

《涉诉信访实施办法》规定，人民陪审员参与涉诉信访案件的类型以婚姻家庭、损害赔偿、劳动争议等民商纠纷为主；在实施财产控制、处置等重要执行措施时，可以通知参与该案执行的人民陪审员参加；在涉及执行案件的信访时，可以邀请参与该案执行的人民陪审员共同接待处理；人民陪审员还可以协助法官执行和解，协助法院送达通知书，了解被执行人去向及财产状况。人民陪审员以陪同接待涉诉当事人为主，以独立接待为辅；人民陪审员既可以是通过每周二上午的固定值班时间来接待当事人，也可以通过预约接待的方式。

（三）人民陪审员参审程序的变化

能不能被选任为人民陪审员是一回事，能不能参与案件审理则是另外一回事情。在我国，既往由于对人民陪审员的来源有要求，即要能最广泛地体现人民陪审员的代表性，一些社会民众就作为该行业的代表被选任为人民陪审员，但是，他们可能从来不会参与案件审理活动，一项有关人民陪审员制度是如何运行的社会实证研究就充分说明了这点①。这使得在合议庭组成过程中，出现了一些老面孔，亦即广受诟病的"驻庭陪审员"现象。仅仅使用相对固定的几个人民陪审员，固然可以节约各种成本，但却使得人民陪审员本应具有的将民意带入司法实践的功能被削弱了。如何使得人民陪审员尽可能多地参与合议庭就成了包括 Y 市基层人民法院在内的试点改革法院重点要解决的问题，对此，J 省高级人民法院政治处编著的《人民陪审工作指南》确定了人民陪审员随机抽选的方式，规定"人民陪审员参加案件的审理，实行一案一选制。各基层人民法院应当建立人民陪审员信息库以及候选人员信息库，并根据所在区域、行业、专场、专业等要素归入不同类别。人民法院在开庭前采取电脑随机抽取的方式，确定参加案件审理的人民陪审员。如案件审理确有需要，可以在相关地域、行业、专业、专长等类别的人民陪审员范围内随机抽取。"② 立基于此，Y 市基层人民法院制定了专门的《人民陪审员随机抽选办法（试行）》（以下简称《抽选办法》）对人民陪审员的参审程序予以了规范。

人民陪审员的参审始于案件审理过程中合议庭对陪审员的需求。Y 市基

---

① 对一位人民陪审员开展的深度访谈显示，如其所言："人民陪审员工作中出现纰漏主要是在陪审的过程中讲得不是很多，但关键还应该在于法院对人民陪审员工作的支持程度，法院究竟有没有给人民陪审员工作平台，比如跟我一批的一个人民陪审员，他是一个工厂的工人，据他跟我讲，到现在一个案件都没有参与审理。对于他，当时法院的就说了，你自己的工作也比较忙，所以我们就尽量地不打搅你。"参见张建：《法官绩效考核制度中人民陪审考核及其悖论》，载《山东警察学院学报》2014年第4期。

② J 省高级人民法院政治处编著：《人民陪审工作指南》，南京师范大学出版社 2015 年，第106 页。

层人民法院在审判管理系统中,添加了人民陪审员的对话框,当一个案件进入审判管理系统中,法官需要对该案件进行排期开庭时,此时嵌入排期开庭的人民陪审员对话框就会及时地弹出来并作为一个必选项出现,该对话框的内容为"本案是否适用人民陪审员?"如果该案件是独任审判案件,则选择否即可;如果选择适用人民陪审员,则需要进行下一步操作,选择几名人民陪审员。《抽选办法》第三条规定:"需由人民陪审员组成合议庭审理的案件,由案件承办业务庭向本院审判管理办公室陪审工作管理科(以下简称陪管科)申请,填写申请表交陪管科,由陪管科随机抽选出该案人民陪审员。陪管科应对抽选情况进行记载。"相关工作结束后,陪管科的工作人员就会根据法官案件审理对人民陪审员的需求,在人民陪审员的信息库中进行随机抽取,确定本案参审的人民陪审员。

对于人民陪审员的抽选,《抽选办法》第一条就规定:"随机抽选人民陪审员参与案件审理,应坚持公开、公平、公正的原则,坚持本地与异地相结合、专业与非专业相结合原则。"第二条规定: "随机抽选人民陪审员通过××法院人民陪审员随机抽选系统进行,可就近随机抽选,即当事人在同一辖区的,从该辖区的人民陪审员中随机抽选;当事人在不同辖区的,从当事人所在辖区外的其他辖区的人民陪审员中随机抽选。"① 第七条规定:"与教育、金融机构、环境资源保护、新闻出版等系统以及工会、妇联、共青团等群团组织有关,涉及相关专业知识的案件可以从相应类别的专业人民陪审员中随机抽选。"确定人民陪审员的随机抽选,有助于人民陪审员参与案件概率的相对公平;确定人民陪审员本地与异地的结合,有助于减轻人民陪审员因风俗习惯、交通等而产生的各种不便利;确定人民陪审员专业与非专业相结合的原则,有助于促进案件事实审更加符合民情、更加科学。

《抽选办法》第四条及第五条则系统地规定了人民陪审员确认之后的工作

---

① 对于人民陪审员随机抽选的上述规定,需要结合 Y 市基层人民法院的基本特点和案件结构来进行理解,由于该院管辖的范围较大(即当地人所讲的"上河"与"下河"),不同地区的风俗习惯在某些方面有较大的差异,为了顺应管辖范围较大的实际,Y 市基层人民法院设置了 4 个派出法庭分别管辖相对应的一些乡镇,法院的民一庭、民二庭及刑庭、行政庭则主要处理城区内的民事案件、商事案件及刑事案件、行政案件等。

处理。第四条规定:"随机抽选人民陪审员完成后,陪管科应当从随机抽选系统中打印《人民陪审员随机抽选结果表》,交由业务庭存入案卷备查。"第五条规定:"合议庭组成后,参审人民陪审员不得随意更换,确有正当理由不能参加审判活动,或回避理由经审查成立的,应通过承办人及时向陪管科提出,由陪管科根据上述规定及时重新确定其他人选。"同时,《参审范围》第五条规定:"申请由两名人民陪审员与审判员共同组成合议庭的,报案件所在业务庭庭长审批;申请由三名以上人民陪审员和审判员组成合议庭的,报分管院长审批。"第三条、第五条对确定人民陪审员的程序作出了明确而具体的规定,形成了"用与抽"的相对分离,即确定哪个陪审员参与合议庭,不再是法官决定或建议了,增加了随机性,降低了意志性。第五条对人民陪审员的参与权利义务进行了明确规定:就陪审员的权利来说,经过抽选确定的陪审员,除非是有法定事由如回避,否则法官不能否定之;就陪审员的义务来说,经由抽选确定的陪审员,也不得随意地推卸自己的参审义务,否则要承担相应的后果,如《选任办法》第十九条第二款就规定:"一年内拒绝履行陪审职责达三次的","经本院会同同级司法行政机关查证属实的,除按程序免除其人民陪审员职务外,可以采取在辖区范围内公开通报、纳入个人诚信系统不良记录等措施进行处理。"

《抽选办法》第七条规定:"人民陪审员当年参审案件数量已经达到规定上限件数的,系统自动屏蔽,不列入随机抽选范围。"之所以要对人民陪审员的参审案件数量进行规定,就在于防止随机抽选可能会产生的不良结果,更在于防止法庭上出现"驻庭陪审员"等现象。

(四)人民陪审员庭前阅卷办法

人民陪审员在庭审过程中,之所以不发问,既可能是由于他们对案件卷宗不太了解,也有可能是由于法院(官)没有能提供较为合适的时间和空间给他们,这些都会使得人民陪审员所具有的功能大打折扣。此次人民陪审员制度试点改革的目的之一,就是要打破人民陪审员在庭审过程中陪而不审及合议过程中的审而不议等现象,切实地推进人民陪审员功能的发挥。建立能够保障人民陪审员熟悉案情、了解案情的制度和机制就显得格外重要,Y市基层人民法院专门制定了《人民陪审员庭前阅卷管理办法（试行）》（以下简称《阅卷办法》），以此来完善和推动人民陪审员陪审权利的有效实现。

《阅卷办法》第一条规定："人民陪审员依法享有庭前阅卷权利，人民法院应当为人民陪审员查阅案卷、参加审判活动提供便利，不得随意剥夺、限制。"同时，《阅卷办法》还进一步对陪审员阅卷权利的具体落实予以了规定，如第二条规定："承办人应当通知并安排人民陪审员在案件确定合议庭组成人员之日起至案件开庭审理前进行阅卷。人民陪审员接到通知后，应当及时阅卷，并做好阅卷笔录和其他庭前准备。人民陪审员因故不能阅卷的，应当向合议庭作出说明。"第三条规定："承办人应当积极指导人民陪审员开展庭前阅卷工作。"这两条规定包含三层意思：一是在人民陪审员阅卷过程中，法官负有引导责任，以避免人民陪审员由于对法庭审判工作不熟悉、对案情把握不够及对法律理解不深入等带来的诸多不良后果，影响人民陪审员在案件审理中的实质性参与。二是从程序上看，承办人应当留给人民陪审员足够多的时间，以便他们了解和掌握案情，以避免以往那种急匆匆地通知人民陪审员参与合议庭而没有时间阅卷的情况的发生。三是提前阅卷对人民陪审员来说，既是他们的基本权利，也是他们应尽的职责。之所以这么说，原因在于 Y 市基层人民法院制定的《人民陪审员考核办法（试行）》第八条规定："庭前阅卷。基础分设 5 分，按案件承办人通知进行庭前阅卷（或熟悉案情）的，得基础分。未进行庭前阅卷（或熟悉案情的），扣 5 分。"不仅如此，符合《选任办法》第十八条规定的"其他不宜担任人民陪审员的情形"时则可能会导致被罢免人民陪审员的后果。

不仅《阅卷办法》对人民陪审员的提前阅卷的权利进行了明确而细致的规定，在其他"办法"中也有一些相应的规定。如《人民陪审员参与涉诉信访工作实施办法》第五条规定："人民法院应为人民陪审员参与化解涉诉信访案件提供以下便利：（一）可以查阅相关案件卷宗；（二）免费提供复印业务；（三）可以向原承办业务庭了解与案件有关的情况；（四）提供接谈、会见的场所；（五）其他尽可能提供的便利。"

《阅卷办法》第四条规定："人民陪审员庭前阅卷时，不得对案卷内容进行拍照、复印、抄写等复制,不得将案卷带离人民法院,不得泄露案件信息或审判工作秘密等。"该条对人民陪审员提前阅卷权利的限度进行了明确的划分,一方面人民陪审员需要了解案件情况,另一方面人民陪审员又应当遵守审判的基本纪律,不能将权利过分地放大。

Y市基层人民法院为推动人民陪审员提前阅卷权利的落实,还在"硬件"和"软件"的完善等方面做了工作。就硬件而言,该院设置了专门的人民陪审员办公室,配备了电脑、打印机等基本的办公设备,为人民陪审员基本工作的开展提供了基础。就软件而言,主要体现在对提前阅卷工作的具体指引上面,在该院《人民陪审员制度试点改革方案》中就要求:"9.在庭前准备阶段,法官应提前安排人民陪审员阅卷,向人民陪审员介绍案情,提供与案情相关的法律条文,并应人民陪审员的要求进行解释。人民陪审员第一次参加审判的,法官还应用通俗的语言对整个流程做简要的介绍。"对此,笔者对一位新当选的人民陪审员的访谈可见其效果。"问:'我们私下说,你觉得你自己能不能满足陪审员的要求啊?'答:'你要是以前问我这个问题,我还真不敢跟你打包票说自己能满足要求。现在法院管得好像比过去紧得多了,当然,这个对我们来说也是个好事情,毕竟能学到一些东西的。现在有了制度要求,法官有时会教教我们阅卷的方法什么的,对于有些案件情况比较复杂的、证据比较多的,法官还会提醒我们说,哪些证据是重点、哪样子把证据串起来。经过几次实践,现在好像对案件能有更好的认识了。'"(访谈笔记,2016)

(五)人民陪审员参与案件事实审

此次人民陪审员制度试点改革关键之一就在于,人民陪审员仅进行事实审,不再进行法律审。这并非是限制了人民陪审员的参审权利,而是要让人民陪审员重新回归陪审员的功能。如何才能在现有的法律框架中,推动人民陪审员参与案件事实审,达到预期的效果,就成为各个试点改革法院非常关注的问题。J省高级人民法院在《人民陪审工作指南》中也认为,人民陪审员要发挥其参加案件审理应有的独特的作用,就必须在具体案件审理中依法行使权利,忠实履行职责;并认为人民陪审员的参审权利有:合议庭评议案件时的发言权、将分歧意见写入判决书的权利、必要时要求将案件提交审委会的权利及必要时参加审委会的权利等程序性权利,以及合议时独立行使表决权、查阅案件卷宗权、获得指导保障的权利、经审判长同意后的发问权等实体性权利。对此,Y市基层人民法院制定了专门的《人民陪审员参与事实审规范(试行)》(以下简称《事实审规范》),从程序和实质两个方面对人民陪审员参与事实审的相关问题进行了规范。

《事实审规范》第一条规定:"依法参审的人民陪审员对案件事实认定问题独立发表意见并进行表决,可以对案件的法律适用问题提出意见,但不参与表决。"这一规定对人民陪审员的职责范围进行了明确规定,即对案件的事实发表自己的见解并表决是人民陪审员的基本职责,同时,人民陪审员在表决时应坚持独立原则。

《事实审规范》从庭审调查和合议两个角度出发,对人民陪审员了解、掌握案件事实的程序进行了基本的规定。第二条规定:"人民陪审员在听审过程中,经审判长同意可就案件的事实问题直接发问或请审判长代表发问。法庭调查结束后,人民陪审员需要对案件事实问题补充提问的,经审判长同意,可恢复法庭调查并进行补充提问。"第四条规定:"合议庭评议案件前,承办人应当以书面形式对存在争议的案件事实予以归纳,并随案入卷。案情疑难、重大、复杂的,承办人应当根据案件事实及证据制作与争议事实相关的问题列表,介绍需要通过评议讨论决定的案件事实问题。问题列表的制作应当紧密围绕案件事实与争议焦点,设置问题的形式仅限于客观性的封闭式问题。"就上述两条的规定而言,一方面确立了无论是庭审还是合议过程中,审判长(法官)是相关工作开展的主导者,通过主导者角色的设置,防止相关工作开展时降低审判效率;另一方面,审判长(法官)角色确立的目的是推动人民陪审员对案件事实的查明工作的开展,无论是庭审过程中的发问或恢复法庭调查,还是合议过程中问题列表的制作,都是以人民陪审员查明案件事实为中心的。

既有的诸多研究表明:"我国现有的合议庭规则也会对人民陪审员的意见表达产生影响甚至压制。目前,在合议中评议的顺序先后分别是承办人、合议庭其他成员、审判长。大量的实证研究表明,在这样的背景下,人民陪审员如果想发表异议，很容易产生诸多顾虑。"① 为了避免上述问题的再次出现，最大限度地发挥人民陪审员的功能，Y市基层人民法院在《事实审规范》中还就合议过程中有关案件事实的决策进行了明确规定。如第五条规定："合议庭评议时，由承办人先就案件事实证据问题予以简要归纳。在案件事实认定的表决阶段，应当先由人民陪审员围绕案件事实认定问题发表意见，承办人及审判长随后发表意见。人民陪审员认为某些案件事实尚未查清，经审判长同意可恢复法庭调查。审判长应当对与事实认定有关的证据资格、证据规则、诉讼程序等问题及注意事项进行必要的释明，或者根据人民陪审员的要求予以释明。审判长的释明不得妨碍人民陪审员对案件事实的独立判断。对于评议时有制作问题列表的，应当先由人民陪审员根据自身判断对问题列表中设置的问题逐一进行回答。人民陪审员对问题列表的回答视为其对事实发表的意见。问题列表漏列的事实问题，在评议时承办人应当进行补充，再由人民陪审员作补充回答。"第六条规定："人民陪审员和审判员共同对案件事实认定负责，如果意见分歧，应当按多数人意见对案件事实做出认定，但是少数人意见应当写入笔录。如果审判员与人民陪审员多数意见存在重大分歧，且认为人民陪审员多数意见对案件事实的认定违反了证据规则，可能导致适用法律错误或者造成错案的，可以将案件提请专业法官会议讨论。经讨论仍然存在重大分歧的，应当提交院长决定是否由审判委员会讨论决定。"

第五、第六条可视为是关于案件事实的决策机制群，该决策机制群确立了三个程序性要求：一是合议庭就案件事实进行表决时，应先由人民陪审员发表意见，目的在于防止法官的看法影响人民陪审员对案件事实的判断。由此也可以推知，案件承办人在合议开始时对案件事实证据问题进行的归纳，不应该出现结论性意见，应该就证据事实言证据事实本身。二是案件事实的最终认定既不是人民陪审员独自认定，也不是法官独自认定，而是由人民陪审员与法官共同负责认定，这确定了案件事实的最终决策人。同时，以多数人意见来确定案件事实，则是在就案件事实认定发生分歧时的基本决策机制。

---

① 郭蓓蓓：《人民陪审员制度的核心问题与改革路径》，载《法学》2016年第8期。

三是案件事实决策的纠正机制，由于很多合议庭中人民陪审员可能占据人数优势地位，如在1名法官＋2名陪审员的合议庭中，为了防止在使用多数人决定的决策机制时，人民陪审员由于对证据规则不了解导致的事实认定错误并导致法律适用错误等后果，设置了提交法官会议、审委会讨论的纠偏机制。

（六）人民陪审员案件参与机制改进的评价

经由对Y市基层人民法院人民陪审员参审范围、参审程序、提前阅卷及参与事实审等改革及相应的规范进行分析后，可发现如下特点：一是建立了较为充分而有效的保障，主要体现在制度、机制设置的不断完善等方面。就制度制定而言，如先后制定的《人民陪审员随机抽选办法（试行）》、《人民陪审员参审范围及人数确定办法（试行）》、《人民陪审员庭前阅卷管理办法（试行）》及《人民陪审员参与事实审规范（试行）》；就机制设定而言，如在现有的审判管理系统中嵌入人民陪审员参与合议庭对话窗口等，有效地结合了既有的管理机制。二是制度的制定都具有很强的针对性、具有较强的操作性，如《人民陪审员随机抽选办法》对人民陪审员需求的发起、产生及限制等都予以了具体而明确的规定。总之，就目前Y市基层人民法院在推进和落实人民陪审员制度改革中参审方面的要求而言，至少从形式上看，应该是较为充分地满足了改革要求。

但是，依然有必要对该院此次改革的相关举措进行一定的反思。从形式上和单个办法的角度看，每个改革举措都具有相当的合理性和针对性，然而一旦将相关的办法结合起来进行体系化考虑时，则可能会发现一些不足。

一是就人民陪审员的抽选办法而言，当前的人民陪审员选任采用"普通人民陪审员＋专业人民陪审员"的组合模式，这种组合模式投射到选任机制上就会呈现为普通人民陪审员采用随机抽选办法，专业人民陪审员不采用随机抽选办法并具有一定的定向性，不能整体上体现随机性，更何况案件本身是否专业的判断标准也是一个问题。举例而言，当前一些银行在房贷过程中本应由夫妻共同签署借款协议，实践中往往由一方代另一方签名，一旦发生矛盾纠纷，试问该案件应由普通人民陪审员陪审还是专业人民陪审员陪审？显然，对案件性质的判断可能会影响对案件事实的构建，简而言之，当前的案件或多或少都会涉及一定的领域，如何把握好专业陪审与普通陪审的关系就显得格外紧要。

二是人民陪审员的随机抽选与人民陪审员事实认定的效力之间的协调性问题。之所以要扩大人民陪审员的选任范围和花名册，就在于要让更多的民众能参与司法实践，能真正地将社情民意带入案件审理和事实认定过程中；之所以要采用随机抽选的方式，目的就在于防止出现由于"陪审专业户"等问题导致陪审的形式化，使得陪审的目的落空。紧要的是，从当前的改革试点开展的情况来看，当事人（包括被告、检察官等）在人民陪审员的选择问题上并没有发言权，而判决的接受程度与当事人的程序参与性之间的正相关早已获得认可[①]。

此轮人民陪审员制度改革应该是非常重视人民陪审员在案件事实认定过程中发挥的作用，这一目的传导到案件事实的建构与决策中来应该就是，要能使人民陪审员的意见真正地落到实处，建构从实质化向形式化过渡的司法权威和司法公信力认同方式。恰如吴英姿所言："事实与法律问题都可能出现仁者见仁智者见智的情形，不能以上诉审改判或发回重审作为责任认定的依据。……基于信任的法官责任制并非放任自流，而是将对法官的约束、监督托付给法律和程序，依靠实体法和程序规则的规范，发挥诉权对审判权的制约力量，辅以社会批评压力，规范和约束审判行为。"[②] 这一观点投射到人民陪审员在案件事实认定中的角色而言，就是要充分肯定与承认他们的决策具有的终极性，真正地践行司法改革的程序化方向。但可以看到的是，在《人民陪审员参与事实审规范》第六条第三款的规定——"如果审判员与人民陪审员多数意见存在重大分歧，且认为人民陪审员多数意见对案件事实的认定违反了证据规则，可能导致适用法律错误或者造成错案的，可以将案件提请

---

① 在法国，被告人和检察官在陪审员的选择上则具有很大的发言权，一般程序为："开庭审理案件前，在庭长的主持下，由书记官签壶中抽签挑出9人，征求被告人和检察官的意见，被告人和检察官如果不同意其中某人担任陪审员可以拒绝，但被告人最多可拒绝5人，检察官最多可拒绝4人。经过这一程序后最终确定9人构成该案的陪审团成员。"美国在陪审团成员的确定上也有类似的程序。参见周泽民主编：《国外法官管理制度观察》，人民法院出版社2012年，第5页。

② 吴英姿：《论司法认同：危机与重建》，载《中国法学》2016年第3期。

专业法官会议讨论。经讨论仍然存在重大分歧的,应当提交院长决定是否由审判委员会讨论决定。"——仍然为否定人民陪审员事实认定效力留下了尾巴。

三是对如何确定和划分案件事实与法律适用的范围并没有太明确的规定。在一个案件中,如何划分事实与法律适用是一个比较重要的问题,也是很难解决的问题,即使是在陪审制运作悠久的美国也存在类似的问题:"对事实问题与法律问题的划分注定是不能绝对的。通常情况下,法官应当向陪审团就案件所适用的法律进行指引,然后,陪审团将这些法律与案件事实结合起来并作最终的判断。在诉讼实务中,每个州的法院都有一套格式化的'陪审团指引',由法院在开庭前向陪审团成员宣读。"① 当前,我国法院在案件事实建构的过程中,同样要涉及证据规则、实体法律等。就Y市基层人民法院制定的《人民陪审员参与事实审规范》而言,仍然是由法官掌握着案件事实与法律适用的区分,这点也反映了此次改革的谨慎。

四是对人民陪审员参与案件事实认定及其后果与法官评价制度之间的衔接问题并没有作出明确的规定,这可能会导致法官在案件事实认定过程中对人民陪审员做出一些诱导性的保护性策略行动。

对于包括Y市基层人民法院在内的诸试点改革法院在推进人民陪审员制度改革过程中,尤其是核心的参审机制进行讨论、分析之时,既需要对已有的改革措施认真地加以研习,也需要将它们结合起来进行系统的、体系化的考虑,更需要带有一定的批判性眼光,只有这样才能真正地促进人民陪审员制度本身所内涵的将社情民意带入司法实践的目的。

五、人民陪审员制度的管理—保障机制:改进、运行及不足

(一)为什么要重视人民陪审员制度管理—保障机制

法治的建设不仅要重视制度的构造问题,更重要的还在于能够将制度有

---

① 齐树洁:《美国民事司法制度》,厦门大学出版社2011年,第75页。

效地转化为实践，人民陪审员制度能够有效地转化为人民陪审员的陪审实践并取得较好的效果，就成为紧要的问题，故而有必要对人民陪审员制度实现的保障机制进行研究。一般而言，保障机制不仅包括制度实现的各种具体的、可操作性的机制和程序，更在于相应的保障机制是如何调动和监督制度的实现主体。就人民陪审员制度实现的保障机制来说，至少需要重视人民陪审员的管理、制度运行的经费保障、人民陪审员的人身保障及人民陪审员的能力提升等问题。

在人民陪审员制度试点改革之前，人民陪审员选任工作在开展过程中，由于制度的因素如对人民陪审员的学历作出了较高的要求、传统文化因素如将人民陪审员的身份视为一种社会肯定和政治荣誉、具体工作人员出于工作简便的因素等诸多原因，使得人民陪审员的选任程序出现了形式化、选任结果出现了精英化和常任化等不好的倾向。同时，又由于人民陪审员在选任时本身并非是抱着将社情民意真正带入司法实践的目的，而仅是为了应付人民陪审员选任要求、仅是为了解决合议庭开庭审理时人手不够的问题等，使得人民陪审员的管理机制比较松懈，出现了人民陪审员不提前阅卷而无法知悉案情、人民陪审员到开庭时才急急忙忙赶过来开庭等情况，整个人民陪审员工作陷入形式化的泥淖之中。人民陪审员选任、陪审等工作都出现了懈怠情况，更不要说人民陪审员的退出机制了，只要被选任为人民陪审员，就能一直保持着人民陪审员的身份。套用王平的话就是："陪审公信事关陪审制度的存废，影响司法公信。陪审公信首先是陪审员应忠于职守。权利亦即义务，人民陪审员在行使陪审权的同时也是在执行公众意志所托，应当忠于职守，忠诚履职。"[①] 如何通过人民陪审员的管理机制的重构来真正地将人民陪审员的功能发挥出来，就成为一项非常紧迫的工作。

人民陪审员制度的运行还需要一定的经费保障，恰如上文的研究所显示，无论是人民陪审员办公室的设置，还是各类办公设备的添置，都需要相应的

[①] 王平：《论推进人民陪审制度改革——以司法公信力为视角》，载《法律适用》2015年第12期。

经费予以支撑。更不要说，人民陪审员在参与陪审工作时，还可能产生交通费等，以及需要给人民陪审员一定的工作补贴。以往主要是从法院的办公经费中划出一部分作为人民陪审员的经费，但随着法院案件数量的逐渐增多而产生了更多的行政经费支出需求，使得人民陪审员经费容易被压缩。同样，由于人民陪审员在合议庭开庭调查过程中是直接面对当事人，这使得他们可能会产生一种害怕得罪人的观念，更不要说当前基层人民法院面对的几乎还是一个相对稳定的熟人社会，这使得他们不愿意参加陪审工作或不愿意发表不利于当事人的观点（民事、行政案件中的任意一方或刑事案件中的被告），更何况，还存在当事人会产生报复念头和行为的可能性。所以，重视人民陪审员制度的经费、人身保障机制，目的就在于提供一个有利于陪审工作开展的环境、有利于调动他们心无旁骛地真正地参与陪审工作。

　　人民陪审员作为一般的社会民众，他们并没有接受过专门的法学思维和法律知识的训练，这会使得他们有时可能无法满足开庭审理和合议工作开展时对法律素养的要求。当然，在人民陪审员制度运行较为良好的英美国家，由于传统文化因素的存在，使得民众已能够接受陪审团基于普通民众视角而作出的任何裁判①。但是，在中国语境中，由于对实质正义的追求、由于法律与社会之间存在的不对榫，都要求人民陪审员在参与案件事实审的过程中，必须既要能将社情民意带入司法实践，又需要顾及法律，对法律技能的掌握就成为一个重要问题。以往由于参与陪审工作的人民陪审员的相对固定化情况的存在，故而，某种程度上可以说，这些相对固定的人民陪审员早就习得了相应的陪审技能和法律知识，或者恰恰是因为他们先具有了相应的陪审技能和法律知识，才使得他们成了相对固定的人民陪审员中的一员。在当前通过随机抽选人民陪审员参与陪审工作的背景下，任何一个人民陪审员都具有了参与陪审的可能性，如何大面积地提升人民陪审员的陪审技能和法律知识

---

① 恰如王晓华在对美国威尔逊案、金案及辛普森案分析时所言："陪审团的存在有效地维护了程序正义，人们可以指责陪审员愚蠢，但是不能指责陪审团违法。美国社会即使不同意陪审团的决定，但最终他们还是接受了这样的判决，这其中陪审团制度的作用不容我们小觑。"具体参见王晓华：《陪审团制度的合理价值与借鉴》，载《理论视野》2015 年第 3 期。

就成为横亘在试点法院面前的一项重要任务。

其实，早在全国性的人民陪审员制度试点改革之前，J省高级人民法院就开展了相关的试点改革工作，在一份名为《J省高级人民法院关于开展人民陪审员改革试点工作的通知》的文件中，就对完善人民陪审员管理和保障机制进行了细化规定。具体规定如下："建立人大、法院、司法行政机关联席工作机制，处理有关人民陪审员选任审查，参审工作考察、评价和表彰，人民陪审员无正当理由，拒绝参加审判活动事由审查，以及退出与免职审查等工作；细化人民陪审员所在单位或者户籍所在地基层组织保障人民陪审员依法参加审判活动的协作措施，以及约束性或处罚性规定。探索建立人民陪审员信息库，关联审判管理系统，建立人民陪审员参审案件管理系统，将人民陪审员人员管理与参审管理有机结合起来。改革人民陪审员经费保障制度，探索建立经费保障标准标注定期调整制度，逐步提高人民陪审员经费保障标准。"[1]

根据此次人民陪审员制度试点改革的精神和要求，借鉴J省其他法院人民陪审员制度先行改革的有效经验，针对人民陪审员制度在运行过程中存在的各类实际问题，Y市基层人民法院制定了《人民陪审员选任办法（试行）》（以下简称《选任办法》）、《人民陪审员考核办法（试行）》（以下简称《考核办法》）、《关于成立人民陪审员自主管理委员会的通知（试行）》（以下简称《管委会通知》）、《危害陪审员制度行为的处理办法（试行）》（以下简称《处理办法》）、《人民陪审员经费保障办法（试行）》（以下简称《经费保障》）及《人民陪审员培训办法（试行）》（以下简称《培训办法》）等相应的办法措施，有必要对具体的相应的措施条款予以分析，并基于公开、公平、高效的视角，对相应制度措施可能存在的不足进行一定的反思。

（二）人民陪审员管理制度改进

为了解决人民陪审员制度在运行过程中出现的重形式轻管理的问题，J省

---

[1] J省高级人民法院：《J省高级人民法院关于开展人民陪审员制度试点改革工作的通知》，J高法〔2014〕109号。

高级人民法院在《J 省高级人民法院关于人民陪审员管理办法（试行）》[①] 第三十七条就曾规定："基层人民法院负责建立本院的人民陪审员档案。档案中应当记载人民陪审员的自然情况、专业特长、单位、职务及任命时间、参加审判、培训等相关情况，并注明其属于何人民法院备选的人民陪审员。"为了强化对人民陪审员工作的日常管理，Y 市基层人民法院成立了专门的人民陪审员管理办公室，并明确了专人负责开展相关工作，同时制定了《选任办法》《考核办法》及《管委会通知》等文件来规范相应的工作。

对于人民陪审员的考核主体及评估方式，《考核办法》第三条、第五条及第六条分别进行了明确的规定："人民陪审员事务管理科是本院人民陪审员的主要职能部门，负责考核的整体协调、管理等工作。考核情况采取适时通报与年度通报相结合的方式进行。""人民陪审员年度考核，采用分类计分办法，即个人年度评估得分＝参审履职分（占比 80％）＋其他评价分（占比 20％）。""人民陪审员参审履职评估坚持'每案一评'，由承办法官具体负责填写《人民陪审员履职评价表》，并将人民陪审员业绩评估纳入承办法官目标考核。"由此可见，人民陪审员管理科是陪审员的管理主体，法官是具体负责人，采用了与法官量化评价方式具有同质性的考核方式。

对人民陪审员个人参审履职分的考核中，涉及的考核项目就有参审履职评估设庭前阅卷、开庭作息、庭审行为、庭审调查、庭审评议、廉洁陪审共六个评估子项，分值分别为 5 分、5 分、20 分、20 分、20 分、10 分，总分为 80 分；在其他评估分考核中涉及的项目有学习培训、工作纪律及激励评估三个评估子项，分值分别为 10 分、5 分、5 分，总分为 20 分。人民陪审员分值的计算采用了逆向减分法，简要地说就是只要达到了基本要求，该评估子项就会给满分，一旦出现扣分的情况，扣减相应的分值后剩下的就是该项的最终得分。以庭审行为的考核评估为例，《考核办法》第十条规定："庭审行为。基础分设 20 分；庭审行为规范得体的，得基础分。① 庭审着装不规范的，扣

[①] J 省高级人民法院：《J 省高级人民法院关于人民陪审员管理办法（试行）》，J 高法审委 [2006] 3 号。

2分;②庭审中随意走动、吸烟、看报纸、玩手机的,扣2分;③对当事人态度冷漠、生硬、粗暴的,扣2分;④庭审行为不规范、举止不文明引起当事人投诉的,扣5分;⑤酒后开庭未造成影响的,扣5分;⑥酒后开庭造成严重影响的,扣20分。"假设某一人民陪审员饮酒后参加开庭审理工作,则此次开庭的庭审行为分为0。随机抽选人民陪审员参加陪审工作,"倍增计划"实施后人民陪审员总量有了大幅度提升,有些人民陪审员可能全年都未参与陪审工作,对于他们的考核,《考核办法》第七条规定:"全年未参审案件的人民陪审员,按已参审案件人民陪审员的平均分计算。"

《考核办法》还规范了陪审员考核的评估程序,确立了初评、反馈、审定、公示及执行等环节。如在反馈环节,人民陪审员事务管理科将根据审判管理系统中有关人民陪审员陪审业绩的数据信息反馈给各业务部门,有异议的主体则可以通过适当的渠道向人民陪审员事务管理科反馈。同时,《考核办法》第二十四条、第二十五条、第二十六条及第二十七条还明确了考核业绩结果的运用方式,如第二十四条规定:"人民陪审员年度考核业绩分称职、不称职两个等次,得分60分以上的为称职,60分以下(不含60分)为不称职。"

就人民陪审员的推出和惩戒机制而言,《考核办法》与《选任办法》都作了较为明确的规定。《考核办法》第二十六条规定:"年度考核连续两年为不称职的,经市司法行政机关,依照法定程序免除其人民陪审员职务。"《选任办法》第十八条、第十九条也对人民陪审员的推出情形进行了明确规定,如第十八条规定:"人民陪审员的任期为五年;经选任为人民陪审员的,无正当理由不得拒绝履行陪审职责。人民陪审员有下列情形之一,经本院会同同级司法行政机关查证属实的,按照本院审判员免职程序提请市人大免除其人民陪审员职务:(1)因年龄、疾病、职业、生活等原因难以履行陪审职责,向本院申请辞去人民陪审员职务的;(2)被依法剥夺选举权和被选举权的;(3)因犯罪受到刑事处罚、被开除公职或者被纳入失信被执行人名单的;(4)担任'任职排除'中所列职务的;(5)其他不宜担任人民陪审员的情形。"第十九条规定:"人民陪审员有下列情形之一,经本院会同同级司法行政机关查证属实的，除按程序免除其人民陪审员职务外，可以采取在辖区范围内公开通报、纳入个人诚信系统不良记录等措施进行处理；构成犯罪的，依法移送有关部门追究刑事责任：(1) 在人民陪审员资格审查中提供虚假材料的；(2) 一年内拒绝履行陪审职责达三次的；(3) 泄露国家秘密和审判工作秘密的；(4) 利用陪审职务便利索取或者收受贿赂的；(5) 充当诉讼掮客，为当事人介绍律师和评估、鉴定等中介机构的；(6) 滥用职权、徇私舞弊的；(7) 有其他损害陪审公信或司法公正行为的。"

如何加强人民陪审员的管理，促使人民陪审员形成身份意识和自我认同，也获得了 Y 市基层人民法院的重视，他们采用的策略则是成立人民陪审员自主管理委员会。该院一份名为"管委会通知"的资料显示管委会的性质和职能，是人民陪审员进行"自我教育、自我管理、自我服务、自我监督"的组织，是法院联系人民陪审员的主要桥梁和纽带。管委会在日常工作中要以"双向沟通、双向服务"为工作原则，以加强人民陪审员和法院间的相互沟通为工作重点。管委会要及时向人民陪审员传达法院的各项通知，帮助人民陪审员积极参与调解、庭审、培训等事务，促进人民陪审员履职，维护人民陪审员权益，同时向法院反馈人民陪审员的工作情况和提出意见建议。2016 年 3 月 15 日，由 Y 市基层人民法院签发的一份名为"关于确定××同志职务的通知"就进行了职务认定，"本院各部门、各单位：根据工作需要，经研究确定××为××法院人民陪审员自主管理委员会主任"。

为了进一步鼓励和提高人民陪审员的参审积极性，X 市中级人民法院还组织了评选表彰"优秀人民陪审员"的活动①，并最终确定授予 Y 市基层人民法院人民陪审员××等 10 名同志"全市优秀人民陪审员"称号。Y 市基层

---

① 评选的条件为：政治立场坚定、思想品格高尚，牢固树立社会主义法治理念，切实履行宪法和法律赋予的神圣职责，认真落实司法为民要求，在定纷止争、服务大局、联系群众和普法宣传方面，发挥了参审优势，做出了显著成绩；刻苦钻研业务，善于做群众工作和调解工作，有较高的理论水平和较强的司法能力，近两年来参审的案件量多质优，工作成绩突出；爱岗敬业，勤政工作，模范遵守社会公德，严格遵守司法礼仪，服务态度热情，工作作风务实，以良好的形象保障司法公正；清正廉洁，秉公司法，严格遵守各项廉洁建设规定，自觉接受监督，严格依法参审，无违纪和廉政问题。表彰奖励方式为：采取适当的方式进行表彰，颁发荣誉证书。参见 J 省 X 市中级人民法院：《关于开展"优秀人民陪审员"评选表彰活动的通知》，X 中法电〔2015〕317。

人民法院在落实"倍增计划"的过程中,也开始重视人民陪审员退出机制的落实工作,在一份名为《关于人民陪审员工作情况的汇报》的报告中就指出:"对调离本行政区域、没有时间保证、平时工作马虎、法官反映较差等情况的20名人员不再留人。"①

(三)人民陪审员的经费—人身保障改进

"陪审制度作为一项花费昂贵的制度,如果没有较为充足的各项经费保障时,人民陪审员制度的顺利实施就不可能完成。"② 在结合《决定》《实施办法》的基础上,为推动人民陪审员制度能够有效地运作,最大化地为人民陪审员陪审工作的开展提供便利、最大化地调动人民陪审员真正地参与陪审工作,Y市基层人民法院还专门制定了《经费保障》及《处理办法》,分别从经费、办公条件和人身财产安全等方面进行了具体而明确的规定。

经费来源是否固定和充足是人民陪审员经费保障能否得到充分有效实现的前提条件,惠从冰就认为:"人民陪审工作经费纳入财政预算,单独列项、统一管理、专款专用、足额保障,这既是人民陪审工作的基本保障,也是人民陪审制度走向成熟的标志。"③ 经由对Y市基层人民法院人民陪审员选任过程的分析可知,人民陪审员制度试点改革成了当地一件非常重要的政治任务,并非仅由法院牵头组织,而是在地方人大主导下的公安局、司法局及财政局等相关职能部门全面全程参与的改革,这为相关改革的推进奠定了基础。《经费保障》第一条规定:实施人民陪审员制度所需的选任、培训、办公、补贴等经费,应当纳入Y市基层人民法院和Y市司法局当年业务经费预算并及时向地方财政申报。具体的补贴则在《经费保障》第二条、第三条中给予了明确规定:"人民陪审员参审案件的补贴标准为150元/案。""参审期间,住所地不在Y市区的人民陪审员,交通可选择公共汽车、火车等交通工具,费用凭票按实报支,城市内交通费每人每天80元包干使用;需要住宿的,住宿费按不超过360元的标准,凭票报支;伙食补贴费每人每天100元包干使用。住

---

① Y市基层人民法院:《关于人民陪审员工作情况的汇报》,2016年1月。
② 蔡宏图、蒋文玉:《人民陪审员制度反思与完善》,载《人民论坛》2014年第5期。
③ 惠从冰:《瓶颈与突破:推进人民陪审员工作的路径》,载《人民司法》2014年第17期。

所地在 Y 市区的人民陪审员,每人每天按 50 元标准补贴参审交通费,如需用餐,由××法院安排工作午餐。"第四条规定:"人民陪审员发生的培训费、资料购置费等费用由陪审员管理办公室的工作人员按院财务制度规定的经费报销程序和方式办理。应给人民陪审员安排专门的办公室,配备相应的办公设备,配备《人民法院报》《中国审判》等必要的法制类书籍报刊。"第五条、第六条及第七十六条对经费的发放程序给予了明确规定:"报销程序:由人民陪审员事务管理科专人将人民陪审员填写并签字的《人民法院陪审员补助费发放单》,经合议庭承办法官(经办人)确认签字、研究室(审管办)负责人初核、行装处财务审核、分管财务的院领导审批后予以报销。""报销方式:由人民陪审员事务管理科定期到院财务科报账后,通过银行卡及时支付。""管理原则:人民陪审员事务管理科对人民陪审员补助费发放情况进行登记造册,银行专款票据应妥善保管,以备查验。"

  为了让人民陪审员在庭审调查期间敢于大胆地发问、在合议过程敢于发表自己的真实意见,Y 市基层人民法院还制定了有针对性的《处理办法》,对陪审员的人身财产保护给予了明确的规定。如《处理办法》第三条规定:"当事人或其他社会公众有下列情形之一,构成犯罪的,依法移送有关部门追究刑事责任:(一)向人民陪审员或人民陪审员候选人进行不法利益输送,要求其从事一定行为或不履行职务的;(二)对现任或曾任人民陪审员或者人民陪审员候选人及其家属进行威胁、报复或者实施犯罪的。"第四条则针对法院的工作人员有可能存在影响人民陪审员陪审工作开展的事项,该条规定:"本院工作人员有下列情形之一,经本院监察室查证属实的,按照本院规定处分;构成犯罪的,依法追究刑事责任:(一)故意泄露人民陪审员、人民陪审员候选人的个人信息的;(二)违法剥夺人民陪审员陪审权利的;(三)在选任、培训、考核人民陪审员工作中弄虚作假、违反纪律要求的;(四)违规向人民陪审员过问案情的;(五)其他不利于人民陪审员工作的情形。"人民陪审员参加陪审工作可能会对本身的工作造成一定的冲击,以往当选的人民陪审员之所以无法参加或安心参加陪审工作,一个重要的原因就在于他们都有自己的本职工作,如何让人民陪审员所在单位配合陪审工作的开展就成为一个紧要问题。基于此,《处理办法》第五条规定:"人民陪审员所在单位有下列情形之一的,我院将会同司法行政机关向该单位或者该单位的上级主管部门提出纠正意见。(一)多次不允许人民陪审员参加培训或者审判活动的;(二)因人民陪审员因参加培训或者审判活动,对其进行解雇、减少工资或薪酬待遇的;(三)对人民陪审员的工作进行负面宣传,造成一定不良影响的。"

(四)人民陪审员能力提升机制改进

人民陪审制度设置的目的旨在让人民陪审员能够将社情民意带入现代司法实践之中,一定程度上能与越来越专业化、职业化的司法形成对冲状态。需要注意的是,现代陪审制度是在现有法律的框架下开展的陪审实践,故而,让人民陪审员了解和熟悉自身的工作特点就成为重要问题,这反映到人民陪审员行动中就是陪审能力的提升问题。对此,J省高级人民法院政治部曾专门组织编写了《人民陪审工作指南》一书[①],同时,Y市基层人民法院也根据自身法院的实际情况,有针对性地制定了相应的《培训办法》。

《培训办法》对培训的原则、培训的方式、培训的内容及培训的师资等进行了较为详细的规定。就培训的原则而言,《培训办法》第二条规定:"人民陪审员教育培训坚持'以人为本、按需施教、务求实效'的原则,切实提高人民陪审员的参审履职能力。"

《培训办法》第三条对培训的方式进行了规定:"培训以集中培训、庭审观摩、跟案学习等方式进行。集中培训采取课堂教学、举办论坛、知识竞赛、经验交流等方式或以会代训的形式进行。集中培训由人民陪审员事务管理科统筹规划,原则上每年至少一次。庭审观摩,由各基层法院组织辖区陪审员分别观摩一次刑事、民事、行政类案件庭审。跟案学习,由各基层法院为辖

---

① 对于该书的价值,用许前飞院长的话讲就是:"正值人民陪审员制度改革试点工作开展之际,J省高级人民法院政治部组织编写了这本《人民陪审工作指南》,很有价值。它以简洁明快的语言阐释了人民陪审员制度的价值目标,系统整理了人民陪审员参审案件的基本行为规范,不仅是一本方便实用的人民陪审员履职工具书,也是一本指导一线法官做好人民陪审组织保障工作的重要参考书,对于普通民众了解人民陪审工作的基本知识和相关工作制度,也是大有裨益的。"全书分成陪审制度基本理论与实践、陪审工作实务及陪审法律规范和相关规定三编,如在第二编中就分别从陪审员的选任与管理、参加审判的工作流程及参审工作要领等方面对陪审工作进行了系统而详细的介绍。具体参见J省高级人民法院政治部:《人民陪审工作指南》,南京师范大学出版社2015年版。

区每名陪审员指定一件案件,让陪审员全程旁听案件的庭审、合议、调解(协调)、听证、信访接待等环节。"

就培训的内容而言,《培训办法》第四条规定:"培训内容分为岗前培训和履职培训。岗前培训内容为社会主义法治理念、法官职业道德、中国司法制度、审判纪律、司法礼仪、廉政规定以及法律基础知识、审判工作基本规则、庭审技巧等。履职培训内容为政治理论、新颁布的法律法规、新出台的司法解释、庭审观摩、案例教学、巡回教学、热点、难点、重点案件专题研讨等。"

培训的师资主要为法院的资深法官,对此《培训办法》第五条予以了说明:"培训师资以本院法学理论功底深厚、审判实践经验丰富以及教学能力较强的院领导或法官为主,根据需要可外请授课人员,增强教学的实效性。"基于上述J省高院与Y市基层人民法院对培训的重视及规范可预测,要是《培训办法》所规定的各项事项能有效地落实到实处,人民陪审员的履职能力必然会有很大的提升。

(五) 人民陪审员制度的管理—保障机制分析与反思

经由上述可知,Y市基层人民法院的人民陪审员制度的管理—保障机制具有如下特点:一是通过制定各种办法对各项管理—保障机制予以明确规定,避免了以往那种只是在口头上表示重视,而实际行动中无所表示或无所适从的问题的出现。二是制定的相应的办法具有可操作性,以《经费保障》为例,对经费的统筹计算主体、发放流程及何时发放都有清晰的流程图,使得相应的举措能有效地实现。三是逐步开始对人民陪审员的陪审工作予以重视,不仅重视人民陪审员陪审案件的数量,而且开始重视人民陪审员在庭审调查和合议过程中的表现及质量。

但是,以Y市基层人民法院为代表的试点改革法院在人民陪审员制度的管理—保障机制方面的改进并非没有不足,在笔者看来,至少以下两点有待商榷:

一是对人民陪审员进行类似于法官评价机制一样的绩效考核是否合适?当前Y市基层人民法院对人民陪审员进行非常具体而复杂的量化考评,可能会直接带来三个后果：其一，因为对人民陪审员的考核项目非常多，而这项具体任务又落实给案件承办法官，无疑会加重案件承办法官的工作负担。其二，人民陪审员参审案件既是一项义务更是一项权利，更何况在随机抽选的情况下，他们并非是法院的常任工作人员，故而量化的绩效评价方式有僭越的嫌疑。其三，要是人民陪审员在合议过程中出现与法官意见相左的行为，而法官又是人民陪审员陪审行为的评价者，会不会使得法官对人民陪审员做出不恰如其分的评价?! 其实，对人民陪审员适用类似于法官的量化评价方式，若干年前成都市中级人民法院在开展一项关于人民陪审员制度落实情况的调查中就发现并指出了其中的问题，如他们所言："调查中，许多法院都简单地把对法官的管理规范直接适用于陪审员。……实践证明，对陪审员进行职业化、行政化的管理实际效能并不高，不能进行有效地管理。"[1]

更不用说，为了避免人民陪审员在法庭调查或合议过程中表现不积极而出现了一些矫枉过正的举措，如《处理办法》第一条规定："人民陪审员有下列情形之一，经本院查证属实的，按照《××法院考核办法》进行处理；构成犯罪的，依法移送有关部门追究刑事责任。（一）未进行庭前阅卷（或熟悉案情）的；（二）庭审中迟到、早退，无故缺席的；（三）不注重司法礼仪，有损司法形象的；（四）庭审调查不发问、随意发问、诱导式发问的；（五）案件评议不发表意见、不符合规范发表意见的；（六）违反廉洁陪审规定的。"人民陪审员在庭审调查期间不发问，并非就代表他们对案件事实没有自己的了解和认识，强制性地要求他们进行发问，是否也不合理呢？假设一人民陪审员在庭审过程中从不发问，难道就表明他们不合格？显然，这种理解是行不通的。

二是过分地充实、提高人民陪审员的法律素养是否与人民陪审员制度本身的目的相悖？如诸多对陪审员制度的功能与价值的分析所言："无论如英美等国采陪审团制度，还是如法德等国采参审制，国内外的陪审制度所承载的

---

[1] 四川省成都市中级人民法院课题组：《呈现的实然与回归的路径——成都地区人民陪审员制度运行情况实证调查分析》，载《人民司法》2006 年第 7 期。

功能无非以下几个方面：一是扩大司法的民意基础，在专业的司法过程中引入普通的民众判断，防止司法无视社会主流价值观的发展而固步自封。……"①简而言之，在案件审理及合议过程中之所以需要陪审员的存在，目的就在于防止在有关案件事实的构建过程中法官过于专业化、职业化而陷入认识上的路径依赖，陪审员能够以一般民众的视角来纠偏。而《培训办法》第四条规定："培训内容分为岗前培训和履职培训。岗前培训内容为社会主义法治理念、法官职业道德、中国司法制度、审判纪律、司法礼仪、廉政规定以及法律基础知识、审判工作基本规则、庭审技巧等。履职培训内容为政治理论、新颁布的法律法规、新出台的司法解释、庭审观摩、案例教学、巡回教学、热点、难点、重点案件专题研讨等。"

从这个角度看，对人民陪审员进行过度的法律培训可能仅会起到相反的作用。当然，这并非是要否定对人民陪审员进行适当的培训，因为即使在陪审制度发达的美国，也同样存在对陪审员予以一定的指示的现象。如乔纳凯特所言："陪审员们并不查找证据，他们也不会去找出案件所适用的法律。法官就案件涉及的法律规则向他们做出指示，这些指示是审判的重要组成部分。……向陪审团做出的指示可以分成两类。一类是关于陪审团在审理某个案件时应适用的实体法。但另一类指示是在审判过程中的不同时间做出的，它们向陪审团指出了审判中最终的法律规则。……这类指示可谓相当简单易懂。"② 故而，在推进人民陪审员制度改革的过程中，有必要在针对人民陪审员的培训与指示之间保持必要的平衡，不能过分强化专业性而冲淡民意性。

六、人民陪审员制度改革试点：特征、经验、不足与优化

经由对人民陪审员制度试点改革要求的把握，对作为试点改革法院之一

---

① 魏晓娜：《陪审制的功能、机制与风险防范》，载《贵州民族大学学报》2015 年第 1 期。
② ［美］乔纳凯特：《美国陪审团制度》，屈文生等译，法律出版社 2013 年版，第 269～271 页。

的 Y 市基层人民法院在改革中对人民陪审员的选任、参审机制、参审范围、事实审程序及保障—管理等机制进行的实证研究，使得我们对人民陪审员制度试点改革情况有了总体上的了解和认识。下面侧重于对人民陪审员制度试点改革进行总体性分析和反思，主要从人民陪审员制度改革总体特征、有效经验、存在的不足及优化改进四个方面予以具体阐述。

（一）人民陪审员制度试点改革的总体特征

第一，人民陪审员制度试点改革是在全国人大常务会及最高人民法院的总体布局下开展的针对性极强的举措。这是最重要的特征之一。一直以来，人民陪审员制度在运行过程中出现的诸多问题，如选任形式化、参审形式化及有效保障缺乏等，受到学术界及实务界广泛诟病，但各个层次的地方法院并没有针对问题而展开有效行动。不可否认，人民陪审员制度是一项全国性的制度，地方各级人民法院无法越权，但是，要是对人民陪审员制度实施过程中广受诟病的问题进行仔细分析的话，便会发现更多的是操作层面的问题，如选任的形式化就是典型的操作性问题。当前，各地法院之所以乐于开展人民陪审员制度改革工作，更多的是由于最高人民法院的总体部署，更多的是由于其间所蕴含的法院行动所持有的工具理性[①]。

第二，人民陪审员制度试点改革过程中，重视各种制度—机制的设置及相应流程的改进。以 Y 市基层人民法院为例，他们先后制定了《人民陪审员选任办法（试行）》、《人民陪审员随机抽选办法（试行）》、《人民陪审员参审范围及人数确定办法（试行）》、《人民陪审员庭前阅卷管理办法（试行）》、《人民陪审员参与事实审规范（试行）》、《危害陪审员制度行为的处理办法（试行）》、《人民陪审员考核办法（试行）》、《人民陪审员培训办法

---

① 刘忠有关地方法院院长选任逻辑的研究，就充分说明了地方法院之所以积极参与陪审员制度改革试点的逻辑，如其所言："在近年，上级法院不仅在审判业务上，更在下级法院院长选任上，表现出极强的司法能动。由于法院是一个专业性知识很强的业务型机构，尤其是法院之间有着审级分工、工作指导等关系，因此对于现任法官和即将出任法官的人员所需要的业务水准、专业技能，在内部信息识别上，上级法院具有超出地方党委的优势。上级法院对于下级法院院长产生上，会利用这种优势发挥影响力。各级法院在'文革'后期渐次恢复三十年多年来，上级法院对于下级法院院长的任命，较此前，分量逐渐趋强。"参见刘忠：《条条与块块关系下的法院院长产生》，载《环球法律评论》2012年第1期。

（试行）》、《人民陪审员经费保障办法（试行）》及《关于成立人民陪审员自主管理委员会的通知》等文件，覆盖人民陪审员制度改革对选任、参审及管理等方面的各项要求。由此也可看出，当前的人民陪审员制度试点改革单位实质更多的是将改革的精神和要求予以具体化。在推进制度—机制变革的同时，改革试点单位还研发了各种技术性手段，以推进人民陪审员改革要求的具体落实，如在案件审判管理系统的开庭排期程序中设置人民陪审员需求对话框等。

第三，人民陪审员制度试点改革一定程度上满足了司法公开、司法公正及司法效率的要求，但仍有很大的提升空间。自上而下的有关人民陪审员制度重要性及改革的宣传，使得人民陪审员制度在一定范围内获得了传播与认同，改革试点法院在推进改革的过程中，制定了诸多的文件至少从形式上满足了司法公开、司法公正和司法效率的要求。但是，任何行动都是在特定的结构中展开的，仅改变外在于行动主体的制度是不够的，因为内在于行动主体的观念认识仍然会在一定程度上延续。当前人民陪审员制度虽然采用了扩大选任范围及采用随机抽选参审的方式，但是法官们对人民陪审员的认识有时还停留在既往的阶段，恰如Y市基层人民院一位庭长所言："虽然改革了，但是我还是喜欢那些有专业知识，比较熟悉的人，这样子他们才能了解案情，要不然我要人民陪审员干嘛。"（访谈笔记，2016）

（二）人民陪审员制度试点改革的有效经验

第一，地方人大牵头形成整体合力。既有的很多研究显示，地方各级人民法院由于财政、人事等事项受制于地方政府，这使得它们在行动的过程中表现出很大的局限性，在人民陪审员的选任过程中这一局限性体现得更明显[①]。Y市基层人民法院在推进人民陪审员制度试点改革工作时，形成了由地方人大牵头、法院协调的改革推进模式，很好地动员了地方的相关力量参与改革，如司法局、公安局及财政局等，使得相应的制度及机制能够迅速得以实现，这点在有关人民陪审员的选任问题上得到了充分的体现。

---

① 张建的一项关于人民陪审员的实证研究就表明："再如该市政协就直接推选一个人过来，并认为政协本来就具有监督的功能，所以必须要安排一个。"参见张建：《法官绩效考核制度中人民陪审考核及其悖论》，载《山东警察学院学报》2014年第4期。

第二，重视人民陪审员制度的宣传工作及重视人民陪审员的分类选任，从而获得较好的政治效果、法律效果和社会效果。人民陪审员制度不是仅具有单纯的司法功能，还是民众参与政治的一种表达形式。既往由于地方各级法院并不重视人民陪审员制度的宣传工作，一定程度上导致了人民陪审员制度的空转及不被接受等不良后果。通过微信、微博及报纸、电台等各种信息传播载体，加大对人民陪审员制度的宣传，有效地提升了民众对人民陪审员制度的认识和认可。同时，由于中国社会转型的复杂性及案件结构的多样性，在人民陪审员选任工作中重视普通人民陪审员与专业人民陪审员相结合的选任方式，满足了案件审理过程中对人民陪审员的要求。X庭长对人民陪审员的认识虽然有失偏颇，但并非全无道理，在中国的司法语境中，"法院改革的使命既要完成自治型法院的建构，完成法院与政治之间在组织架构和职能行使上的相对独立性；同时又要适度回应社会的需求，以体现出一定的基于目的指引的能动性"[1]。只有掌握了专业知识的人民陪审员才能真正理解和把握案件的性质和法律关系，推动专业案件的解决，才能符合案件当事人对正义的期待；只有通过相对随机化的选任和参审方式，才能实现程序的公正。

第三，重视发挥法官在人民陪审员事实认定过程中的引导作用。既往的人民陪审员职能既需要进行事实审，也需要进行法律审，而实际上，人民陪审员更多的是靠自身简单的法律知识加之对案件质朴的认识，而得出相应的结论。在全面推进依法治国的背景下，"社会框架、人的行为、交往、活动皆以法律为归依"[2]。人民陪审员参与庭审调查及案件合议等工作，同样应该受制于法律约束性要求，这体现在陪审工作中就是庭审和合议过程中应遵守相应的程序性规范，仅依靠人民陪审员有限的法律知识肯定无法满足相应的要求，而发挥法官在案件事实审过程中的指引作用，则能帮助人民陪审员依法陪审。同时，通过制定案件中的事实列表并将事实列表进一步贯穿于整个庭审过程中，则有效地推动了依法陪审工作的落实和陪审功能的实现。

---

[1] 最高人民法院课题组：《司法改革方法论的理论与实践》，法律出版社2011年版，第15页。
[2] 於兴中：《法治东西》，法律出版社2015年版，第135页。

第四，扩大人民陪审员的工作范围，让他们参与调解、信访等事项，推动纠纷解决和矛盾化解，扩大了人民陪审员的影响。一直以来，一个基本的假设就是人民陪审员的职能发挥主要在庭审调查和合议过程，被忽略的是，人民陪审员不仅具有参审合议的功能，还具有法律宣传等功能。利用他们所掌握的知识、关系网络等，让他们参与调解、信访等事项，不仅有助于相应的矛盾纠纷的化解，更有助于他们更好地理解和认识陪审工作和法院工作，从而在司法与社会之间搭建起真正的沟通之桥。

（三）人民陪审员制度改革试点法院的不足

第一，过于从形式化的角度来理解人民陪审员制度试点改革。试点改革法院的形式化主要体现在两个方面：一是在推进相应的制度—机制变革时，更多的是对试点改革的要求和精神进行简单的转化和落实，无论是人民陪审员的选任机制、参审机制还是保障、管理机制，缺乏将改革精神和要求与法院所处的社会结构、案件结构相结合，进行有创新、有针对性的改革及实践。二是在推进相应的制度—机制落实时，更多的是从形式性的角度出发予以落实。以人民陪审员的选任为例，改革中提出"农村地区和贫困偏远地区德高望重者"不受人民陪审员选任要求上的学历、方式的限制，实践中试点法院更愿意通过随机抽选的方式来选择人民陪审员而忽略该点。之所以如此，原因可能在于一揽子的随机抽选方式有助于人民陪审员制度试点改革的快速推进，而如何将符合实质条件的"德高望重者"挑选出来，则需要花费相当的时间精力。

第二，在推进人民陪审员制度改革过程中，存在一个隐含的假设：随机就是好的。"随机就是好的"逻辑体现在两个方面：一是假定在人民陪审员选任过程中，通过对本辖区内符合条件又愿意的居民进行随机选任，是好的、科学的；二是假定在选择人民陪审员参审案件时，通过随机抽选是好的、科学的。"司法改革的目的是要建立与中国的政治、经济、文化和社会实际相适应的中国特色社会主义司法制度。"[1] 随机就是好的、科学的假定是以程序正义

---

[1] 最高人民法院课题组：《司法改革方法论的理论与实践》，法律出版社 2011 年版，第 226 页。

作为保障的,假定所有人都能接受程序正义,实际上司法的非终局性解决就说明了中国人有时更可能接受的是实质正义,至少可说,中国还处于从实质正义转向形式正义的过程中,因此有必要改变这样一种藏而不露的假设。

(四) 人民陪审员制度改革的优化

获知了当前人民陪审员制度试点改革的总体特征、有效经验和存在的不足,有必要进一步有针对性地提出相应的对策,以达到优化改革、促进制度目的实现的效果。在提出优化建议时,"我们必须立足国情,从实际出发,找准历史方位和坐标,充分认识我国发展的阶段性特征,既不能以社会主义高级阶段的标准,也不能用外国的标准来定为我国现阶段的司法工作和司法效率"①。

第一,应重视人民陪审员制度与其所处结构之间耦合的问题。人民陪审员制度改革过程中,需要处理:首先,人民陪审员制度与法院内部其他制度之间耦合的问题,如人民陪审员制度与法官评价制度之间的耦合问题,如因为人民陪审员对案件事实的认知而久久不能形成一致意见,是否会影响对法官案件审结效率的评价;如人民陪审员制度与错案责任追究制度之间的耦合问题等。其次,人民陪审员制度与法院案件结构之间的耦合问题,当前法院不仅有来自陌生人之间的纠纷,还有来自熟人之间的矛盾;不仅有专业性案件,还有家长里短的传统案件,如何充分发挥好人民陪审员与不同类型的案件之间的耦合问题,是需要重视的。最后,人民陪审员制度与所处社会结构之间的耦合问题,不仅体现在经济社会结构,还体现为心理结构,如人民陪审员客观是否具有时间精力、主观是否认同人民陪审员职责等。

第二,应重视发挥传统文化的创造性转化与西方法治的选择性吸纳。中国的法治在特定的经济社会文化观念中得以推进,有着中国自身的特色,传统与当下来说并非是一个截然二分的事物,传统仍然对当下有着影响和制约作用。传统文化中如对德治的重视,在人民陪审员制度改革实践中则可以将

---

① 最高人民法院司法改革领导小组办公室:《人民法院司法改革与中国国情读本》,法律出版社2012年版,第16页。

其创造性地导入陪审工作，可能体现为人民陪审员自身的德行要求、体现为人民陪审员利用道德观念来化解矛盾、建构案件事实等。也有必要注意吸纳西方法治中具有普遍性价值的要素，如对程序的重视、对权利保护的重视等，这体现在当前人民陪审员制度改革中就是随机选任等机制的设定，但是不能唯西方法治是论，必须要紧贴中国司法、中国法治所面对的实际，开展有选择性的吸纳。通过激活传统文化中的优良成分，吸收西方法治中的普遍经验，才能构建出符合中国实际的人民陪审员制度。

第三，应重视对人民陪审员制度内部问题更为细致的研究，重视对人民陪审员制度改革及实践效果的分析和评估。当前在推进人民陪审员制度改革过程中，试点法院普遍感到疑惑问题有但不限于：如何确定人民陪审员陪审案件的范围[1]；如何划分案件中的事实部分与法律部分；如何引导人民陪审员实质性地参与庭审工作和合议工作；如何才能平衡人民陪审员的法律思维与朴质思维等。故而有必要进一步强化更细致、更具体、更专业的问题的研究。同时，还需要对人民陪审员制度改革及实践效果进行分析与评估，利用法治评估的原理、范式和方法，不仅重视人民陪审员制度改革与实践的客观数据，如制度—机制的变革、人民陪审员的结构、人民陪审员参审案件的数量等，还要重视不同主体如人民陪审员、当事人、法官、律师、人大代表、政协委员及普通民众等，对人民陪审员制度的认识、认同及人民陪审员制度实践效果的满意度。在此基础上，形成有关人民陪审员制度的反馈机制，促进人民陪审员制度的不断优化。

---

[1] 如在法国，陪审员主要是参与重罪的审理，"重罪法庭的组成也有别于其他审判法庭。在职业法官之外，重罪法庭还包括由非职业成员即'陪审员'组成的陪审团，它是法国受理刑事案件法院中唯一设陪审团的法庭。正因如此，人们常常将重罪法庭称为'民众法庭'"。郭蓓蓓也认为："改革人民陪审员制度，应以确定案件陪审范围为主导方向。"参见周泽民主编：《国外法官管理制度观察》，人民法院出版社2012年版，第4~5页；郭蓓蓓：《人民陪审员制度的核心问题与改革路径》，载《法学》2016年第8期。

"健康法院"建设路径研究

——以 S 省法院干警的健康状况及需求为样本

孙 婧 陈仁淋 孟 珉*

摘要： 在当前社会矛盾集中、案多人少普遍存在、法院工作人员压力增大的大环境下，司法人员在身体、心理和社会适应方面的健康问题，正成为影响司法权公正、高效行使和拖慢法院干警干事创业步伐的重要因素。为进一步建设好法院队伍，进一步促进司法公正、高效，2016 年 2 月，S 省高级人民法院院长在全省法院院长会议上的讲话中，提出建设"健康法院"的重要理念。因此，系统性地探索建设"健康法院"就成为推动当前 S 省法院队伍建设的重要契机，这既有助于更好地保障干警的身心健康、人民法院的健康发展，也有利于建设和谐有序的诉讼秩序，更好地提升法院的社会公信力。本文以 S 省法院干警的统计数据分析为切入，通过探究当前建设"健康法院"所存在的问题和困境，积极展望"健康法院"的基本原则和实现路径构建，提出各种举措以促进干警身心健康，确保法院健康发展，为"健康法院"建设提供借鉴和参考的理论依据。

关键词： 健康法院 案多人少 司法健康

---

* 作者简介：孙婧，法学硕士，上海市高级人民法院法制宣传教育处处长；陈仁淋，法学硕士，上海市高级人民法院法制宣传教育处干部；孟珉，法学硕士，上海市黄浦区人民法院法官助理。

一、内涵与目标:"健康法院"建设的理论探析

(一) 内涵探究:"健康法院"的主旨剖析

1. "健康法院"产生的背景:保障符合职业特点的法治工作者

健康是每个人成长和实现幸福生活的基础,是国家富强和人民幸福的重要标志。习近平总书记深刻指出:"没有全民健康,就没有全面小康。"党的十七大报告明确提出"健康是人全面发展的基础,关系千家万户幸福",十八大报告进一步指出"健康是促进人的全面发展的必然要求"。为全面贯彻落实党的十八届四中全会提出的"加快建立符合职业特点的法治工作人员管理制度,完善职业保障体系"重要精神,最高人民法院于 2014 年底专门发出《关于关心干警身心健康加强日常保健工作的通知》,强调各级法院要关注干警的身心健康,并就加强日常保健工作提出具体要求,为"健康法院"建设指明了具体方向。

2. "健康法院"的内涵:时代属性和职业特性的融合

1948 年世界卫生组织对健康的定义是:"健康不仅是没有疾病和虚弱,而且是保持身体、心理和社会适应各方面的完好状态。"20 世纪 50 年代,因人口、环境和能源等社会问题的出现,文献中出现了强调身体、情绪、智力、精神和社会各个要素平衡发展的健康观。到了 20 世纪 90 年代,世界卫生组织对健康作了新的定义:"除了躯体健康、心理健康和社会适应良好外,还要加上道德健康,只有这四个方面都健全才算是完全的健康。"① 1999 年,《辞海》将健康解释为"人体各器官系统发育良好、功能正常、体质健壮、精力充沛,并具有健全的身心和社会适应能力的状态"②。有学者认为,健康主要包括生理健康以及心理健康。而心理健康一般又有三个方面的标志:第一,具备健康的心理,情绪是稳定的,有较好的自控能力,能保持心理上的平衡;

---

① 李恩昌、李花枝:《世界卫生组织提出健康新概念 道德健康是健康的重要内容》,载《中国医学伦理学》1992 年第 3 期。

② 参见夏征农、陈至立主编:《辞海》,上海辞书出版社 2001 年版,第 722 页。

第二，在自己所处的环境中，有充分的安全感，且能保持正常的人际关系；第三，对未来有明确的生活目标，能切合实际地、不断地进取，有理想和事业的追求①。课题组认为，"健康法院"建设是为了解决法院干警身体、心理、社会适应能力面临的各项问题所提出的一项重点工程，结合"健康法院"建设的核心目的和重要意义，借鉴 2015 年 12 月国家卫生和计划生育委员会办公厅印发的《中国公民健康素养——基本知识与技能》的相关定义，"健康法院"建设中所称健康应该是指：不仅仅是没有疾病或虚弱，而是身体、心理和社会适应的完好状态。

  从宏观而言，健康是一个国家、一个民族的必然追求。从微观而言，健康也是一个组织、团队和人类个体的必然追求。但由于不同群体的职业不同，所处环境不同，群体之间必然对健康体现出与其他组织或职业不同的特殊需求。一群具备同样生活方式、社会行为模式的团体，将在其生活与社会活动中，逐渐形成与其他团体有所不同的物质与精神需求。人民法院作为政法机关，在长期的司法实践中，逐渐形成了共有的精神理念、行为模式、制度规范以及物质表现。这种团体的精神文化，尤其是价值观上所表现出来的感情和精神品质，体现了这群团体相异于其他团体对健康的需求，"健康法院"成为法院队伍建设的一个基本理念，也因此应运而生。具体来说，司法健康的格局应该是法官个体健康、法院群体健康、审判机体健康的有机体系。习近平总书记强调，健康是促进人的全面发展的必然要求，是经济社会发展的基础条件，是民族昌盛和国家富强的重要标志，也是广大人民群众的共同追求。司法是维护公平正义的最后一道防线，法官则是最后一道防线的守护者，法官的身心健康是做好审判工作的必要条件。因此，"健康法院"建设最基本和最核心的内涵，应该聚焦于法院干警的健康，努力培养一支政治坚定、业务精湛、作风优良、体魄健康、奋发有为的法院干警队伍，才能真正推动法院各项事业发展，做到司法事业发展与干警身心健康相互促进。

---

① 张秀华：《谈教师的心理健康与自我调适》，载《中国心理卫生协会 2003 年学术大会论文集》，2003 年。

(二)价值分析：建设"健康法院"的重要性和必要性

1. 干警自身的共同追求

健康是人生一切成就的根源，有健康才有将来。法院干警是推动法院工作的核心力量，法院干警的心理健康状况直接关系到法治事业的发展。一方面，当前法院普遍面临的问题是"案多人少"矛盾日益突出，法院干警，特别是法官长期处于超负荷重压之下，健康状况堪忧；另一方面，关注并解决法院干警群体健康问题的机制不健全，亟需改进。当前司法事业面临新形势新任务，法院干警的群体健康需要应对新的机遇和挑战，法院干警生理健康问题突出，心理健康状况堪忧，社会适应状况不佳，直接影响了干警自身身体健康、家庭关系和睦、司法活动开展以及法院事业的可持续发展。建设"健康法院"，已经成为法院干警共同的追求。

2. 干事创业的基础条件

法院干警应是人类社会最富有生命力、创造力和生产力的宝贵社会资源之一，其身心健康水平和社会适应能力会直接影响人类社会进步、国民经济发展、社会秩序稳定。该人群不仅面临着一般社会人群相同的健康问题，同时面临着特殊职业危害因素及职业性心理紧张等因素的威胁。建设"健康法院"，不但可以提高干警的健康素质、工作能力和政法机关公众形象，有利于促进社会进步和国民经济发展，也对法院事业的不断开拓进取提供了重要动力。因此，对法院干警的健康危险因素进行有效干预和预防，改善健康水平，已经成为广大法院干警干事创业的基础性条件。

3. 队伍素质提升的基本要求

干部队伍的素质提升，是关系到建设中国特色社会主义的基础性工作。确保司法公正的关键是人，法院干警队伍必须具有坚定共产主义远大理想、真诚信仰马克思主义，要全心全意为人民服务，求真务实、真抓实干，坚持原则、认真负责，但是上述基本条件，基础和根本还在于身体素质过硬。通过"健康法院"建设的不断深入，能够不断形成阳光、向上、健康的队伍风气，不断提升法院干警的综合素质，为建成一支政治过硬、业务过硬、责任过硬、纪律过硬、作风过硬的政法队伍，提供扎实的基础要件。

4. 法院改革发展的重要保障

"文化法院"和"健康法院"建设是推进法院改革发展的鸟之双翼、车之两轮。两者必须坚持协同推进，齐抓共建。法院队伍建设需要坚持以文化为引领，以健康为保障，相辅相成，相得益彰，两建并举，互促互补，运用文化的力量和健康的理念进一步提升价值观念、激发队伍活力，以适应新时期法院在执法办案、司法改革、服务大局等方面的形势任务要求，更好地解决法院队伍建设面临的新情况、新问题，营造创新、绿色、健康、活力、友爱的人文环境。

5. 不断增强法治建设的必然要求

面对社会发展不断涌现的新情况、新问题，为了回应人民群众对法治社会不断增长的新需要，人民法院不断增强队伍建设具有现实的必要性和历史的必然性，这就要求法院干警增强身体素质、提高心理承受能力、时刻保持与社会接触的适应程度，只有具有了良好的身体、心理和社会适应能力，才能在审判执行、学理调研、调解纠纷等种种法院工作中发挥良好的身体和精神状态，才能不断回应法治建设对法院所带来的新的要求。

（三）目标规划：建设"健康法院"实现的效果

建设"健康法院"应从建设健康中国的总体目标出发，将健康融入法院发展的各项政策。把建设"健康法院"作为队伍建设的重要内容，以促进干警身心健康、提高干警综合素质为目标，以广大干警对健康的需求和关注为重点，坚持"以人为本、健康至上"的理念，不断建立健全关爱干警工作机制，丰富健康教育资源，加大干警健康生活方式推广和健康素养养成的力度，建立阳光向上的工作生态，努力提升法院干警的健康指数和幸福指数。

(1) 保障身心健康。通过"健康法院"的各项措施，最终需要尽量保障法院干警的身心健康，对 S 省法院干警的调查显示，约 87.5% 的干警认为"健康法院"建设最终应达到身心健康的良好状态。这就意味着，身体健康、心理健康、社会适应良好，仍然是每个干警最朴素的健康追求。

(2) 营造健康环境。健康的生活、工作环境是每个干警提升各方面素质、不断加强身心健康的最重要影响因素，通过营造健康环境，聚焦干警需求，最终培育出健康、阳光、活力、温暖的法院氛围,让大部分时间浸润其中的普通干警,时刻保持健康向上的正能量。

(3) 健全健康机制。"健康法院"各项措施需要形成适当的体制机制,要以干警的健康为根本出发点和落脚点,通过建立、完善、规范、落实关爱干警的各项机制,降低干警身体患病风险,帮助干警调适心理压力,促进干警身心健康。

(4) 培育健康习惯。应通过各项措施引导干警掌握更多的自我健康管理技能,促进干警行为健康,培育正确的健康习惯,保障身心健康的良性循环。

二、现状与统计:干警健康状况的现实考量和实证研究

为了更好地了解法院干警的健康状况,课题组向 S 省高级、中级和基层的 20 家法院分发了 732 份调查问卷,访问人数约占全市法院干警的 10.1%,被访问的性别比例、年龄分布、所在部门和所任职位如图表 1—图表 4 所示,基本反映了现阶段 S 省法院干警的实际情况。

图表 1　被访问干警性别比例情况

性　　别	干警人数(人)	百分比(%)
男　性	310	42.3
女　性	422	57.7
合　计	732	100.0

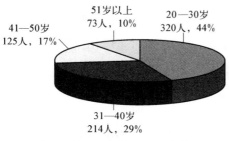

图表 2　被访问干警年龄分布情况

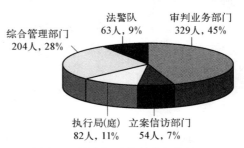

图表 3　被访问干警所在部门情况

图表 4　被访问干警所任职务情况

职　　务	干警人数（人）	百分比（％）
院长、庭长、部门领导	50	6.8
入额或未入额法官	129	17.6
法官助理	206	28.2
书记员、文员	129	17.6
司法行政人员	152	20.8
司法警察	66	9.0

（一）S 省法院干警健康总体状况

1. 整体状况：健康预期与工作压力之间的落差持续增长

为了了解干警对自身健康状况的自我评价概况，问卷调查从"身体健康""心理健康""社会关系"和"工作—学习—生活环境"这四个方面展开调查。在满分为 100 分的前提下，S 省法院干警自评生活质量小于等于 60 分的占到被访问干警总量的 15.2％，远远高于现有研究中普通公务员的亚健康比例 10.4％[①]。从年龄结构上看，随着年龄的上升，干警对身体健康的不满程度不断增加，呈正向增长趋势（图表 5）。从所在部门的表现来看，在执行局（庭）工作的干警对健康状况的不满程度最高，占比约为 20.7％（图表 6）。而从工作年限上看，在法院工作 20—30 年之间的法院干警，对健康状况的不满程度最高，其中约 20％的受访干警自评分数均小于或等于 60 分。从所任职位来看，入额或未入额法官对健康的自我评价最低，其中约 21.8％的受访法官对健康状况打分在 60 分或以下。从调查结果来看，610 名干警普遍认为身体、心理和社会适应的具体问题已经对其工作、生活造成了一定影响，而其中 145 名干警（占比约 19.8％）认为其健康方面的问题已经对工作和生活产生了较重甚至严重影响。

---

① 孙培：《北京市公务员健康危险因素干预效果及其影响因素分析》，河北联合大学 2014 年硕士学位论文。

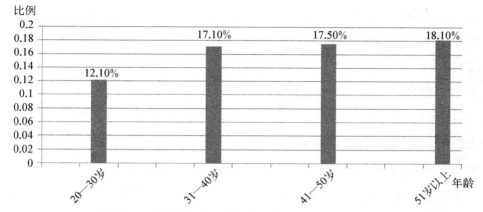

图表 5 各年龄段自评分数小于等于 60 分的干警比例

图表 6 各部门法院干警自评分数情况

部 门	自评分段人员数量及所占比重			合 计
	0—60 分	61—80 分	81—100 分	
审判业务部门	56 人, 17.0%	4 人, 1.2%	269 人, 81.8%	329 人, 100.0%
立案信访部门	9 人, 16.7%	0 人, 0%	45 人, 83.3%	54 人, 100.0%
执行局（庭）	17 人, 20.7%	0 人, 0%	65 人, 79.3%	82 人, 100.0%
综合管理部门	18 人, 8.8%	3 人, 1.5%	183 人, 89.7%	204 人, 100.0%
法警队	11 人, 17.5%	0 人, 0%	52 人, 82.5%	63 人, 100.0%

由此可见，S 省法院干警在身心健康的总体自评方面表现出以下特征：第一，由于社会不断发展、司法人员压力增大，S 省法院干警对健康方面的自我评价不满意程度较高，健康状况亟待改善；第二，随着时间对个人身体、心理影响的不断增长，年龄较大的法院干警更容易表现出对身心健康的焦虑感；第三，在执行局（庭）工作的干警因面对社会矛盾更加直接、承担压力更大，更容易对自身健康产生忧虑；第四，工作年限达到 20—30 年左右的法院干警因为生活上家庭事务琐碎、工作上压的担子较重，健康状况需要着重关注；第五，如不能尽快改善干警的健康状况，法院干警亚健康、不健康状况将成为影响法院工作的重要不良因素。

2. 日常生理状况：在健康诉求与超时工作之间徘徊

身体健康是干警的主要诉求，根据调查反馈，多数干警在轻微病患或者不适出现时能够及时采取相应措施,但也有约26.8%的干警在处理轻微病患或不适的时候自己先扛着,预备病情加重再想办法处理。在健康膳食方面,约有30.1%的干警认为他们在日常生活中较少能够达到健康膳食的标准或者根本不关注膳食健康。在控烟限酒方面,S省法院干警情况较好,约85.9%的法院干警在戒烟限酒方面表现良好,其中73.8%的干警不抽烟、不喝酒。大约55.9%的干警认为他们能够关注到大部分食品、药品、急救等健康信息,但基本不关注健康信息的法院干警也占比达到16.3%,加强普通干警对健康的重视程度势在必行。在运动健身方面,仅有40.6%的法院干警能够坚持每周1—2次以上的运动。从工作强度来看,S省法院干警每年申请全部公休假的仅占总数的13.9%,30.9%的法院干警从未申请过公休假期;S省法院干警几乎不加班的仅占6.3%,多数干警选择有需要的时候才会加班,但经常加班、一直都在加班的法院干警已经占到受访干警总量的41.8%。

由此可见:第一,在一定程度上法院干警对健康问题尚不够重视,忽视疾病前兆、轻视饮食健康、忽略健康信息的情况时有发生;第二,大部分法院干警缺乏正确的健康指引,距离科学健身还存在一定距离;第三,超负荷工作、加班、公休未休等损害干警身心健康的现象在S省法院系统中已经较为普遍。

3. 心理健康状况:工作压力与生活压力互相交织

从压力来源来看,被受访干警选择最多的压力来源主要是:工作上的重压(30.2%)、经济状况不乐观(24.7%)这两项。经调查,随着干警年龄的增长,工作上的重压逐步超过经济状况,成为法院干警最重要的压力来源,而经济状况不乐观的情况将逐渐改善(图表7)。院、庭领导对于工作上的重压感受最为明显,约51.1%的庭长及以上领导认为工作压力是其所承担的最主要压力来源,其次是入额及未入额的法官,选择工作压力的占比大约在48.5%。课题组注意到,在法院工作20—30年之间的法院干警,选择工作上的重压作为其最主要压力来源的比例最高,为43.7%;调查结果显示,对工作压力的感受程度会随着在法院工作的年限加长而不断上升,在法院工作20—30年期间达到峰值,在院工作超过30年的干警,对工作压力的感受程度反而会相对回落。

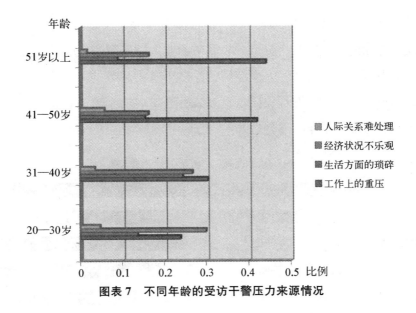

图表7　不同年龄的受访干警压力来源情况

由此可见：第一，工作压力和经济来源是长期影响S省法院干警健康身心的重要因素；第二，不同年龄、不同职位的法院干警对压力的具体感知也不尽相同，承担管理职能的法院干警在工作压力的感知方面更为明显；第三，与整体健康状况评价相似，进入法院工作20—30年的法院干警是工作压力最大的一个群体，他们大多已经成为相关部门的骨干和负责人，承担着法院的最重要、最难以处理的各项任务，工作压力已经成为影响他们健康的最重要因素。

（二）S省法院干警健康的具体状况分析

1. 生理健康问题调查：职业病高发，亚健康趋势显著

在身体不适的各类症状选择方面，颈椎、肩部酸痛，眼睛疲劳、视力下降，腰背疼痛是困扰干警身体健康的三项最主要症状，选择这三项的干警分别占比72.6%、71.8%、58.1%，选择没有任何不适症状的法院干警仅占受访干警总数的4.9%。此外，在不适症状的自填部分，少数干警填写了脱发、体重超轻、上火、淋巴肿胀等症状。统计表明，除体重超轻、没有食欲这两项以外，在几乎所有的不适症状中，女性干警的检出比率均高于男性。与现有的相关调查相比较，S省法院干警在肌肉酸痛、心慌气短、胃肠不适、咽部

不适等方面好于一般城市职业人群,但在腰背疼痛、头疼、抵抗力低下、皮肤暗淡等方面的健康问题严重于一般城市职业人群(图表8)。在适当休息之后,能够得到明显缓解或者完全缓解的法院干警占总数的28.7%。值得一提的是,通过调研,我们发现失眠现象多发生于31岁到50岁之间,并多发生于在审判业务部门工作的干警之中。

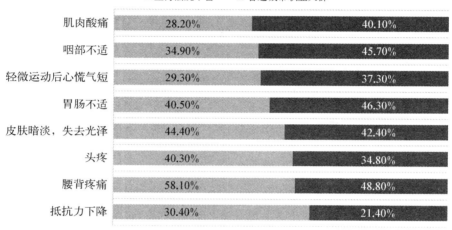

图表8 S省法院干警与普通城市职业人群身体健康情况对比

数据来自李洁、赵芳红、李英华、孙思伟、刘敏、万国锋:《北京市城市职业人群健康综合干预效果评价》,载《中国健康教育》2013年第12期

在明确被诊断的相关疾病中,发病最多的是颈椎病(37.4%)、肩周炎(23.3%)和慢性胃炎(20.5%)这三类,主要由长期从事案头工作、生活作息不规律、工作强度较大、饮食结构存在问题等原因引起,而没有任何疾病的法院干警比例为27.1%。经调查,女性干警患肩周炎、颈椎病、慢性胃炎的比例均超出男性干警。大部分疾病均呈现出随着年龄的增长发病概率显著增长的趋势,然而,慢性胃炎、呼吸系统疾病、肝病这三类,在51岁以上的法院干警中,患病比例与41—50岁的法院干警相比具有一定的回落。从工作部门情况来看,在高血压、高血脂、糖尿病、慢性胃炎、呼吸系统疾病等慢性疾病方面,执行局(庭)干警的患病比例显著高于其他部门。从所任职位方面来看,院、庭领导患高血压、高血脂的比例较高,入额及未入额法官患

颈椎病、慢性胃炎较多。

从以上身体健康方面的调查可以看出：第一，S省法院的"健康法院"建设应当多从颈椎和肩部酸痛、眼睛疲劳、视力下降、慢性胃病等重点问题着手，着力解决一批法院干警目前较为关注、发病较为普遍的健康问题；第二，女性干警对自己身体不适的感受更加突出，应当加大对女性干警健康状况的关注；第三，不同任职职位、不同部门的发病情况有所不同，应当结合个人和部门的具体情况，开展适当的健康措施，例如在执行局（庭）部门内部多提倡健康饮食、少油少盐等，推荐法官多做颈椎保健操、调适作息习惯等。

2. 心理健康问题调查：舒缓机制缺乏，骨干人员压力较大

心理健康方面，记忆力减退是困扰法院干警的主要心理问题，占到受访干警总量的68.2%，其次是反应迟钝（41.3%）和会为小事发脾气（38.3%），而没有心理方面的任何问题的法院干警仅占总量的10.3%。对比普通城市职业人群，S省法院干警在记忆力减退、反应迟钝、为小事发脾气、容易紧张和着急、觉得力不从心、早起后头脑不清醒、没有精力等方面问题较为严重（图表9）。在心理问题出现之后，经过适当休息或调节，仅有约24.2%的法院干警认为自己得到了明显好转或者完全缓解了不适的感觉，明显低于身体健康方面的恢复比率。

从调查结果来看，除了记忆力减退、觉得力不从心这两项以外，大多数心理问题在法院干警31—40岁之间达到峰值。注意力很难集中、反应迟钝、做事犹豫不决拿不定主意、会为一些小事发脾气、觉得自己没有前途和希望、容易紧张和着急、什么事情都不想做等七项心理问题，在审判业务部门的检出比率最高，而执行局（庭）的法院干警更容易觉得较长时间闷闷不乐、力不从心、早晨起床后感到头脑仍不清醒、没有精力。从所任职位上来看，入额和未入额法官在心理健康方面表现问题较为集中，77.1%的法官觉得自己记忆力减退，50.4%的法官有力不从心之感，而书记员、文员队伍中反应迟钝、会为一些小事发脾气、觉得自己没有前途和希望等五项心理问题的检出率均占比较高。

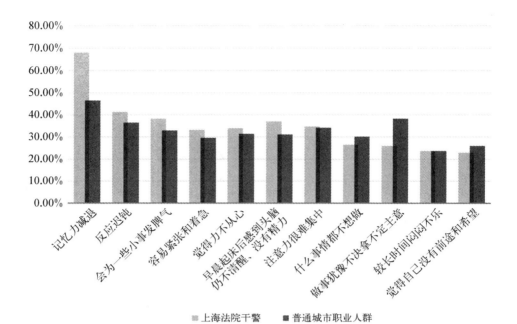

图表 9　S 省法院干警与普通城市职业人群心理健康情况对比

数据来自李洁、赵芳红、李英华、孙思伟、刘敏、万国锋:《北京市城市职业人群健康综合干预效果评价》,载《中国健康教育》2013 年第 12 期

课题组认为:第一,从调研反映出的情况来看,干警心理问题的主要诱因与经常接触社会矛盾、职业风险、职业压力较高、难以得到适当休息等原因有密切相关;第二,需要及时让普通干警掌握心理放松、自我宽慰的基本技能,尽快自我调适心理健康;第三,适当舒缓工作环境、发泄工作压力,需要着重关注在审判业务部门和执行局(庭)31—40 岁的法院干警;第四,书记员、文员的自身认同、工作压力及职业发展等方面均存在较大问题,亟待引起重视。

3. 社会适应问题调查:互助引导缺失,人际关系瓶颈凸显

调查结果显示,S 省法院干警在社会适应情况的五个项目中,有四项均超过普通城市职业人群(图表 10)。其中"没有充沛的精力去应对日常工作、学习和生活"选项选择的人数较多,此类问题较为突出。与心理状况调查相似的是,31—40 岁之间的法院干警认为工作效率下降、没有精力、不舒服但经检查没有异常的占比最多,而随着年龄的增大,接受新事物或新技能的速度变慢逐步成为影响法院干警社会适应情况的最重要因素。经调查分析发现,执行局(庭)

是法院干警选择工作效率下降、遇到困难获得帮助较少、接受新事物或新技能速度变慢较为集中的部门,但其同时也是没有社会适应方面问题最多的部门,执行局(庭)干警中,没有任何社会适应方面问题的干警占到总数的 6.7%。

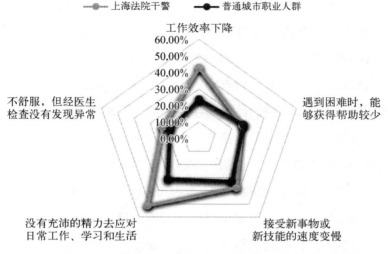

图表 10 S 省法院干警与普通城市职业人群社会适应情况对比

数据来自李洁、赵芳红、李英华、孙思伟、刘敏、万国锋:《北京市城市职业人群健康综合干预效果评价》,载《中国健康教育》2013 年第 12 期

调查表明:第一,干警的社会适应的不良情况,可能与日常工作的复杂、内容较多、耗费精力较大有直接的关系;第二,31—40 岁之间的法院干警社会适应情况较差;第三,执行局(庭)干警明显表现出社会适应不良情况较多,但社会适应自评良好的干警也呈现相对较多的两极反映,这可能与社会的密切接触程度和干警的自身调适能力具有直接关系。

三、透视与探究:当前法院健康建设面临的问题及原因分析

(一)宏观:社会背景中的三重压力

1."案多":司法供给与司法需求不平衡下的工作压力

随着中国社会与经济的高速发展,中国社会目前处于矛盾的多发期、凸

显期，人们对司法的需求大幅上升。据统计，1978年全国审理案件数量为61万余件，而2010年则超过1 200万件①，截至2015年，全国法官新收案件达到1 800万件，同比上升22.81%②（图表11）。由以上数据可知，在1978年至今的司法需求量上升近30倍，几乎以一年一倍的速率增长，而我国法官数量1979年底为9.5万人③，2015年增加至19.6万人，全体法院工作人员约34万人④（图表12），30多年间法官数量仅增加1倍，算上文员等其他工作人员，也不过增加2倍，导致法官办案压力增加数倍，可以说司法供给与司法需求极度不平衡。由此带来的结果是法院干警的工作压力也成倍上升，加班加点的情况屡见不鲜，用于日常锻炼和调适的时间被挤压，这些均成为法院干警身心健康水平下降的核心原因。本次调查的全部732名受访者中，每年申请全部公休假的仅占总数的13.9%，从未申请过公休假期则占到总数的30.9%，即每当1名法院干警享受完整假期的同时，就有2名干警因为工作繁忙而不得不放弃公休机会和权利工作，可以说，这种超负荷的工作状态正是近年来法院审理案件数量逐年攀升的必然结果。超时、超量工作的直接后果就是干警的身体、心理健康受到严峻挑战，有约83.3%的干警认为其身体、心理和社会适应问题影响到了日常工作，而肩颈病变、视力下降、腰背疼痛问题作为主要的职业病，在干警中的发病率则高达72.6%、71.8%和58.1%，这与高强度的工作有密不可分的关系。同时，随着健康意识的增强，缺乏锻炼时间的冲突对干警自身的工作热情和工作满意度产生了较为直接的影响，案件数量的增加最直接地对基层审判人员施加了压力，在健康欠账逐年累积的情况下，就会形成进入法院工作20—30年之间干警对自身健康状况最不满意的情况。

---

① 参见朱苏力：《审判管理与社会管理——法院如何有效回应"案多人少"?》，载《中国法学》2012年第6期。
② 最高人民法院研究室：《2015年全国法院各类案件审判执行情况》，http://mt.sohu.com/20160317/n440833036.shtml。
③ 朱景文主编：《中国法律发展报告——数据库和指标体系》，中国人民大学出版社2007年版，第194页。
④ 林娜：《案多人少：法官的时间去哪儿了》，载《人民法院报》2014年3月16日。

图表 11　全国法官新收案件情况

年　份	案件数量（万件）	法官人均（件）
1978	61	15.64
2010	1 200	62.17
2015	1 800	91.83

图表 12　全国法院工作人员情况

年　份	干警数量（万人）	法官数量（万人）
1979	13	9.5
2015	34	19.6

2."臃肿"：司法独立与法院过度扩张悖论下的管理压力

为了应对快速增长的司法需求，法院在法官团体规模扩大有限的情况下，不断扩大辅助人员队伍，尽管如上文所引，30 年来法院工作人员数量的扩张与案件数量增幅之间具有较大差距，但是 1979 年全国法院系统工作人员约为 13 万人，其中法官约 9.5 万人，法官与辅助人员比例远大于 1∶1，至 2014 年的法院编制数暴增至 34 万人，如果计算如 2016 年北京法院大规模招录的编制外文员数量的比例，这个数字将增加至 50 万人以上①，法官与辅助人员配比将近 1∶2。为了对如此庞大的法院干警队伍进行管理，必然要进行更为复杂的科层化管理，从而增加法院、法官在管理上的负担，法官本人在法院人员扩张的过程中也必须承担以往不需要承担的团队管理职能。正如朱苏力撰文所说："如果一个庭就 10 个法官，管理只需要一个庭长就够了；一位副庭长以备不时之需。如果上了 20 位法官，合议庭就会有 6、7 个，一旦分别审理同类的案件，判决差别也会增大，协调工作和事务性工作就会倍增。"②在司法改革背景下，既要确保司法独立，保障审判的公正性，又要防止"同案不同判""同类不同判"情况的发生，保障公平性，就需要法院额外进行管

---

① 郭京霞：《北京公开招聘 1 458 名聘用制审判辅助人员》，载《人民法院报》2016 年 7 月 17 日。
② 朱苏力：《审判管理与社会管理——法院如何有效回应"案多人少"？》，载《中国法学》2012 年第 6 期。

理协调工作,管理压力成倍凸显,而这种压力转化的实际办案效果又容易跌出收益边界,效果成倍下降①。因而,法院干警审判外的管理成本上升,尤其是法官对于审判团队的管理责任逐步加重,成为对其身心健康的巨大考验,工作压力对干警的影响随着职位的变化逐步上升,法官和法院管理者将工作压力作为主要压力来源的人数接近或超过 50%,远高于审判辅助人员;被调查的法官中有睡眠时间少、失眠和头脑昏沉等心理焦虑症的分别达到 55.6% 和 57.9%,与书记员(无管理职能)的 45.4% 和 44.2% 相比高出一成以上,都说明了高昂的司法管理成本对法院管理者和法官造成了业务活动以外的工作压力。

3."争鸣":舆论影响与应对策略错位下的额外压力

21 世纪是信息化的时代,网络技术的发展也给司法审判工作带来了新的压力。以往审判过程中出现的纠纷,仅存在于当事人与法官或者法院之间,其社会影响力是有限的,而进入 21 世纪第二个十年,微信、微博等即时通信工具的发展,使得自媒体作为一种新的传播媒介开始对法院工作形成影响。如果当事人对案件审判、执行存在不满,往往会将不满发泄到互联网上,形成舆论传播问题。根据社会心理学理论,外部刺激(S-stimulate)与对象反应(R-react)之间存在一个有机变量(O-organism),这个有机变量"O"是应激对象的既有的经验、习惯和识别能力,即信息接收者的内在驱动力②,一旦信息接受者对法院存在偏见或负面的认知,那么这类舆论传播的倾向性将极为明显。现实情况中,法院在公信力的培树方面尚需时日,且受到腐败分子查处、冤假错案纠正等一系列事件的影响,法院公信力暂时下行,给社会大众提供了一个负面的有机变量"O",在出现当事人质疑法院审判和执行工作时,有时会出现一边倒的舆论责罚,加重了对办案人员的精神侵害,甚至影响到了干警的身体健康和社会适应能力。此外,法院系统整体缺乏信息发布等的快速反应机制,往往使得审判人员直接冲到了舆论应对的第一线,心

---

① 倡导科层化的马克斯·韦伯曾指出科层化带来的隐性弊端,科斯定理也意味着组织内部管理的收益一定会有一个边界。

② 胡百精:《公共关系学》,中国人民大学出版社 2008 年版,第 39 页。

理健康环境更为严峻，受到的心理压力更为严重。根据调查，入额与非入额法官在注意力很难集中、记忆力衰退和做事犹豫不决等体现自我保护机制方面的选项上问题较为突出，选择这三项的法官高达41.2%、77.1%、32.1%，超过承担管理职能的院长、庭长和部门领导以及没有独立办案资格的审判辅助人员10%以上，成为法官队伍中的普遍现象，也说明了在舆论应对机制不健全的情况下，法官职业承受了审判执行工作以外更多的额外压力。

（二）中观：法院自身管理存在的不足

1. 认识偏差：业务绩效与干警关怀的利益博弈

现阶段，法院系统对于工作的认知还是停留在审判执行工作上，干警的健康关怀和保障主要被归类为"服务干警、服务审判"的辅助性工作，未受到足够的重视。在审判绩效与干警健康的博弈中，审判绩效是明的，是直观的，是可以立竿见影的，干警健康状况则是暗的，是隐涩的，是需要长期培育的，由此也在司法需求量大幅上升的情况下，形成了优先审判的价值导向，对干警延长工作时间完成日常工作也会因此缺乏明确立场。而调查显示，在受访者中，几乎不加班的仅占6.3%，经常加班、一直都在加班的法院干警已经占到受访干警总量的41.8%，也即法院中需要依靠延长工作时间来完成工作任务的干警达到惊人的9成，在这9成干警中又有一半左右因为常年加班而缺乏自我支配时间。大部分干警都需要通过加班来完成工作任务，其身心出现不同程度的健康问题就并非偶然了。应当注意到的是，法院干警的身心健康是法院所有工作可持续发展的根本动力，只有扭转现有观念，正确认识到健康建设的重要性，才能实现干警与法院、法院与社会之间的共赢局面，而这一转变已经迫在眉睫了。

2. 保障缺位：高风险与低回报之间的持续挣扎

法官责任制对法官的审判提出了严格的要求，尤其是在司法改革背景下法官责任终身制的实施，让法官的工作风险达到了前所未有的高度，与此同时，法官自身的保护制度尚未完全建立起来。在风险加强、保障不明确的同时，干警自身的待遇没有得到更大提升，与律师、公司法务相比，更是存在较为明显的差距，甚至有人大代表表示应该参照律师，将律师平均收入的

50%人为补偿给法官才能保持法律共同体的分配公平①。此外，法院干警的晋升渠道狭窄，受到不法侵害后难以保证有效救济也是干警产生压力的重要原因。高风险与低回报之间的落差一方面无法在物质保障方面对干警的工作风险和身体健康损失予以弥补，另一方面也使法院承受优秀人才不断流失的损失。更为严重的是，"只要不是出自法官完全真实的自愿加班，任何加班工资也都无法弥补法官的非货币收益（闲暇、娱乐和家人团聚）"②，干警既无法获得物质的有利保障，又不能得到精神上的慰藉，那么其身心健康的保障也将产生重大隐患。这就解释了为什么在法院工作 20—30 年之间的法院干警，选择工作上的重压作为其最主要压力来源的比例高达 43.7%，这些干警往往已经成为法院的骨干力量，不少已经成为法官和部门的负责人，在需要承担更大的职业风险的同时，并没有得到更好的职业保障，其所承担的压力较审判辅助人员又有了进一步的提升。

3. 体系待建：健康管理与工作秩序之间的真空地带

当前法院中的健康管理处于比较初级的阶段，通过问卷调查结果可知，S 省大部分法院尚未建立体系化的健康管理工作流程。在调查中，认为软硬件投入不足、举办健康活动零打碎敲不成体系的达到 34.9% 和 38.3%，即将近三分之一以上的干警认为当前法院健康保障存在体系化问题，可以说，"健康法院"建设存在体系构件上的问题已成共识。目前，法院对干警健康的关注主要体现在以下几个常规工作上：① 开展年度干警体检；② 定期或不定期开展健康知识讲座；③ 邀请医生定期到法院为干警提供咨询。这三项工作固然对干警的身心健康具有重要意义，但是间隔较长且流于表面，长期以同一手段实施后难以再见新的成效。而法院健康管理受到日常工作秩序的影响，为了保障正常的审判执行工作优先，往往零打碎敲，不能连成一片，形成体系。目前其亟待加强的方面主要有以下三点：① 建立规范化的驻院医师制度。安排专业医学人士对干警的健康状况进行监控，提出建议，并发布预警；② 建

---

① 张月、杨川、李怡婷：《论我国法官薪酬制度现状及其完善》，载《理论前沿》2014 年第 7 期。
② 朱苏力：《审判管理与社会管理——法院如何有效回应"案多人少"？》，载《中国法学》2012 年第 6 期。

立专业化的心理咨询师志愿者队伍和交换咨询系统，心理咨询的工作规律要求其不能在熟人之间进行，而不同单位志愿者队员之间又缺乏有效交流，难以交换咨询，容易导致工作效率不高、科学性不强；③建立专业的身体锻炼体系，通过社团化等手段组织干警进行系统化身体锻炼，并形成定期活动，从而保障干警在业余活动中的锻炼强度和效果。

（三）微观：干警个人的现实问题

1. 根源：缺乏健康知识与健康指引

从调查问卷中可以看出，有相当一部分干警对健康知识非常关注，但是由于自身知识结构所限，不能有效地对健康知识的真伪进行分辨，同时，在健身、运动等方面也存在着一定的盲区，调查中，干警普遍对轻微疾病缺乏应对能力，选择马上就医的仅7.8％，选择简单调理或自己扛着的则高达88.5％，事实上很多健康问题往往就是因为拖延就医而最终形成慢性疾病，影响身体健康。因此，如何进行健康管理，亟待进行有效的指导或指引。由于缺少正确的健康知识，干警在合理安排工作时间进行业余锻炼、利用碎片时间防治职业损伤、提前发现健康问题等方面均存在较大问题，仅有40.6％的法院干警能够坚持每周1—2次以上的运动，与不是经常加班的比率（57.5％）之间仍存在较大差距，说明相当数量干警即使有时间进行锻炼，其锻炼效率仍然较为低下。不少干警对心血管疾病、脊柱相关疾病等传统的健康问题存在混淆，从而难以对症下药，需及早进行保健防护，同时，也有16.3％的干警对健康信息基本不关心，14.3％的干警难以做到戒烟限酒，这都说明了进行有效的健康干预和指引尤为必要，是实现"健康法院"目标规划的重要环节。

2. 催化：生活压力与工作压力的消解缺乏针对性

部分干警成家生育之后面临巨大的生活压力，在薪酬待遇不高的情况下，往往因为家庭琐事产生消极情绪，同时，在日常工作中，由于工作忙、任务重，同事之间的协调合作又因为干警人数增加而趋于复杂，形成了上班积累压力下班难以释放的恶性循环。在调查中，31—40岁之间的法院干警中工作效率下降、没有精力、不舒服但经检查没有异常的占比最多，他们是法院工作的主力军,工作压力最重,同时也基本没有经受过系统的心理学知识培训,在面对工作挫折和生活压力时,往往选择忍耐,久而久之,就会产生抑郁、急躁等心理问题。在全部的732名受访者中,经过适当休息或调节,仅有约24.2%的法院干警认为自己得到了明显好转或者完全缓解了不适感觉,明显低于身体健康方面的恢复比率,也说明了自我调节能力的缺失在干警中属于较为普遍的现象。而长期心理处于亚健康、不健康状态,又会对身体和社会适应产生消极影响。对此,目前法院系统中尚未形成系统性的引导机制,即使有定期心理疏导机会,也比较注重活动形式,针对性不足,对干警的心理疏导帮助有限。

3. 加压:身心调适能力的个体差异

从调查中看出,40岁以下法官和法官助理的调试能力更差,难以消解的压力更多,究其原因在于近年来法院招收的高学历法官、法官助理人才社会阅历较浅,抗压经验不足,与40岁以上干警大多参加工作以后再进入法院工作或经过部队磨炼不同,35岁以下干警大多数毕业以后就参加法院工作,面对工作压力、人际压力、生活压力时调节经验不足,容易堆积心理问题,继而诱发器质性病变。对此,需要进一步建立针对干警不同年龄、不同背景的具有人性化特点的定制式健康干预计划,以期实现对症下药,提升"健康法院"建设的工作效率。

四、探索与展望:建设"健康法院"的实现路径和制度架构

科学统筹、携手共建是建设"健康法院"的基本实现路径,是"健康法院"建设不断发展的前进方向。科学,就是坚持以科学的理念引导法院干警提升健康意识,以科学的手段促进法院干警健康的不断发展。统筹,就是指要将健康融入法院的所有政策之中,要坚持统筹好健康平台、制度、软硬件设施的供应与干警对健康的切实需求之间的相互关系,坚持统筹好干警身心健康与做好审判执行第一要务之间的关系,坚持统筹好体制机制建设与抓好

各项措施落实之间的关系。携手共建,是指法院与干警之间要坚持良好的互动关系,通过法院提供相关的平台、制度、软硬件设施,调动法院干警的积极性和创造力,强化干警健康意识,全面提升健康素养,引导形成自主自律的健康生活、工作行为模式,营造出健康、阳光、活力、温暖的法院氛围。

(一)建设"健康法院"的基本原则

1. 坚持以人为本

坚持以人为本,是指"健康法院"建设,不论是宏观层面的制度规划,中观层面各院的组织推进,还是微观层面的具体落实,都要充分考虑到法院队伍的岗位序列、人员构成、性别、年龄层次等多方面因素,针对性地制定合理方案,设计科学路径,将干警的需求作为"健康法院"建设的出发点和落脚点。

(1) 岗位序列不同,决定了对健康需求的多样性。司法改革后,法院队伍主要由法官、司法辅助人员、司法行政人员构成,司法辅助人员又分为法官助理、书记员、法警、文员。不同序列人员岗位不同,引起健康问题的压力源和干扰项不同,对健康的需求,尤其是对心理及社会适应方面的需求具有较明显的差异。

(2) 人员构成不同,决定了对"健康法院"建设理解和接受度的差异。由于历史原因,法院队伍构成较为复杂,随着法学院校的扩招,大量法律人才投入法院事业,法院队伍构成进一步优化。各个群体不同的知识背景、工作经历和学历层次等,决定了其对"健康法院"建设的理解和接受必然存在差异。因此,只有尊重不同,在提高针对性上下功夫,"健康法院"建设的认同度和参与度才能得到有效提高。

(3) 性别、年龄层次不同,决定了对"健康法院"建设的参与方式不同。"健康法院"建设从微观层面来讲,亦即具体到健康项目及各项活动,对个体的身体等各方面要求各有不同。因此,"健康法院"建设的实现形式,要充分考虑到各层次群体的参与方式,才能有效加强针对性、扩大覆盖面、提高参与度。

(4) 工作压力普遍较大,决定了"健康法院"建设重在法院提供平台,干警自愿参与。法院干警普遍存在工作压力较大、加班较多、生活负担较重的现状，"健康法院"建设不能变相加重干警负担，要尽可能多地提供小型的、适应性、针对性较强的健康锻炼方式供干警选择，着力打造微型健康项目，精准发力，利用好工作之余半小时、一小时。在开展如运动会等大型活动时，注重提振干警士气、宣传健康理念、营造健康氛围，尽可能杜绝活动流于形式。

2. **落实从优待警**

当前社会正处于转型期，一方面，各种社会矛盾凸显，办案压力越来越大；另一方面，人民群众对司法的期待越来越高，有限司法资源与民众司法需求的矛盾，给法官群体的职业归属感造成影响。如何有效缓解和减轻干警压力，切实落实好从优待警，做到严管与厚爱相结合，是新时期法院发展中的一项重要课题。要将"健康法院"建设作为落实从优待警的重要渠道，各项机制构建和平台建设都要以此为出发点，落实各项待遇保障机制，加强干警权益保护，切实将关心干警身心健康作为一项基础性工作做实做细。落实好从优待警，应着力提升法院干警薪酬待遇、畅通法院干警体制内部的晋升渠道、尝试构建法院干警容错机制、深化改革质效评估体系，这是法官职业化、精英化的题中之意。与此同时，更要及时加强对书记员、文员的职业规划体系构建，让他们看得到希望、预见得到未来、实现得了事业梦想，真正将法院关心人、留住人以及减轻干警生活、工作各项压力的服务干警理念落到实处。

3. **注重因地制宜**

由于各院在人员结构、历史文化、地理位置等方面存在不同，因此各院对于"健康法院"建设的构建路径既有共性又有特性。为了让"健康法院"的建设真正落到实处，实现预期效果，应当从各院实际情况出发，因地制宜，因院施策。例如，S省法院中心城区法院普遍存在办公用地较少、年轻干警上班耗时费力、医疗和健身的社会资源丰富且集中等特点，针对此种情况，应优先考虑在法院区域内见缝插针创造条件，搭建运动场地，尽可能改进干警健身设施，考虑为干警办理健身年卡、季卡等，联合社区、街道卫生服务中心办理相应医疗服务点等；而S省郊区法院则可利用办公用地较为宽裕、公共活动区域较大、自然景观较多等优势，通过在院内尽量提供相应场所、着力组织户外运动等方式，尽力利用好现有条件，为干警提供丰富多彩的健康服务。

4. 重在助人自助

与其授人以鱼，不如授人以渔。"健康法院"建设的最终目的，是要通过搭建平台、完善机制、开展活动，推进干警重视健康生活、健康工作，掌握保持健康的方法，努力通过自己的力量实现个人的健康，推进"健康法院"形成文化，让健康的理念内化于心，进而外化于形。因此，"健康法院"建设，不应是大包大揽所有干警的健康问题，而是重在助人自助，让每位法院干警掌握解决自身健康问题的方法，有意识地培养法院工作人员疏导压力、释放情绪、自我调整的能力，及时自我调节工作和生活中遇到的压力。

（二）"健康法院"的实现路径构建

1. 直面压力的社会根源，积极探索根本减轻干警工作压力之道

（1）整合社会资源，降低法院司法成本。

现阶段我国正处在社会转型期，各类社会矛盾凸显，矛盾化解机制建设尚存在诸多问题。在这种情况下，一方面是确实需由司法做出最终裁决的纠纷数量不断增多，另一方面，很多本不需要、不应该付诸司法程序的社会矛盾也正源源不断地涌入法院，因此，对相关案件疏导源流、分类处理正是法院从需求侧发力，缓解案多人少困境的重要举措。

对此，法院可积极探索以下机制：第一，整合多方力量，重点构建我国的非诉讼纠纷解决机制（ADR）。探索在法院的指导和支持下，利用民间力量、社会力量以协商的方式解决众多可以调解的社会纠纷，有效、公正、合法地运用非诉讼纠纷解决机制，能够化尖锐矛盾为柔性协商，在一定程度上保证法律结果的可执行性，疏导社会矛盾，也可以降低法院不必要的案件审理强度，节约司法成本，减轻法院干警的工作压力。第二，构建惩戒机制，有效遏制滥诉现象爆发。随着立案登记制改革的深入施行、《行政诉讼法》的修订、《民事诉讼法》司法解释的出台，我国立案难问题正逐步得到有效解决，但滥诉现象又随着一些人对此项改革有意无意的错误理解迅速抬头，特别是在拆迁、征收、诉政府信息公开等类型的案件方面。有研究指出，2015 年 5

月立案登记制实施首月，山东省行政诉讼收案即同比增长89.9%①，有人因对一次拆迁安置不满，在两年左右时间里向政府申请信息公开94次，提出行政诉讼至少36次②。这些不当请求，滥用了诉讼权利，增加了司法成本，空耗了司法资源，不仅导致社会矛盾越来越激化，也消耗了承办司法人员的工作热情，增加了干警压力。因此，在做好立案登记制、有力解决真正的人民群众立案难问题的同时，构建科学合法的滥诉惩戒机制，就成了法院开展好各项工作亟待解决的重点问题。

（2）内部体制挖潜，提升干警司法效率。

面对外部案件数量较多、办案时限严苛的重大压力，一方面是法院干警大多工作量多、精神紧张，另一方面是法院的内在潜力仍然有待挖掘，相关制度、体制仍可以进一步提升效率，因此，从内部体制着手积极挖潜，从供给侧发力，是有效缓解案多人少难题的又一重要举措。

法院可以着手开展以下工作：第一，建设"智慧法院"，以科技的力量作为缓解案多人少困境的重要推动。例如，S省法院开设了审判管理系统，为法官调阅电子档案、进行案件时限管理、开具诉讼文书等简化了程序、节省了时间、提供了方便，应继续坚持向科技要警力、向科技要效率、向科技要质量的理念，加大向"智慧法院"转型升级的力度，坚持将最新的审判管理内容、最新的干警各项需求更新、融入法院信息化的最新版本之中，让信息化、数据化不断融入法院工作的各个方面，成为便捷干警办案、减轻干警工作压力的有力助手。第二，创新管理模式，探索由法官助理分担法官一定的管理职能。法官助理的工作重心主要在调解、制作裁判文书、法律问题释明方面，在一些不需要法官参与的工作中，可以适当放权，仅要求法官作为总体把关，而不必事事管控，细节事项可由法官助理管理书记员进行具体操作。这样既可以有效锻炼法官助理的管理能力，又能为法官减轻不必要的管理负担，真正实现审判执行与健康建设协调发展。

---

① 宫凡舒：《立案登记制下如何实现诉权保护与滥诉惩治之平衡》，载《山东审判》2016年第3期。
② 梁艺：《"滥诉"之辩：信息公开的制度异化及其矫正》，载《华东政法大学学报》2016年第1期。

(3) 科学应对舆论，保护干警正当履职。

对于司法活动来说，社会舆论是一把双刃剑，大多数情况下，它能够起到引起公众关注、教育和引导公众、促使司法机构在现行的法律框架内进行改革等积极作用，但是在有些情况下，因为少数媒体和群众自身不懂法，却妄加评论、偏听偏信，社会舆论也容易对法院的司法裁判以及法院干警的心理状态产生消极影响。

面对舆论影响，法院应积极做好以下工作：第一，应当适当引导社会舆论，以正确的法治理念、合法的裁判文书教育公众。心理学中的理性情绪疗法认为人的情绪和行为障碍不是由于某一激发事件直接所引起，而是由于经受这一事件的个体对它不正确的认知和评价所引起的信念，最后导致在特定情景下的情绪和行为后果，这正是公众的不当认知造成其对待法院信任降低、情绪偏激的鲜明写照。因此，应当注重适当引导舆论，将公众不合理的信念，通过科学、适当的方式扭转过来，代之以法治的正确理念，以此使公众在认知、情绪和行动上做出积极改善，逐步构建我国司法公信力。第二，积极保护法院干警不受非理性舆论影响。法院干警在依法履职时应当秉持公正，不受到非理性言论的干预，法院应当重点保护干警的个人隐私，向社会发声应坚持一口对外，积极纠正社会各类非理性声音，主动直面质疑、澄清误解。在干警依法公平裁判的情况下，法院应当担负起保护干警，纠正、引导社会舆论的责任，为干警依法公正裁判扫除舆论方面的后顾之忧，确保干警健康工作、健康生活。

2. 重视"健康法院"建设的制度构建，构建多维度、长效性健康发展的体制机制

(1) 增强建设"健康法院"意识。

"健康法院"的建设是关系到法院干警身心健康、法院队伍健康发展、法治事业不断前进的重要课题，鉴于现阶段我国一些地区还存在不重视干警健康，忽视干警长期超负荷、低效率工作的现状，相关法院更应当充分认识建设"健康法院"的重要性，领导干部要在坚持执法办案第一要务的前提下，不断增进意识，时刻把握好"健康法院"建设的质、效、度，为法院的长时间可持续发展提供不竭动力。

加强认识最有效的方式是采取自上而下统一认知，并形成完整的责任体系。可以成立创建健康促进机关工作领导小组，由相关院领导任组长，法院多个行政部门协同配合开展健康教育，建立明确任务目标、明确责任领导、明确工作标准、明确完成时限的"四明确"责任制度。做到制度严、标准高、干劲足、工作实，将创建"健康法院"提高到统一全院认识的高度。

（2）加强"健康法院"建设的制度构建。

基于"健康"所蕴含的特殊属性，课题组认为，"健康法院"建设应当围绕各类健康状况的发展变化进行相应的制度构建，以影响干警工作、生活的重大健康事项的发生、发展规律为标准，课题组将"健康法院"各项制度划分为日常健康促进机制、重大健康事项处理机制、健康事件善后保障机制（图表13）。

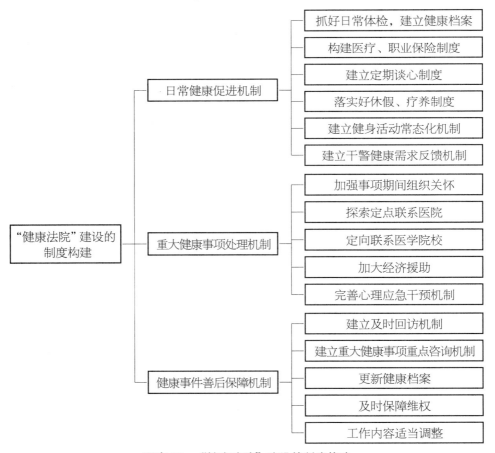

图表13　"健康法院"建设的制度构建

第一，建立日常健康促进机制。

"健康法院"建设的重点工作是抓好日常健康促进机制的合理构建和积极落实。我国中医素来有"上医治未病"的健康理念，未病先防、重视日常调理是符合我国国民心理感知的重要共识。"健康法院"建设也应从日常健康促进机制的建立着手，从真正将健康问题解决于未发之际考虑，重视干警的健康促进，增强干警体质，确保尽早发现相关问题，提早沟通介入。

从法院的工作性质出发，可着重从以下方面着手建立健全日常健康促进机制：一是定期组织日常体检，构建法院的干警健康档案。应当及时了解干警的相关需求，合理确定体检医院和体检项目，针对慢性胃炎、呼吸系统疾病、肝病、高血压、高血脂、糖尿病等干警多发疾病，针对女性、年龄较大干警进行重点检查，及时提出相应建议，提醒干警身体所表现出的各种危险信号，并以体检结果为基础建立干警健康档案。二是落实好医疗保险、职业保险制度。应当认真落实国家规定的各项保险制度，从做好日常基本险种出发，主动根据干警的不同情况，完善投保体系，同时，探索建立司法工作人员职业保险制度，为干警职业期间所受到的不法侵害、意外事件做好预防。三是建立定期谈心制度。通过相关部门工作人员对干警进行定期走访、谈心谈话，及时发现健康问题，提早一步组织介入，真正将问题解决于未发之际。四是落实好干警公休、年休、疗养等休假制度。休假、疗养制度是干警身体得到休息、心灵得到调整的重要制度，在政策允许的范围内采取各项措施保障干警休假、疗养的基本权利，是从优待警政策的基本要求，也是干警及时获得休息，重新振作精神的关键举措。五是建立健身活动常态化机制。可在固定时间、固定地点，由具备健身经验的干警或者法院外聘教练，带教有意愿、有时间参加健身的干警一起锻炼，法院要利用现有条件、开发社会资源为干警健身运动搭建长期平台。六是建立干警健康需求反馈机制。通过线上线下的各方面途径，畅通干警的反馈渠道，摸准干警不同阶段的健康需求，根据具体情况，不断调整健康措施，做到积极反馈有回应，不足之处有改进，健康制度得落实，确保"健康法院"各项措施稳步有序地推进、落实。

第二，完善重大健康事项处理机制。

在纷繁复杂的日常工作、生活中，普通干警一旦遇到重大疾病、严重的不法侵害，往往依靠个人能力无法妥善处理，因病返贫事件不在少数，因重大事件导致心理压力大增而影响工作、生活的情况也绝非少见。因此，在重大事项发生之前，应做好紧急预案，事件发生后应该主动干预，积极引导、支援，如此则不仅能够尽快解决干警所面临的迫切难题，确保干警尽快恢复工作，更能够凝聚人心，让干警在恢复工作后以更加昂扬的精神面貌重新投入司法事业。

做好重大健康事项处理机制的各项工作，可以从以下几个方面入手：一是加强事项期间的组织关怀。在通过谈心谈话、健康档案预警等发现了干警存在严重健康问题之后，法院相关部门应当及时关注，加强关怀，让干警从情感上得到关爱，感受到组织的温暖。二是探索定点联系相关医院，解决干警所患疑难杂症。对于患有疑难杂症的法院干警，法院可通过定点联系的相关医院，联络相关领域的专家医师，通过定期咨询等方式，及时预防、治疗相关疾病。三是定向联系医学院校。可通过医学院校派员实习等方式，对法院干警进行简单的理疗、护理，既为学生实习提供便利，也为干警提供保健理疗的机会。四是加大经济援助。对待因重大健康事项造成经济困难的法院干警，法院可通过垫付前期资金、在本人同意的前提下组织其他干警或者社会群体捐款等方式，解决干警的燃眉之急。五是完善心理应急干预机制。通过谈心谈话、心理健康档案等发现干警存在心理问题、社会适应不良等情况的，应当建议干警接受心理干预，及时排遣内心郁结，重拾良好心态。

第三，构建健康事件善后保障机制。

重大健康事件的后续处理，关系着法院干警能否及时而有效地恢复健康、重新工作等一系列问题，构建健康事项善后保障机制，就是在重大健康事项之后的调理、恢复期内，采取各项措施，让干警安心休养、快速康复，为法院干警干劲十足地重回工作岗位做好准备。

构建健康事件善后保障机制，可重点从以下几个方面入手：一是建立及时回访机制，了解干警恢复情况。及时、准确了解干警的健康恢复情况是做好事后保障诸项工作的基础，应当通过驻院医生判断、工作人员走访等形式及时了解相关情况。二是更新健康档案。健康档案是法院干警健康状况的即时性反映，需要适时更新，及时更新重大健康事项，有利于干警在体检、咨询时进行有重点、有针对性的询问。三是建立重大健康事项重点咨询机制。对可能复发、存在隐患的重大疾病，通过与定点联系医院沟通搭桥，定期做好对此类病患的复查、复诊工作。四是及时保障维权。在干警遭遇不法侵害事后，要帮助干警及时维护自己的合法权益，并采取相应措施保障干警安全，使其不受侵害，当干警遭遇到具有一定普遍性的不法侵害事件后，要及时组织座谈会商讨此类事件的有效解决方案，更新预案。五是适当调整工作内容。重大健康事项之后，干警可能处于恢复期，法院应当结合其健康的具体状况和干警的工作意愿调整相关工作内容，使其既不游离于法院工作之外，又能保证身体健康的不断恢复。

3. 创新健康活动形式，全方位营造"健康法院"的文化氛围

"健康法院"建设事业的不断发展，需要依托于浓厚的健康文化底蕴，在潜移默化中给予法院干警无声的滋养。文化是人类特有的活动，教育是传播文化最主要的途径，创建"健康法院"文化需要以健康宣传为导向，以健康教育为主要途径，以组织健康活动为手段，以提升软硬件水平为保证。

(1) 创新宣传方式。

第一，要积极通过各种途径帮助干警正确解读"健康法院"的内涵主旨。创新利用好新媒体平台，开设专题微信公众号或积极推送专题文章，积极开展"健康法院"的普及推广宣传。采用多元化表现形式。可通过漫画集、微电影等生动形象地展示"健康法院"的内涵与外延，帮助干警深刻领会"健康法院"的内核与本质。应充分利用各类资源，可在楼道、电梯显示屏上循环播放关于建设"健康法院"的实施意见文字稿件的重要观点，放映"健康法院"实践图像、视频等影像资料，提升干警对"健康法院"的关注度。

第二，推进提高干警对"健康法院"的认同感。可采取调查问卷的方式，了解干警健康需求，关注干警思想动态，为干警提供交流和表达的平台。通过组织干警参观健康文明创建先进单位等形式，与其他健康先进单位真诚沟通、充分交流，引导干警达成健康共识，确保干警认同"健康法院"的各项措施，

并积极参与其中,与法院一起携手共建健康、阳光、活力、温暖的法院氛围。

(2) 加强健康教育。

加强健康教育就是要重点提升干警的自我调适能力,主要包括科普健康标准和科普健康行为两个方面。

第一,要科普健康标准。为了增强健康教育科普的针对性和有效性,可以根据身体、心理、社会适应能力三者不同的特点,充分利用好时间、空间、媒介等要素,设计出不同的科普方式,让干警充分认识自己健康的实际状态,正确地对照自己,做出改善。身体健康标准包括身体、卫生、膳食、控烟、疾病预防等指标,对于这些便于实际操作和定量检测的指标,可以采用书面化的方式予以普及,也可以通过张贴科普标准、在食堂设置体重秤、院内公共区域设置PM2.5监控设备等多种措施及时提醒。从心理健康的角度来说,美国心理学家杰霍塔(Jahoda)认为心理健康标准是接受自我,能现实地评价自己的长处和短处,对现实的感知能力[1],因此,定期开展心理健康讲座,进行心理健康自评与他评检测就尤为重要,同时,可通过在矛盾多发区域张贴标语、鼓励干警之间互相提醒等方式,让干警真实感知心理健康的一般标准。在社会适应能力方面,一般认为其包含以下内容:个人生活自理能力、基本劳动能力、选择并从事某种职业的能力、社会交往能力、用道德规范约束自己的能力,要通过强调各项能力的健康标准,为法院干警提升自己的健康水平指明方向。

第二,要科普健康行为。矛盾具有特殊性,需要具体问题具体分析,不同质的矛盾,只有用不同质的方法才能解决[2]。对于在法院工作的不同个体,健康教育的侧重点也需要作区分。具体体现在:首先,不同年龄法官需要建立合适的健康生活方式[3],例如40岁以上的法院干警应当多注重饮食调节、保证休息、注意禁烟限酒,身体检查的时候多注意胃部、呼吸系统和肝部的相关疾病。其次,不同性别法官需要调整不同的生活侧重点,例如女性干警需

---

[1] 姚本先:《学校心理健康教育导论》,东方出版中心2002年版,第19～20页。
[2] 毛泽东:《毛泽东选集(第一卷)》,人民出版社1991年版,第311页。
[3] 陈希国:《中国基层法官亚健康心理修复的路径探析》,载《司法论坛》2012年第2期。

要特别注意腰椎、肩部的适当调适,较长时间伏案或者面对电脑后要适当活动肩部和腰部,缓解疲劳。再次,不同岗位法官需要解决不同的心态健康问题,例如审判业务部门更需要适当静心养神,在着急上火的时候多自我宽慰,相对来说在执行局(庭)工作的干警则更需要适量旅行,换一种心情面对纷繁的生活以及外在世界。

(3)创新健康活动。

健康活动种类繁多,结合法院工作实际,主要可分为三类:健身运动、心理调适、环境建设。

健身运动主要是组织开展体育健身活动,包括羽毛球、乒乓球、足球、篮球、骑行、户外远足等。很多法院正在不断探索将传统文体活动线下"端菜式"服务变为O2O"订单式"服务,例如举办"云跑"活动,线上共享夜跑、暴走、骑行资源。同时,也可以通过整合区域资源,开展公益健身活动,并对接网络公益平台进行爱心捐赠。着力在日常工作中开展身体健康活动,不仅能够极大地增强干警的身体素质,同时对缓解心理压力也能够产生强大的正面效益。调查表明,约67.4%的干警对此类活动抱有强烈的参与热情,因此,只要能够积极创新、协调好相关工作,健身运动所带来的积极效果必将大幅度提升。

心理调适主要是通过法院开展各项活动,帮助干警缓解、发泄工作压力,在短时间内尽快调整因各种压力而带来的不良情绪。有的法院在局域网上设立"干警风采""文化园地""才艺作品"等栏目,实际上是主动带来正面、健康、温暖的信息要素,能够让干警在工作之余的碎片时间里更多地接触正面情感,调适心灵健康。S省法院正在积极组织干警参加心理知识学习,考取心理咨询师证书的干警正不断增加,这不仅为法院心理咨询队伍提供了人才,同时也为干警科学调适自己的心理情绪提供了帮助。

环境氛围的舒适温馨是干警的普遍向往,约有26.1%的法院干警认为,"健康法院"建设最终应达到环境氛围健康舒适的状态。因此,积极开展以优化办公环境、美化庭院环境为主要内容的各项健康环境创建活动就显得十分重要。应当践行公共场所禁烟的倡议,积极控烟,提倡戒烟;可在办公室、电脑屏幕前适当摆放绿色植物，加强室外植被的养护、管理；加强办公室、法庭、接待室等的通风、采光，真正建设一个阳光、清新的工作环境。

（4）提升健康建设软硬件水平。

第一，改善健身软硬件条件。据S省高级人民法院统计，截止到2015年4月20日，全省25家法院，仅有19家法院有室内运动健身场所。2016年，S省高级人民法院举办了全省法院运动会，是20年以来举办的第二次全省法院运动会。有43%的干警认为应当增强健身锻炼的软硬件水平，这也从侧面反映了现阶段的健身软硬件水平不能满足干警的健康需求。因此，逐步提升健身软硬件设施成为法院迫在眉睫的重要举措。可逐渐增加健身锻炼器材，重点对法警、女干警和其他干警分类配备健身器材；引入健身项目教练，邀请专业老师或者健身爱好者教授课程，协助训练；同时，可积极回应广大干警的需求，以健康、营养为目标改善伙食，推出健康套餐。

第二，提升疾病、伤害治疗软硬件水平。可探索在各个法院增设医务室，聘请具有护理、急救等相应医疗知识的全科医生为住院医师，为干警提供常规诊疗和药品配售，保障在法院干警于法院内急性发病的情况下，能够得到专业的医师指挥救治工作。同时，可根据季节更替，为干警提供医疗保健咨询，开设健康讲座，适时宣传医疗保健知识，预防常见疾病。另外，S省法院拟开设"S省法院健康信息港"网络平台，推出"法医生"在线栏目，即时收集干警健康问题，及时答疑解惑，提升疾病预防的软件水平。

第三，做好健康心理关怀软硬件服务。可开设心理疏导室、心理解压室，邀请心理健康机构来院开展心理健康巡回服务，或者通过定期交换咨询的心理服务志愿者提供咨询服务，为法院干警疏导心理问题，缓解或者发泄心理压力。可在心理压力较大的审判业务部门、执行局（庭）发放相关心理减压书籍，根据情况推荐相关减压音乐、自我调适方法等，为干警自我调适心理压力提供帮助。

[圆桌会议：影片《芳华》会谈]

法律：维护权利的利剑
——评电影《芳华》

张 放[*]

电影《芳华》讲述了在部队文工团里，一群正值芳华岁月的年轻人的故事。这群年轻人有着不同的出身背景，不同的性格，在时代的变迁下，形成了各自不同的命运。影片的男主人公叫刘峰，他乐于助人，善良质朴，是文工团里的"活雷锋"。女主人公何小萍，她出身贫寒，从小饱受苦难，来到文工团后也屡遭战友们的歧视与排斥。影片从表面上是在回顾这群年轻人的芳华岁月，是在讲述他们的个人命运。但仔细挖掘影片的内涵，影片实际上反映了在一个缺乏法制的时代背景下，个人无法选择和决定自己的命运，面对时代浪潮的冲击，个人力量是如此的苍白与无力。

男主人公刘峰的命运是高起低走，他是文工团的"活雷锋"，多次受到表彰，但却因喜欢文工团的战友林丁丁并抱了她一下，而被诬陷为"猥亵"，并且在保卫处的审查中被"诱供"，"活雷锋"一下变成了"罪人"。这是刘峰命运的转折点。受到了文工团处分的刘峰，被下放到西南边境，并且在战争中失去了右手，成了残疾人。改革开放后，市场经济大潮袭来，刘峰也跟着下了海，老婆却跟着另外一个更有钱的货车司机跑了。

女主人公何小萍的命运则一直是悲惨的，父亲被打倒，母亲改嫁，本以为到了文工团可以摆脱残酷的命运，可从进文工团开始她就受到了歧视，并且因为"偷"军装被发现，晾内衣等事件更加被人排挤。何小萍命运的转折点在于，在慰问演出中撒谎而被政委调离到野战医院，因为在战斗中保护伤员而被评为了英雄。从处处遭嫌弃的"丑小鸭"突然变成了人人赞美的"白

---

[*] 作者简介：张放，华东理工大学法学院2017级硕士研究生。

天鹅",何小萍一下子接受不了这样的转变,患上了精神病。

刘峰和何小萍的命运的转折都是因为被文工团不当的处理而导致的。对隶属于文工团的文艺兵们而言,文工团对他们占有绝对的支配地位,享有不受限制的权力。所以在处理刘峰和何小萍时,调查过程既不透明也不讲程序,结果也自然是简单粗暴的。恣意的权力,严重侵犯了刘峰和何小萍的正当权利。刘峰的遭遇用现代法治的话语来说是一件"冤假错案",何小萍则相当于被用人单位不当解雇。但在缺乏法制的时代背景下,无论是面对"冤假错案"还是"不当解雇",个人只能接受这种不利后果。缺乏法律的保护,个人权利可以随意被侵害,权利被侵害后也得不到相应的救济。失去了权利,失去了救济,自然也就失去了对个人命运的掌控。

回头再看那样的一个缺乏法制的时代,不只是刘峰、何小萍这样遭受厄运的人无法掌控自身的命运,包括影片中的陈灿、郝淑雯、萧穗子、林丁丁这些看起来还拥有不错结局的人,也抵不过时代浪潮给他们命运所带来的冲击与改变。一代人的青春终究是湮没在时代洪流之下,他们的青春深深地打上了时代的烙印,他们有着自己的青春,可他们的青春却未必芳华。

《芳华》中军队人事变动合规性问题的探讨

彭佳欣*

电影《芳华》讲述了20世纪70—80年代充满理想和激情的军队文工团，一群正值芳华的青春少年，经历着成长中的爱情萌发与充斥变数的人生命运。乐于助人、质朴善良的刘峰和从农村来、屡遭文工团女兵歧视与排斥的何小萍，"意外"离开了浪漫安逸的文工团，卷入了残酷的战争，在战场上继续绽放着血染的芳华。他们感受着集体生活的痛与暖，故人的分别与重逢，还有时代变革之下每个人的渺小脆弱和无力招架，以及对文工团时代的青春美好芳华的追忆。

《芳华》中文工团人员频繁调动的场景体现出来的法律问题引起了笔者的关注，笔者对文工团人员调动的随意性进行了思考。首先是刘峰因为一起被诬陷的"触摸事件"，被一纸命令下放到伐木连。随后，何小萍因为刘峰的离开而谎称高烧消极对待表演，最终被政委单方面将何小萍从文工团调动至野战医院。可以看出，这些人员的人事变动都没有经过双方的协商，也没有经过相应的法律程序，在很大程度上是依据领导的个人好恶和个人意志来进行人员的调配。基于此我们可以看到当时的历史环境条件下，人员管理方面仍然是以"人治"思想为主导。这种人为因素占主要部分的管理模式有利有弊。有利的一面是，领导可以在衡量整体利益后采取相应的措施，使得整体利益最大化。这种不经协商只听命令的人事调整符合集体主义的精神要求，个人的行为应该考虑到集体的利益，特别是在计划经济时代，所有的工作都是为了建设社会主义而服务的。个人要听从指挥，军人更要服从命令。其弊端也是显而易见的，过分关注整体利益往往会导致个人利益的忽略和损害，同时这种主观意志较大的调动方式可能会成为位高权重者报复的工具，这对于个

---

* 作者简介：彭佳欣，华东理工大学法学院2017级硕士研究生。

人合法权益的保障是极其不利的。

当今中国军队的人事变动较之电影《芳华》时代来说更加的科学、合理，最重要的不同点是人治思想向法治格局的转变。根据《中国人民解放军现役士兵服役条例》第十一条规定："士兵的调配使用，应当严格按照编制的规定执行。"第十二条规定："士兵在军、师（旅）、团级单位范围内调动的，由调入和调出单位的共同上一级司令机关批准；在军区级单位范围内跨军级单位调动的，由军区级单位司令机关兵员工作主管部门批准；跨军区级单位调动的，由总参谋部兵员工作主管部门批准。"站在今天的角度看《芳华》，当时刘峰和何小萍的人员调动是不符合法律的相关规定的，没有走法律程序。在电影《芳华》中，刘峰和何小萍的岗位调整没有经过合法的审批程序，成了某些别有用心者惩罚报复的工具。"文革"十年，中国法制备受摧残和践踏，陷入了彻底的法律虚无主义，整个国家的法制遭到毁灭性的破坏。

改革开放以后，在痛定思痛、深刻反省后，我们又重新启程开始了对于中国特色法治道路的探索，并逐步走向了中国特色法治道路的正途。在我国法制的恢复和重建时期，仍然有一些阻碍法制发展的力量，使得我国法制建设在曲折中艰难前行。这也正应了马克思主义哲学关于事物发展规律的观点，我们可以看到事物发展的总趋势是前进的，而发展的道路则是迂回曲折的。任何事物的发展都是前进性与曲折性的统一，前途是光明的，道路是曲折的，在前进中有曲折，在曲折中向前进，是一切新事物发展的途径。中国法治道路的发展亦是如此，沐浴着改革开放的春风在艰难中推行并焕发着勃勃生机。

《芳华》中强制搜身的人格权法律问题

时 彭[*]

电影中女兵何小萍为了追求审美，对自己的内衣进行改造。其他女兵认为何小萍的举动损害了女兵的脸面，预谋着要"抓"何小萍个现行。在何小萍拒不"交代"的情况下，其他女兵竟直接搜身。何小萍的行为在当时社会环境下不能被接受，这是当时人们较为保守的思想观念导致的。但是人们只能从道德层面对此加以批判，却不能凭借私人力量，打着惩罚不道德行为的旗号，侵夺他人财物，强行搜身。一方面，何小萍的行为并不是法律上规定违法犯罪行为，其他女兵的贸然行动欠缺法律依据。另一方面，女兵过激的行为已经逾越必要限度，构成对何小萍人格权的侵犯。我国《宪法》第三十七条规定："中华人民共和国公民的人身自由不受侵犯。任何公民，非经人民检察院批准或者决定或者人民法院决定，并由公安机关执行，不受逮捕。禁止非法拘禁和以其他方法非法剥夺或者限制公民的人身自由，禁止非法搜查公民的身体。"《民法通则》第一百零一条规定，公民、法人享有名誉权，公民的人格尊严受法律保护，禁止用侮辱、诽谤等方式损害公民、法人的名誉。根据上述法律规定，超市搜身是违法的，受害人可以在权益受到侵犯之日起两年内向人民法院提起诉讼，请求人民法院判决超市赔礼道歉、消除影响、恢复名誉，并可要求赔偿损失。名誉权是指自然人或法人对自己在社会生活中获得的社会评价、人格尊严享有的不受侵犯的人格权。侵犯名誉权的构成要件有四：第一，行为人故意（或过失）实施了侮辱、诽谤的行为。诽谤，即捏造并散布虚假事实。侮辱有三种：① 暴力侮辱。例如，当众剥光他人衣服、当众打人耳光、向他人泼洒污秽之物、强令他人受胯下之辱。② 口头侮辱和动作侮辱。例如，以猥亵和下流的语言辱骂他人、以下流的动作猥亵他人、

---

[*] 作者简介：时彭，华东理工大学法学院2017级硕士研究生。

当众焚烧他人的照片、用"老牛"拉"奔驰车"游街。③ 文字侮辱。第二，侮辱、诽谤指向特定人（一人或数人）。第三，侮辱、诽谤的行为为第三人所知悉。第四，受害人的社会评价因侵害人的行为而降低。该事件中，由于女兵的搜身行为发生在宿舍内，没有被广泛的第三人知晓，因此不构成对何小萍名誉权的侵犯。但是该行为侵犯了何小萍的一般人格权。一般人格权，指自然人对人格平等、人格独立、人格自由、人格尊严的一般人格利益进行支配，并排斥他人干涉的权利。《精神损害赔偿解释》第一条第一款第（三）项规定一般人格权的意义在于：即使加害人并未侵犯自然人的具体人格权，只要侵害了自然人的人格平等、人格独立、人格自由、人格尊严，情节严重，受害人即可以一般人格权受侵害为由，请求加害人停止侵害并承担精神损害赔偿。

关于治安联防队性质的法律探究

——基于电影《芳华》的讨论

杨 光[*]

《芳华》通过展现一代人在"文革"前后的变化,将时代变化中人的变异与反拨呈现给观众,冯小刚以一种较为温和的方式展现了文工团一群正值芳华的年轻人在浪漫安逸的文工团中,在残酷的战争前线上,以及复员后在生活中所面对的种种境遇。在这部电影中,最让我感到心寒的一幕是在战场上失掉右臂的刘峰退伍后在海口贩卖图书,他的三轮车无故被当地的联防队扣押,要缴 1 000 元罚款才能取回。当他去找联防队长询问原因时,联防队长对其避而不见,当刘峰质问"哪条规章上写着你们有权力扣我的车"时,联防队员也拿不出任何依据,最后还是刘峰的朋友帮其垫缴了 1 000 元"罚款",三轮车才得以拿回。

由此可见,在当时的海口,联防队这一维护社会治安秩序的辅助力量,其队伍的建设、执法程序是相当不规范的,扣押三轮车这一行为属于行政强制措施,应当由有权机构行使,该执法权也只能由法律赋予。电影中的这一情节发生在 20 世纪 90 年代后期,是我国开始全面推进社会主义市场经济建设的时期,经济的发展对法治建设提出了更高的要求,1997 年将"依法治国"确立为治国基本方略,并提出了建设中国特色社会主义法律体系的重大任务,1999 年将"中华人民共和国实行依法治国,建设社会主义法治国家"载入宪法,我国的法治建设开始了新篇章。"依法行政""合理行政"等都是行政法的基本原则,国家公权力主体应当依照相关法律法规的要求行使权利,做到"法无明文不可为",不可侵犯公民的合法权利。

近年来,随着"全面推进依法治国"这一基本方略的落实,各地行政执

---

[*] 作者简介:杨光,华东理工大学法学院 2017 级硕士研究生。

法人员的聘任程序日益合法化。2004年9月3日，中国公安部向全国公安机关发出通知，要求各地公安机关对聘用的治安员队伍进行专项清理，2008年1月1日以后，各级公安机关一律不得再以任何名义留用治安员，这意味着在中国业已存在40多年的"治安联防队伍"将寿终正寝。这一举措的施行，进一步深化了行政体制改革，依法授予行政主体资格，行政主体应当在其职权范围内行使行政权力，从而使人民切实感受到法治社会建设中的公平正义。

法律的生命在于实施

田潇洋[*]

影片的背景为"文化大革命"时期，那时候还处于"人治"阶段，法制也极不完善，所有民众一心拥护毛主席的领导，响应毛主席的号召。而刘峰，更是把这点做到了极限，活脱脱成了一名"活雷锋"，舍己为人，哪里需要哪里搬。他大概也是那群人里唯一一个真正把集体主义烙进了心窝窝里的人，搭配着他与生俱来的善良，在别人眼里就成了圣人一般的人物。人人都知他好，却没有人想成为他，更没有人从心里敬佩他、尊重他，大家只希望他一如既往地默默奉献就好，没人想过他也不过是位十几岁的少年，只不过比别人善良的多些罢了。刘峰在这样日子里过得是快乐的，他真的不求回报，直到他向林丁丁的那场表白，他的奉献酝酿了悲凉的基调，就这样，一位英雄，因为"触摸门"从高空狠狠地跌落了下来。

经济基础决定上层建筑，改革开放后，思想逐渐解放，建设重心也转移到了经济建设上来，文工团里的人或多或少都有了一份稳定的工作，唯独刘峰，这个曾经的英雄，不得不蹬三轮车靠一只手送书来维持生计，在老婆跑后终日混迹在"小姐"当中。甚至在车被扣后，这个极其具有思想觉悟的人也变得庸俗起来——通过送烟要回三轮车。

作为没有经历过那个时代的人，我们大多数人赞美的只是电影的配乐、摄影、美术、服装……讨论人要如何保护自己，探讨人性的可怕。但是作为一名法律工作者，应当清楚地明白，要真正有效地维护一个人的正当权益，唯有倚靠实实在在的法律法规、规章以及各项制度，所有来自感性的东西，同情也好，愧疚也罢，大多都没有实质性意义，就像刘峰手已经断了，心已经伤了，老婆已经跑了，车已经被扣了，打也挨了。同情不过如郝淑雯一样

---

[*] 作者简介：田潇洋，华东理工大学法学院 2017 级硕士研究生。

掉几滴眼泪，缴纳一笔对她来说无关痛痒的施舍，转过身照样嘲笑刘峰。刘峰需要的从来就不是这些，他们欠刘峰的是公正，是辩解的机会，是自我救赎的能力。法律法规、规章以及各项制度正是赋予刘峰这样能力的东西。

我国《伤残抚恤管理办法》（2013年民政部令第34号）第四条规定："残疾等级评定包括新办评定残疾等级、补办评定残疾等级、调整残疾等级。"

新办评定残疾等级是指对第二条第一款第（一）项以外的人员认定因战因公残疾性质，评定残疾等级。补办评定残疾等级是指对现役军人因战因公致残未能及时评定残疾等级，在退出现役后依据《军人抚恤优待条例》的规定，认定因战因公性质、评定残疾等级。调整残疾等级是指对已经评定残疾等级，因残疾情况变化与所评定的残疾等级明显不符的人员调整残疾等级级别。

《军人抚恤优待条例》第二条规定："中国人民解放军现役军人（以下简称现役军人）、服现役或者退出现役的残疾军人以及复员军人、退伍军人、烈士遗属、因公牺牲军人遗属、病故军人遗属、现役军人家属，是本条例规定的抚恤优待对象，依照本条例的规定享受抚恤优待。"

刘峰作为退伍军人不仅仅应有抚恤金，在医疗、子女教育等各个方面都会受到照顾，必然不会如此落魄。然而那个年代里小小的不规范、不公正，以及法律制度的不健全，给一位普通人的生活带来的是毁灭性的打击。倘若刘峰真的生活在现在该多好啊，他最大的罪就不是罪了，他的人生也就不会那么不幸了，即使遭遇了这些不幸，他至少可以得到残疾军人该有的待遇。

从影片可以得出，法律的生命力在于实施，真正的"法治"不能仅在口头上说说，而是应该有效而快速地实施。只有这样，才能全面推进依法治国，促进中国特色社会主义法律体系的形成。

《法律社会学评论》征稿启示

为推动法律社会学研究，倡导法律与社会互动，以开法学研究新风气，华东理工大学法律社会学研究中心推出《法律社会学评论》一书。稿件选用采取严格的匿名评审，英雄不问出处，以稿件本身的学术质量来衡量并决定去留。

1. 《法律社会学评论》计划每年出版两辑，主要刊登以研究中国社会发展与法律问题为中心的实证性论文，不刊登译文或已公开发表的论文。文章篇幅长短不限，但以 1.5 万字左右为佳，文章以是否表达和论证清楚问题为取舍标准。

2. 凡涉及法律社会学基础理论、立法实践与后评估研究、行政执法与法律实施、司法制度与纠纷解决、法律风险控制、人物思想与学术述评等内容的稿件都为《法律社会学评论》所欢迎。

3. 稿件第一页应包括以下信息：(1) 中文标题；(2) 作者姓名、单位、联系电话、通讯地址、电邮地址等；(4) 中文摘要（不超过 200 字）。

4. 正文引文均采用当页脚注的格式。引文出处以作者名、书名（或文章名）、出版单位（或期刊名）、出版时间、页码排序；其中英文专著名用斜体、论文题目写入""内。标准格式以《法学研究》为准。

5. 正文的标题、表格、图、公式应分别连续编号。一级标题用编号一、二、三、……，二级标题用（一）、（二）、（三）……，三级标题用 1.、2.、3. ……，四级标题用 (1)、(2)、(3) ……

6. 本书随时接受来稿，对所收稿件"随到随审"。具体审稿程序是，先由初审编辑对稿件格式审查，如通过初审，再进入匿名评审环节，由专家提出修改意见或倾向性用稿意见，编辑部最后综合考量决定用稿与否。审稿周期一般为 2 个月。

7. 稿件一旦刊用，将向作者赠送样刊两本与稿酬。

8. 电子邮件寄：zhangjian001024@126.com，张建。

9. 纸质稿件寄：上海市徐汇区梅陇路 130 号华东理工大学法学院法律社会学研究中心。

建议寄送电子邮件。

华东理工大学法律社会学研究中心